信息化空军装备及其运用

姜明远　等编著

国防工业出版社

·北京·

内 容 简 介

本书以信息化空军装备及其作战运用为研究对象,分析阐述了信息化空军装备的相关概念、基本特点、地位作用、作战影响、发展历程、发展趋势和发展规律等基本理论问题,重点研究阐述了信息化空军航空装备、地面防空装备、空降装备、电子对抗装备、情报侦察装备、保障装备、航天装备、指挥信息系统等的基本构成、发展现状、作战运用和发展趋势等基本问题。

本书作为军事装备理论专著,可用于军队院校任职教育,军事学研究生、本科生和国防生的教学,也可作为军事装备相关人员及部队官兵学习掌握信息化武器装备的参考书。

图书在版编目(CIP)数据

信息化空军装备及其运用 / 姜明远等编著. —北京:国防工业出版社,2017.8
ISBN 978-7-118-11195-8

Ⅰ.①信⋯ Ⅱ.①姜⋯ Ⅲ.①空军装备－信息化
Ⅳ.①E154

中国版本图书馆 CIP 数据核字(2017)第 193169 号

※

*国防工业出版社*出版发行

(北京市海淀区紫竹院南路 23 号 邮政编码 100048)
北京嘉恒彩色印刷有限责任公司印刷
新华书店经售
*

开本 710×1000 1/16 印张 17½ 字数 320 千字
2017 年 8 月第 1 版第 1 次印刷 印数 1—2000 册 定价 98.00 元

(本书如有印装错误,我社负责调换)

国防书店:(010)88540777   发行邮购:(010)88540776
发行传真:(010)88540755   发行业务:(010)88540717

《信息化空军装备及其运用》
编写委员会

主　　编　姜明远

副　主　编　戴革林　段　明

主要编著者　（按姓氏笔画排序）

朱庆华　华　锋　李志民　张　宣

张洪海　郑　超　段　明　姜苈峰

姜明远　徐　明　郭俊晖　黄兴家

戴革林

前　言

信息技术的迅猛发展及其广泛应用，使得我们的时代信息化特征越来越鲜明，信息技术已经成为社会发展的主导因素。同样，信息技术也广泛地渗透到了军事各个领域，使其发生着翻天覆地的变化，尤其是武器装备的信息化含量不断提高，新的作战方式不断涌现，战争形态正在发生深刻变革，以信息化为核心的新军事变革进行得如火如荼。为了在新军事变革中抢占先机和占领制高点，把握未来战争的主动权，世界各国尤其是军事强国的空军纷纷加快了以信息化建设为核心的发展步伐，形成了以加速发展建设信息化空军武器装备为重点的竞争态势。以 20 世纪 90 年代初海湾战争为标志的近几场局部战争表明，信息化空军武器装备的发展与运用，对现代战争的进程与结局产生越来越重要的影响，甚至是决定性的影响，战争空中化的趋势越来越明显。1999 年的科索沃战争就是一个例证，整个战争的作战行动历时 78 天，具体作战行动仅动用了空中力量。信息化武器装备是空军作战的物质基础，是各国空军信息化建设的重中之重。由于拥有信息化武器装备的空军已成为打赢现代战争的首要力量，构建信息化空军武器装备体系成为各国武器装备信息化建设的重要内容，现代战争中首先使用的是空中力量，信息化空军武器装备作战运用的正确与否已成为空军胜负的重要因素。

新军事变革为我国军队改革与转型带来了历史性的机遇和挑战，党中央和中央军委高瞻远瞩，审时度势，准确把握时代脉搏，科学总结实践经验，从国家安全和军队发展战略全局的高度，适时调整了新形势下的军事战略方针，把军事斗争准备的基点转到了打赢信息化局部战争上来。这些战略举措准确反映了新形势下军队建设的特点和规律，极大地拓展了国防和军队建设的战略视野，进一步明确了我空军转型建设的发展方向。

在上述背景下，本书的撰写从信息化空军武器装备及其作战运用的基本理论入手，对信息化空军武器装备体系的基本构成、发展现状、作战运用和发展趋势等进行了系统的分析与阐述，力图探索与揭示信息化空军武器装备及其作战运用的基本特点和规律。本书由姜明远组织撰写、提出撰写思路与要求、确定撰写纲目和统稿定稿，戴革林、段明也做了大量工作。全书共九章，第一章由姜明远、姜苈峰、赵华伟撰写，第二章由徐明、李志民、姚四伟、刘存义、赵先冬、程立国、曾周华撰写，第三章由郑超、郭俊晖撰写，第四章由黄兴家、朱庆华、李刚撰写，第五章由华锋撰写，第六章由张宣、王福玲撰写，第七章由戴革林、张洪海撰写，第八章、第九章由段明撰写。

　　本书在撰写与出版的过程中，自始至终得到了机关的关心与支持，参考了国内外相关资料，吸收了军事理论界诸多研究成果，得到了许多专家的帮助与指导，国防工业出版社的相关同志倾注了大量心血，在此一并表示真诚感谢。

　　本书的作者来自空军院校教学科研一线，来自不同学科领域，尽可能将他们对"信息化空军装备及其运用"研究、理解与认识展现给广大读者。由于国情军情不同，各国空军对信息化武器装备及其作战运用理解与认识不尽相同，其地位作用与体制编制等也不尽相同，加之信息化空军武器装备及其作战运用所涉及的学科种类繁多、知识领域面广且有交叉，理论与实践发展都很快，限于作者的水平能力，难免有不足之处，恳请广大读者批评指正。

作者
2017 年 3 月

目　　录

第一章　信息化空军装备及其运用

近几场局部战争表明，现代战争正以惊人的速度向信息化方向发展，拥有信息化武器装备的空军作战能力和打击精度大幅提升，信息化空军武器装备发展与运用，对现代战争进程和结局产生重大甚至是决定性影响，战争空中化的趋势越来越明显。信息化空军武器装备是现代空军作战的重要物质基础，是国家战略威慑力量的重要组成部分，是国防现代化和空军现代化的重要标志，是推动空军新军事变革最为直接的物质因素。因此，世界各国，尤其是军事强国都加大了信息化空军武器装备的建设力度。

第一节　信息化空军装备相关概念

武器装备（简称装备）是武装力量用于实施和保障战斗行动的武器、武器系统和军事技术器材的统称。武器装备随着战争的出现而诞生与发展，战争形态又随着武器装备的发展而不断变化。武器装备在军事形态各个组成要素中是最基础、最活跃、最具革命性的一个要素。纵观武器装备发展史，其大致经历冷兵器时代、热兵器时代、机械化时代、核武器时代，现已发展到信息化阶段，武器装备的发展直接导致了其他军事领域各个要素的变化。要研究信息化空军武器装备，首先要厘清什么是信息、信息化和信息化空军武器装备等基本概念。

一、信息

广义上，人类所感知的一切有意义的消息、信号等都可以看作信息。而我们现在研究的"信息"，指的是 20 世纪中后期以来，随着以信息技术为核心的高新技术群的崛起和迅猛发展，人类社会技术形态逐步由机械时代向信息时代转变，武器装备发展也逐步开始了由机械化向信息化的跨越。这一时代转变与跨越，信息是核心与主导。

但对信息概念的界定，国内外学术界至今尚无统一的、权威的认识，提出的各种观点达百余种。《辞海》对信息的解释：一是指音讯、消息；二是指通信系统传输和处理的对象，泛指消息和信号的具体内容和意义，通常经过处理和分析来提取。现代信息论的创始人申农认为，信息是用以消除随机不定性的东

1

西；控制论创始人维纳指出，信息就是信息，不是物质也不是能量，信息是人与环境互相交换的内容的名称。还有一种说法，信息既不是物质也不是能量，信息就是信息。

现代信息科学把信息看成是物质的一种属性，认为一切信息都是由特定的物质运动过程产生、发送、接收和利用的，信息的发送者和接收者只能是某种物质实体或其衍生物，不存在与物质无关的信息。任何信息都要靠一定的物质形式来承载、表示、固定，承载信息的物质形式称为信息的载体。信息的产生、传递、交换、加工处理、存储、提取等操作都是通过对信息载体的物质形式来实现的。我们认为：信息是指对于接受者来说事先不知道的知识。由此可知，作为信息，应该有发源地、目的地、传播渠道，它们分别叫做信源、信宿和信道，是构成信息系统的不可或缺的三大要素。信息的具体表现形式多种多样，例如语言、文字、图形、图像等都可以作为信息的载体。一般来说，信息具有可度量性、可识别性、可转换性、可存储性、可处理性、可传递性、可利用性、可共享性。正是因为信息具有如此丰富的特性，所以，它在科学技术的发展和现代社会系统的运行中，占据着极其重要的位置，发挥着不可替代的作用。军事信息和一般信息的本质相同，是指应用于军事领域的信息及具有军事价值的信息。

二、信息化

信息与信息化虽然只是一字之差，但二者是两个完全不同的概念。信息化概念是从社会发展进化过程的角度提出的。20世纪中期以来，相关的数理学科群、系统科学和以信息技术为核心的高新技术群的发展及其研究成果，为信息化奠定了理论基础。材料科学、机械学和测量科学为微电子技术和计算机技术发展提供了强有力的支持，进而使信息技术得以急速提高和广泛应用。信息化是应用信息科学与信息技术，将本体、能量和信息的优化整合，使系统功能增强和创新，系统效能提高，使物质能量"增值"，推动社会发展到新阶段，生产力达到更高的水平。信息化是渗透到社会各领域、各个环节的人类活动现代化主导方向与过程。

"信息化"一词在国内外有着多种观点和表述，并没有完全统一。20世纪80年代以来，我国学者对国家与社会的不同领域，例如经济信息化和企业信息化等进行了大量的研究，而信息化在我国军事领域中的研究以钱学森提出"核威慑下的信息化战争"为主要标志。迄今为止，我国各个领域出现了许多有价值的信息化研究成果。随着信息科学技术的不断发展，信息化的内涵也在不断地发展与变化，信息化应用的领域也在不断拓展，在军事领域的信息化发展也是如此。信息化武器装备与信息化紧密相连，这就需要以信息为理论研究的逻辑起点，对信息化进行深入研究。

目前，在国民经济和社会发展领域，我国对信息化内涵进行了明确的界定：信息化是以信息技术广泛应用为主导，信息资源为核心，信息网络为基础，信息产业为支撑，信息人才为依托，法规、政策、标准为保障的综合体系。这也是目前我国关于信息化比较权威的定义。国家信息化就是在国家统一规划和组织下，在农业、工业、科学技术、国防及社会生活的各个方面应用现代信息技术，深入开发、广泛利用信息资源，加速实现国家现代化的进程。可见，信息化是现代化的一个重要标志和组成部分，是指人们利用信息的能力不断增长，范围不断扩大，以致在人类生存和发展中占主导地位的实践活动过程。信息化的科学实质是社会发展历程在现阶段的重要标志，是现代化的核心内容，其科学实质可归纳为：社会全面发展、生产力水平不断提高、人类活动领域日益扩大、活动进程急剧提高，对信息化提出了迫切的要求。社会发展的客观规律决定了信息化时代的到来。科学技术的全面发展为信息化奠定了强有力的基础。

信息化已经渗透到军队与国防建设的各个领域，例如：信息化作战理论、适应信息化作战的军事体制编制、信息化武器装备发展建设、军事体系和军事对抗过程的一体化、信息化建设、信息化军事人才建设等。目前，对于信息化的认识，要把握好其以下三点特征：一是信息化的体系特征。信息化可以作为体系来理解。比如，社会信息化、经济信息化、教育信息化、军队信息化都可以看成一个体系，这个体系包括信息技术、信息资源、信息网络、信息人才、信息环境、相关法规等要素。二是信息化的状态特征。信息化作为一种状态来理解，通常可以用一系列的状态指标来衡量，也就可以构建衡量信息化水平或信息化发展程度的指标体系，运用定量的方法对信息化问题进行较为精确的定量化评估研究。三是信息化的过程特征。信息化作为一个过程来理解，是指人类运用信息技术为核心的现代高新技术群对某个领域或某事物进行重构的动态过程。如果作为一个过程来理解，它必然涉及到某事物信息化发展的阶段，涉及到信息化实现的目标、方法、途径、手段等一系列问题。

三、信息化空军装备

信息化空军装备是空军信息化建设的反映，是空军信息化建设的物质基础和关键。目前，国内外学术界对信息化空军装备的概念还没有一个统一的、权威的界定。综合已有的研究成果，我们认为信息化空军装备，主要是指信息技术在空军装备体系构成中占有核心的主导地位，信息要素在空军作战行动中支配着物质、能量要素的效能发挥，具有较高信息获取、传输、处理、存储、共享、管理、分发、对抗能力，以及数字化、网络化、综合化、智能化程度较高的武器、武器系统和军事技术器材的统称。

（一）信息化空军装备的本质涵义

信息化空军装备是信息化空军的重要组成部分，具有明显的体系、状态与过程特征。对信息化空军装备本质涵义的理解应把握三个方面：一是信息化空军装备是一个高度复杂技术体系，是当前空军装备发展的最高级装备形式，是着眼于装备体系的整体功能而言；二是信息化空军装备体系结构的核心是信息融合，只有在信息高度融合的环境中，信息化空军装备体系才能有效运行；三是信息化空军武器装备是一个不断发展与变化的过程，是将大量以信息技术为核心的现代高新技术广泛应用于空军武器装备，不断提高战场感知能力、指挥控制智能化水平，提高信息化条件下作战能力。

信息化空军装备的发展，是将以信息技术为核心的现代先进军事技术广泛应用于空军武器装备发展的实践活动。这一过程，就是大量应用以信息技术为核心的现代高新技术，提高战场感知能力和指挥控制智能化水平，采用系统集成的手段，将机械时代特征的单个功能空军武器装备子系统整合成为系统关联、信息互通、应用互操作、功能互补的、按照一定作战原则综合集成的有机整体，实现空军作战的战场监视的透明化、目标打击的实时化和精确化。

就硬件而言，信息化空军武器装备是指信息技术等高新技术在空军装备的使用、操纵、指挥中起主导作用，使其具有良好的信息探测、传输、处理、控制、制导、对抗等功能，全面提高空军武器装备的性能。主要有信息化弹药、信息化平台以及指挥自动化系统等。就软件而言，信息化空军武器装备是指利用信息技术使预警探测、情报侦察、精确制导、火力打击、指挥控制、通信联络、战场管理等领域的信息采集、融合、处理、传输、显示实现网络化、自动化和实时化。

（二）信息化空军装备的主导思想

信息化空军武器装备的主导思想应是"体系集成"。所谓"体系集成"就是：随着科学技术特别是信息技术的发展，以信息化微电子技术为纽带，把现代军队中的各个功能系统联结成一个有机的整体，形成一种高效能的战争体系，实现各种武器装备体系的综合集成。在机械化战争时代，一两件威力巨大的兵器就可能影响战争整体进程，而在信息化战争时代，赢得战争除高素质的人员之外还需要由上百件、上千件武器构成若干个武器体系，发挥武器装备的整体效能。目前，我们已经充分认识到信息化战争不再是各个作战单元之间的对抗，而是建立在各种作战单元、作战要素综合集成基础上的体系和体系的对抗。可见，未来战争是陆、海、空、天、电、网六维一体的信息化战争，是体系之间的对抗。根据信息化空军武器装备的本质涵义，采取"体系集成"是武器装备信息化的基本方法。正是"体系集成"的发展，使战争由兵力与兵力对抗向体系与体系的对抗转变成为可能。

一方面，"体系集成"能够使空军作战要素高度集约化。信息化战争作战要素的构成，涉及到多军兵种、多种多样武器装备的协同与配合。作战要素的高度集约化，意味着武器装备体系可在更大的范围内联结、互动。另一方面，"体系集成"使空军装备单兵的战场控制能力有了大幅度提高。"体系集成"增强了单件兵器对战场全方位实时情报资源的占有程度和利用能力，可使地理上分散的武器通过集成的网络达成火力的集中和作战行动的统一，也为发挥空军武器装备远距离突袭和精确打击的优势提供了方便。

（三）现阶段信息化空军装备的发展目标

20 世纪 70 年代，时任美军防务计划与工程项目领导的美国前国防部长佩里曾经提出过著名的"三能力"：即看的能力——发现战场上所有高价值目标；打的能力——能直接攻击每个所看到的目标；毁的能力——"打就能中"，毁伤所攻击的每个目标。从信息化空军武器装备本质涵义可以看出，对空军武器装备体系进行以"体系集成"为主导思想的信息化建设的最终目的就是要达到"三能力"同时发生，即战场监视的透明化、对目标打击的实时化和精确化，也就是未来信息化战争中的"存在即能够发现，发现即意味着摧毁"。

一是存在即能发现，即战场监视透明化。随着海湾战争之后信息化战争理念的逐步建立，战争对战场监视的要求愈来愈高。2001 年 10 月出台的美国《2001 四年防务评估报告》要求 21 世纪的美军"能够利用全球情报网、新型情报技术、合成监测与侦察装置和设施"获得情报优势，以便对复杂的战场环境实施全维监控，进而达成决策优势。在未来战争中，信息化的空军拥有的各种天基侦察平台和预警侦察机、有人侦察机、无人侦察机以及侦察直升机等空中侦察平台有机地组合，构成全方位、全纵深、全天时的空天侦察网络，在情报获取、远程进攻、精确打击以及效果评估等战争进程的各个阶段都将发挥极其重要的作用，使战场形势向己方透明。

二是发现即能攻击，即打击的实时化。随着空军武器装备的信息化程度不断提高，"系统集成"的手段不断完善，武器装备体系的神经中枢 C^4ISR 系统与各类武器进一步交联，这使得作战、侦察、预警和指挥控制系统实现"无缝交联"，导致整个空军武器装备体系向一体化方向发展，战场信息可以在这个大系统中进行无阻流动。因此，发现目标与实施攻击的时间间隔得到大幅压缩。以美空军为例，据悉，海湾战争中美国空军发现目标到实施攻击需要 3 天时间，在科索沃战争中需要 119 分钟，在阿富汗战争中仅需 20 分钟，而伊拉克战争中美空军在空中游弋的战机可对伊拉克全境内的目标实施近乎实时打击。

三是攻击即能摧毁，即打击的精确化。衡量武器装备的优劣，打击力是首当其冲的要素。实现打击精确化、尤其是空袭精确化是空军武器装备打击力最直接的体现。美军在《2020 联合构想》中提出未来作战要坚持"精确打击"原则。机械化战争时期的空军武器装备,如普通航空炸弹、航炮等,由于对能量的释放缺乏有效的控制,准确度不高,往往片面追求大规模杀伤破坏,不仅作战效能低,而且附带损伤也大。信息化空军武器装备作战时、尤其是在空中打击时则能够"攻其一点,不及其余",即精确空袭。根据推算,就杀伤破坏效果而论,弹药的精度每提高1倍,破坏力就可增加4倍。正因为精确制导武器与现代化的空中作战平台相结合,可对战场任何目标进行实时精确打击,所以世界各国竞相研制和发展。

(四)信息化空军装备能力要求

进入21世纪后,信息化空军武器装备的建设也进入到快速发展阶段,对其能力要求主要体现在以下五个方面:

一是侦察立体化。对敌实施立体化的侦察是获取敌方信息的重要途径,也是空军武器装备所特有的优势。侦察是打击的前提,从一定意义上讲,拥有高水平的侦察监视技术本身就是一种威慑力。在传统战争中,由于受科技与装备发展水平的限制,对情报的获取总是难以达到战争的要求。以信息技术为代表的高新技术群渗透入军事领域之后,空军情报侦察和探测技术有了极大的发展。目前,借助现代化的情报侦察与探测技术和手段,侦察的时域、空域、频域都得到了前所未有的扩展,空军能从地面、空中、海上和空间实施侦察。现在,从外层空间到超低空,各种有人驾驶的、无人驾驶的、装载高灵敏度传感器的飞行平台无不时刻监视着战场的每个角落。一架E-3A预警机,能够同时监视高空、低空、地面、海上的各种活动目标。游弋于空间的侦察卫星速度高,视野广,同样一架视角为20°的照相机,装在3千米高的侦察飞机上,一张照片可以拍摄1平方公里的地面面积;如果放在300千米高的侦察卫星上,一幅照片囊括的范围可达1万平方公里。如果把侦察卫星放到地球同步轨道上,一颗卫星就能同时侦察到太平洋两岸,监视地球表面42%的面积。现代化的空军侦察装备不仅能用目视和光学手段进行侦察,而且能在声频、微波、红外等各个波段进行侦察。空军指挥人员凭借现代侦察与探测技术提供的敌我双方航空兵和其他飞行器的空中活动情况,能迅速、准确与全面地掌握战场空情,从而为克敌制胜创造良好条件。

二是空袭精确化。美军在《2020联合构想》中提出未来作战要坚持"精确打击"原则,是美军在未来应具备的六大能力之一。空军对地打击精确化不仅是精确打击的体现,更是信息化战争中体系对抗的体现。从近几场局部战争分析,海湾战争、科索沃战争、阿富汗战争和伊拉克战争都属于以空中精确打击为主要手段的高技术信息化战争范畴。随着信息技术与空军装备的不断融合,空军对地攻击正由单纯作战平台的精确打击向由作战平台、侦察监视和指挥控制等系统组成的网络化精确打击方向发展,由好天气、昼间和近距精确打击向全时辰、全天候、全纵深精确打击的方向发展，由打击固定目标向打击移动目标方向发展。典型的伊拉克战争表明了美空军的打击力已经基本达到了上述要求，而其他国家也正在向这个方向努力。

三是打击实时化。"兵贵神速"自古就是各国军事家所推崇的一条原则，在战场上谁的反应速度更快，谁就更易于发挥火力，消灭敌人而不被敌人所消灭。在工业化时代，由于受技术条件的限制，传统武器装备常常"欲速不达"。在信息化时代，由于空军装备充分利用了信息技术的成果，空军的各种武器装备进一步交联，信息从传感器到射手的传递时间大大压缩，空军的作战反应时间大大缩短，加上其机动性能好、作战范围大、突击猛烈、部署快速等一系列其他军兵种装备所不具备的优势，促使空军作战不断向打击实时化发展，真正做到了机动快、反应快、转移快、打击快，作战效能得到了空前提高。据悉，在伊拉克战争中，由于 LINK-16 数据链得到了一定的普及，除 F-15E、B-2A 等型战机外，F-16、F/A-18E/F、B-52 和 B-1B 等部分战机也改装了该数据链，数字化、网络化有了较大的发展。AC-130 攻击机与"捕食者"无人侦察机之间建立了专门的数据链，一旦无人机发现目标，立即传送给 AC-130 实施攻击。同时，RQ-1B "捕食者"无人侦察攻击机开始投入战争使用。该型机可携带 2 枚 AGM-114 "海尔法"反坦克导弹，一旦发现目标，即可对其攻击，攻击的实时性大为增强，使目标打击周期缩短为 10 分钟以内。美空军部长罗奇称，战争中，空中力量所打击的目标中，约有 150 多个是临时出现的紧急目标，它们主要是地空导弹、防空雷达和伊军重要领导人等，美空中力量均能予以有效的实时化打击。

四是防护综合化。由于现代侦察、监视和探测手段具有全方位、全频谱、全天候、全时辰的特点及先进地空导弹的大量装备，作战飞机的战场生存环境空前恶劣。当一架战斗机在重要地区 300 米以上高度飞行时，可能受到 800～900 部雷达的照射，其中可能有 300～400 部雷达以 600～700 个不同频率的波束进行搜索，有 30～40 部雷达跟踪飞机。如果再加上光电探测设备的威胁，战场电磁环境必将更加复杂，这对飞机来说是一个极其严峻的挑战。在这种情况下，空军装备尤其是航空装备的防护问题就显得特别重要。信息化的空军武器装备、尤其是空中作战平台将全部实现综合多功能，一种作战平台具备多种作战功能，进攻与防御融为一体，使其拥有多种实施信息进攻和防护的手段和装备。在伊拉克战争的空中战场，为了保证联军作战飞机在空中作战时的安全，联军综合运用电子战手段对伊拉克实施了全面的信息压制，自始至终牢牢保持着制信息权，为作战飞机提供了有效的防护。战争期间，美空军动用了先进的电子战飞机，如 RC-135、EC-130H、EA-6B，对伊拉克防空力量实施电子侦察和电子压制。伊拉克脆弱的通信体系和雷达网迅速遭到监视、摧毁和压制。由于雷达阵地被摧毁或压制，防空火器的作战效能受到严重削弱，美军完全掌握制空权。联军部队空军为了对付伊拉克的防空火力网，不仅部署了大量电子战飞机，而且还为用于突击的飞机加装了专门的信息化防护用机载设备。这使得作战飞机的防护突破了原有的电子侦察反侦察、电子干扰反干扰为内容的电子对抗模式，而发展为由多种内容和方式相紧密结合的电子进攻和电子防御对抗作战。包括多源电子侦察、电子战伴攻、无线电静默、远距电子支援干扰、随队和近距电子支援干扰、攻击指挥控制通信（C^3）系统的主要节点（如指挥、通信大楼，通信中继设施等）、摧毁雷达（包括预警雷达、制导雷达、炮瞄雷达等），以及自卫干扰等。信息化机载设备为多国部队作战飞机提供了良好的防护和锐利的进攻能力，不仅使数以千计的作战飞机在伊上空来去自由，而且产生了强大的电子攻击能力。这导致伊军指挥失灵、通信中断、制导失控，难以实施有效的反空袭作战。由于伊拉克飞机不能起飞，四处躲藏，仅存的导弹不能发射，高炮只能盲目射击，相反，联军部队能够随心所欲地进行轰炸，各种精确制导武器充分发挥作用，在客观上改变了攻防双方作战兵力的对比，进一步扩大了联军部队的优势。

五是控制智能化。现代战争的信息化特征越来越明显，交战双方武器装备的射程、威力、精度都几乎达到了各自的极限，武器装备的种类是以往任何时代都无法比拟的。空军武器装备尤其是航空装备具有航程远且不受地形、海洋等地理因素限制的优越性，其作战活动空间大，特别是空中加油技术的发展使用，改变了人们对飞机航程的传统认识，一些看似航程较小的飞机，在空中加油机的支援下，能够遂行超远距离的作战任务。此外，随着空军武器装备破坏威力的增大、精确制导和隐身技术的发展，空中兵力编队缩小、活动分散的趋势增大，使指挥控制系统需要监控的目标数量增多。密集的大机群已成为历史的编队形式，现代航空兵战斗活动的基本形式是小编队、多批次，而具有隐身能力的飞机如 F-117A、B-2 作战使用时更善于独来独往。针对空军作战指挥系统监控目标多的特点，世界各国（地区）空军都发展能够掌握、处理几百批空情、并能同时对几十批至上百批目标实施截击引导的自动化指挥控制系统。在伊拉克战争中，美空中力量则集结了 1000 架各型战机，作战高峰期出动固定翼飞机 1663 架，全程共出动飞机 38358 架次，其中战斗/轰炸出动 18695 架次，全部为小批次作战，其中还有相当部分架次是完成临时任务，但整个战争过程中，空中作战任务完成的井井有条，这在过去是无法想象的。可见，要想驾驭信息化的空中战场，单靠传统的指挥手段已经远远不够，必须借助于信息技术实现的智能化的指挥自动化系统。

美国空军在美军统一的技术标准下，建立了战略空军及北美防空自动化指挥系统、弹道导弹远程警戒系统和宇宙空间监视系统，还拥有战术空军自动化指挥中心，空情观察中心和空中预警指挥机。未来的空中自动化指挥系统可靠性、保密性、对抗性、信息处理能力、一体化程度和智能化程度将进一步提高。美国防部更是不惜耗费巨资，加紧建设"全球信息栅格"中心，其目的就是要把世界各地的美军各军兵种连接起来，在未来的信息化战争中，及时提供联合作战所必需的数据、应用软件和通信能力，以获取信息优势和决策优势。按照美军参联会下属联合参谋部向国会正式提交的报告，"全球信息栅格"将同时具备 4 种基本功能：计算能力、通信能力、信息表示能力和网络操作能力，实现在全球范围内，把涉及信息收集、处理、存储、分发的各种军用信息系统，连接成一个公共的"诸网之网"，使信息得以畅通、及时地流向任何需要它的用户，以至于任何一个空中作战平台都可通过全球信息栅格获得"以前连高级指挥官都难以获得的态势信息"，从而实现指挥的智能化。

六是保障精确化。信息化的空军武器装备是空军进行信息化战争的物质基础，它比以往任何时代的空军武器装备都要复杂。现代作战飞机往往由几千万个零部件构成，其中信息化设备已占到了 50%以上，而 B-2 等尖端飞机信息化设备已占到了 60%以上。采用机械化时代的主观诊断法来排除故障以及采用记账式的方法达到航材精确化供应已不大可能。广泛采用信息技术把装备技术保障方式改造成为故障诊断智能化、维修准确高效化、航材保障可视化的精确化装备保障已成为信息化战争装备保障的趋势。

第二节　信息化空军装备特点及发展规律

特点是事物的特殊矛盾性和特殊的表现形式，规律是事物自身与其外部条件之间的本质联系和矛盾运动的必然结果。随着信息化空军装备的迅猛发展和体系作战能力的不断提高，信息化空军装备的特点越来越鲜明，也呈现出基本的发展规律。研究探讨信息化空军装备特点及发展规律，是加强信息化空军装备建设宏观指导的客观要求。

一、信息化空军装备特点

战争实践的不断发展决定了信息化空军武器装备发展过程也是一个承前启后、不断跃升的、从数量到质量不断变化的一个过程，但有两点是可以把握的，首先，单件空军装备是否满足信息化战争的要求，在功能、性能上是否与作战需求相适应；其次，整个空军武器装备体系是否是完善的信息化武器装备体系。信息化的空军武器装备在构成、数量、规模上应能满足信息化战争的要求；在整体功能、性能上应是结构合理、协调匹配；在机动性、反应能力、生存能力、防御能力、环境适应能力，以及可靠性、维修性、保障性等方面应与信息化战争需求相适应。现阶段，信息化空军武器装备应该体现出以下特点。

（一）能主动获取、传输战场信息

信息化战争要求处于整个作战空间的各类单件空军武器装备应具有自身功能所需要的信息获取和处理能力，具备全方位精确的目标探测、敌我识别和导航定位能力。系统集成后的空军武器装备体系应能满足多军兵种联合作战需求。在信息获取方面，应具备全天时、全天候战略、战役和战术光学、红外、电子侦察监视能力，具有外层空间、空中、地面预警能力。在信息传输方面，战略层次具备卫星、光缆通信能力，战役和战术层次具备卫星、联合作战数据链通信能力，在整个装备体系内具备高速宽带通信和数据传输能力。

（二）能高效指挥部队、控制武器

要想驾驭信息化的空中战场，单靠传统的指挥手段已经远远不够，必须借助于信息技术实现的智能化的指挥自动化系统，实现智能化控制。要实现智能化控制，就要通过有线光缆或无线数据链网络系统，将空军各个作战子系统集成为一个整体，实现战场感知能力、信息传输能力、快速机动能力、精确打击能力的综合集成，能够在空军指挥控制系统、武器装备系统、作战与保障系统与其他军兵种甚至民用系统之间实现互联、互通、互操作，作战指挥层次大为减少，呈现扁平状，空军作战的整体能力得到全面提升。系统集成后的空军装备体系性强，智能化控制程度高，具备有效的平台指挥控制、火力控制、平台运动控制、制导控制等信息控制能力，一半以上的战位实现无人值守，无人控制的智能型装备大量使用，人员编制大幅减少。

（三）能灵活快速实施战略、战术机动

信息化的空军武器装备要求实现作战反应快速化。空军主战装备具有分散部署、集中打击的能力，作战平台能够实施快速机动和部署、快速集结，火力范围覆盖所有作战空间，武器攻击实时化。还有一点是十分重要的，作战平台要实现快速机动，必须要有可靠的装备保障作后盾。这就要求空军装备维修实现标准化、模块化和智能化；装备可靠性、可用性、可维修性有较大提高；装备的可使用率高，无故障间隔时间长，装备的机动作战能力强；装备保障信息采集、存储、传输、处理、使用、反馈等实现网络化、实时化以及装备保障资源、需求和过程可视化，实现适时、适地、适量的精确化装备保障，能够保证部队实施灵活快速的战略、战术机动。

（四）能在任何空域地域准确摧毁目标

空军武器装备以作战范围大、突击猛烈而著称。信息化程度不断提高的空军武器装备强调在"精"字上做文章。所谓"精"，就是要能够"攻其一点，不及其余"，它要求直瞄型、面杀伤型、视距内射程武器和非制导武器占武器总量的 10%以下；精确制导武器数量占武器总量的 80%～90%。其中，超视距远程武器、防区外攻击武器及无人化自主攻击武器占武器总量的 20%以上。实战中，精确制导武器的使用量占武器使用总量的 80%以上。信息战装备和精确制导武器成为主导型装备，保证不论地处战场任何角落，条件如何复杂，单件兵器以至多个分散配置装备系统都可根据作战需要，将火力准确投向目标，并在打击之后能实时检查和评估打击效果。

（五）能进行有效信息对抗、实施信息进攻

随着信息技术的广泛应用和信息化战争的深入发展，信息战也登上了更高的层次，与此同时，一种全新的威慑方式——信息威慑应运而生。空军拥有先进的信息战武器装备是进行信息战和信息威慑的物质基础，是夺取和保持制空权的基本前提，也是赢得未来信息化战争的基本前提。信息化的空军武器装备应具有独立作战功能的新型电子对抗、网络攻防、空间对抗等信息对抗装备，形成网电一体、攻防兼备、软硬结合的信息对抗装备体系；主战装备绝大部分实现综合多功能，作战平台尤其是空中作战平台具备多种作战功能，进攻与防御融为一体；拥有多种实施信息进攻和防御的手段和装备，能在敌强电磁干扰和网络攻击情况下打破敌方信息威慑，有效对敌武器装备系统实施信息流截断、计算机病毒攻击、软硬杀伤等，保证空军武器装备体系正常发挥功能和性能。

二、信息化空军装备发展规律

信息化空军装备是信息时代空军装备发展的一个阶段，其发展规律是空军装备发展过程中的本质联系和必然趋势，是其自身及其与外部条件之间的矛盾运动的结果，与其他时代空军装备的发展，也有着极其相似的规律。

（一）信息化空军装备发展必须与军事需求和发展可能相适应

这是唯物辩证法关于"现实与可能"的关系论述在装备发展中的具体应用，揭示了信息化空军武器装备发展与其外部条件之间的内在联系。

首先，信息化空军装备发展要与军事需求相适应，这是装备发展的目的性所决定的。装备发展的根本目的在于满足战争和军事活动需求，离开了这一点，即使技术再先进、功能再完善也毫无意义。军事需求影响并决定装备的发展方向。飞机发展史上的两次高峰，就是在两次世界大战的刺激下产生的。冷战时期，美国认为东西方之间如果爆发战争，德国可能成为首要战场，为稳定早期战局必须尽快实施空中支援，为此，美国空军要求其第四代战斗机（外军称为五代战机）具备超声速巡航能力。冷战结束后，美国由原先主要针对苏联，转为应付地区性不稳定因素和恐怖主义威胁，全球机动、全球反应、全球打击成为空军装备发展建设的新重点。近年来，我国空军确立了"空天一体、攻防兼备"的军种战略，大力加强空中进攻型武器装备及其配套建设，积极推进空天

信息融合以及天基信息支援下的空中作战能力建设成为今后一个时期空军装备发展的主要方向。凡此种种，都说明了信息化空军装备发展必须与军事需求相适应。军事需求主要取决于国家安全环境、国家军事战略、空军使命任务、空军运用方式、世界空军装备发展趋势以及作战对手的装备状况等。军事需求是信息化空军装备发展首先必须考虑和明确的问题。

其次，信息化空军装备发展要与国家科学技术水平相适应。军事装备是科技成果在军事领域的应用和物化，没有科技进步，就谈不上军事装备的发展。信息化空军装备集现代科技之大成，对科技进步、尤其是信息技术的进步具有更强的依赖性。当科学技术可以满足装备发展要求时，科学技术对装备发展起推动和促进作用；当科学技术不能满足装备发展要求时，科学技术将制约装备发展，反过来装备发展需求将刺激相关技术的发展，为新装备的早日面世创造条件。军事装备的重大跨越，总是产生于科学技术发展到一定水平，特别是出现了重大科学发现和技术发明以后。当今，科学技术发展日新月异，高新技术及其产业化势头迅猛，信息时代的到来，知识经济的兴起，都要求我们更加尊重和重视科技进步在装备发展中的推动作用，坚持质量建军、科技强军，在坚持自力更生为主的前提下，积极引进和借鉴国外先进技术，提高武器装备自主发展能力，依靠科技进步和创新实现武器装备的跨越式发展。

再次，信息化空军装备发展要与国家经济实力相适应。信息化空军装备具有投入高的特点，尤其是发展高技术空军武器装备更需要消耗巨大的人力、物力和财力资源。以美国空军为例，F-15 的单机价格约 3900 万美元，F-22 达到了 1 亿多美元，B-2 更是以 10 亿多美元的价格赢得了美国"有史以来最昂贵的飞机"的桂冠。没有强大的经济实力作为支撑，空军装备发展难以为继。苏联的新一代战斗机米格-1.42，原计划 1991 年试飞，后因苏联解体，经费无着，一拖就是八年。即使是美国空军，其装备发展的速度和规模也同样受到经济因素的制约。美国空军最初计划采办 750 架 F-22，最终总采办数量为 187 架。装备时间也从 2002 年底推迟到了 2005 年底。美国在研的新一代战斗机将可购性放在了所有指标的首位。当今世界，任何国家满足军事装备发展需求的经济实力都是有限的，经济因素始终制约着装备发展。因此，空军装备必须、也只能与国家经济建设协调发展，在国家经济支持力允许的基础上量力而行。但是，需要强调的是，发展先进的军事装备并不是单纯的消耗，因为增强军事实力的本身也直接增强了综合国力，同时还能有力地推动新技术和新产业的发展，间接带动综合国力的提高。因此，必须站在国家安全和发展战略全局的高度，统筹经济建设和国防建设，在全面建设小康社会进程中实现富国和强军的统一。

总结信息化空军武器装备发展与其外部条件之间的内在联系，可以用一句话进行概括：信息化空军装备发展依然依赖于需求牵引、技术推动、经济支撑。信息化空军武器装备发展既要充分满足本国的军事需求，又不可避免地要受到国家经济实力、科技发展水平的制约，信息化空军装备发展必须与军事需求和发展可能相适应。

（二）信息化空军装备发展过程中自身的不断否定与完善相统一

唯物辩证法认为，事物发展的根本原因，不是在事物的外部而是在事物的内部，在于事物内部的矛盾性。就信息化空军装备发展而言，这种矛盾性集中表现为装备自身发展的不完善，即装备发展不能满足不断变化的战争需求和军队建设需求。

一是功能不完善，主要表现为装备功能上的攻防矛盾。总体上说，空中力量更适合于进攻，进攻型装备是空军装备的主体。但是，在分析装备发展的攻防矛盾时，必须注意装备攻防划分的相对性。比如，地空导弹武器系统，在空军装备体系中属于防御型装备，但对于实施突防的飞机而言，地空导弹处于"攻"的一方，飞机则处于"防"的一方。攻防矛盾表现为装备的攻防对抗，贯穿于空军装备发展的全过程。第一次世界大战，飞机用于战争，地面部队受到了空中威胁，防空武器应运而生；随着雷达的出现和地空导弹的大量应用，作战飞机又受到了新的威胁，电子干扰和体系对抗应运而生。如此等等，无一不反映了装备发展过程中的攻防矛盾。事实说明，随着一种新式武器的出现，对付它的武器很快也会问世。正是这种攻防对抗、相克互生，推动了空军装备的不断更新、持续发展。随着攻防对抗的加剧，空中作战环境日益恶化，对武器装备提出了越来越高的要求，要求其同时具有能攻善守的多种作战能力。单件武器受其结构限制，往往功能单一，难以满足要求，于是，不同武器组合成了武器系统，不同的武器系统又构成了更高层次的武器装备体系，从而形成了武器装备的体系对抗。在这个意义上，体系对抗也是攻防矛盾运动的必然结果。

二是性能不完善，主要表现为装备性能上的强弱矛盾。装备性能上的强弱矛盾具有更大的普遍性，任何装备、装备全寿命过程的任一阶段，甚至于装备性能的任一方面，都存在着强与弱的矛盾。装备的强弱矛盾有两种表现：一方面是强弱共生，在一个武器系统内既有强点，又有弱点。如航空航天武器系统，其特有的三维空间运动能力，产生了诸多陆、海军武器装备无法比拟的天然优势，如速度、航程、机动性。但是，其在空间运动，必然对地面保障有着强烈的依赖，一旦地面保障不利或是地面基地遭到破坏，武器系统再先进也难以发挥其性能。这就要求在具体的作战运用中，充分注意装备使用上的扬长避短；同时在装备发展中，应当根据作战需求，做到有关方面的均衡发展。另一方面是强弱转换，任何一种新式武器都只能风靡一时、显赫一方，既不能依靠它打遍天下，也不能指望它永远所向披靡。装备的强弱矛盾具有很强的相对性。同一件武器装备，在不同时期、针对不同对象、执行不同任务等，都可能表现出强弱截然相反的两种结果。一般来讲，随着时间的推移，由于战场情况的变化，由于敌方装备的改善，也由于装备自身的性能衰退等原因，任何装备都会由强变弱，这就导致了装备发展过程中的新旧更替。但是，在一定条件下，比如通过武器要素的重新组合或进行技术改造，则可能使老装备焕发出新的光彩。总的来说，在强弱矛盾的作用下，装备发展的总体趋势是在结构上从简单到复杂，在性能上从低级到高级，在组成上从单一到系统，在形制上从繁冗到统一，由此推动了装备的不断发展和不断完善。

三是结构不完善，主要表现为装备结构要素之间的矛盾。装备结构要素之间的矛盾，主要表现在三个方面：第一个方面是要素不全。例如，由于受到经济技术等因素影响，某些国家的空军装备体系中缺少远程战略轰炸机、预警指挥机、空中加油机和专用电子战飞机等要素。第二个方面是要素比例失调。这种失调主要体现在空军装备进攻能力上。目前，世界军事强国空军装备进攻能力明显增强，作战飞机中70%以上的飞机对地具有打击能力；而一些发展中国家空军装备进攻能力明显不足，作战飞机中对地具有打击能力不超过40%。第三个方面是要素发展不平衡。一个完整的武器装备系统包括主装备及其配套的保障系统，长期以来，主装备的发展始终为人们所关注，保障系统的发展则明显滞后，由此造成了装备要素发展的不平衡，最终制约了主装备性能的有效发挥。可以说，由于诸多因素制约，要素发展不平衡是一种客观现象，问题是如何加以利用和引导，以求得更大的综合作战效能。

总之，信息化空军武器装备自身的矛盾运动推动了其不断发展，使其由不完善变得较为完善，并逐渐趋于完善。当然，战争需求和军队建设需求本身也是在发展变化的，旧的矛盾解决了，新的矛盾还会产生，如此循环往复，推动了信息化空军装备发展的螺旋式上升，使其进入了更高级的发展阶段。归根结底，信息化空军武器装备自身的不断否定与完善是推动装备发展的内部动力。

（三）信息化空军装备发展阶段上的渐进发展与创新变革相协调

这是唯物辩证法"量变质变规律"在装备发展问题上的具体应用，反映了信息化空军武器装备发展过程中的阶段性，揭示了装备发展进程的一般规律。

信息化空军武器装备的发展是一个量变与质变的互动过程，直接反映为渐进性发展与创新性变革交替进行。渐进性发展是一种革新，是对信息化空军装备的逐步改善，是量变的积累；创新性变革是彻底的革命，是军事装备质变的过程。量变是质变的前提和积累过程，质变是量变的最终结果。不论是单一空军装备的发展还是整个信息化空军装备体系的发展和演变，都是在量变和质变的互动过程中，通过渐进性发展和创新性变革相互交替来实现的。

每一类型的空军装备的发展都经历了从数量变化再到质量的根本性变化，都是在经历了一定时期的逐步改进后才出现了划代性的飞跃。从活塞式飞机到喷气式飞机的发展就是比较典型的例子。飞机问世后相当长的一段时期，都是活塞式飞机的一统天下，为了提高飞行速度，人们从改进飞机外形和提高动力装置性能两个方面做了大量工作，到了 20 世纪 30 年代中期，飞行速度达到了每小时 700 多千米，活塞式飞机发展到了速度极限，要想进一步提高飞行速度就必须寻求新的推进方式。经过不懈努力和探索，40 年代初喷气式飞机终于诞生，从此，揭开了航空史上新的一页。

信息化空军装备体系的发展更是一个从量变到质变的过程。正是在这种由量变到质变、渐进性发展与创新性变革相互交替的过程中，空军装备体系才实现了跨代更替。比如，空军建立初期，航空武器装备主要由各类作战飞机构成，如歼击机、强击机、轰炸机、侦察机等，人们关注的主要是单机作战性能。随着空中合同作战的出现，空中指挥协同日显重要，同时伴随着相关技术的发展，预警指挥机等保障飞机应运而生并用于空中作战，于是，以预警指挥机为核心，由压制机群、突击机群、掩护机群、保障机群等共同构成的航空武器装备体系开始形成，空军装备建设的重点也由单机性能转向了体系效能。近年来，随着"网络中心战"的理论的提出，人们的视野更加开阔，武器装备体系建设所涵盖的范围也更加广阔，以网络为中心，以横向互联、纵向贯通为基本要求，以预警探测系统、火力打击系统、指挥控制系统为基本单元，构建适应联合作战需要的一体化武器装备体系，已经成为当前武器装备体系建设的基本特点。再比如，长期以来，空军武器装备的主体是航空武器装备，随着航天技术的发展及航天军事用途的扩展，太空武器将用于实战，太空将成为新的战场，与之相适应，空军武器装备体系必将实现由航空空间向空天一体的重大转变。

第三节　信息化空军装备地位作用及对作战的影响

信息化空军装备是信息时代构成空军战斗力的关键要素，是空军战斗力赖以生成和发挥的物质基础，是空军战斗力发展水平的客观标志。综观空军装备发展史，我们可以清楚地看到，随着信息技术的广泛应用，信息化空军装备发展迅速，体系作战能力越来越强，不仅地位作用越来越突出，而且对作战的影响也越来越大，也体现基本的地位作用。

一、信息化空军装备地位作用

马克思认为，暴力的胜利是以武器的生产为基础的，物质的力量只能用物质的力量来摧毁。①毛泽东也曾指出："武器是战争的重要的因素"②。古今中外的军事家都非常强调武器装备的地位作用，信息化空军武器装备正在发挥越来越重要的作用。

（一）信息化空军装备是空军作战的重要物质基础

战争是力量的抗争。战争力量是由多种因素综合构成的，具体地说，有政治因素、经济因素、科学技术因素、军事因素、自然因素、外部援助因素和主观指导因素等；概括地说，有物质因素和精神因素两大类；人的因素则是两者的统一。在物质因素中，武器装备无疑是第一位的因素。恩格斯指出：暴力的胜利是以武器的生产为基础的。列宁强调：如果没有充分的装备、给养和训练，即使是最好的军队，最忠实于革命事业的人，也会很快被敌人消灭。毛泽东更是一针见血地指出：武器是战争的重要的因素。因此，武器装备是战争赖以进行的重要物质基础，是实现人的暴力意志的基本要素。信息化空军武器装备是空军作战的物质基础，是空军战斗力的重要因素。其主要表现在以下几个方面：

一是空军装备是空军产生和发展的物质基础。空军及其装备的发展史证明，空军的发展是伴随着空军装备的发展而发展的，没有空军装备，就无所谓空军。空军装备起源于航空装备，在空中力量初创时期，航空装备是唯一的空军装备；随着空中力量的发展，地面部队受到了越来越大的威胁，为了对付各种空中威胁，防空装备应运而生，从此，航空装备一枝独秀的局面宣告结束，空军装备进入了攻防交替的发展阶段；20 世纪 60 年代以后，随着地空导弹的应用和现代防空系统的建立，传统的空袭方式遇到了新的挑战，为顺利遂行空袭行动，空中合同作战应运而生，空军装备的发展转入了体系对抗阶段；80 年代以后，随着美苏两国航天部队的建立，空军的活动范围由长期局限于内层空间而一跃跨入了外层空间，空军装备的发展进入了更广阔的领域。可以断言：随着高新技术的发展，空军装备建设将越来越重要。

二是空军装备是空军战斗力的重要组成。空军的战斗力由诸多因素构成，如军队的数量，政治、军事素质，武器装备的数量和质量，体制编制，指挥、管理能力，兵员补充能力，技术保障和后勤保障能力，军事理论研究水平，以及与作战行动直接有关的其他环境条件等。在诸多因素中，人和武器装备是两个最重要的因素。其中，人的因素是"人力"和"人心"的高度统一，是精神因素和物质因素的高度统一，是决定性的因素。武器装备是战斗力的物质基础，对人的因素的发挥有重大的制约作用。"巧妇难为无米之炊"，在战场上，如果你看不到敌人而敌人能看到你，你打不到敌人而敌人能打到你，你达不到的地方敌人能达到，那么对于你方来说，人的士气再高昂，决策再正确，也难以取

① 《马克思恩格斯军事文集》第 1 卷，战士出版社，1981 年，第 12 页。
② 《毛泽东军事文集》第 2 卷，军事科学出版社、中央文献出版社，1993 年，第 297 页。

得作战的胜利，只能处于被动挨打的地位。精良的武器装备，不仅要求使用它的人必须具备较高的科学文化素质，掌握先进的战术和使用先进武器装备的技能，而且能起到提高士气、振奋军心的巨大精神作用。因此，从一定意义上说，武器装备决定着人的军事技术水平和主观因素的发挥程度。只有掌握先进武器装备的军队才具有更强的战斗力。

孤立的人和武器并不能形成军队的战斗力，在战争中，具备特定的作战技能和具有特定的社会政治背景的人与武器装备在不同层次上的结合，才能构成从微观到宏观的各种战斗力系统，从而使军队形成完成作战任务的各种能力。人和武器装备虽然都是战斗力的基本要素和衡量战斗力的基本标准，但单纯的人和单纯的武器装备并不能形成现实的战斗力，人离开武器装备和武器装备离开人一样，都将导致战斗力的丧失。

三是空军装备是影响战争结局的重要因素。在冷兵器时代，战争的结局往往取决于军队的数量和采用的战略战术等。随着武器装备的不断改进，武器装备对战争的影响逐渐增大。特别是 20 世纪 60 年代以来，新科技革命浪潮兴起，以信息技术为核心的高技术的出现和迅猛发展，武器装备的性质、效能、系统结构飞跃发展，信息化武器装备战斗力功能不断增强，对战争胜负的影响不断增大，使得现代化战争在很大程度上表现为高技术武器装备的较量，尤其是信息化空军武器装备，在信息化局部战争中的作用更为突出。20 世纪 90 年代以来的海湾战争、英美的"沙漠之狐"行动和北约空袭南联盟，都充分展示了信息化空军武器装备的威力，信息化武器装备是影响现代战争胜负的重要因素体现得更加明显，谁拥有信息化的武器装备优势，谁就更多地掌握着战争的主动权。如果交战双方武器装备整体差距较大，就难以形成同一层次上的对抗，尤其在目的、规模、时间有限的中、小规模局部战争中，劣势一方往往很难取得战争的胜利。

（二）信息化空军装备是国家战略威慑力量的重要组成部分

和平时期，国家战略威慑力量是实现国家战略目标、争取应有的国际地位和保持有利于国家发展的外部安全环境的物质基础。一个国家的战略威慑力量，除军事实力外，还包括国土、资源、人口、地理环境、经济实力、科技实力和道德文化传统等非军事因素。

一是信息化的武器装备是信息时代最直接的战略威慑力量。虽然国家的战略威慑力量包括了很多因素，但是，军事实力特别是武器装备是最直接的战略威慑力量，其他因素则分别在一定程度和一定条件下构成威慑能力。因为这些因素的自然存在只是处于一种资源状态，不能直接发生威慑效力，只有经过人们有意识、有目的地将其开发，并作为一种手段加以运用时，才能成为直接的威慑力量。世界上有些国家虽然很富有，但是却算不上强国，在国际事务中发挥的作用不大，就是这个道理。因此，武器装备是国家战略威慑力量的重要组成部分。第二次世界大战结束以来，某些军事大国曾把具有大规模杀伤威力的核武器作为主要的战略威慑工具，对无核国家和弱小国家进行讹诈。近年来，随着电子技术、信息技术和新材料技术等高技术的广泛应用，使空中力量对战争的进程和结局越来越具有决定性作用，信息化空军装备成为常规威慑的重要支柱。一些军事大国又凭借其先进的航空武器装备，在世界的一些热点地区频频实施空中威慑。毛泽东在谈到建立我国战略核威慑力量时说：我们现在已经比过去强，以后还要比现在强，不但要有更多的飞机和大炮，而且还要有原子弹。在今天的世界上，要想不受人家欺负，就不能没有这个东西。邓小平也指出：如果 60 年代以来中国没有原子弹、氢弹，没有发射卫星，中国就不能叫有重要影响的大国，就没有现在这样的国际地位。这些东西反映一个民族的能力，也是一个民族、一个国家兴旺发达的标志。正是由于我国在非常困难的条件下，集中国防科技力量和有限的财力、物力，于 20 世纪 60 年代研制了"两弹一星"（原子弹、氢弹和人造地球卫星），70 年代研制了核潜艇和洲际弹道导弹，才打破了超级大国的核垄断和对我国的核讹诈，确立了中国在世界上应有的国际地位，争取到了宝贵的国际安全环境。

二是国家战略威慑是以力量为基础的。在诸多的威慑力量要素中，军事力量是最直接的现实力量。其中军事装备作为军事力量构成的基本因素，无疑是军事威慑力量的重要成分。信息化空军装备的水平和规模，很大程度上决定着军事威慑的效能。如果一个国家没有先进的和一定规模的信息化空军装备，就不可能构成强大的威慑能力。由于信息化的空军武器装备具备了快速远程奔袭、精确打击的实力，因此，信息化空军装备在军事威慑中具有十分重要的地位作用。当前，霸权主义和强权政治又有新的抬头，天下并不太平。在维护国家主权、确保国家安全、实现祖国统一的历史进程中，不仅面临着霸权主义和强权政治的压力，而且面临着现代化技术特别是信息化局部战争的威胁，通常情况下敌人从一开始就大规模派兵跑到其他国土上来打仗的可能性比较小了，如果一旦发生冲突或战争，敌人首先恐怕还是利用精确制导武器、远程作战飞机等信息化空军武器装备进行空袭，这些已经被近几场局部战争所证明了。因此，要加速信息化空军装备发展的进程，提高空军的作战能力，增强国家的战略威慑实力，为争取较长时期的国际安全环境、实现国家的战略目标、确保国家应有的国际地位，打下坚实的基础。

（三）信息化空军装备是国防现代化和空军现代化的重要标志

国防现代化，是指国防建设各方面，包括国防经济、国防科技、国防工业、国防动员、国防教育和武装力量建设等达到或基本达到同期世界先进水平，使国家在总体上具有适应现代战争要求的实战能力和威慑能力。它是当今世界各主要国家发展战略的重要组成部分，也是我国现代化建设的战略目标之一。空军现代化，是指空军的武器装备、教育训练、体制编制、后勤和装备保障、空军军事理论研究等方面达到或基本达到世界先进水平，具备在现代条件特别是信息化条件下打赢各种类型战争的能力。

信息时代，现代化的核心标志体现在信息化程度上。信息化空军装备在空军和国防现代化中处于决定性的地位，是实现空军和国防现代化的先决条件，也是衡量其信息化程度的重要尺度。因此，信息化空军装备是空军现代化和国防现代化的重要标志。

一是信息化空军装备是国防现代化的关节点。在国防建设中，国防经济、国防科技、国防工业的建设、发展和运转，都是围绕武器装备的发展而进行的，国防建设的成败得失，主要由武器装备的实际发展速度和发展水平来衡量；国家在国防建设中投入的经费和人力、物力，很大一部分是用来发展武器装备的；武器装备现代化需要较长的周期和较高的投入，制约条件比较多，在国防建设各个方面的现代化中，难度最大；而一旦实现了武器装备的现代化，不仅能够极大地推进军队现代化的进程，而且反过来还能够带动国防经济、国防科技和国防工业的发展。因此，信息化武器装备是国防现代化的关节点。空军装备是军队武器装备的重要组成部分，而且处于优先发展的地位。随着世界军事形势的变化，主要国家和地区普遍加强空中力量的建设，虽然总的趋势是军费有所减少，但用于空军的经费投入比例加大、绝对值增长。因此，空军装备更是国防现代化的关节点。空军装备信息化程度也是国防科学技术水平的重要体现。一个国家强大与否，除了国土资源、人口、军队、经济能力、政治制度、道德文化传统等条件外，还有一个重要的条件，就是科学技术水平，而信息化空军装备是科学技术在军事领域的物化。信息化空军装备发展是应用科学技术成就最多最快的领域之一，在战争时期或战争准备时期，许多新的科学技术发明首先是在空军装备发展中取得成功的。因此，衡量国防科学技术水平高低的首要标准之一就是信息化空军武器装备的能力、水平的先进程度。

二是信息化空军装备对空军整体的现代化水平产生重大影响。空军建设是一个复杂系统工程。现阶段，信息化空军武器装备的发展是空军建设和发展的物质前提，影响着空军建设的方方面面，在空军的建设中具有重要的催生和制约作用。纵观空军发展的历史，各种战争形态都取决于当时空军装备的技术水平，各个时期空军的革命性变化，首先是从空军装备的飞跃发展开始的。空军装备的发展，推进空军军事理论的发展，推动空军体制编制的改革，引起空军作战方式方法的改变，加快空军教育训练的改革和军人素质的提高，带动装备保障和后勤保障工作的现代化。也就是说，只有实现空军装备信息化，空军建设的全面现代化才有可能。武器装备的落后，往往伴随而至的是整个军队建设水平的低下，这是当代世界军事发展中的共同规律。

（四）信息化空军装备的发展是推动空军军事变革最为直接的物质因素

随着战争的产生和发展，军事领域不断地进行着一系列的变革。信息化时代，信息化空军装备的不断改进、更新及广泛运用，必将促进空军军事思想、军事战略、军队编制、作战方式、指挥方式和后勤保障等各个方面的深刻变化，成为空军军事变革的强大物质动因。

一是信息化空军装备的发展促进空军体制编制的变革。马克思曾经说过，军事装备的发展，必将使军队整个内部组织发生改变。从一定意义上讲，军队的体制编制主要是人与装备的结合方式，装备的发展以及更新换代，必然引起军队体制编制的改变乃至变革。首先是信息化空军装备发展影响着人员与装备的数量和比例。部队的基本构成是人员与装备的有机结合。在装备技术水平和人员素质一定的前提下，人员和装备的多少构成了部队战斗力的强弱。人员和装备两者相互依赖、相互制约、相互补充，一定数量的装备就需要编配相应数量的人员，而一定数量的人员也需要编有相应数量的装备，两者的数量及相互比例关系，则取决于装备的技术水平和作战性能。一支装备比较落后的部队必须依靠其规模才能保持一定强度的作战能力，而拥有先进信息化装备的部队其规模可以适当缩小以保持作战能力。根据美军有关材料分析，轰炸同一目标并取得同一效果，第二次世界大战时需要出动飞机 4500 架次，投弹 9000 枚；越战时只需出动飞机 95 架次，投弹 190 枚；而海湾战争时仅需出动飞机 1 架次，投弹 1 枚。从总的趋势来看，随着装备的技术水平和自动化程度越来越高，人员数量随之减少。其次是信息化空军装备发展影响着兵种结构的变化。空军装备与人的结合构成有战斗力的空军部队，各种不同性能的空军装备与掌握和使用相应武器装备的人员相结合就构成不同的兵种。首先，空军装备的发展决定着空军各兵种的产生与发展。今后，随着航天武器的产生与发展并在空军运用，将产生在外层空间作战的兵种，与此同时，一些老的兵种也将被逐渐削弱，甚至被新兵种所取代。其次，空军装备的发展影响空军各兵种结构的变化。由于各兵种的主要武器装备不断发展，作战效能不断提高，各兵种在空军构成及作战中的地位作用也随之发生变化。空军要实现各兵种最佳结合并提高整体作战效能，必须对各兵种的比例作相应调整。第三是信息化空军装备发展影响着部队的编组形式。纵观军队编制形式的发展演变历程，军事装备的发展是军队编组形式发展变化的专业影响因素之一，对军队编组形式的发展变化有着十分重要的制约和促进作用。随着空军装备高新技术含量不断提高，部队的编组形式将向一体化、小型化、多功能化的方向发展。

二是信息化空军装备的发展影响空军作战理论和作战方式的变革。信息化空军装备的发展影响空军作战理论和作战方式的变革主要体现在以下几点：首先，军事装备的发展促进作战理论和作战方式的变革。飞机的诞生，引发了"制空权"理论，提出了"集中使用空中力量、实施空中进攻"的空中作战方式；随着空军装备的发展，随之出现了空天一体战、非线性作战、空中机动战、"外科手术式"空袭作战等作战理论和相应的作战方式。其次，军事装备的发展进程制约或促进作战理论和作战方式的实现与完善。一种新的武器装备的产生，可以引发新的作战理论的提出和作战方式的酝酿，但这种作战理论和作战方式能否在战争中规范运用，真正成为处于主导地位的作战理论和作战方式，不能不受武器装备在产生后的性能完善及数量规模的制约。例如：杜黑在1921年就提出了"掌握制空权就是胜利，没有制空权就注定要失败"，"空中战场是未来战争的决定性战场"，"夺取制空权只能靠空军"的理论，以及"集中空中力量用于进攻"的作战方式，但空中力量真正成为战争的主体力量发挥重要的或决定性的作用，却是几十年以后的事。其原因主要是受到装备性能和数量规模的制约。随着空军装备性能不断完善和空中力量的飞速发展，空中作战方式进一步发展和完善，形成了多种作战飞机与保障飞机混合编队，相互协同、相互支援的空中合同作战方式。空中力量全程使用，不仅能够独立承担对战争胜负具有决定性影响的战略、战役任务，而且对战争的进程和结局能够起到"一锤定音"的作用，甚至以"外科手术式"空袭作战方式直接达成战略目的。再次，军事装备的发展加速了作战理论和作战方式的变革。信息技术的迅猛发展，使得各种新型的信息化武器装备及技术设施大量涌现，种类明显增多，性能大为提高，更新和发展的进程明显加快，加速了作战理论和作战方式的变革。第一是引发新的作战理论和作战方式的条件更加充分。第二是更新作战理论和作战方式的周期大大缩短。第三是研究作战理论和作战方式的手段更加先进，如仿真技术、遥感技术、虚拟技术、网络技术等。

三是信息化空军装备的发展促进空军作战指挥及后勤保障的变革。信息化装备的发展，在促进体制编制、作战理论和作战方式变革的同时，也必然促进作战指挥诸多方面的变革。就作战指挥的对象而言，由于兵种增多、构成比例发生变化，作战指挥的对象必将增加；就作战指挥的空间范围而言，由于装备的发展，部队的作战能力不断提高，由原来的近距离、小范围作战，逐步发展成为远程机动的陆、海、空、天、电、网多维空间大范围立体作战；就作战指挥的内容而言，装备信息化、多功能化、智能化增强，使得作战指挥的内容更加突出了技能性和智能性的特点。随着以计算机为核心的指挥自动化系统的产生、发展和完善，作战指挥手段和方式必将产生相应变革。

信息化空军装备的发展影响空军后勤保障的变革主要体现在以下两个方面。一方面，使得空军后勤保障的任务发生了变化。表现在：第一后勤保障内容增多，保障结构发生变化；第二后勤保障任务量剧增，保障强度日益提高；

第三后勤保障要求提高，保障难度不断增大。另一方面，使得空军后勤保障的方式发生了变化。以地面为主的平面保障方式将被多维立体保障方式所取代；多环节的逐级保障方式将被直达保障方式或越级保障方式所取代；单一保障与综合保障相结合，定点保障与机动保障相结合等保障方式会不断出现。

二、信息化空军装备发展对作战的影响

信息时代，信息化空军装备是空军建设和发展的物质基础，是信息化空军战斗力的重要组成，同时也是空军建设和发展水平的客观标志。信息化空军装备发展，必然遵循着空军装备发展的基本规律，对空军作战产生重大影响。

（一）空军装备发展对空军作战思想的影响

空军作战思想是指导空中军事斗争全局的基本观点，是组织实施空中作战行动的重要依据和理论基础。空军作战思想来源于空中军事斗争实践，空军装备是进行空中军事斗争实践的物质基础，空军装备发展必然对空军作战思想产生影响。

一是空军装备的早期发展提供了空军作战思想产生的物质基础。飞机诞生不久，一些有识之士就预见到空中将成为新的战场，飞机将引发军事领域的重大变革。1910年，杜黑提出了"创立前所未有的第三种军事学术，空中作战学术"的问题。米切尔也发表了一些有益的见解。但是，在第一次世界大战之前，空中力量还处于初创时期，数量有限，水平不高，空中活动只能是零散的、小规模的。在这种基础上，人们的认识还不可能形成理论。随着第一次世界大战的爆发，由于军事需求的强烈刺激，飞机获得了大量的应用，实践中产生了大量问题需要从理论高度予以解释和阐述，诸如制空权问题、建立独立空军问题、战略轰炸问题等。对于这些问题，在战争环境中，人们难以进行深入系统的研究。于是，战后的和平环境就形成了空军军事学术理论的蓬勃发展时期，空军作战思想随之产生，杜黑、米切尔等人的学术思想也都产生于这一时期。

二是空军装备的不断发展丰富了空军作战思想的内容。随着空军装备的发展，空军作战类型和作战规模不断扩大，新的问题不断产生，于是推动了空军作战思想的发展，使其内容日渐丰富。第二次世界大战之前，空袭的规模都不大，加上当时技术条件的限制，空袭造成的损害还不至于对战争进程和结局有多大影响。即使是战略轰炸，对战略态势的影响也不大，心理效应往往大于物质效果。第二次世界大战则不然，战略轰炸达到了空前规模，德国人首先使用了"千机轰炸"，即一天出动一千架次空袭英国，后来英国人也以同样规模予以回敬。战略轰炸造成的破坏足以扼杀某一工业部门或摧毁一座城市。挫败这种战略轰炸，关系到一个国家的命运。因此，防空具有了战略意义。防空，除动用大量兵力组建防空部队外，还需要运用空中力量打击敌人的空军基地，在空

军和防空军分立的国家，这就涉及到军种间的协同作战。在濒海地区，还需要海军航空兵的协同作战。许多情况下，还需要陆军航空兵和防空部队参战。防空作战的规模越来越大，出现了防空战役。第二次世界大战中的一系列的成功防空战役，同样书写了二战史上光辉的一页。防空战役的出现，极大地丰富了空军作战思想的内容。

三是信息化空军装备的出现将推动空军作战思想发生重大变化。信息化空军装备在空中战场的大量应用，彻底地改变了空中战场的面貌，使其具有了决定性战场的性质，空中力量依附于陆海军的"支援型"格局已经打破，空中力量作为陆海军"平等伙伴"的战争主体力量地位已经确立。这些变化必将促使空军作战思想发生重大变化。空中威慑，是重要的空军作战思想。这种思想最早由德国提出，在当时，更多的还只是一种"虚张声势"。现代信息化条件下，空中威慑以强大的空中力量为后盾，注重空中威慑与实战手段的灵活运用和相互配合，显示出了空中威慑的独特优势。现代的信息化局部战争中，空袭以远程精确打击为主，具有典型的非线式、非接触、非对称的"三非"作战特征。信息化空军装备的出现推动空军作战思想发生重大变化的表现：第一是具有全球性和突发性，能快速超越时空阻隔，把国家意志传遍世界各地；第二是具有精确的可控性，能恰如其分地达成国家不同层次的战略目的；第三是具有显著的经济性，用于处理当代国际争端易于达成不战而屈人之兵的目的；第四是运用方式自由度大，是一种全方位综合性的战略威慑手段。因此，空中威慑已经成为和平时期体现国家意志的最佳军事手段。

（二）空军装备发展对空军作战方式的影响

恩格斯指出：一旦技术上的进步可以用于军事目的并且已经用于军事目的，它们便立刻几乎强制地、而且往往是违反指挥官的意志而引起作战方式上的改变甚至变革。信息化空军装备的发展，也同样说明了这一点。

一是飞机的诞生导致了一系列全新的作战方式的产生。长期以来，人们生活于地面，高山、海洋限制了人们的活动。正如杜黑指出的那样：战争中为了取得胜利，"一方必须突破对方的坚强防线攻占这一地区"，"如果不首先突破敌人的防线，就不可能侵入敌人领土"。飞机的出现改变了这一点，"现在有可能不用首先突破坚固的防线就能进入它的远后方。这是空中力量使它成为可能。""所有这一切不可避免地会给未来战争的样式带来深刻的变化，战争的主要特性必将与以往任何战争根本不同"。《美国空军航空航天基本理论》指出："与地球表面部队相比，航空航天平台居高临下，视野广阔，且不受地表限制，运行速度更快、更远，并能采取更多的方式进行运动"。于是，空中侦察、空中格斗、空中火力支援、空中轰炸、军事空运、地面防空等一系列全新的作战方式先后产生。

二是空军装备的发展推动空军作战方式的形成与完善。"技术决定战术"，一种作战方式的形成与完善，无一不与装备发展密切相关。20 世纪 60 年代"古巴导弹危机"中，当时的美国总统肯尼迪曾考虑对即将部署在古巴的苏联导弹阵地实施空中打击，但碍于当时空中武器的打击精度，"投鼠忌器"，只得作罢。1986 年，美国空袭利比亚，得益于 F-111 战斗机携带的激光制导炸弹，整个空袭行动仅持续 12 分钟，美军大获全胜，五个预定目标全部摧毁，其中一枚激光制导炸弹准确投入卡扎菲的卧室，并以此成为"外科手术式"空中打击的典型范例。越南战争中，美国空军创造了空中合同作战方式，各种类型的作战飞机和保障飞机在空中混合编队，形成互相协同、互相支援的空中作战群体，提高了空中力量的整体作战能力。但当时空中预警指挥的问题没有解决，空中编队的合成程度还不高，一般由 2～4 种不同机型组成。80 年代以后，由于装备了性能先进的空中预警机，空中合同作战方式得到了发展和完善，在空袭利比亚、伊拉克和科索沃的作战中，空中编队扩大到 10 多种机型，使空中合同作战能力达到了新的水平。

三是信息化空军装备的应用将带来空军作战方式的崭新面貌。近期的几场局部战争表明，信息化空军装备迅猛发展，已经引发并将继续引发空军作战方式的重大变革。除前面提到的"外科手术式"空中打击、空中合同作战外，空战以超视距攻击为主，具有"三全"作战能力，以及隐身突防和夜间空袭也都是一些极具代表性的新的空中作战方式。隐身突防得益于隐身战斗机的出现。1991 年海湾战争的首次空袭中，F-117A 隐身战斗机，既没有如战前一些人预测的那样攻击对方防空雷达，也没有去压制对方机场和地面防空阵地，为后续兵力打开"突击走廊"，而是越过对方防空兵力直接攻击巴格达的战略目标，一举达成作战目的。隐身突防不仅使突击兵力与保障兵力之比降低到了 1∶1，而且战损率也降低到了 0.03%。夜间空袭依赖于夜视器材的发展。长期以来，夜幕一直是空中作战的一种障碍。夜视器材的出现，使得夜幕对于拥有夜视器材的一方变得"单向透明"，从而使其更多地掌握夜间作战的主动权，陷敌于被动。20 世纪 80 年代以来，世界上的典型空袭绝大多数都是在夜间进行的。总之，随着以信息技术为代表的高新技术的广泛应用，空军作战必将展现出崭新面貌。

（三）空军装备发展对空军作战指挥的影响

美国空军在总结海湾战争时认为，战场上整体优势的取得，有赖于指挥、火力、机动、防护等效能的发挥。其中，指挥效能的发挥尤为重要，因为兵力优势、火力优势等都是通过指挥效能的发挥而起作用的。装备发展对空军作战指挥的影响主要表现在以下方面：

一是信息化装备发展强化了空军作战指挥的地位。空中力量具有多用性特点，远程打击武器、精确制导武器以及电子对抗武器的发展和运用，使空军达成作战目的的手段和方式更为多样。如仅对个别要害目标实施精确打击，或使用威慑、封锁、禁飞等手段，即可达成一定的战略目的。这既使空军作战指挥有了更大的选择空间，也对空军作战指挥提出了更高的要求。只有在作战指挥上胜敌一筹，才能以最小的代价达成既定作战目的。同时，信息化条件下的空军作战，是体系与体系之间的对抗，只有充分发挥作战指挥效能，才能更大程度地发挥空军作战力量的整体效能。再者，指挥对抗的出现，使其成为决定空军整体力量对抗结果的重要因素。以往的空军作战，主要是力量之间的对抗，强调力量优势。现代信息化条件下，作战优势不仅仅取决于力量优势，而且与战场运筹、协调、控制密切相关，智能对抗和信息对抗的特征日益突出，指挥优势成为赢得胜利的必要条件。英阿马岛战争中，阿军空中力量占有数量优势，也不乏性能优良的作战飞机，但由于缺乏充分的指挥引导手段和先进的电子对抗设备，无法进行夜间和不良天候下的作战，也不能有效对付英军的电子对抗武器，最终导致作战失利。可见，没有指挥优势，力量优势是难以发挥的。

二是信息化装备发展提供了指挥自动化的手段。指挥手段是影响指挥效能的重要因素，指挥装备是空军装备的重要组成。空军指挥手段，经历了从手工作业向指挥自动化系统转变的发展过程。随着现代作战的发展，指挥任务日益艰巨，空军作战指挥系统不仅要对空中作战系统、防空作战系统，而且还要对后勤保障系统和装备技术保障系统实施统一的指挥控制，任何一个环节出现指挥失误，都会影响整个空军作战进程。同时，航空装备的高速运动特点也决定了空军作战的突发性和速决性，战场情况瞬息万变，战机稍纵即逝，从而使空军作战的组织指挥变得更加复杂困难，靠传统的手工作业越来越不能满足空军作战的需求，指挥自动化系统应运而生。1958 年，美军建立了第一个半自动化的地面防空指挥控制系统——"赛其"系统，实现了信息收集、处理、传输和指挥决策过程部分作业的自动化，迈出了空军作战指挥由手工作业向自动化作业转变的第一步。此后，许多国家都开始了指挥自动化系统的建设。目前，随着军事需求和相关技术的发展，C^3I 系统已经扩展为 C^4ISR 系统，将监视与侦察纳入了指挥自动化系统的范畴。信息的获取与利用，日益成为决定战争胜负的关键。可以预料，随着指挥自动化系统的发展，必将极大地提高空军的作战指挥效能。近期发生的几场局部战争，都反复证明了这一点。

（四）空军装备发展对空军体制编制的影响

马克思指出：随着新作战工具即射击火器的发明，军队的整个内部组织就必然改变了，各个人借以组成军队并能作为军队行动的那些关系就改变了，各个军队相互间的关系也发生了变化。军队的体制编制，在一定意义上讲，主要是人和武器的结合方式。因此，武器装备的发展变化以至更新换代，必然导致军队体制编制的改变乃至变革。

一是空军装备发展决定空军各兵种的产生或消亡。飞机出现后，首先是在陆军中建立了航空兵，随着航空兵器数量的增加和作战效能的提高，航空兵升格为空军；随着对空防御武器的发展，诞生了防空兵。第一次世界大战时，防空兵已经形成以歼击航空兵和高射炮兵为主，以探照灯部队和拦阻气球为辅的体制格局；后来，随着雷达的出现，产生了雷达兵；随着地空导弹的出现，诞生了地空导弹兵等。近年来，随着航天武器的发展，一些国家的空军中出现了航天部队。在上述发展过程中，随着武器装备的发展更新，探照灯部队和拦阻气球部队先后完成了各自的历史使命，退出了历史舞台。

二是空军装备发展导致空军力量结构发生变化。军队结构是指组成军队的各个部分的有机组合方式，这种组合方式随着武器装备的发展而处于不断变化之中。第一次世界大战末期，随着歼击机的出现，歼击航空兵成为一个专门兵种，在各交战国空军总编成中约占 40%。第二次世界大战前后，受"轰炸机无往而不胜"的思想影响，轰炸机的发展一度超过了歼击机。如英国轰炸机比例高达 58.7%，德国也达到了 57.8%。在空中合同作战中，随着飞机作战性能的提高和精确制导武器的发展，以及地面防空系统的发展，美军保障飞机与作战飞机的比例也发生了变化。越南战争中，比例为 2.5：1，空袭利比亚时上升到 4.3：1，海湾战争则达到了 5：1。

三是空军装备发展影响空军编组形式的变化。早期空战，飞机性能有限，主要靠飞行员个人的勇敢、机智和顽强，带有浓厚的"骑士"色彩。随着歼击机的诞生，编队空战开始出现，德国率先提出空战"原则上以四机或六机为单位进行"。第二次世界大战时期，欧洲战场出现了"千机大空战"的壮观场面。喷气式飞机的出现，导致了小编队的回归，局部战争表明喷气式飞机更适于小编队。各类保障飞机的出现，为空中合同作战奠定了基础，多机种协同作战成为新的作战方式。1991 年的海湾战争，以其合成性强、持续时间长、辅助手段广、突击方向多为特征，标志着空中合同作战的新水平。1993 年，在海湾战争的经验基础上，美国空军正式组建了多机种混编联队，使战时的空中合同作战方式在体制上固定了下来。可见，装备发展是空军体制编组形式变化的重要原因。

（五）空军装备发展对空军后勤保障的影响

空军装备发展对空军后勤的保障任务、保障方式和后勤保障手段等都产生了重大影响。

一是空军装备发展使空军后勤保障任务更加艰巨。空军作战具有强度大、速度快、航程远的特点，从而带来了空军后勤保障数量大、时间紧、地域广的三大特点。第四次中东战争开展后头三天，交战双方发射的导弹数量，就相当于北约组织当时的全部库存。开战后一周，双方的大部分战略储备已经被消耗，以色列库存只能再维持两周，埃及维持 10 天，叙利亚维持 7 天。海湾战争中，多国部队飞机总共出动 11 万架次，日平均出动 2500 架次，最高日出动 3100 架次，累计消耗各类弹药 50 多万吨，消耗航空油料 100 多万吨，大大超过了美军在朝鲜战争和越南战争中的消耗速度。美军空袭利比亚，往返行程一万多千米，沿途动用了 28 架空中加油机，进行了 6 次空中加油。海湾战争期间，美军在海湾地区部署了空军第 68 加油机联队和第 16 空中加油机大队，架起了一座从美国本土到海湾战区的一万多千米的空中桥梁。凡此种种，都反映了现代作战空军后勤保障任务之艰巨。

二是空军装备发展使空军后勤保障方式发生了根本变革。与空中作战全方位、全纵深、全高度和空天一体相对应，空军后勤保障的空间也大为拓展，保障方式发生根本变革。一是平面保障转向立体保障。长期以来，空军后勤一直以地面保障方式依托机场实施保障，由于作战在空中，保障在地面，在很大程度上限制了空中力量作战效能的发挥，随着空中医疗、空中加油、空中修理的出现，部分保障工作在空中展开，空中保障方式初步形成。与此同时，一部分保障工作正由地面转向地下，如地下输油管线、地下仓库、地下修理、地下指挥等。二是地域配置保障转向全方位支援保障。空军后勤的传统保障方式是按地域配置保障资源实施保障，造成保障资源的平均配置。目前一些国家空军已经改变了地域保障方式，采用全方位保障方式，集中囤积保障资源，一旦某一地区需要提供支援时，以快速机动的方式将集中囤放的保障资源予以快速支援，以利于保障资源的集中管理、重点支援。三是纵深梯次保障转向超前预置保障。传统作战，有明显的前后方，后勤保障由后向前逐级实施，有利于保障资源的安全。现代作战，前后方的界限已经消失，而且战争的突然性、快速性大大增强，要求改变传统保障方式，采用超前预置和以空运为条件的全方位机动保障等方式。海湾战争中，美军采用了超前预置和紧急空运调运了大批物资，为后来的作战行动奠定了基础。

三是空军装备发展使空军后勤保障手段全面更新。保障手段是影响保障能力的重要因素，信息化装备发展使后勤保障手段全面更新。第一是自动化水平显著提高，许多国家先后建立了后勤指挥自动化系统，实现了物资储备、计划、分配、调拨等环节的自动化，极大地提高了物资保障能力。第二是空运手段大量应用，目前主要是空中加油和空中救护，极大地提高了后勤保障的时效。第三是后勤保障装备的现代化，通过加大机场加油、牵引、场道保障等设备的高技术含量，实现通用化、系列化和多功能化，提高后勤保障综合效能。

（六）空军装备发展对空军装备保障的影响

空军装备保障的根本任务是，最大限度地满足空军作战的需求。近几次局部战争实践表明,空军装备的更新与作战需求演变形同两翼,始终推动并影响着装备保障的发展。

一是空军装备发展改变了装备保障的内容、方式和手段。空军装备是被保障对象,随着空军装备的发展,必然要求保障内容、保障方式和保障手段发生相应变化。早期作战飞机的保障工作以机械液压系统为主,多采用定时维修,在维修手段上一般也是经验加简单手工工具。随着航空装备的发展,电子系统的比重逐渐增大,并成为保障工作的重要内容,视情维修和事后维修逐渐产生,检测设备开始得到应用。对于现代作战飞机,软件维修和各类参数设定成为保障工作的新内容,机内自检和参数监控设备大量出现,有效地提高了保障工作的效能。

二是空军装备发展增加了装备保障的难度。主要表现为,第一,保障强度提高。高强度保障,是空中力量高强度出动的客观要求和基本保证。第三次中东战争,以色列空军正是得益于强有力的装备技术保障,以高强度出动,弥补了数量上的不足,创造了以少胜多的典型战例。第二,保障模式也日趋多样。随着空中作战方式的演变,多机种保障、机动保障、高强度持续保障等相继出现,对保障提出了更高的要求。第三,保障环境复杂多变。首先机场将成为敌方打击的重点,保障工作面临核、生、化、声、光、电各类武器袭击的可能。同时,随着航空装备的发展,自然环境对空中作战的影响越来越小,不再成为空中行动的障碍,但是由于技术发展的不均衡,保障依然受许多自然因素影响,有些影响甚至是不可低估的。如海湾战争中的沙漠环境,曾一度造成了保障人员和装备的不适应。另外,未来的信息化条件下的空军作战,空军装备保障将在复杂电磁环境下进行,这将给空军装备保障带来极大的困难。

三是空军装备发展使保障成为空军战斗力的重要组成。任何武器装备,在使用之前都只是提供了一种可能,或称为潜在战斗力,保障是潜在战斗力转化为现实战斗力的中间环节,并由此决定了保障在空军战斗力构成中的地位。随着武器装备的发展,未来空中作战面临两大难题,首先是武器装备、尤其是信息化武器装备对战争进程和结局的影响越来越大;其次是装备保障的难度越来越大。因此,保障对空军战斗力的影响越来越大,成为影响空军战斗力的重要因素。以色列空军在第三、第四次中东战争以及英国空军在马岛战争中取得的以少胜多的战绩都充分说明了这一点。

综上所述,武器装备发展对空军作战思想、作战方式、作战指挥、体制编制、后勤保障和装备保障都产生了重大影响。随着信息化空军装备的发展,这些影响将会越来越显著。同时,上述各个方面的变化也会反作用于空军装备,促进或者制约空军装备的发展。总之,上述关系相互影响,相互制约,构成了空军装备发展的特定内容。

第四节　信息化空军装备发展历程及发展趋势

空军这一军种虽然只有百年的历史，但却以强大的活力与迅猛的发展给军队与战争打上了深刻的烙印。伴随着信息时代的到来和空军信息化的成长进步，信息化空军武器装备已经发展成为庞大的体系。客观准确地描述信息化空军装备的发展历程，揭示信息化空军装备的发展规律，预见信息化空军装备的未来发展，具有十分重要的理论指导意义。完整地、系统地认识信息化空军装备发展，通常需要从其历史源头开始。

一、信息化空军武器装备产生的时代背景

19世纪末至20世纪60年代末期间，火力、动力机械与电子技术等相结合的机械化武器装备逐步取代了火药武器装备，形成了技术复杂、种类繁多、功能多样、结构完整的机械化武器装备体系。军队由陆、海、空部队构成，合同作战方式与各种新军事理论体系问世，最后由机械化战争形态取代火药化战争形态。尤其是第二次世界大战之后，以核技术为代表的新技术在军事领域的广泛应用导致机械化武器装备的飞速发展，机械化武器的毁伤能力已接近物理极限。这就令人们不得不思考：工业时代的机械化武器装备究竟将会走向何方？

自20世纪60年代以来，随着以信息技术为代表，包括生物技术、新材料技术、新能源技术、航天技术、定向能技术、海洋开发技术等一大批高新技术群体的出现，一场全方位、多层次的新科技革命在全世界范围内蓬勃兴起。其来势之迅猛、作用之巨大、争夺之激烈、影响之深远，都是有史以来任何一次科技革命所无法比拟的。人们的生产方式、生活方式乃至经济、社会、文化等各个领域，都在经受着这场新科技革命浪潮的冲击，发生着翻天覆地的变化。无论是发达国家，还是发展中国家，都面临着严峻的挑战，都在积极寻找迎接挑战的战略。如同历史上的每一次科技革命一样，以信息技术为代表的新科技革命也把它长长的触角，伸向了军事斗争领域，伸向了现代战场，使当今战争舞台已经发生了并正在继续发生着全面而深刻的变革。以信息技术为代表的高新技术广泛地应用于军事领域，将促使整个机械化武器装备体系逐步向信息化武器装备体系转变，进而出现知识密集型的智能化军队，联合作战将成为主要作战样式，军事理论体系及军队体制编制将彻底革新，这也是现在经常提及的新军事变革，即信息化军事变革。武器装备信息化就是以信息化军事变革为直接动因的，它的主要标志是：信息+火力；它的表现形式是：达成感知的全维性、处理的实时性、杀伤的精确性；它的根本目的是：打造能满足信息化战争需要的作战力量。

空军作为最年轻的传统军种，其武器装备体系技术含量最高。一架先进的

作战飞机及其机载设备往往集各种高、精、尖技术于一身，集中体现一个或几个国家的科技水平，是一个或几个国家一代、甚至几代科技工作者集体智慧的结晶。因此，在当今信息技术主导的社会中，空军武器装备的信息化程度无疑会大大超过其他兵种。就美军而言，其陆军和海军武器装备信息化程度分别为50%和60%，而空军武器装备的信息化程度已达70%，航天武器装备的信息化程度甚至达到了80%以上。信息技术在空军武器装备上的广泛应用，使空军武器装备的作战效能产生了质的飞跃，对作战行动产生了巨大的影响。空中力量、尤其是信息化的空中力量在信息化战争中具有突出的作用和地位。现代信息化战争都是从空袭开始，并贯穿于战争的全过程。空军总是首当其冲，全程使用。这已成为现代战争的一大显著特点。海湾战争至伊拉克战争这一系列局部战争集中体现了空中力量的发展和使用趋势，即武器装备信息化程度不断提高，空军的空中突击威力和精度进一步提高，空中力量的使用范围不断扩大，对战争进程和结局产生重大影响，甚至是决定性影响，在一定条件下空中力量可单独达成战略目的。美国前国防部长阿斯平称"空中力量在战争中发挥了决定性的作用。"俄罗斯军事专家则直截了当地指出：现代战争已彻底改变了陆、海、空三个军种的排列顺序，空军已经成为第一军种，没有空军的参战，要进行任何一次现代战争都是不可想象的。

正是由于透过近几场战争的滚滚烟尘，各国清晰地看到：现代战争正以惊人的速度向信息化迈进，而拥有信息化武器装备的空军在现代战争中的作用举足轻重。这使得各个军事强国不断加大信息化空军武器装备建设力度，空军武器装备的信息化程度不断提高。

二、信息化空军装备的发展过程

从 20 世纪中叶至今，世界信息化空军武器装备发展大致可划分为三个阶段，其内容分别是：

一是起步阶段。20 世纪 50 年代至 80 年代末。世界信息化空军武器装备的重点是探索建立各类战略 C^3I 系统，试验战役战术 C^3I 系统。在这一时期，信息化主要是为机械化服务，装备建设的重点在于提高机械化作战能力。信息化的内容主要包括：建设各类战略 C^3I 系统，试验战役战术 C^3I 系统；采取"附加"和"嵌入"等方法对机械化武器平台进行有限的信息化改造；发展各类精确制导武器。

二是全面发展阶段。从海湾战争之后至 2000 年前后。各国日益重视信息的重要性，积极开展空军装备的信息化改造，加强 C^4ISR 信息系统的建设，强调电子对抗手段运用。这一阶段武器装备信息化内容主要包括：不断完善拓展原有信息系统，包括对指挥与控制系统进行结构性调整，建立战术互联网，构建空间作战支持系统；加大空中作战平台信息化改造的力度；大力发展精确制导武器；建立信息系统基础体系结构，在技术体制上确保各系统之间可互联、互通、互操作。

三是深入发展阶段。从 21 世纪初开始，发达国家全面推进装备信息化，发展新型空军信息化装备，以网络为中心强化信息系统的功能，并逐步实现信息化目标。世界主要军事大国从自身安全和战略利益考虑，将武器装备信息化的重点由机械化改造向发展新型信息化平台和武器系统转移，并以网络为中心不断强化信息系统的功能，以确保在装备和军事高技术领域的优势地位。今后一个时期装备信息化建设的内容大体包括：发展信息化程度更高的新型装备；以网络为中心强化信息系统的功能；大幅提高精确制导武器的比例和性能；大力发展信息战装备；加强信息基础设施建设等。

三、信息化空军装备发展趋势

我们处在战争形态交替的时期，信息化战争正在向我们走来。尽管未来充满着不确定性因素，但是依据战争形态演进的历史规律，分析近年来的局部战争，洞察主要军事强国的空军建设动向，我们完全有可能把握未来空军装备的发展。

一是武器系统综合化。空军武器系统综合化，就是要在充分利用信息和信息技术的基础上，通过对各种作战要素和各个作战单元的综合集成，实现军事功能和作战效能的最大化，是打赢信息化战争的必然要求。

信息化战争，明确了实现武器系统综合集成的外部需求，但是实现综合集成的具体方法在国内外都进行了大量探索。在这些研究之中，美军的"网络中心战"理论独树一帜。美军认为，"平台中心战"是机械化战争的产物，"网络中心战"将成为信息化战争的基本作战样式。"网络中心战"理论强调利用信息网络的综合集成作用实现对现有和未来可能拥有的作战资源的全面整合，以寻求战斗力的新的增长点，而非对"平台中心战"的简单否定，"网络中心战"不仅没有否定武器平台的作用，而且对武器平台的信息化提出了更高的要求。网络中心作战体系建设的核心是"四重网格"，即信息基础栅格、战场感知网格、指挥控制网格、火力打击网格。其中，基础信息栅格，由国防信息基础设施、国家信息基础设施和全球信息基础设施等组成，是对所有可以利用的已建、在建和拟建网络资源的全面整合，最终目的是建成全球信息栅格；战场感知网格，由分布于陆、海、空、天战场的各类感知设备、配套软件以及为之服务的信息基础设施等构成，目的是通过信息融合，实现战场态势的实时感知，消除"战争迷雾"；指挥控制网格，是以信息网格为基础设施的网络化指挥控制系统，与其他指挥控制系统、战场感知系统、火力打击系统形成网状连接，以实现决策优势、信息优势和交战优势；火力打击网格，由分布在陆、海、空、天各种作战平台的武器网组成，目的是在战场感知网格的支持和指挥控制网格的指挥控制下，完成精确交战和目标打击等项任务。在上述网格之中，基础信息栅格处于基础层面，为其他网格提供支持保障，战场感知网格、指挥控制网格和火力打击网格处于应用层面，通过基础信息栅格构成四通八达、功能强大的战场信息网络体系。美军设想通过"四重网格"的构建，实现其对现有和未来武器系统的全面整合，从而谋求并保持其在信息时代的"全谱优势"。

目前，"网络中心战"理论仍处于形成和发展之中，随着实践的深入和认识的不断深化，"网络中心战"理论也将不断趋于成熟，从而对武器系统的综合集成提出新的更高的要求。

二是决策支持智能化。增强战场态势感知能力，提高决策智能化水平是信息化建设的两个基本问题。近年来，美国空军在继续谋求信息优势的同时，决策优势的问题也被提到了空前的高度。美军认为，"信息优势只有在其有效地转化为知识优势和决策优势时才能给联合部队带来竞争优势。联合部队必须能够利用转化为知识优势的信息优势来夺取'决策优势'，即在对手未做出反应前做出决策并使决策付诸实施。"美国空军还在此基础上，提出了"决策周期控制权"的概念。实现决策支持手段的智能化，是实现决策优势的基本途径。

决策支持智能化，是一个比较宽泛的提法，包括武器控制过程的智能化和战场辅助决策过程的智能化。就武器控制而言，首先是平台飞行控制问题，其次是打击决策问题。对于平台飞行控制，无人机是最典型的例子，也是平台飞行控制水平的集中体现。伴随着技术进步和战争形态演变，无人机经历了靶机、侦察机等发展阶段，目前正向着作战飞机的方向发展。无人机的发展，不仅仅是任务载荷的变化，而且还包含着人类认知能力的飞跃。靶机，主要是在物理域内解决目标特征模拟和飞行轨迹控制问题；侦察机，还必须在信息域内解决目标信息的提取、传输和处理等问题；无人作战飞机的出现，则把问题提升到了认知层面，必须具备依据作战任务和空中战场态势，实时解决航路规划、航迹控制和姿态控制等问题，以争取和保持对己方最有利的空中作战态势。就打击决策而言，前提是提高态势感知能力，有效解决目标发现、识别、跟踪和打击效果评估等问题，在此基础上重点解决打击目标的确定、打击方式的选择以及打击时机的把握等问题，这就要求导弹武器系统必须具备对环境变化做出实时决策的自主能力。目前，在实现在线任务规划、飞行途中自主改变攻击目标、增强武器与平台之间的协同以及弹弹协同等方面也都有了一些探索。

随着智能化水平的不断提高，未来空中战场无人化的问题也十分引人关注。多数专家认为，尽管无人机的发展已经呈现出十分诱人的前景，但是在可以预见的未来，电脑还不可能完全超过并替代人的大脑，因此，无人战斗机即使出现，也只能作为有人战斗机的补充与完善，而不可能完全取代有人作战飞机。首先，无人作战飞机的使用规模依然受到控制技术和智能化水平的严格限制，尤其是在强电磁干扰环境下执行作战任务时，可能受到更多的限制。其次，无人战斗机要完全取代有人战斗机，不仅需要满足未来战争对武器系统提出的种种要求，而且必须具备足以超越有人战斗机的全面优势，但这一点对于无人作战飞机来说并非易事。此外，无人作战飞机仍处于发展之中，目前做出结论为时尚早。

三是打击手段精确化。随着精确制导技术的不断发展，在军事需求和技术进步的双重作用下，精确打击已经成为一种重要的作战样式，据统计，从1991年的海湾战争到2003年的伊拉克战争，精确制导弹药用量从占弹药总量的8%上升到68%。可以预见，随着信息化战争的兴起和精确制导技术的迅猛发展，在未来战争中，空军打击手段精确化的趋势已经不可逆转。

精确制导武器迅速发展和广泛运用的主要动因来源于人们对降低战争成本和提高战争可控性的迫切需求。现代科学技术的迅猛发展，一方面提供了更多更先进的战争手段，另一方面也使战争的成本急剧飙升。1991年的海湾战争，打了42天，仅美军的耗费就达500多亿美元，超过了第二次世界大战68个参战国家的全部武器装备的价值总和。面对如此重负，就连作为世界首富的美国都难以承受，不得不屈尊向"盟友国家"伸出求援之手。在精确制导武器诞生之前，为了确保对打击目标的有效摧毁，"被迫用炸弹的吨数来替代精度"、"地毯式轰炸"成为必然。狂轰滥炸，首先是带来战争成本的急剧飙升，其次是产生严重的附带损伤。正是在这样的背景之下，精确制导武器一经产生，便得到了迅速发展，并使得战争的面貌大为改观。据美军对越南战争的统计，摧毁相同数量的地面目标，精确制导武器的轰炸费用仅为非制导武器的 1/25。随着精确制导技术的不断完善，精确制导武器的效费比还将进一步提高。

当前，精确制导武器的发展呈现出一些新的特点：首先是制导信息网络化。信息化战争的一个重要特点是在依托信息网络的基础上实现各种作战要素和各个作战单元的综合集成，以求得作战体系功能的最大化。面对网络化的战场环境，导弹必然要成为信息网络中的一个节点，具备利用和提供网络信息的双重功能，从而为在信息化条件下提高导弹效能、拓展导弹功能提供了新的技术途径。目前，在利用数据链实现网络制导、弹上信息回传以及飞行途中任务与路径重新规划等方面已经取得了一些突破。其次是制导技术多样化。导弹武器问世以来，不断突破自然环境与战场环境的限制，提高其作战效能，始终是推动导弹制导技术蓬勃发展的基本动因。再次是毁伤手段多样化。随着"五环"作战理论的确立，敌方核心领导层、指挥控制中心、防空预警指挥系统以及支撑战争的关键经济目标，如国家主干企业、军工、石油、电力、化工设施等已经成为优先打击的重点目标，为适应目标打击重点的转移，毁伤手段多样化已经成为导弹武器发展的必然要求。目前，在继续完善传统毁伤手段的同时，微波、碳纤维、电磁脉冲、计算机病毒等新概念武器也都在发展之中。第四是精确打击实时化。近年来，对于时间敏感目标的精确打击问题，越来越引起人们的关注。信息技术的发展，为准确发现、快速决策和适时评估提供了有效的技术手段，从而更加凸显出对导弹武器实时打击能力的迫切要求，要求导弹武器有更远的射程、更快的速度和更高的机动能力，超远程、高超声速和高机动性将成为导弹武器未来发展的重要方向。

四是空天平台一体化。航空航天技术的发展与融合，为军事大国谋求技术优势提供了新的可能。2004 年美国高超声速飞行器 X-43A 技术验证机实现了10 倍声速飞行。这一成功给沉寂多年的美国空天飞机发展带来了新的曙光，并由此引发了世界各国新一轮的空天一体平台发展热潮。

空天一体平台可以追溯到 20 世纪 80 年代的美国"国家空天飞机"（NASP）计划，其后，历经高超声速运输机（Hystp）计划、高超声速技术（Hytech）计划，最终演变为 Hyper-X 计划，其目的是研究并演示可以用于高超声速飞机和可重复使用的天地往返系统的超燃冲压发动机技术。以此为基础，美国国防部计划在 2025 年后为美国空军装备跨大气层高超声速轰炸机，列入美国空军转型计划的还有一些其他空天飞行器项目。此外，俄罗斯等国也都开展了一系列相关研究，并不同程度地掌握了一些关键技术。专家认为，航空航天技术发展到一定程度，必然向着更快、更高、更远的方向发展，空天飞机是未来发展的必然趋势，也可能成为空军下一代战斗机发展的重要方向。其一，发展空天飞行平台体现了空军空天一体的发展思路；其二，发展空天飞行平台符合空军一贯追求的实现"技术突袭"的发展思路。目前，各种飞机的飞行高度最高不过 30 多千米，而卫星则都在几百千米以上做轨道飞行，亚轨道是飞行器的空白区域。空天飞机可用于亚轨道飞行，在亚轨道飞行具有独特优势，首先是在这一高度上，世界上现役的防空导弹将全部失效；其次是实现亚轨道飞行所必须具备的高超声速还将使现役的军用飞行器全部失效，即使是看得见，也追不上，打不着。

空天一体平台的最终实现，可能需要经历一个漫长的发展过程。首先，实现空天一体需要经历信息融合、技术融合和力量融合等这样几个发展阶段。目前，世界各国总体上仍处于信息融合的发展阶段。至于技术融合，目前还处于远期探索阶段，进入工程研制还有很长的路要走。技术融合，是实现空天力量融合和最终实现空天一体的基础和关键。技术融合的基本标志，就是实现空天平台的一体化。随着航空航天技术进步和战争需求的变化，对空天一体平台的力量融合提出了更高的要求和实现的可能性。

第二章　信息化空军航空装备

信息化空军航空装备是空中作战系统的技术支撑，是空军航空兵直接执行作战、训练任务的武器系统与技术装备的总称，是航空兵作战、训练的物质基础。随着微电子技术的不断发展，空军航空装备的信息化程度也在不断加强。美、俄等军事强国纷纷把空军武器装备作为其装备信息化建设的重点，而空军航空装备又是其发展的重中之重。

第一节　信息化空军航空装备的基本构成

空军航空装备往往是一个国家科技水平的体现，各种先进技术一旦成熟首先就会用于航空领域。随着新技术的迅猛发展，最有代表性、对空中作战影响较大的新技术有：航空动力与推进技术、飞行操纵控制技术、武器制导控制技术、隐身技术、侦察和预警技术、光电跟踪技术、电子对抗技术、空中加油技术、动能和定向能技术、航空新材料技术等。空军航空装备主要包括飞行器平台、航空发动机、航空武器、机载设备等。

一、飞行器平台

飞行器平台是指装有机载武器和机载设备、直接用于对空中、地面、水面、水下目标进行攻击或担负直接作战保障任务的飞行器的统称，是航空兵的主要作战装备。它包括歼击机、歼击轰炸机、轰炸机、强击机、侦察机、电子对抗飞机、预警机、空中加油机和无人机等。

飞行器平台加装的机载武器和设备不同，承担的任务也有所不同。各典型机种代表性机型主要有：歼击机（西方称战斗机）如美国的 F-15、F-16、F-22、F-35，俄罗斯的米格-29、米格-31、苏-27、苏-37，法国的幻影-2000、"阵风"等。轰炸机如美国的 B-52、B-1、B-2，俄罗斯的图-22、图-95、图-160 等。侦察机如美国的 U-2、TR-1、SR-71 等。预警机如美国的 E-2、E-3、RF-4C，俄罗斯的图-126、A-50，瑞典的"埃里眼"，以色列的"费尔康"等。直升机如美国陆军的 ARH-70、EH-60 等。无人机如美国的"捕食者"、"全球鹰"、以色列的"猛犬"等。

二、航空发动机

航空发动机被誉为飞机的"心脏"，是一种高度复杂和精密的热力机械，作为飞机的心脏，被誉为"工业之花"，它直接影响飞机的性能、可靠性及经济性，是一个国家科技、工业和国防实力的重要体现。航空发动机为飞行器提供飞行所需动力，直接影响飞机的性能、可靠性及经济性。如果没有先进发动机，机载设备再先进、气动性能再好的飞机，其作战效能也无法发挥。目前，世界上能够独立研制高性能航空发动机的国家只有美国、俄罗斯、英国、法国等少数几个国家，技术门槛很高。美、俄、西欧等发达国家和地区都把研制先进航空动力装置作为 21 世纪发展空军装备的关键技术之一。

航空发动机大致有三种类型：一是活塞式航空发动机，这是早期在飞机或直升机上应用的航空发动机，用于带动螺旋桨或旋翼。大型活塞式航空发动机的功率可达 2500 千瓦。后来为功率大、高速性能好的燃气涡轮发动机所取代。但小功率的活塞式航空发动机仍广泛地用于轻型飞机、直升机及超轻型飞机。二是燃气涡轮发动机，这种发动机应用最广。包括涡轮喷气发动机、涡轮风扇发动机、涡轮螺旋桨发动机和涡轮轴发动机，都具有压气机、燃烧室和燃气涡轮。涡轮螺旋桨发动机主要用于时速小于 800 千米/小时的飞机；涡轮轴发动机主要用作直升机的动力；涡轮风扇发动机主要用于速度更高的飞机；涡轮喷气发动机主要用于超声速飞机。三是所谓的"新概念"发动机，比如冲压发动机，其特点是无压气机和燃气涡轮，进入燃烧室的空气利用高速飞行时的冲压作用增压。其构造简单、推力大，特别适用于高速高空飞行。由于不能自行起动和低速下性能欠佳，限制了应用范围，仅用在导弹和空中发射的靶弹上。上述发动机均由大气中吸取空气作为燃料燃烧的氧化剂，故又称为吸空气发动机。其他还有火箭发动机、脉冲发动机和航空电动机等。

三、航空武器

航空武器是各类军用航空器（载机）、各种武器及其相关装置（包括硬、软件）所构成的综合系统。机载武器系统由飞机上的武器和弹药、装挂和发射装置、火力控制系统构成，是作战飞机的重要组成部分。整个航空武器系统的效能既取决于武器系统自身的完善程度，又取决于载机性能的高低，航空武器系统的发展同载机的发展密切相关、相辅相成，以期最大限度地发挥各类载机/武器系统的综合作战效能。

现代航空武器种类繁多、用途各异。按装药不同，分为常规武器与非常规武器；按有无制导系统，分为制导与非制导武器；按弹道形式，分为弹道式、巡航式、半弹道式武器；按使用方式，分为航空射击武器和轰炸武器；按结构特点，可以分为航空机关炮（枪）、航空炸弹、航空火箭弹、空空导弹、空地导弹、航空鱼雷、航空水雷和航空反潜导弹等。

不同类型的作战飞机配备的武器有所区别。歼击机的武器以空空导弹为主、航空机关炮为辅。强击机的武器有空地导弹、航空炸弹、制导炸弹、航空火箭弹、航空鱼雷和水雷，以及航空机关炮（枪）。轰炸机有攻防两类武器，攻击武器有巡航导弹、制导炸弹、航空炸弹；防御武器有航空机关炮。多用途战斗机兼有对空和对地（水）目标攻击能力，配备执行相应任务的对空和对地（水）武器。有的军用运输机尾部也装有自卫的航空机关炮。武装直升机的武器有航空机关炮（枪）、航空火箭弹、反坦克导弹、常规炸弹等。

四、机载设备

机载设备是作战飞机上用于进攻和防御等作战行动的设备统称，是对飞机飞行中的各种信息、指令和操纵进行测量、处理、传递、显示和控制的设备，以及保障飞机安全和完成各种飞行任务必需的设备。从广义角度讲它包含飞机装备的所有设备，在这里是指除飞行器平台、发动机和武器系统以外的所有设备，主要包括飞机仪表设备、电气设备、飞行控制设备、通信和导航设备、目标探测设备、敌我识别及电子战设备等。

从信息化角度审视现代飞机的这些机载设备，与信息密切相关的电子设备所占的比重不断增加，许多电子设备已成为飞机上几个系统共同需要的设备，即使是某些非电子设备与电子设备之间也有信息交换。因此，本章的机载设备主要是指机载的航空电子设备。

随着现代电子技术的不断发展，使集通信、导航、探测、火力控制于一体的机载设备性能大为提高，空中作战平台的信息处理能力也与日俱增。先进的机载火控雷达具有对远距离目标快速搜索、自动截获和对多批空中目标边扫描边跟踪，高分辨的敌我识别，导弹发射后的制导、下视和下射等多重功能。先进的通信设备具有与地面、海上和空中指挥机构及平台实时交换信息的能力，这些信息即包括指挥机构和其他战术单元探测到的目标信息，又包括指挥引导和战术分配信息，大大增强了飞行员的空中态势感知和联合作战能力。先进的光电探测技术用于夜间作战，使飞行员在暗夜也能看见要攻击的目标。这一切正在极大改变着现代战场上空中平台的作战方式。鉴于航空机载设备种类复杂，我们把这些设备根据其功能大致分为机载雷达、航空电子系统和机载软件。

机载雷达是利用电磁波探测目标的电子设备。机载火控雷达主要通过雷达传感器探测和发现敌方目标信息，确定目标准确位置（距离、速度、方位、高度等）信息，同时与敌我识别设备联合，判断目标的敌我属性，再由计算机对目标信息进行计算和处理，并向机载武器（空空导弹、空地导弹、精确制导炸弹等）提供目标位置数据，待目标进入火力攻击范围，控制武器攻击目标。

航空电子系统是现代战机装备的各种电子分系统、设备的总称，包括综合显示控制管理（含显控处理机、平显、多功能显示器等）、目标探测和跟踪（含机载雷达、光电探测装置等）、通信导航与识别、本机信息（含惯导、大气数据计算机等），火控计算与导弹制导、航空管制与引导、任务计算机、电子战外挂物（含武器）管理等分系统。这些分系统通过机载高速多路通信传输总线互相交联，实现整个航空电子系统的综合数据处理和传输，信息共享以及综合显示控制。

机载软件是机载计算机的核心，其主要分为系统软件和应用软件。机载计算机是飞机上各种计算机的总称，包括导航计算机、火控计算机、大气数据计算机、飞行控制计算机、任务计算机、雷达信号/数据处理机、显示控制处理机和通用综合处理机等。系统软件管理机载计算机本身及应用程序，应用软件最终控制各机载设备实现各种功能。信息化空军作战平台的正常工作离不开机载计算机，系统软件、应用软件和机载计算机硬件一起，就构成了嵌入式计算机系统，而计算机功能发挥在很大程度上取决于机载软件。

第二节　信息化空军航空装备的发展现状

空军航空装备运用于战争已有百年，在多次战争的影响和推动下，空军航空装备在军事斗争准备中的地位更加凸显，各国空军愈加重视航空装备建设。

一、航空装备的发展现状

随着科学技术的进步，各种武器装备的发展也是逐步更新换代，在近年来几次的局部战争中，世界各国都加强了对空军的作战应用研究，联合作战的样式已日趋成熟，伴随着航空装备的发展也日臻完善。

（一）飞行器平台的发展现状

空军作战飞机主要包括战斗机、轰炸机、战斗轰炸机、强击机及特种军用飞机等。由于高新技术群的广泛应用，三代战机有了很大改进，而新研发的四代战机已经成为能够适应未来战争并集攻击、防御、电子战等多功能于一体的综合型空中作战平台。

目前，世界空军作战飞机主要以三代机为主，四代机已研制成功，并装备部队。三、四代机的现状代表了空军作战飞机的现状，主要表现在以下几个方面：

一是载弹量大，航程远。从现役飞机载弹量和航程来看，美国 F-15E 的武器载荷达到 11113 千克，最大转场航程 4800 多千米；西欧的"狂风"载弹量

9000 千克，航程 3900 千米；俄罗斯的苏-24 载弹量 8000 千克，航程 3000 千米以上；其他各型战斗轰炸机，载弹量多在 3000～4000 千克左右，航程 2000～3000 千米左右，基本上属于轻型战斗轰炸机。

二是较强的中低空突防能力。现役作战飞机的低空飞行马赫数都在 1.1～1.2 左右，但仅靠突防速度不够，尤其是夜间、恶劣气候条件下的突防，还必须依靠机载电子设备（包括导航、飞行控制、多功能雷达、电子战等设备）。安装在 F-15E 上的数字式三余度飞行控制系统具有自动地形跟踪功能，环形激光陀螺导航系统大大提高了导航精度；"狂风"也装有自动地形跟踪系统，能使飞机的航迹控制在预定的 60～460 米的离地高度上，进行跨声速低空突防；俄罗斯的苏-24 也装有地形回避雷达。由于微电子技术和信息处理技术在四代机上的广泛应用，使航空电子设备功能更强，更小型化和更可靠，还将采用光纤通信、电传乃至光传操纵、电子座舱综合显示和话音控制等技术，使飞行员负担减轻，效能增强，加之具有超声速巡航能力，突防成功率更高。

三是攻击能力强。攻击能力除受载弹量这一因素影响外，还取决于机载电子设备的先进程度。美国的作战飞机都装有较完善的导航/轰炸/瞄准设备，雷达工作方式多，搜索距离远，使飞机能够自动进行各种方式的轰炸，而且还配备有前视红外、激光测距和激光目标照射等光电装置，从而大大提高了搜索能力和攻击精度；西欧战机都装有多功能雷达、导航/轰炸系统和激光测距仪等，具有全天候轰炸能力，武器投放和攻击精度大大提高；俄罗斯的机载电子设备落后于西方，只有少量飞机，如苏-34 装有导航激光测距仪等先进设备，具有全天候攻击能力。

四是生存能力强。F-15E、"狂风"和苏-34 都配有较先进的防御性电子对抗设备，使生存能力得以加强；B-2A、F-117A 则全面采用了隐身技术，以大大提高其战场生存能力。

五是攻击精度高。普遍采用相控阵雷达，为飞机提供了下视下射能力；此外，火控雷达还具有多种功能，分别用于空战和对地攻击，具有全向攻击能力；数字技术的应用，使雷达具有多目标攻击能力；普遍采用平视显示仪瞄准系统，提高了瞄准精度。

六是具有短距起降能力。在短距起降性能方面，F-15 的起降性能相当好；而苏-34 飞机的起降性已得到明显的改善；西欧"狂风"起降性能也较好，最大起飞重量 27000 千克，滑跑距离在 500 米以下。

七是具有隐身能力。三、四代机主要靠减少雷达散射面积（通过改进外形设计、使用吸波材料和涂层）和红外抑制技术（如二元喷管、隔热层、红外抑制挡板和添加剂等），使敌方难以发现。20 世纪 80 年代开始出现了以隐身作为主要突防手段的战斗轰炸机 F-117A，其前半球和后半球的雷达散射截面积只有

0.01 平方米，以其优良的隐身特性隐蔽突破敌人的防空体系，使用精确制导武器摧毁敌重要地面目标。具有隐身性已成为四代机的常规指标之一。

八是采用高级复合材料。F-14、F-15、F-16 在飞机结构中使用复合材料的比例，约为结构总重的 2%～5%，使飞机结构重量有所减轻。鉴于当时复合材料的技术水平，第三代战斗机还只是把复合材料用于次要结构件。对于四代机来说，高级复合材料（如碳/碳和石墨）用量将占飞机结构重量的 30%～50%，是第三代战斗机的 1～3 倍，减重 25%；还将采用轻质铝锂合金和快速凝固铝合金，进一步减重 10%～18%。

九是 RMS 大为改善。RMS 即可靠性、维修性、保障性，是影响军用装备的主要因素。RMS 设计、生产、管理得好，装备的战斗力就高，生存力、机动性和部署能力就强，所需维修人力就少，耗费保障费用就低。当代战斗机普遍采用单元体结构和模块式的系统以及自检测装置，使可靠性大为提高，维修、保障工作大大减轻，例如 F-15 的平均故障间隔时间比 F-14 的增加了约 3 倍，系统可靠性提高约 4 倍，维修人时下降 1.3 倍，而 F-22 的可靠性比 F-15 高 1 倍多，维修工时少一半多，大大提高了装备部署的机动性。又如 F-16 和"幻影"2000 飞机的发动机只需 3～4 人/小时就可更换完毕。美军 F/A-18 战斗机，由于在研制中强调 RMS 设计，加强 RMS 管理，在整个飞机使用寿命期内（20年），600 架 F/A-18 战斗机的使用保障费比 F-4J 节省 36 亿美元。

（二）航空发动机的发展现状

航空发动机的发展大致经历两个时期。第一个时期从莱特兄弟的首次动力飞行开始到第二次世界大战结束。在这个时期内，活塞式发动机统治了 40 年左右，特别是在两次世界大战的推动下，发动机的性能有了很大的提高。以活塞式发动机为动力的螺旋桨飞机的飞行速度从 160 千米/小时提高到近 800 千米/小时，飞行高度达到 15000 米。第二次世界大战后，活塞式发动机逐步退出主要航空领域，但目前尚有小功率活塞发动机仍广泛应用在轻型低速飞机上，如初级教练机和无人机等。

第二个时期从第二次世界大战结束至今。60 多年来，航空燃气涡轮发动机取代了活塞式发动机，开创了喷气时代，居航空动力的主导地位。在技术发展的推动下，涡轮喷气发动机、涡轮风扇发动机、涡轮螺旋桨发动机、桨扇发动机和涡轮轴发动机在不同时期的不同飞行领域发挥着各自的作用，使航空器性能跨上一个又一个新的台阶。

涡轮喷气发动机在 20 世纪 50 年代得以迅速发展，使飞机速度提高到 1050千米/小时，接近了声速。而后在涡轮喷气发动机上加装了加力燃烧室，在短时间内使推力大幅度提高，使飞机突破了"声障"，并使战斗机向高空高速发展，战斗机最大飞行达马赫数 2.8，升限达到 23 千米。涡轮喷气发动机在军用战斗机上广泛应用的同时，也被其他机种所选用。首先是轰炸机，随后是运输机和侦察机，如美国的 B-52 重型战略轰炸机、SR-71 战略侦察机等。由于涡扇发动机的崛起，在军、民机领域中涡喷发动机逐渐被其所取代。但是，一些小型涡轮喷气发动机还被用于巡航导弹、无人机。虽然涡轮喷气发动机的广泛应用改变了航空事业的面貌，但无法克服其耗油率高、经济性差的致命缺点，所以60 年代涡轮风扇发动机被军用飞机大量采用，90 年代后为适应第四代战斗机的性能需求，涡扇发动机快速发展，成为军用飞机的主动力和航空推进技术研究的主要方向。此外，涡轮螺旋桨发动机比涡喷和涡扇发动机耗油率低、经济性好、起飞推力大，曾得到相当的发展。但由于速度、功率受限制，在大型远程运输机上，已被涡扇发动机所取代。

总之，航空发动机经过半个多世纪的发展，取得了巨大的进步，大量服役中的战斗机发动机推重比从 2 提高到 7~9，推重比 10 一级的第四代战斗机发动机已经在 21 世纪初陆续投入使用，在美国和欧洲的一些国家实施的综合高性能涡轮发动机技术（IHPTET）计划和先进军用核心机（ACME）计划等开发和验证的技术保障下，已经开始对"第五代"战斗机发动机进行预研。民用大涵道比涡扇发动机的最大推力已超过 500 千牛，巡航耗油率下降到目前的近 0.052千克/（牛·时），现役武装直升机用涡轴发动机的功重比大幅度提升，正在研制并即将投入使用的达 0.58~0.71 千瓦/牛。在性能提高的同时，发动机可靠性和耐久性也大大改善。

（三）航空武器的发展现状

航空武器伴随着飞机的诞生而出现，随着战争的需求、科学技术的进步而发展。进入 21 世纪，为适应新军事变革，打赢信息化战争，各国空军都在积极转型。新型高科技航空武器显现了巨大威力，航空武器显示了明显的优势。

一是命中精度明显提高。美军在新一代机载精确制导武器中普遍采用新型末制导装置。在 JDAM 尾部控制组件的基础上，增加末制导部分，使之可以使用红外成像、合成孔径雷达、毫米波雷达和激光雷达导引头，利用这些技术构成多模式制导方式，使 JDAM 的制导精度提高到 3 米之内。2002 年 4 月，美军F-16 飞机使用这种新型的 JDAM 成功地对目标进行了攻击，炸弹在距目标 0.15米处落地，显示了极高的命中精度。

二是发挥红外成像制导技术优势。对新一代红外导弹而言，只有成像导引头才能大幅度增大导引头对目标的迎头作用距离，并具有良好的抗各种红外干扰的能力。采用红外成像制导技术，可为导弹提供更多的信息，更好地抑制背景干扰，提高识别概率和命中精度。成像制导方式可以直接获取目标外形或基本结构，能可靠确认目标，并在不断接近目标的过程中识别目标要害部位，给予致命打击。目前，红外成像导引头在体制上有凝视阵列成像和线阵扫描成像；

在波段上有中波和长波。

三是推进技术增大射程。为避开敌人防空武器的威胁,作战飞机必须在较远的安全空域投弹,才能保证安全。同时为了能对防区外战机、预警机、电子干扰机进行攻击,要求导弹的最大发射距离达到300～400千米。国外航空武器的动力装置普遍采用了先进推进技术。一方面将采用新型固体火箭冲压发动机技术,如整体式固冲发动机、多脉冲发动机等,实现导弹飞行的能量控制,具有速度高、射程远、机动性强、结构重量轻的优点。另一方面航空武器上加装辅助弹翼等措施,使武器能在防区外进行攻击。

四是采用复合制导方式。美军新一代精确制导武器普遍采用了先进的复合制导方式。复合制导方式通过将两种或两种以上的制导方式组合在一起,可以充分发挥各制导方式之长,有效提高制导精度。美军现在发展的JSOW、JASSM、JDAM等,就普遍采用了全球定位系统惯性导航系统(GPS/INS)。在这种复合制导方式中,GPS全球定位系统能够长时间提供高精度的位置和速度数据,并可连续地对INS惯性导航系统进行对准和校正。而INS惯性导航系统则不仅可提供短时间高精度的速度数据,能辅助代码跟踪回路,缩短接收机和重新捕获卫星的时间,而且可以在GPS中断期间为武器进行导航,为飞行控制系统提供加速度和姿态数据。

五是实现了导弹的系列化。美军在发展航空武器时,强调模块化设计,功能形成系列,美空军发展的GBU-15滑翔制导炸弹系列、AGM-130导弹系列、"杰达姆"系列、"宝石路"激光制导炸弹系列等都是采用模块化和系列化设计,保证作战需求,具有很高的效费比。它们成为精确制导武器系列化和模块化的典型。以"杰达姆"系列为例,"杰达姆"是美军为21世纪作战准备的精确制导武器,美国1995年开始研制,1999年在科索沃战争中试用,仅仅几年就发展了7个型号,十几个品种。美空、海军已订购23.6万枚。其发展速度之快,品种之多,数量之大,都开创了精确制导武器发展之先例。

(四)机载设备的发展现状

1. 机载雷达的现状

现代飞机机载雷达不仅有对目标进行探测、发现、跟踪、截获和武器制导的警戒、瞄准、射击、轰炸及火控雷达;也有用于飞机导航和安全飞行的气象、导航、地形测绘、地形跟踪、地物回避的雷达;还有专门的测距、测速、测高和配合着陆及空管识别的雷达及设备。机载雷达的性能在很大程度上决定着飞机的作战性能,所以发展非常迅速。

一是探测距离远,跟踪目标多。探测距离的远近、跟踪目标的多少是衡量机载雷达性能的重要指标。新一代机载雷达在这两方面都有较大提高。例如,诺斯罗普·格鲁门公司研制生产的APG-77多模式火控雷达是有源相控阵雷达,其相控阵天线由 1500 多个低功率·T/R（发射/接收）模块组成，每个模块都具有独立发射和接收能力，大大提高了该型雷达探测目标的灵活性。2000 年 7 月 27 日已将该型雷达安装在一架 F-22 战斗机上，它可以探测识别 400 千米以外的目标，可同时跟踪 30 个空中目标、16 个地面目标。

二是分辨率高，抗干扰能力强。脉冲多普勒雷达利用多普勒效应，解决了运动目标的检测问题，有效地抑制了地物杂波干扰，提高了机载雷达下视探测能力；多普勒波束锐化和合成孔径雷达技术的成熟，不但提高了机载雷达的分辨率，也提高了地图测绘能力，为电子侦察和对地精确打击提供了技术保证。比如格鲁门公司已将 F-16C/D 战斗机装的 APG-68（V）和 APG-66 雷达改装为 APG-68（V）XM 雷达，这是一种高分辨率的合成孔径雷达，可以大幅度提高在各种气象条件下跟踪敌方地面目标的精确度，提高 F-16C/D 战斗机对地面目标的打击能力，同时提高空战中探测目标距离，且可靠性提高了两倍。

三是实现多种功能综合。高新技术的广泛应用导致机载火控雷达技术日益进步，功能不断增多、性能显著提高。经改进后的美军 APG-77 雷达具有合成孔径雷达的工作模式、自动目标识别/指示模式和地面移动目标指示能力。另外该雷达还利用传感器交联技术将该战斗机的告警系统、电子战系统、通信系统、敌我识别和人机交互界面等多种传感器交联融合在一起，提供精确搜索、跟踪、识别和打击能力，它可以控制多种精确制导武器，如 AIM-120、AIM-9X、AGM-154、AGM-158（JASSM）和 JDAM 精确制导炸弹对多目标进行打击。美国空军认为，APG-77 雷达是 F-22 战斗机整个系统的支柱，它集隐身、超声速和巡航能力为一体，使 F-22 战斗机在 21 世纪具有卓越的空战能力。

四是实现智能化控制。以苏-27SMK 机载雷达为例，其航空电子设备齐全，性能先进，使得飞机可在关闭雷达状态下隐蔽接近目标，其座舱内设的 OLS-M 型红外搜索/跟踪仪作用距离为 80 千米。飞机上装载的雷达告警、激光告警、导弹告警和电子战系统通过传感器相互交联技术与计算机相交联，并通过高级智能软件处理技术，可以实现各分系统与武器系统的多路信息交流，还可以与通信卫星、预警飞机和地面作战指挥部相互沟通。新型头盔瞄准具不仅适于空战，还适应于对地/海面目标的攻击，一旦目标进入头盔瞄准具视界，目标数据就会自动传递给计算机进行自动处理，只要飞行员将视线对准被攻击目标，机载火控雷达就可以控制空对空、空对地、空对舰和巡航导弹等机载精确制导武器准确无误地攻击目标。

五是电子多功能电子扫描相控阵雷达问世。以色列埃尔塔公司研制并在预警飞机上安装了 EI/M-2075 费尔康有源相控阵电子扫描雷达，采用共形天线雷达使每块辐射单元特定的电子扫描范围不会受机翼和尾翼阻碍，可以覆盖全方位 360°，使雷达系统性能得到很大提高，处理目标数量增加、反应速度快、性能更加灵活。日本三菱公司为 F-2 战斗机也研制成功一种多模式、脉冲多普勒雷达，并配有模块式有源相控阵天线，而且通过计算机和软件将航空电子设备组合成一体，使雷达性能更加可靠。

2. 机载电子系统的现状

机载航空电子系统在整个作战飞行过程中担负着起飞、本机导航/引导、飞行控制、目标搜索/识别/跟踪、火控计算、武器投射和制导、电子战、通信等多重任务，是现代战机的"大脑"和"神经中枢"，是实现先敌发现、先敌攻击、先敌摧毁的关键，其技术水平的高低和性能的优劣直接影响到现代战机的综合作战能力。

航空电子系统的发展可大致划分为 4 个阶段。第一阶段为分立式航空电子结构，雷达、通信、导航等机载电子设备有各自的专用传感器、处理器和显示器，并通过点对点专线连接至座舱。第二阶段为联合式航空电子结构，采用基于集中控制型通信协议的多路传输数据总线，把物理上分散的通信、导航、识别、雷达、悬挂物管理等子系统链接成一个系统。第三阶段为综合式航空电子结构，系统共享综合处理器，并通过高速数据传输总线联成网络。第四阶段为先进综合式航空电子结构，在第三代结构的基础上采用了统一航空电子网络，并推进了传感器系统的综合。

3. 机载软件分类和现状

现代战斗机中广泛使用了计算机，即机载计算机，而计算机功能发挥在很大程度上取决于机载软件。机载软件主要分为两类：系统软件（也称软件平台）和应用软件。

系统软件是指建立在机载计算机（或称目标计算机）硬件平台上，支持相应机载设备应用软件开发和运行的软件层，包括软件运行平台和软件开发平台两部分。其中软件运行平台主要指嵌入式实时操作系统，是机载软件的核心；而软件开发平台则支援应用软件的开发。

与非嵌入式计算机系统不同，嵌入式计算机应用软件开发平台不能直接建立在目标计算机或机载计算机硬件上，必须借助于另外的计算机，这样的计算机称为宿主机。为了实现在宿主机上对嵌入式计算机应用软件的开发调试，宿主机操作系统上需要有一套交叉开发工具，包括编程语言的交叉编译器、远程调试器等软件；而目标机端也需要安装相应的调试软件即支援软件，如在线仿真器、监控器等；目标机和宿主机之间还需要通信连接。这些便构成了嵌入式计算机应用软件的交叉开发环境，或称软件开发平台。交叉开发环境与机载计算机的系统软件一样重要，没有交叉开发环境的支持，机载计算机的应用软件是难以开发、研制出来的。

目前，机载软件在现代作战飞机中担负着通信、导航、显示控制、信息/

数据处理、飞行控制、火力控制、外挂管理、武器投放、电子战等诸多飞行任务和作战任务。下面举例说明机载软件在现代战斗机中所实现的功能：

飞行控制系统的计算机软件要根据飞行员的操作以及惯导系统、大气数据机输出的信息，完成姿态变化矩阵计算、导航姿态计算、飞行控制指令计算，形成舵偏控制信号送至舵系统，实现对飞机的飞行控制。在这一过程中，飞行控制软件完成数据处理、指令计算、信息传输等多项功能。

座舱显控系统软件根据本机导航飞行情况和目标威胁情况等，通过座舱的平显及各种多功能显示器，及时向飞行员提供直接的、可视的关键飞行信息，如姿态、空速、高度、航向、燃油等；战场态势信息，如空中目标航迹、地面威胁阵地、本机传感器搜索范围等；攻击信息，如射击清单、导弹发射包线、武器控制提示符等。

火控系统软件根据机载雷达等传感器提供的目标信息，计算武器的攻击区及武器投放的适当时机，并为武器装定目标参数，最终控制武器的投放。

二、航空装备的典型装备

通过多次的局部战争应用，航空装器的发展得到了很大提升，尽管其种类繁多，技术水平各异，但每一类装备都有能体现其主要技战术指标的典型代表。

（一）典型飞行器平台

1. 作战飞机

作战飞机的典型代表 F-16，是美国通用动力公司为美国空军研制的单发轻型战斗机，采用边条翼、空战襟翼、翼身融合体、高过载座舱、电传操纵系统、放宽静稳定度等先进技术。与常规布局相比，F-16 飞机的机翼位置相对靠前，使飞机的气动中心也相应前移，飞机马赫数 0.9 时飞机的静稳定度略为负值，而在飞行马赫数 1.2 时为 8%，由"增稳系统"自动控制舵面保持稳定飞行，这一设计不仅缩小了飞机尾翼的尺寸，还减少了飞机的结构重量和阻力，改善了操纵性能，提高了机动能力。而且，F-16 飞机的机载电子设备和机载武器性能先进，使它成为第三代超声速喷气式歼击机的代表。

F-16 型机最大平飞速度大于飞行马赫数 2.0（高度 12200 米），加速性能为 21 秒即能从飞行马赫数 0.4 加速到飞行马赫数 1（高度 1524 米），最大持续盘旋角速度 18 度/秒（高度 1524 米、飞行马赫数 0.9），最大爬升率 330 米/秒，限制过载 9，实用升限 17200 米，作战半径 370 米到 1320 千米（制空）、1440 千米（截击，带 2 枚 AIM-9L 和 2 枚 AIM-7F 型空空导弹，带外挂副油箱），转场航程大于 1390 千米。1979 年 1 月进入现役。几经改进，前后有 A、B、C、D、N、R、XL、ADF 和 AFTI/F-16、F-16/J79、NF-16D 等型，有些型别的最大起飞重量已近 20 吨。

2. 轰炸机

轰炸机的典型代表 B-2 隐身轰炸机，集当代高技术于一身，是世界上第一种重型隐身轰炸机。为达到隐身目的，该机外形与传统的飞机完全不同，采用先进的翼身融合的飞翼构形。没有明显机身，没有垂直尾翼，整架飞机呈扁平流线型，就像是由两只大机翼对接而成。机翼前沿从机头到翼尖是一条直线，成后掠角 33° 的锐角，上下是拱弧形固定式结构，后缘成 W 形。机体采用吸收雷达波的蜂窝状结构，主要实用复合材料，机体外表材料和涂层可以减少雷达波的反射和热辐射。飞机前沿及翼尖有介质层覆盖在能够散射波的锯齿状结构上。发动机进气道为 S 形，两个 V 形尾喷口置于机翼上，而且距离机翼后缘较远，从而大幅减少了发动机及进气道的雷达反射波，雷达天线置于机舱内，武器全部挂在弹仓内，无外挂武器。上述技术措施使飞机的雷达反射面积只有 0.001 到 0.1 平方米，与一只小鸟相当。

B-2 隐身轰炸机机翼展 52.43 米，机长 21.03 米，机高 5.18 米。最大速度为马赫数 0.8，实用升限 15240 米，最大航程 12231 千米，进行一次空中加油时大于 18530 米，两次加油可到达全球各地。

3. 侦察机

侦察机的典型代表 SR-71 "黑鸟" 型战略侦察机，据悉该机是 1959 年美国洛克希德公司应美国空军要求秘密研制的最大飞行速度超过马赫数 3 的战略侦察机，1964 年 12 月开始试飞，1966 年 1 月交付使用，共生产 25 架。该型机为双座飞机，采用无尾带边条三角翼、翼身融合体、双垂尾、机翼发动机短程布局，机体重量中 93% 的材料为钛合金。飞机翼展 16.95 米，机长 32.74 米。飞机动力装置为 2 台 JT11D-20B-10 型涡轮喷气发动机，单台推力 102.2 千牛。飞机空重 33500 千克，最大起飞重量 77100 千克，正常起飞重量 63500 千克，实用升限 26600 千米，侦查高度 24000 米，航程 4800 千米，活动半径 1930 千米，续航时间 1 小时 30 分。由于飞行速度太快，空勤人员飞行时需着太空服。SR-71 型侦察机安装 KA-95B 型可见光航空照相机、红外与电子探测设备和 AN/APQ-73 型合成孔径雷达等多种侦查设备，每小时可拍摄 260000 平方千米的地面照片。

SR-71 型侦察机在航空侦察史上曾两度 "出山"，第一次是 1966 年研制成功后的首次服役，但由于其飞行消耗太高，美国试图利用侦察卫星和其他侦察飞机代替，使其终于在 1990 年全部退役。第二次是在海湾战争后，因美国当局深感国际形势并不太平，现役战略航空侦查力量难以满足世界 "热点" 不断涌现、局部战争和武装冲突日益增多的需要，而侦察卫星又不能完全代替 SR-71 型侦察机的机动性和所拍摄目标的高分辨率，于是美国国会于 1995 年做出决定，拨款 1 亿美元，使 3 架 SR-71 型侦察机再次服役并重组侦察分队。

4. 预警机

预警机的典型代表是 E-3 系列飞机。1970 年美国空军宣布以商用的波音707-320B 客机机身为基础，改装成 EC-137D 以作为预警系统载机，而新的雷达预警系统则由西屋公司及休斯公司负责研制，新预警机编号为 E-3A。E-3 系列预警机自服役后就不断进行包括数据链、电子战支援设备、显示控制台及通信系统等方面的改造和更新。目前，美国正计划进行一项名为"雷达系统改进计划"的 E-3 预警机改进工程，内容是提高 AN/APY-1/2 雷达的峰值功率，并使用脉冲压缩技术，使雷达的距离分辨力提高 6 倍。在远距离方面，E-3 系列预警机还计划增加大胆的探测能力，换装主动式相控阵雷达，以取代现在的电子扫描式的 AN/APY-1/2 雷达等。

E-3 系列预警机自服役后陆续参加了美国入侵格林纳达，空袭利比亚、巴拿马，海湾战争和科索沃战争。在海湾战争中，19 架 E-3 共出动 44 架次，随时保持至少 3 到 5 架在空中巡逻，保障了多国部队 12 万架次的战斗飞行，在其引导下击落 39 架伊拉克战斗机。

（二）典型发动机设备

国际上将具备超声速巡航能力、隐身、超机动能力及超级信息优势的战斗机划为第四代战斗机（美国标准，相当于俄罗斯标准的第五代），其配装的发动机的推重比要求达到 10 一级。20 世纪 80 年代末到 90 年代初，西方国家设计并研制了高推重比、低耗油率、无约束操纵能力、高可靠性、较长寿命和较低费用的第四代战斗机发动机，目前公认的推重比为 10 一级的典型航空发动机有：欧洲联合研制的 EJ200 涡扇发动机、法国 M88 系列涡扇发动机、俄罗斯 АЛ-41Ф 涡扇发动机以及美国的 F119、F120、F135 和 F136 发动机。然而，只有美国的推重比 10 系列发动机真正服役于第四代战斗机。

F119 发动机是 PW 公司为满足美国先进战术战斗机（ATF）即 F-22 战斗机的超声速巡航能力、良好的隐身能力、高的亚声速和超声速机动能力、良好的敏捷性、远的航程和短距起落能力、高的可靠性、好的可维修性、强的生存力、低的全寿命期费用而研制的小涵道比双转子涡扇发动机。它吸取了 F100 发动机的经验，采用一体化产品研制方法研制，达到了性能、可靠性、耐久性、可维护性和保障性的综合平衡。该发动机由 3 级风扇、6 级压气机、环形浮动壁燃烧室、单级高低压涡轮、加力燃烧室和二元推力矢量喷管构成，具有简单可靠、耐久性高、可维护性和保障性好等结构特点，并具备推重比为 11.6、涵道比为 0.3、高总压比为 26、涡轮前燃气温度高达 1704℃等性能优势。20 世纪 90 年代末，PW 公司又将在 IHPTET 计划下验证的复合材料风扇静子、超冷涡轮叶片、先进密封和先进的控制器等成熟技术应用到 F119 发动机上，使 F119 发动机的耗油率降低了 2%～3%，推力增大了 10%，并明显降低了寿命周期费用；同时也衍生发展了

F135 主推进系统，用于装备 F-35 战斗机。

EJ200 发动机是欧洲四国联合研制的先进双转子加力式涡轮风扇发动机，用于欧洲联合研制的 20 世纪 90 年代战斗机 EFA（现编号 EF2000）。参加研制工作的有英国罗·罗公司、德国发动机涡轮联合公司、意大利菲亚特公司和西班牙涡轮发动机工业公司，除装备欧洲战斗机 EF2000 外，其他还可能用于垂直/短距起落欧洲战斗机 2000、改装的"狂风"战斗机、F/A-18、意大利马基航空公司与巴西航空工业公司合作研制的 AMX、"阵风"、巴基斯坦的 F-7 和印度的 LCA 战斗机等。EJ200 发动机充分吸取了当代先进的科技成果，例如应用了三维流体动力学理论和计算方面的研究成果，最新的刷式封严技术和宽弦叶片高强度设计方法，以及采用装有故障检测系统的单元体结构设计等。该发动机有 3 级风扇/低压压气机，5 级高压压气机，带有气动雾化喷嘴的环形燃烧室，可调的收敛—扩散喷管。其涵道比为 0.4，总增压比 26，正常推力约为 60千牛，加力推力可达到 90 千牛，推重比 10 左右。

（三）航空炸弹

航空炸弹是由飞机或其他飞行器上携带和投放的弹药。具有很强的破坏效果和威慑作用。按重量来分，可分为小型炸弹（小于 100 千克）、中型炸弹（100～500 千克）、大型炸弹（大于 500 千克）；按空气动力特性来分，可分为高阻炸弹、低阻炸弹；按用途分，可分为直接破坏杀伤目标的炸弹、辅助作用炸弹、其他专门任务的炸弹；按有无制导装置分，可分为非制导炸弹（常规炸弹）和精确制导炸弹。精确制导炸弹，是指装有制导装置和空气动力操纵舵面，无动力装置的航空炸弹。按制导系统来分，可分为电视制导、激光制导、红外制导、复合制导等几种。

1. 激光制导炸弹

"宝石路"激光制导炸弹的研制工作开始于 20 世纪 60 年代中期，在现役常规炸弹上加装光制导控制装置和气动组件，提高了常规航空炸弹实施战术空地攻击的效能。除装备美国空/海军外，还出口其他国家。"宝石路"炸弹已研制出三代产品，第四代正在研制，发展成为"宝石路"激光制导炸弹系列。1968 年首次投入越南战场，美空军曾投下了 25000 颗该系列激光制导炸弹，摧毁了坚固目标约 1800个。1991 年海湾战争，美空军总共投下了 8400 颗该系列激光制导炸弹。

制导炸弹的激光制导系统在高度不大于 5 千米，晴朗天气条件下使用很精确。在更高的高度使用，激光光斑增大并散失。从高度 6 千米或更高高度由本机照射目标使用激光制导炸弹无效，要求必须从地面照射目标。在这方面激光制导系统明显优越于电视制导系统。

2. 电视制导炸弹

"白星眼"电视制导炸弹是美海军于 1963 年开始研制的，1967 年 5 月首次用于轰炸越南北方。"白星眼"电视制导炸弹共发展三种型号，分别是"白星眼"1型、"白星眼"2型、"白星眼"2数值增程型。目前，"白星眼"系列炸弹早已停产，仅数值增程型仍在服役，并在1991年的海湾战争中使用。

俄罗斯的КАБ-500Кp电视制导炸弹，其弹径500毫米。电视制导系统可提高目标的毁伤精确度。与美国的AGM-62"白星眼"电视制导炸弹相似，电视制导可截获光学反差大的目标，电视制导炸弹适宜白天一般气象条件下使用。部队使用КАБ-500Кp炸弹的圆概率偏差小于3米。

3. 红外制导炸弹

美空军从20世纪70年代开始运用武器模式化途径，通过加装制导控制成套改装件，发展了一类战术使用性灵活的新型制导炸弹，即GBU-15系列的制导炸弹。该系列制导炸弹可以采用电视、红外和信标机—测距装置三种导引头，其中，GBU-15（V）-2/B型制导炸弹就采用了红外制导模件，满足了夜间对地攻击能力。1980年电视/红外制导型号GBU-15投入生产，1983年开始装备部队使用。GBU-15（V）模块化制导滑翔航空炸弹主要由战斗部、导引头、控制组件、十字形翼组件、D波段数据装置等构成。其他国家典型的型号有以色列的"奥法尔"红外制导炸弹。

4. 复合制导炸弹

复合制导炸弹主要是采用了两种或两种以上制导方式组合的制导炸弹。其中包括采用红外制导+毫米波雷达制导、惯性制导+卫星制导等组合的制导炸弹。20世纪80年代末美国海/空军联合研制的"杰达姆"（JDAM）制导炸弹，原意为"联合直接攻击弹药"，JDAM制导炸弹是由于采用卫星定位/惯性导航（GPS/INS）组合制导，因而使载机具有昼夜、全天候、防区外、投放后不管、多目标攻击能力。JDAM制导炸弹除可由作战飞机从低、中、高空实施水平轰炸外，还可实施俯冲和上仰轰炸；既可同时攻击多个目标，也可同时攻击单个目标的不同部位；既可攻击预先计划的固定目标，也可攻击载飞过程中发现的新目标。在1999年科索沃战争中，首次使用此炸弹，并袭击我驻南联盟使馆。

其他典型的型号还有"宝石路"Ⅳ型自主制导滑翔炸弹，采用红外图像+毫米波雷达制导模式。由于复合制导炸弹在海湾战争中的出色表现，各国军方也相继开始这方面的研制。

（四）空空导弹

空空导弹是指飞机或其他飞行器上发射，能依靠自身推进并控制其飞行弹道，将战斗部导向并毁伤空中目标的武器。按攻击目标的距离分，可分为近距导弹（10千米以内）、中距导弹（10～70千米）、远距导弹（70千米以上）；按攻击方式分，可分为格斗导弹和拦射导弹；按制导方式来分，可分为红外、雷达、复合制导。

1. 先进近距格斗空空导弹

典型的先进近距格斗空空导弹如表 2-1 所示。

表 2-1　典型的先进近距格斗空空导弹

国家	美国	英国	法国	德国	以色列	南非
型号名称	AIM-9X	ASRAAM	MICA	IRIS-T	"怪蛇" 4	A-DARTER
主挂机	F-22、F-16	EF2000	"幻影"、"狂风"	EF2000	F-22、F-16	"幻影"
红外成像	凝视焦平面	凝视焦平面	凝视焦平面	线列扫描	线列扫描	双色线列扫描
跟踪范围	±90°	±90°	±60°	±90°	±90°	±90°
机动能力	过载 60	过载 70	过载 50	过载 60	过载 60	过载 60
最大射程	16 千米	18 千米	20 千米	16 千米	14 千米	20 千米
控制方式	推力矢量/气动力	推力矢量/气动力	推力矢量/气动力	推力矢量/气动力	气动力	推力矢量/气动力
近炸引信	激光引信	激光引信	激光引信	激光引信	激光引信	无线电引信
战斗部	离散杆	破片式	破片式	离散杆	破片式	破片式

主要技术特征如下：一是红外成像技术。采用红外成像技术的导弹抗干扰能力强，具有较高的灵敏度和空间分辨率，对目标的迎头探测距离将大于 10 千米。二是推力矢量/气动力复合控制技术。由于推力矢量/气动力复合控制技术的普遍采用，使导弹的快速响应能力大为增强。三是大离轴跟踪和发射技术。导引头具有 ±90° 的跟踪范围，对载机前方大范围内的目标具有离轴发射能力。四是越肩发射能力。捷联惯导技术的日益成熟及应用使导弹实现了发射后截获目标的能力，具有越肩发射能力。五是大机动性能。导弹的机动能力可达到过载 60 以上，转弯角速度大于 90° /秒，这样能在空中格斗作战过程中有效攻击机能动力达过载 12 的目标。六是强抗干扰能力。抗干扰能力除了具有红外成像技术外，也反映在专门的抗干扰算法设计、高性能弹载计算机的应用上。

2. 先进中距拦射空空导弹

典型的先进中距拦射空空导弹如表 2-2 所示。

表 2-2　典型的先进中距拦射空空导弹

国家（地区）	美国	以色列	法国	俄罗斯	中国台湾地区
型号名称	AIM-120	Derby	MICA 雷达型	R-77	"天剑"-2
主挂机	F-22、F-16	F-15、F-16	"幻影"、"狂风"	苏-35、米格-31	F-16、"幻影"
机动能力	过载 40	过载 35	过载 35	过载 35	过载 35
最大射程	75 千米	50 千米	55 千米	70 千米	60 千米
制导方式	无线电指令+捷联惯导+主动雷达末制导				
近炸引信	无线电	激光引信	激光引信	激光引信	无线电
战斗部	破片式	破片式	高能炸药	破片式	破片式

主要技术特征如下：一是优越的作战效能。具备多目标攻击能力和发射后不管攻击能力。二是复合制导技术。采用了无线电指令+捷联惯导+主动雷达末制导为代表的复合制导模式。三是先进的气动外形设计。追求高升阻比的气动布局，保证超视距的作战需求。四是高性能的抗干扰技术。能在复杂的地面背景、速度拖引、噪声阻塞等干扰条件下正常工作。

3. 先进远程空空导弹

典型的先进远程空空导弹如表 2-3 所示。

表 2-3 典型的先进远程空空导弹

国家（地区）	美国	以色列	法国	俄罗斯	中国台湾地区
型号名称	AIM-120	Derby	MICA 雷达型	R-77	"天剑"-2
主挂机	F-22、F-16	F-15、F-16	"幻影"、"狂风"	苏-35、米格-31	F-16、"幻影"
机动能力	过载 40	过载 35	过载 35	过载 35	过载 35
最大射程	75 千米	50 千米	55 千米	70 千米	60 千米
制导方式	无线电指令+捷联惯导+主动雷达末制导				
近炸引信	无线电	激光引信	激光引信	激光引信	无线电
战斗部	破片式	破片式	高能炸药	破片式	破片式

主要技术特征如下：一是全新的动力装置设计。如使用了双推力固体火箭发动机或火箭冲压发动机，以提高导弹的平均速度和末端速度。二是独特的气动外形设计。阻力小、效率高的气动布局，加装推力矢量控制装置，提高导弹的射程和机动性。三是适应性强的导引技术设计。采用双模复合导引头技术，提高导弹的制导精度和抗干扰能力。

（五）典型机载雷达设备

雷神公司利用单体微波集成电路（AIIMIC）技术改进 APG-73 雷达，还在为其研制有源电扫描阵列天线（AESE）和多模式高分辨率合成孔径雷达，以便提高该雷达对空、对地探测距离和精度。改进后其合成孔径雷达对地面探测可以形成三个大小不同的视场，采用 3～5 微米第三代红外传感器，共有 680×480 个传感器单元，对地面目标可通过压缩数字显示器（DDI）得到放大的合成孔径雷达显示的画面，在距地面目标 37 千米远处可以得到非常清楚的目标画面，甚至可以看到停机坪上的圆点。安装 AESE 的雷达，可为 F/A-18E/F 战斗机提供更远的探测距离和更高的分辨率，安装的新计算机和软件提高了处理目标信息的速度，并增大了信息存储量，使 APG-73 火控雷达具有自适应抗电子干扰和进行电子对抗。这种自适应电子反干扰能力可以使飞行员专注攻击有威胁的目标，完成作战任务。无疑利用有源相控阵雷达技术、高分辨率合成孔径雷达技术和反电子干扰自适应技术，将使 F/A-18E/F 战斗机锦上添花，保持其具有世界第一流航空电子设备性能，使 F/A-18E/F 战斗机在 21 世纪获得更强作战能力。

联合攻击战斗机机载雷达（MIRFS）采用了新一代有源电子扫描阵列，其电子扫描雷达天线将由数千个 T/R（收/发）模块组成，这些模块分别工作在不同频率和时间，并使雷达传感器和电子战系统综合为一体。这种雷达体积小、重量轻、价格便宜、性能灵活、作用更为可靠。其重量只有 APG-77 雷达的三分之一，该雷达功能完备，具有同时跟踪、识别、截获目标能力，并具有通信、干扰、对地侦察和其他功能。

诺斯罗普·格鲁门公司正在为 F-16 第 60 批战斗机研制 APG-78 型多模式火控雷达，其对空模式具备在跟踪、打击多个空中目标同时，可继续搜集其他敌机。对地模式可以搜索、跟踪地面各类目标，并具有地形跟踪和防撞功能。把对地面目标进行识别和瞄准的红外成像和激光瞄准系统移置在机舱内，这样可使 F-16 战斗机不再使用吊舱，载机上装配的新型电子对抗系统配有先进软件编码程序，通过数据链可将有关战场各种目标信息显示在座舱内部设置的三个大型彩色多功能显示器上，该雷达探测距离为 400 千米。

法国达索公司的 BBE-2 新型火控雷达是欧洲第一种机载多功能电子扫描相控阵雷达，其天线是固定的，不像机械扫描雷达那样上下左右摆动，其性能优于"台风"战斗机用的 ECR-90 多模式脉冲多普勒雷达和瑞典 JAS-39 战斗机用的 PS-05/A 型多模式脉冲多普勒雷达。其对空可以测出目标坐标和速度，可以自动跟踪多个目标，并能对其中 4 个目标进行攻击，其上视搜索最大距离为 150 千米，下视为 100 千米。对地面目标攻击时，可以自动完成对目标坐标、速度的测量和地图测绘，并控制空对地导弹攻击地面目标。此外还配置有红外/电视光学瞄准系统，用以辅助火控雷达探测和跟踪空中目标，其红外探测器发现战斗机目标的最大距离为 80 千米。该雷达已装配在法国 21 世纪"阵风"战斗机上。

（六）数字式航空电子信息系统

20 世纪 70 年代初，美国空军莱特实验室提出了数字式航空电子信息系统（DAIS）计划，开始为航空电子注入"综合"的概念。这是航空电子系统发展历程中的重要里程碑和分水岭。DAIS 计划对航空电子系统的综合依靠四个重要的标准，即 MIL-STD-1750A 美国空军机载计算机指令集、MIL-STD-1589 JOVIAL 高级语言、MIL-STD-1553B 时分制串行多路数据传输总线、MIL-STD-1760 外挂物管理接口。这四项标准是第三代战斗机实现航空电子初步综合的"四大支柱"。

在 DAIS 计划中，航空电子系统通过 1553B 多路传输总线，将各自独立的分系统或传感器交联起来，实现信息的统一传输、调度、管理，实现信息共享，并通过多功能显示器进行信息的综合显示。1553B 具有命令/响应和广播通信方式，并有合理的差错控制措施。它作为航空综合火控系统中各子系统相互交联的主要数据通道，可使挂接在总线上的雷达、惯导，平显、大气数据计算机等子系统之间实现信息交换，使高度密集的电子装备能实时、可靠、灵活地完成系统功能。火控计算机则是整个系统的"神经中枢"，作为管理中心，它起着将系统综合成一个整体的作用。系统采用冗余总线和备份处理机，可在发生故障时进行外场可更换单元（LRU）级的系统重构。

30 多年来，DAIS 计划提出的联合式航空电子系统结构被广泛应用于各种军用飞机，如 F-16、F-15、F/A-18 等战斗机上，成为第三代战斗机的一个典型特征。

（七）机载数据链

飞机与外界的信息交换的主要设备是机载数据链。机载数据链信息传输速度快、容量大。不仅可以传送语音，并且可以自动传送飞行员用语言无法表述的大量文字、图片、音/视频等数据信息。一方面，通过机载数据链，飞机能够将自身（如位置、速度、燃油、武器剩余情况）及传感器（发现或跟踪敌机情况）等重要信息上传至指挥机构，同时也分享给编队中每架飞机；另一方面，机载数据链又能够接收来自指挥控制中心及编队飞机的指挥、引导、目标分配、攻击确认、控制指令和信息，实时掌握友机状态和敌情通报等。提高了联合作战每个单元对整个战场信息态势的感知能力，使编队内战斗机保持战术联系，进行战术协调以同时攻击多个目标，提升了战斗力。所以，机载数据链是现代战斗机进行信息作战不可或缺的重要设备。美国的 F-22 和瑞典的 JAS-39 飞机是两种典型的机载数据链，具有使用数据链进行中距武器制导的能力。

F-22 机载数据链是美联合战术信息分配系统（Joint Tactical Information Distributed System，JTIDS）的机载终端。该系统可使每一个作战单元实时了解各自所在的位置和作战情况，使现代战斗机实际上已成为庞大作战通信网络中的一个环节，战斗机飞行员可在数秒内，通过接收各种信息源（如机载预警指挥系统、其他战斗机、地面指挥引导系统、舰船和地面指挥所等），获取整个战场的情报信息，接受战术指令。为了提高击毁目标的概率，F-22 飞机还采用编队内数据链。该数据链能够使所有编队内的 F-22 随时相互共享瞄准信息和系统信息。采用以上两套战术数据链系统，极大地提高了 F-22 飞行员对于空中态势的了解程度，并有利于战术协同。外部提供的有关敌我识别、目标的跟踪/瞄准等信息，以及本机综合电子战系统等被动传感器掌握的情况，经过计算机进行信息融合后以图像的形式，直接显示在战斗机的平显或多功能显示器上。这样，飞行员能够保持本机雷达不开机，不暴露本机的位置的情况下发射武器进行超视距攻击。所以，尽管 F-22 战斗机能够依靠本机的机载雷达发现识别目标，但在作战使用中通常采用以下战术：首先在远距离时，F-22依靠外部侦察、预警系统（如预警指挥机、侦察卫星等）了解空中战场态势；当目标靠近时，由一架 F-22 战斗机雷达间断开机，对目标进行识别和跟踪，其他战斗机依靠战术信息分配系统、编队内数据链和本机综合电子战系统获得导弹发射需要的有关信息；一旦满足攻击条件，即可进行超视距攻击。

JAS-39 安装了瑞典的战术信息数据链系统（TIDLS，Tactical Information DataLink System）。该数据链分空地信道和空空信道。空空信道的基本功能是向指挥控制链路或其他飞机传输雷达、传感器以及飞机状态信息。该数据链允许四架飞机随时自由地向网络发送信息，同时不限制被动接收端的数目。该数据链传输的信息能够实时显示在 JAS-39 飞机的平显和战术显示器上，具有抗干扰能力，空空传输距离达 500 千米。这样，编队中的每一架飞机都能够随时了解其他飞机探测到了什么、正在做什么以及将要做什么；每一架飞机都能调用其他飞机传感器信息的信道，从而协调飞机的防御空间和搜索范围。在本机雷达等主动传感器不开机的情况下，能够利用数据链传输其他 JAS-39 的雷达瞄准信息或"埃里眼"预警指挥机雷达的信息，隐蔽地发射 AIM-120 导弹。此外，JAS-39 飞机还可以对其他飞机发射的导弹进行中段制导，使其他飞机在大于其雷达作用距离外实施隐蔽攻击。该战术数据链引导空中多架飞机可以按照一定方式，通过战术数据链分享战术信息并进行作战，单机和编队战术都发生了较大变化。

不容置疑，对于数据链技术，瑞典空军比世界上其他空军更有经验。瑞典空军利用数据链，可以扩大编队的距离，并可实现半自动无人战斗机能同有人驾驶战斗机进行编队协同作战。可以利用数据链接收的数据，在机载雷达不开机的情况下准备发射导弹实行"静默攻击"；可以使雷达工作在被动方式，其灵敏接收机定位精度高，并能通过三角形法对目标进行识别和交叉定位；每一雷达测量的都是单机距离变化率的多普勒速度，然而这一速度并不是目标速度。通过战术信息数据链，两架战机能同时获取距离变化率的读数，从而立即得出目标航迹，同时减少了雷达转换的麻烦。利用数据链传输的信息，能够使飞机对目标的跟踪效果更好。通常，在"边扫描边跟踪"过程中，跟踪一个目标需要三个参数（高度、速度和方位），而数据链可以使编队飞机共同完成对目标的跟踪。

第三节　信息化空军航空装备的作战运用

20 世纪 90 年代以来所发生的局部战争，武器装备的信息化程度越来越高，信息化战争的轮廓也越来越清晰。空军及信息化的空军武器装备在战争中的作用举足轻重，有时甚至可以单独达成战略目的。在每一场战争中，信息化程度不断提高的空军武器装备都有其各自的运用特点。分析这些特点对于我们加深对信息化战争以及信息化空军武器装备的发展是大有帮助的。

一、海湾战争中空军武器装备的运用

海湾战争是第一场以精确打击为主要作战手段的信息化战争，是信息化战争的雏形。由于高技术武器装备在作战中的大量运用和深刻影响，持续42天的海湾战争令世人耳目一新，并成为推动世界新军事变革的重要试验场和从机械化战争走向信息化战争的转折点。就武器装备运用而言，主要的亮点是高技术武器装备广泛运用，信息化空军武器装备在作战中崭露头角，并起到了决定性作用。

（一）战争简要经过

海湾战争历时共42天，整个战争过程大致可分为三个阶段。

1. 战前部署阶段

1990年8月2日凌晨，伊拉克入侵科威特的消息传到白宫后，美国总统布什立即召开国家安全委员会紧急会议，商讨对策。布什指定总统安全顾问、参谋长联席会议主席和国防部长组成班子，研究制定军事行动方案"沙漠盾牌"。8月7日，布什总统批准了"沙漠盾牌"计划，并下令立即付诸实施，开始了实战准备。

战争打响后，美军为加强作战力量，持续向海湾地区增兵。截至1991年2月24日，美军向海湾地区总共集结兵力52.7万人，各型作战飞机1300余架。此外，英、法及沙特、埃及、叙利亚等阿拉伯和伊斯兰国家也派出部队，组成了一支以美军为首的多国部队，总兵力达76万人。

2. 空中进攻战役

1991年1月17日凌晨，以美国为首的多国部队对伊拉克发动了大规模空袭，拉开了海湾战争的序幕。多国部队的空中进攻战役到地面部队发动进攻前，共进行了38天，出动各型飞机98000架次：在战略空袭阶段（1月17—30日），多国部队出动各型飞机30000架次，发射"战斧"巡航导弹240枚，主要对伊拉克军队的指挥机构、导弹基地、核生化设施、防空系统等具有战略意义的军事目标实施了摧毁性轰炸，其目的是削弱伊拉克的战争潜力，破坏其防空体系，夺取并保持制空权，为后续阶段的作战创造有利的作战环境；在战术空袭阶段中（1月31日—2月23日），多国部队出动各型飞机68000架次，发射"战斧"巡航导弹48枚，对伊拉克在科威特及伊南部的地面部队及其防御阵地、伊军的坦克和装甲车集群、铁路和公路运输线、燃料和弹药储存设施以及后勤支援和补给基地，进行猛烈轰炸，以消灭伊军有生力量，特别是共和国卫队，削弱其战争实力，切断后勤补给线，为地面部队投入战斗进行火力准备。

3. 地面作战阶段

2月24日凌晨4时，多国部队在空中进攻战役取得巨大战果后，其地面部队对伊军发动了代号为"沙漠军刀"的大规模进攻。多国部队的战役决心是，以部分部队从沙科边境作正面突破，而主力则从沙伊边境突破，快速向伊纵深推进，进行战略迂回，切断侵科伊军退路，尔后对其进行围歼。26日，多国部队对科威特战区伊军完成包围态势。27日，多国部队收复科威特市。28日5时，布什总统宣布28日8时多国部队停止进攻作战行动。海湾战争至此结束，历时100小时。

（二）空军武器装备运用特点

海湾战争中，多国部队空中力量使用了大量令人耳目一新的高新技术武器，最大限度地发挥了高技术的优势。也是通过这场战争，人们看到了未来信息化战争的雏形。正因如此，在此后10余年间，各国都加速了军队信息化建设的步伐。

1. 广泛使用电子战装备，致敌聋盲

美军把各种高技术电子战装备全部运用到了海湾战场，构成了从太空到空中、从海上到地面的立体化电子作战体系，对伊拉克展开了有史以来最大规模的电子战。战争期间，多国部队用于主被动电子侦察的卫星多达34颗，在海湾地区共部署了300多架电子侦察与监控飞机和直升机。这些卫星和电子侦察机组成了一个从空间到空中的电子侦察、通信网络，空中电子战平台成为多国部队电子干扰的主力。高效的电子干扰导致伊军雷达迷盲、通信中断、指挥失灵，从而保证了空袭行动的顺利开始。此外，多国部队空军实施了高效率的电子摧毁，伊军大多数雷达遭到破坏，剩下为数不多的雷达也不敢开机。

2. 夜间使用隐身战装备，打敌节点

利用隐身飞机小编队夜间出动打敌作战系统的关键节点和高价值目标是海湾战争中的又一大特点。多国部队的空袭行动多选在夜间进行，主要是因为他们拥有先进的夜视器材和很强的夜战能力，多国部队飞行员不但不怕夜战，反而认为漆黑的夜幕是"单向透明"，是保存自己的天然屏障。为了减少空中进攻力量的损失，利用F-117A战机隐身突防就成了首选。由于把隐身技术和精确制导武器合二为一，在敌方防空系统作出反应前飞抵、识别并精确攻击目标。

3. 多机协同空袭贯穿始终，制敌于空

海湾战争共持续42天，空袭作战阶段就持续了38天，地面作战阶段只用了4天，仅靠空袭作战就削弱敌方地面部队50%的作战能力，多机种协同作战，制敌于空。仅多国部队在空中进攻战役中使用的新型作战飞机和支援保障飞机就达20余种、40多个型号。正是由于空军武器装备的信息化程度有了前所未有的提高，才使得多机种大规模协同作战成为可能。

4. 批量使用精确制导武器，点穴打击

海湾战争是人类战争史上首次大规模使用精确制导武器的战争，具有划时代的意义。精确制导武器具有命中精度高、毁伤能力强等独特优点。在多国部队空中进攻战役中，无论是突击地面目标、海上目标，还是消灭空中目标，精确制导武器都发挥了巨大作用。

（三）空军武器装备运用存在的不足

1. 精确打击仅表现为单个打击平台的行动

即平台加精确制导武器，尚未形成由打击武器、航空侦察监视、天基信息系统和指挥控制中心组成的网络体系，目标信息的处理和传输慢，一般需要数天才能完成。由于目标信息传输慢，攻击的实时性差，只能打击固定目标，打击移动目标和临时出现的目标非常困难。因此，战争中攻击"飞毛腿"机动发射架的成效不是太好，到战争结束时，伊军仍保留大量"飞毛腿"机动发射架。

2. 精确制导武器的使用量少

精确制导武器使用量较少，只占总投弹量的 9%，虽然精确制导武器作用很大，但是通常情况下人们将精确制导武器占总投弹量的 90%以上，才能称得上较为成熟的信息化战争。而海湾战争中所使用的精确制导武器大多是激光制导炸弹，受天气影响较大，不能全天候使用，严重影响作战效能的发挥。

3. 能使用精确制导炸弹的平台少

在海湾战争中，美军只有 F-117A、F-111、F-16 和 F-15E 等四种战斗机能携带激光制导炸弹，B-52 型机的精确打击能力主要体现在发射 AGM-86C 空射巡航导弹上。A-10 攻击机主要使用"小牛"反坦克导弹。B-1B 因缺乏常规精确打击能力而未投入作战使用。大部分美海军和英国等盟国的战机，如"美洲虎"和 A-6 攻击机等都不具有投放精确制导炸弹的能力，据美空军称，能使用激光制导炸弹的飞机只占飞机总数的 20%。

4. 卫星的作用十分有限

海湾战争虽被誉为"世界上第一次天战"，但由于所使用的卫星，主要是用于战略用途的，战役战术能力较差，因此，所能发挥的作用十分有限。如"国防支援卫星"主要是用于探测战略弹道导弹发射用的，而在战争中用于探测"飞毛腿"战术导弹，预警时间十分短促，武器系统很难做出有效反应，即便能做出反应，导弹拦截还是在己方空域发生，弹片散落下来对己方仍造成重大损失。鉴于这些原因，1991 年海湾战争只能称为信息化战争的雏形。

二、科索沃战争中空军武器装备的运用

在科索沃战争中，双方地面部队从未进行面对面的直接交火，北约独立使

用了空中力量，实施了代号为"联盟力量"行动的空袭作战，直接击垮了南联盟的军事力量，首次创下了在大规模战争中完全由空中力量达成战争目的的纪录，展示了信息化的空中力量在高技术局部战争中的决定性作用。

（一）战争简要经过

科索沃战争于 1999 年 3 月 24 日爆发，6 月 10 日北约暂停空袭，共持续78 天。战争大致可分为四个阶段。

第一阶段，3 月 24 日至 4 月 11 日。北约的主要作战意图是"以炸迫降"。开战头 3 天，北约的重点攻击目标是南的防空系统，包括机场、导弹发射阵地、雷达和指挥、通信中心，以及贝尔格莱德和科索沃地区的一些重要目标。4 月 1日开始，空袭由"间歇式"改为"全天时"，打击目标扩大到关系国计民生的工业设施。南联盟的意图则是抗击与谋和并举。在抗击的同时，迅速完成了对"科索沃解放军"的清剿，于 4 月 6 日宣布停止对阿族武装的军事行动，提出了政治解决危机的"三点建议"，并与阿族温和派领导人举行对话，以表示其诚意。此阶段俄罗斯基本上站在维护南联盟利益的立场上。

第二阶段，4 月 12 日北约外长会议至 24 日北约首脑会议前夕。北约被迫由"以炸迫降"转向"炸谈并举"。由于第一阶段空袭未能迫使南联盟屈服，北约开始加大空袭力度，并向波黑、阿尔巴尼亚和马其顿增派地面部队。与此同时，北约和欧盟分别提出政治解决的 5 点要求和 6 点方案。南联盟在继续抗击北约空袭的同时，立场开始松动。4 月 22 日，南表示愿意接受俄总统特使的建议，在北约停止轰炸后准许联合国监督下的国际"维和"力量进驻科索沃。国际社会的外交斡旋力度开始加大。俄罗斯由南利益的维护者转为交战双方的调停人。

第三阶段，4 月 25 日"北约首脑会议"至 6 月 2 日南接受"和平计划"前夕。北约由"炸谈并举"改为"多手并用"。在军事上，进一步加大空袭强度，日出动飞机达 700 多架次，同时将轰炸目标扩大到与人民生活息息相关的供水、供电、能源、交通等大型基础设施，造成断水、断电、断能源、断交通，致使南联盟人民的基本生活得不到保证；在政治上，对南联盟孤立分化；在经济上，实施制裁；在外交上，推动俄特使和芬兰总统进一步进行斡旋，同时继续对南施加压力。此阶段南联盟损失惨重，加上俄罗斯倒向北约，南联盟孤立无援，处境更加艰难。在这种情况下，南联盟不得不主动示和，并于 6 月 3 日表示接受俄、美、欧三方提出的"和平计划"。

第四阶段，从 6 月 3 日南联盟接受"和平计划"到 6 月 20 日北约宣布正式结束对南联盟空袭。此阶段是科索沃危机进入政治解决的关键时期。南联盟宣布接受"和平联盟计划"后的第二天，北约与南联盟开始进行技术谈判，由于双方在撤军路线和时间表等问题上存在较大分歧，谈判于 7 日暂停。8 日，八国集团外长就准备提交安理会的政治解决科索沃危机决议草案达成一致。6月10日，北约与南联盟经过第三轮谈判，双方各自做了一些让步，取得了突破性进展，北约、南联盟军事代表签署了撤军协定。当日，南联盟开始从科索沃撤军，北约宣布暂停对南联盟空袭。次日，联合国安理会通过了八国集团外长提交的决议草案。至此，持续了 78 天的科索沃战争宣告结束，科索沃危机由动用武力走向政治解决。

（二）空军武器装备运用特点

1. 空天装备一体化，掌控制信息权

以美军为首的北约多国部队使用了由"联合空战中心"、"综合数据传输"和"海上指挥控制"三大信息系统组成的 C^4ISR 系统。这一系统覆盖了战场的所有维度、所有空间、所有频段，在北约部队之间形成了一体化指挥、控制、通信和情报系统，可对空、地、海、天、电子作战单元实施网络化的指挥控制和管理，实时对南军情报、指挥、通信和抗干扰能力进行分析研究，及时向联合司令部指挥官提出电子战支援的建议，并制定周密的电子战计划，明确电子战部队掩护空中攻击部队的任务，确定电子攻击的先后顺序，组织三军电子战力量的协同动作，并将电子战计划纳入空袭作战计划之中，使电子战与火力和空中支援协调一致，以保证空袭作战的顺利实施。

2. 空袭弹药精确化，实施防区外打击

运用精确制导弹药对南联盟境内目标实施防区外精确打击是北约对南联盟空袭的主要特点之一。以美军为首的北约部队为了最大限度地减少伤亡，近年来十分强调防区外"非接触"作战，它主要依靠巡航导弹攻击、防区外空对地导弹攻击来实现。据统计，整个战争中北约共投弹 23000 枚，在战争初期，其精确制导弹药占投弹总量的 90%，而海湾战争只有 8%。在历时 78 天的空袭作战中，北约始终把精确制导武器作为主导型武器使用，实现了非接触和非线式作战，提高了空中作战平台的生存能力。

3. 作战效能最大化，隐身战机长途奔袭

美空军为追求空袭效能的最大化，多次使用战略隐身轰炸机 B-2 挂载精确制导武器对敌方目标实施高精度突击。B-2 隐身战略轰炸机也是首次用于实战，采用多种隐身技术，隐身性能好，其雷达反射截面积小于 0.01 平方米。科索沃战争中，美空军出动近 60 架次 B-2 型隐身轰炸机，对南联盟要害目标实施精确轰炸，取得了巨大的战果，自己无一损伤。由战略隐身轰炸机挂载精确制导武器突击敌方目标，其打击精度高、强度大、效果好且安全系数较高，已经成为美国空军的关键作战力量。

4. 破坏威力巨大，信息化特种弹药亮相

美军为了尽快达到使南联盟军民屈服的作战目的，首次使用了破坏威力巨大的两种信息化特种弹药：电磁脉冲炸弹和石墨炸弹。电磁脉冲炸弹专用于攻击指挥控制系统。现代战争中，指挥控制系统广泛使用计算机等先进的电子系统，一旦计算机系统被破坏，则整个指挥系统就将失效，给作战带来严重的影响。电磁脉冲炸弹爆炸时将化学能转变为电磁能，产生强大的电磁脉冲，类似于核武器爆炸后产生的电磁波，瞬间即可将距爆心 10 千米范围内的电子设备中的敏感电子元件烧毁，以达到破坏武器装备的目的。石墨炸弹的作用是通过抛撒碳纤维造成线网短路，破坏其导电功能。飞机从空中投掷后，炸弹爆炸后喷散出大量导电性能极强的很细的精制碳丝，这些碳丝在空中能从卷绕状态向四处快速扩散，像一幅巨大的蜘蛛网覆盖在高压线上，使电线短路，引起电火花和火星爆炸，使发电机振荡，断路器劈啪作响，发电站无法供电。在科索沃战争中，北约突击南联盟电力系统时就使用了新型专用的BLU-114/B 型石墨纤维炸弹，一直持续到战争结束，时间长达 1 个月，致使南联盟 70%的电力系统停电。

（三）空军武器装备运用存在的不足

科索沃战争中，美军的精确打击能力又有了一定的发展，开始形成了数字化、网络化的结构，但其范围很小，只限于几种少数飞机，堪称为网络中心战的初级阶段。

与海湾战争相比，科索沃战争中美军精确打击手段有了一定的发展。E-3、E-8 和 F-15E 等少数飞机改装了 LINK-16 数据链，信息传输开始形成了数字化和网络化结构，大大缩短了目标打击周期，从目标感知到实施打击由海湾战争的数小时（或数天）缩减为 20 分钟，但所形成的网络化结构的范围很小，LINK-16 数据链只装在上述少数几种飞机上，而且改装的飞机数量也不多，F-15E 只改装了几架，数字化、网络化程度非常有限，即便目标打击周期缩短至 20 分钟，或更短一些，但这种现象大都发生在装有 LINK-16 数据链的 F-15E 一种飞机上，在大多数情况下，目标打击周期仍然较长。

战争中使用了信息化程度较高的 B-2A 隐身轰炸机，精确打击的自主能力及威力、精度都明显提高，但由 GPS 制导的 GBU-31 刚投入使用，使用量很少，只投放 656 枚，而且，都是由 B-2A 隐身轰炸机一个机种投放，其余飞机还主要使用激光制导炸弹。而且航空航天侦察设施受天气影响较大，极大地限制精确打击效能的发挥，EA-6B 和 F-16CJ 等电子战飞机作战应变能力差，很难适应南联盟雷达采用"接力式开机的方式"或缩短开机时间战术的要求，战争中还损失了一架 F-117A 隐身战斗机。

尽管高性能的"捕食者"无人侦察机已开始投入使用，战场侦察监视能力明显增强，但还处于试用阶段，只投入了两架，所起的作用非常有限。

三、阿富汗战争中空军武器装备的运用

阿富汗战争是以反恐怖为主、战争双方实力对比极其悬殊的信息化战争。美军没有像海湾战争那样花数月时间大规模集结兵力，也没有像科索沃战争那样单纯进行高强度空袭作战，而是运用新式作战理论，大量运用信息化武器装备，广泛检验了信息化战争的作战模式，是美军在新世纪对作战理论及信息化武器装备运用的一次尝试。

（一）战争简要经过

2001年9月11日上午，被恐怖分子劫持的两架波音767飞机撞毁了位于美国纽约曼哈顿区的世界贸易中心双子大厦。美国迅速将矛头直指收容本·拉登和"基地"恐怖组织的阿富汗塔利班政权，对于美国提出的交出本·拉登的问题，塔利班态度强硬，拒不交人，结果导致美、英等国对阿富汗动武。本次战争大致可分为三个阶段。

1. 空袭阶段

从2001年10月7日至18日。13日前，主要摧毁塔利班的战略目标和防空设施，夺取制空权，重点打击了指挥中心、通信中心、机场、油库、弹药库、大型军事基地等要害目标。从10月14日至18日。重点打击阿战役战术目标，主要打击对象为敌训练基地、军事设施、集结地域以及前沿阵地等战役战术目标，以摧毁其重型武器装备，消灭其有生力量，保障后续地面作战的顺利进行。

2. 空地协同作战阶段

从10月19日至12月7日。阿富汗是个山地国家，境内大型战略目标较少，空袭不能取得如空袭南联盟那样显著的效果，难以直接达成作战目的。所以，在空袭进行了12天后，10月19日，美国的数支特种部队进入了阿富汗南部地区，开始执行代号为"蟒蛇行动"的地面作战行动。

美军特种部队主要任务是为空中打击指示目标，空中力量则重点轰炸与北方联盟交战的塔利班部队，突击指挥所、装甲目标、火炮阵地、堑壕以及人员藏身的洞穴和坑道等，杀伤有生力量，直接支援北方联盟的地面进攻行动，至12日占领了几乎所有北部重要城市。11月25日，美海军陆战队实施了"快速自由"行动，美空军、地面部队和北方联盟加紧了对坎大哈的围攻，迫使塔利班守军大部在12月7日宣布投降，部分残余武装退守东部的托拉博拉山区。

3. 搜索清剿作战阶段

坎大哈被攻占后，塔利班主力被打垮，有组织的抵抗活动基本结束，只剩下小股部队撤到东南部山区转入游击战。美军结束大规模作战行动，开始进行搜索清剿，以小规模特种作战为重点，地面部队与北方联盟联合作战，并以空中火力配合地面围剿行动，主要以空中火力打击和地面特种作战完成搜剿任务。

2002 年 3 月 1 日至 18 日，以美军为主的联合部队发动"蟒蛇"行动，在东部加德兹山区消灭 800 余名残余武装。7 月 8 日，美军结束了正规作战，剩下任务交由特种部队去完成。至 2003 年初，美军又先后进行了"雷鸟"、"美洲狮"、"鸟居"和"秃鹰"等大规模清剿行动。尽管美军对洞穴群狂轰滥炸，击毙了少量武装分子，缴获和销毁了一些武器，但并未彻底消灭残余武装。

（二）空军武器装备运用特点

1. 空天信息化平台无缝交联，实现实时化打击

美军用了大量信息化空基天基平台，形成了空天一体化的侦察网络，保证美军快速发现目标，迅速定位和跟踪，把战场情报迅速传递到作战平台。从信息获取到实施打击的整个作战过程，海湾战争需要 3 天，科索沃战争约 2 小时，阿富汗战争已缩短到 19 分钟，基本具备了对战场目标的近实时打击能力。据美海军称，许多遭打击目标都是在舰载机起飞后才出现的，对这些新出现目标的打击成功率已经达到 65%。战争后期，美空军还随时保持 2 架战机在战场上空待命，通过特种部队地面引导，由飞行员自主决定攻击目标，进一步检验了实时化精确作战程序。

2. 多种精确制导武器一体化突击，实现打击精确化

美军采用了巡航导弹—精确制导炸弹的一体化突击方式。首先，以巡航导弹、高性能作战飞机进行突袭，打击的目标主要是对手的空中力量、防空力量等对美军威胁较大的目标。其次，以战略轰炸机、战斗轰炸机等为主进行轰炸，重点对敌重要战略目标，包括重要军事、经济目标实施打击。然后，再以直升机、各种对地攻击机等为主对塔利班部队实施空中遮断，并对反塔联盟实施近距离空中支援。此次战争，美军精确制导武器使用比例明显提高，精确制导武器占总投弹量的 60% 以上，精确作战程度超过以往任何一场战争。

3. 新型特种炸弹悉数登场，首尝山地空中围剿

阿富汗是一个多山国家，由于长年战事，塔利班和基地武装分子积累了丰富的山地游击作战经验，而且连绵的山地内大量的洞穴为武装分子提供了天然的庇护所。美军的战法是先投入少量地面特种部队，发现敌残余分子，即迅速调集战机，猛烈轰炸，从外向里逐步缩小包围圈。美军还使用多种适合阿富汗战场特点的新型航空炸弹，一种是近 10 吨的 BLU-82"滚地球"重型炸弹，另一种是 BLU-118B 新型激光制导温压炸弹，非常适合打击武装分子藏身的坑道、掩体、山洞等。由于战术运用得当，武器作战效能良好，取得了超出预想的战果。

4. 无人机加载精确制导武器，初步验证无人化作战

美军第一次试验了无人机侦察与攻击一体的智能化作战。用于战场侦察的"全球鹰"，侦察范围大，具备全天候侦察能力，携带光电、红外和全成孔径雷达探测器，实时传输清晰的目标图像，并创造了在空中连续侦察 26 小时的作战纪录。一是在无人机上加装激光指示器，与携载激光制导炸弹的载机进行战术配合，可以超低空接近目标并发射激光束照射目标，载机在防区外投掷激光制导炸弹，然后迅速脱离，由无人机引导炸弹命中目标。既提高了炸弹的命中精度，又提高了装备的生存能力，减小了人员的伤亡概率。二是为无人机加装轻型的反坦克导弹，把无人机变成一个既能侦察又能攻击的作战平台。

（三）空军武器装备运用存在的不足

在阿富汗战争中，美军的指控信息传输率大幅度跃升。海湾战争中，多国部队参战人数为 60 万人，拥有的卫星通信容量仅为 80 兆位/秒；科索沃战争中，北约参战人数为 10 万人，拥有的卫星通信容量已达 160 兆位/秒；阿富汗战争，参战人数仅为 1 万人，但拥有的卫星通信容量已高达 500 兆位/秒，是海湾战争时的 6 倍多。设在美本土的中央司令部能够通过卫星通信近实时地看到战场传来的电视图像。与此同时也暴露出一些问题，一是由于缺乏足够的卫星通信带宽和情报数量过多，产生瓶颈效应，导致大量情报不能及时传输和处理；二是各种通信设备的现代化程度参差不齐，新旧传输系统未能有效整合，各机构的数据库之间不能充分链接，无法完全实现情报共享；三是过分依赖高技术侦察手段，忽视传统人力情报，特别是缺少特殊语种的翻译人员，造成大量情报无法及时处理；四是基层机构情报管理和处理水平低，导致多起战场误伤。

美军认为，未来联合作战需要容量大、军种互通、可靠安全的无缝隙信息网络系统。为此，美军决定采取三大措施：一是把信息高速公路扩展、延伸到部队的每个单元；二是扩大情报网络与国防部一体化网络系统的互通能力；三是现有传输信道的带宽限制。最终目标是运用最新信息技术构建庞大的一体化信息网络系统，使美军所有作战单元、支援机构和其他国家安全机构之间实现可靠的信息交流和共享。

四、伊拉克战争中空军武器装备的运用

在伊拉克战争中，美军在其信息化武器装备的支持之下，进一步检验了网络中心战思想，并验证了"并行作战"的理论，即把相互联系的目标看成一个整体，找到其多个关节点，同时进行打击而不是逐次打击各个组成部分，这是信息化战争有别于传统的机械化战争逐层推进作战的一个重要方面。

（一）战争简要经过

2003 年伊拉克战争的全过程，大致可分为三个阶段：

战争开始阶段：美英联军从 3 月 20 日起向伊拉克发动代号为"斩首行动"和"震慑"行动的大规模空袭和地面攻势。美国总统布什在战争打响后向全国发表电视讲话，宣布推翻萨达姆政权的战争开始，强调战争将"速战速决"。在

这一阶段，美英联军先后向巴格达、巴士拉等十余座城市和港口投掷各类精确制导炸弹 2000 多枚。

战争僵持阶段：由于美军地面部队进展太快，供给线太长和伊拉克方面的抵抗，美英联军"速战速决"的目标未能实现，地面进攻曾一度受阻。伊军趁联军的援兵未到之时，于 3 月 26 日晚调集了上千辆坦克和装甲车，在卡尔巴拉和库特、法奥半岛、希拉、欣迪耶等地与美英联军展开激战。为了打破这种僵持局面，美国一方面加紧从国内向海湾地区调兵遣将，一方面向伊库尔德人居住的地区空投作战部队和军事装备，开辟北方战线。

战争收尾阶段：4 月 4 日美英联军凭借空中优势和机械化部队，兵分几路发起强大攻势，先后攻陷伊南部巴士拉等重要城市和战略要地，使战事呈现一边倒的态势。4 月 10 日，地面部队兵不血刃进入巴格达，伊拉克政权在强有力的空中打击和地面占领双重压力下彻底垮台。4 月 14 日，美军地面部队进入不设防的空城提克里特。4 月 15 日宣布伊拉克战争的主要军事行动已结束，联军"已控制了伊拉克全境"。

（二）空军武器装备运用特点

1. 运用天基空基平台，实现态势全维监控

在伊拉克战争中，美军动用了各种军用、民用卫星 186 颗为战争提供信息支援。利用成像卫星可使美军实时监视伊军调动情况、进行目标定位和打击效果评估等，极大提高了美军战场态势感知能力；利用电子侦察卫星可搜集伊防空雷达、导弹制导雷达、地面指挥通信系统的电子信号，并确认这些设施的具体位置，还可以对无线电信号进行检测，帮助寻找萨达姆等伊高层领导人的藏身之处及伊军重要指挥控制中心，为空袭行动提供目标方位信息；利用导弹预警卫星对伊拉克全境内的导弹发射情况进行实时监视和跟踪并及时发出预警信息；利用气象卫星可准确了解伊拉克境内的沙尘暴等天气情况，并可严密监视伊境内油井及巴格达地区油壕燃烧情况。

2. 整体运用信息化武器，实现全频谱作战

在伊拉克战场上，美军利用大量信息化装备构建了功能强大的战场信息化网络，将天—空—地信息化武器进行组网，将指挥、控制、通信、计算机、情报、监视和侦察等网络系统联成了一个有机的整体，从而使陆基、海基、空基、天基作战平台和各类人员能实时交换作战信息，并共享各类信息资源，形成了支持各种作战活动的多维信息空间战场。通过高度透明的信息化战场，美陆、海、空三军司令部指挥官可随时随地共享信息、获得共同的战场画面，达成三军指挥上的高度协调，进而实施有效的联合作战。同时，使卫星、侦察机、无人机及地面特种部队获得的信息能够通过 LINK-16 数据链传输到美军所有信息化装备，在信息共享及高度统一指挥基础之上，美军可依托信息化装备的整

体优势最大限度地发挥联合作战的整体威力。

3. 综合运用防区外打击武器，实现非接触作战

"非接触"作战理论是美军在近几次局部战争中不断努力实践的作战理论。这一作战思想的目的就是充分发挥己方武器射程远、威力大、"我打得着你，你打不着我"的优势，剥夺对方还击能力，尽力实现"零伤亡"的作战思想。伊拉克战争中，美军使用了经过改进后增程的精确打击武器"战斧"型巡航导弹，而且大量使用了价格仅为"战斧"导弹几十分之一的 JDAM，不仅攻击精度高，而且由于在 10000 米以上高空投掷时，其飞行距离可达近百千米，完全可以实现防区外打击。

4. 大量运用远程作战武器，实现非线式作战

"非线式"作战就是在正面进攻的同时，使用空袭、空降、远程导弹打击等手段袭击敌方纵深或后方要害目标，使战场的流动性增大、范围扩展，同时没有明显的前后方之分。伊拉克战争中，开战当天，美军并没有打击处于科伊边界的伊武装力量，而是直接使用驻于 1000 千米外多哈基地的 F-117A、驻于 5000 千米外的迪戈加西亚基地的 B-2 轰炸机以及从游弋在红海区域的航母上发射的 45 枚"战斧"巡航导弹，对位于伊拉克国土中部的巴格达的萨达姆总统官邸实施了突击。即使在地面部队介入战争之后，美军仍不断使用大航程作战飞机、巡航导弹对伊拉克全境内的伊高官官邸、各种军事目标实施了不间断打击。

5. 普遍使用精确制导武器，实现高精确打击

据统计，美军在海湾战争期间投掷的精确制导武器占美军所耗弹药的 8%，科索沃战争中上升到了 35%，阿富汗战争中达到了 60%，而伊拉克战争中达到了 70%以上。其中空军在作战中所投掷的弹药全部是精确制导弹药。此外，美军能够投掷精确制导弹药的空中作战平台的比例也由海湾战争的 3%上升到了100%。这表明精确制导武器已从原来打击重要目标的"关键性手段"逐步发展为美军遂行作战任务的常规火力，普遍使用精确制导武器已成为美军在高技术局部战争中武器装备运用的显著特点。

（三）空军武器装备运用存在的不足

1. 敌方化整为零，高技术武器难有用武之地

伊拉克战争爆发之后，伊军在战略上化整为零，在战术上化零为整。在平时伊军分散于平民之中，使美军信息化空中作战平台无法识别敌人，美军一旦疏于防备，分散的伊军立刻集结成小股作战单位攻击美军。使得美军十分头疼，难以防备，更主要的是美军的高技术武器装备难有用武之地。

2. 天公不作美，信息化武器作战效能大为降低

沙尘暴给美军利用高技术武器搜索发现并攻击目标带来很大麻烦。以精确

制导武器为例，精确制导武器的制导方式主要有微电子制导、光电制导、水声制导等，无论哪一种制导方式，都是由起"眼睛"作用的探测器和起大脑作用的信息处理器，以及调整飞行路线的控制系统三部分组成，制导方式受气候环境、战场环境的影响较大。战争初期的沙尘暴天气导致大量沙尘颗粒悬浮于伊军事目标上空，导致美军"捕食者"无人机难以识别地面目标，搜索系统几乎成了"瞎子"，作战效能大幅降低。

3. 结构复杂，故障频发，非作战失效严重

美军所推崇的高技术兵器固然具有攻击精度高、作战效能好等众多优点，但由于结构复杂、零件颇多导致武器非作战失效比率偏高。战争开始的前十天，美军共发射了约 8000 枚精确制导炸弹和导弹，但由于技术故障等原因致使 10% 精确制导炸弹和导弹偏离目标。另外，由于精确制导武器价格普遍不菲，大量非作战失效在经济上也是划不来的。

4. 技术不完善，误伤频发

伊拉克战争期间，美英联军内部发生的"自相残杀"事件接连不断。据统计，至 2003 年 4 月 14 日光美军就先后有 56 人因误伤而伤亡，已经超过了海湾战争。"误伤"事件如此频繁的原因，除指挥协同存在问题、战术运用欠妥、作战环境恶劣、人为原因之外，一个重要原因就是这些信息化武器装备技术并不完全过关。

第四节　信息化空军航空装备的发展趋势

随着各种高新技术的广泛应用，必将会带动空军航空装备的迅猛发展。因此充分发挥和完善信息化空军航空装备的功能，在争夺制空权、保卫国家要地、掩护陆海军作战以及保障航空兵自身作战的战斗行动中，都具有极为重要的作用。

一、飞行器平台发展趋势

信息化的空中作战平台作为信息化战争的重要工具，对作战行动和作战样式具有很大的影响。世界各军事强国大量使用成熟技术和最新科技成果，研制新型空中作战平台或改装现役作战平台。随着科学技术的发展和未来战争日益增加的需求，空中作战平台将呈现出以下几个发展趋势：

（一）向多用途、一体化方向发展

现代作战平台的发展，已经从注重特定的单一用途转向强调一专多能的多用途性。作战平台的多功能、一体化就是把各作战平台中分立的武器系统联成一个大系统，使作战平台具有多种功能，可以完成多种不同的作战任务。

在空中作战平台中，作战飞机正在向"歼攻合一"的方向发展，既可以执行对空作战任务，又可以执行对地攻击和轰炸等作战任务。飞机上装有航炮并携带导弹、火箭、炸弹和鱼雷等武器，可用于攻击空中、地面、水上和水下目标。新一代战斗机更加强调多用途性，不但具有良好的空中格斗、空中遮断、对地攻击和轰炸等能力，而且还具有较强的隐身性、较高的飞行速度和非常规机动能力。如美空军着力发展的 F-35 联合攻击战斗机，就是一种海、空军通用的高隐身、高超声速、多用途轻型战斗攻击机。此外，俄罗斯的苏-37、法国的"阵风"战斗机都是多用途战斗机。发展多用途战斗机可以简化作战机种，不但能够节省费用，而且便于维修和保养。

（二）向全隐身、高机动方向发展

综合运用各种隐身技术、提高隐身效果是隐身武器发展的基本趋势。现代侦察探测系统综合了多种探测技术和手段，因此，要想达到理想的隐身效果，单独依靠一两项隐身技术是难以实现的，必须综合运用反雷达、反红外、反电子、反声波和反可见光等多种隐身手段，才能获得理想的隐身效果。要进一步扩展反雷达隐身的有效频段，向全频谱方向发展。目前飞行器的隐身主要是针对各国雷达大量使用的厘米波频段雷达技术的发展，防空预警系统将工作在毫米波、微米波、红外、激光甚至米波频段。因此，今后的隐身技术也将向相应的更广泛的频段发展，将继续探索新的隐身外形和隐身材料。

今后，各种隐身技术将被广泛应用于空中作战平台的研制之中。为发展高机动隐身作战平台，需要较好地解决实现隐身与机动之间的矛盾问题。发达国家目前正在发展的第四代隐身飞机就是具有隐身性和机动性双优品质的高性能飞机。如美国的 F-22 隐身战斗机，采用了第四代隐身技术，具有全频谱隐身特性，能够实现雷达、红外、可见光和声音隐身，其雷达散射截面积只有 0.065 平方米，相当于 F-15 的 1%。这种飞机不但隐身性能好，而且机动性能并没有因隐身需要而受到影响，最大飞行速度达到马赫数 2.5，并能以马赫数 1.6 的速度巡航飞行。俄罗斯开创了等离子隐身的新技术途径，正在研制性能可与美国 F-22 媲美的"第五代战斗机"，英、法等发达国家的隐身飞机也将相继服役。

（三）向通用性、互换性方向发展

实现通用性和互换性是现代战争联合作战的需求。它有助于三军作战平台信息互联，装备构件互补和互用，以简化操作程序和后勤保障，缩短维护和修复时间，从而大大提高作战平台的使用率。此外，这样还可以缓解经费不足，缩短研制周期，降低生产成本，节约科研经费，从而大大提高效费比。

实现通用性和互换性的有效方法是在作战平台的结构设计上采用模块化设计。通过嵌入式、模块化的组合方式，可以拓宽平台功能，扩大使用范围，有利于部件的最佳匹配，提高综合作战效能。例如，美国 JSF 联合攻击战斗机的部件就统一了规格，可以装配其他型号战斗机的部分相同部件，基本上实现了三军通用，因此具有较强的通用性和互换性。

在通用性和互换性的基础上，可以实现一代平台、多代载荷，也就是对作战平台不做频繁改进，更多的只是改进和提高负载系统。如美国空军的 B-52 战略轰炸机于 1962 年停止生产，各型飞机的生产总数为 741 架。为了延长 B-52 的使用寿命和服役时间，美空军对 B-52 的 G 和 H 型做了很多技术改进和提高工作，改进了火控系统和电子设备，提高了导航能力和攻击精度，使该平台可携载近程对地攻击导弹、巡航导弹、反舰导弹，从而延长 B-52 战略轰炸机的使用寿命。在海湾战争、科索沃战争和对阿富汗的军事打击中，B-52 作战平台又被美军投入使用，并表现出较高的作战效能。

（四）向智能化、无人化方向发展

随着科学技术特别是信息技术的飞速发展，无人作战平台正在从遥控、半自主式向全自主，智能化方向发展。在未来战争中，它执行的任务也由单纯的侦察任务向侦察、预警、监视、指挥、控制、通信、测绘等综合任务方向发展，甚至可以执行近距离火力打击任务并进行毁伤评估。因此，无人机、无人潜航器、无人车辆和战场机器人等无人作战平台将成为发达国家 2020 年前后的重要武器。

无人机作为空中无人作战平台，正在向小型、自主、隐身、全天候的方向发展，将广泛应用于高风险环境，完成以信息攻防对抗为主的作战任务。美空军就专门研制了全隐身无人机。新研制的无人机飞行高度明显提高，一般都是在 10000 米以上，美国研制的"全球鹰"高空长航时无人侦察机，飞行高度达 20000 米。无人侦察机已部分取代了有人侦察机；无人作战飞机将可能部分取代战斗机和轰炸机，实施精确打击。航程远、滞空时间长的无人侦察机，以及新一代无人战斗飞行器等，将安装由光电/红外传感器和合成孔径雷达组成的综合传感器，以适应不同气象条件、不同任务的侦察要求。既可压制敌方防空系统，又可执行打击敌方纵深目标等高危险性任务。

（五）向空天一体化方向发展

在科索沃战争、阿富汗战争和伊拉克战争中，美国采用新的天基红外成像、雷达成像情报侦察卫星系统，为前线指挥官、作战飞机飞行员提供了良好的情报保障和迅速及时的轰炸毁伤效果评估信息。在未来战争中，外层空间将由目前的支援陆、海、空作战的辅助战场转变为主战场之一，太空作战平台的支援保障能力将更强，全球卫星定位系统将成为未来精确指挥控制中远程精确打击和精确兵力投送的关键装备。因此，本世纪将出现一批划时代的侦察、预警、通信、导航、气象等卫星和小卫星。这些太空作战平台与各种情报系统、指挥控制系统以及计算机网络相结合，最大限度地发挥空间力量在信息化战争中的支援作用。美国将依靠空间力量来控制空间，实现全球交战和空军装备的空天一体化，将会出现新的太空作战平台，如隐身卫星、抗毁加固卫星、诱饵卫星和杀手卫星，同时还可能出现动能武器、定向能武器军用空天飞机等太空战武器平台。

二、航空发动机发展趋势

进入新世纪后，世界军事的信息化进入深入发展阶段，空军武器装备的信息化步伐也大大加快。相应的，由于新动力技术、新材料技术、先进控制技术的应用，航空发动机也呈现出加速发展的态势。主要是在降低成本的同时，还会降低耗油率、减轻重量，而功率可能会成倍增长，而且一些新概念新能源航空发动机可能会投入使用。

（一）传统航空发动机的发展

未来飞机要求更长的航程、更好的任务灵活性、更高的巡航速度、更低的寿命期成本和更大的承载能力，战斗机还特别突出机动性和敏捷性。为此，随着流体力学、热力学、结构力学、材料学、控制理论等航空发动机相关学科的不断发展，复合化（非金属化）、耐高温化、轻质化等新材料的采用，紧凑化、简单化、耐久化及部件冷却高效化等新结构的设计，传统的战斗机发动机将继续沿着性能更高、结构更紧凑、质量更轻、可靠性更高、费用更低等方向发展，以满足飞机性能的发展需求。

通过有关研究预测：依靠气动热力学的进步，提高部件设计水平，把涡轮前燃气温度提高到 1877℃，总增压比达到约 60，叶片机部件效率提高 3%，平均级负荷提高 40%～50%，涡轮冷却气量降低约 40%，可使发动机推重比达到约 12；依靠结构设计的进步，采用整体叶盘，减少压气机级数等措施，可使推重比进一步提高约 10%；依靠材料科学的进展，耐高温、高比强度、轻质材料的广泛应用和多学科综合运用，可使发动机推重比达 14 以上。因此，下一代航空燃气涡轮发动机推重比达 15～20 一级即可成为现实。耗油率、全寿命期成本进一步降低，使其战斗机具有隐身和超常规机动能力，可实现在 21 千米高空以马赫数 3～4.5 作不加力持续巡航飞行，也可使其战斗机具有超声速短距起飞/垂直降落等性能，实现从受到破坏的跑道或舰船上起降。

（二）新概念发动机的发展

对 21 世纪的航空动力系统而言，超高速（马赫数 5～10）、超高空（高度 30～50 千米或更高）、无限航时、无限航程；推重比 20～25 或更高，耗油率下降 10%～20%；特种用途；天地往返等性能指标，是其更高的发展方向。而推进系统的这种性能指标对于现有的航空技术水平而言，几乎是不可能的。有关专家认为，对于有旋转部件的航空燃气涡轮发动机而言，由于受结构和材料强度的限制，推重比 20～25 是其技术的极限，这大大限制了其更高性能指标的实现。

在这种情况下，一些采用新机理研制出的新概念航空发动机应运而生，并有相当的发展与技术突破。如利用脉冲式爆震波产生推力的脉冲爆震波发动机（PDE），燃烧室内气流速度为超声速的超燃冲压发动机（Scram Jet），采用非接触式磁浮轴承、内装式整体起动/发电机和分布式电子控制系统三大技术的多/全电发动机，用于特种用途微型无人机的超微型发动机等，这些新概念动力的出现以及新技术的发明应用，像喷气发动机的出现突破了被认为用活塞发动机不可逾越的"声障"一样，也会将上述超高速、超高空等"不可能"成为现实。而且，随着新概念发动机的出现以及新技术、新理论、新方法的发展与应用，世界航空动力技术必将加速发展，预计 21 世纪可能出现高超声速航空、跨大气层飞行器和可重复使用的空地间往返运输系统的推进系统，迎来以高超声速空天自由往返飞行为标志的新的航空时代，取得更加辉煌的成就。

（三）新能源发动机的发展

飞机在空中无需加油、长时间飞行是航空工程师的一大梦想。要实现无限航时、无限航程，一是利用高能燃料替代传统的航空煤油，二是利用电能、核能、太阳能等新能源。因此，在 21 世纪的航空动力技术领域内新能源发动机也将可能占据一席之地。如以液氢作为航空燃料具有热值高、飞行时间长（有效载荷大）、环保性能好等优点的液氢燃料发动机，利用太阳能电池组将光能转变为电能并通过电动机带动螺旋桨作为飞机在高空飞行动力装置的太阳能发动机，利用燃料的化学能直接转变为电能并通过电动机驱动螺旋桨或旋翼的燃料电磁电动发动机，利用核燃料核裂变发出的巨大热量对工质进行加热来获得大量高温燃气高速排出产生推力的原子能发动机等。以这些新能源发动机为动力的飞行器可以实现不着陆的长时间巡航飞行，可作为高空无限航时的侦察、通信中继、环境监测、气象观察等军、民用飞行器的动力装置，部分替代卫星的功能。

总之，传统航空燃气涡轮发动机技术已呈现加速发展的态势，仍有巨大的发展潜力，还将占据航空动力的主导地位。而未来，环境友好、利用可再生能源和超声速/高超声速的航空运输，全球打击、全球到达和跨大气层的军用航空武器以及可重复使用的低成本空间运输系统，也必将离不开新概念新能源发动机。21 世纪世界航空动力技术将继续加速发展，有可能出现革命性变化。将出现装备推重比达 20 一级发动机的第 5 代战斗机，可在 21 千米高空以马赫数 3～4.5 作巡航飞行；远距增升、推力转向、引射器和串列风扇等各种动力装置的研究应用，有可能使马赫数 2.0～2.5 的超声速短距起飞/垂直降落战斗机从遭到破坏的跑道或舰船上起降；以微机电技术为基础的超微型发动机、燃气涡轮/超燃冲压/火箭组合发动机、新能源发动机等新型动力的突破，有可能研制出如同鸟儿和蚊蝇般大小的微型飞行器；并可能研制出马赫数 5～10 的高超声速飞行器及空天飞机，继活塞时代、喷气时代之后，将人类带入快速、便捷的高超声速时代，实现大气层—外层空间自由往返航行，开辟人类航空史上的新纪元。

三、航空武器发展趋势

航空武器如何发展，一直备受世界各国的关注。根据未来战争的需求及所赋予的战争使命，进一步提高全天候远程精确打击能力，世界各国空军正从以下方面加强对机载精确打击武器的研制和发展。

（一）高效定向引战技术

随着空空导弹攻击目标种类的增多和差异的增大，对引战配合提出了越来越高的要求。为了提高导弹的单发杀伤概率，普遍采用制导引信一体化设计技术，充分利用导引头和惯性控制系统提供的信息，实现引信最佳可变延时，达到精确起爆、提高杀伤概率的目的。新的发展方向是定向引战系统，即引信具有识别目标方位的能力，战斗部杀伤元素集中在目标方向。在重量不变的情况下，定向战斗部的杀伤威力比普通战斗部提高一倍以上。

（二）导弹模块化技术

根据作战对象、气象条件、使用环境的差异，更换不同的导弹舱段，是空空导弹的又一发展方向，即导弹的模块化技术。采用模块化技术，可以大大提高导弹的适应能力，满足不同任务的要求，同时又能避免研制中的重复，简化战勤保障，节省能源，也有利于导弹的批量生产和降低成本。可更换的舱段有：不同制导体制或工作波段的导引头，如红外成像导引头与主动雷达导引头和半主动雷达导引头的互换；不同射程的发动机；不同工作体制的引信；不同杀伤元素的战斗部等。

（三）保形外挂和高密度内挂条件下的发射技术

第四代战斗机要求空空导弹实现保形外挂和高密度内挂，以不影响载机的飞行性能和隐身特性，这两种悬挂方式均要求采用弹射发射方式。弹射发射必须解决载机在高速、大机动甚至超机动情况下成功发射导弹的难题，关键是解决在复杂气流和大机动过载作用下的机弹分离、导弹姿态控制和发射安全，解决"发现即发射"的技术问题。

（四）毫米波制导技术

毫米波具有光学的探测精度和电波的全天候工作特性，集两者之优点而克服两者缺点。和微波相比，毫米波器件可以做得更小，因而体积和重量也更小，这特别适合战术武器的小型化。由于毫米波的波束窄，因而制导精度比微波高，更重要的是毫米波技术是目前抗干扰和反隐身的一种重要手段。在主动雷达导引头上，毫米波代替微波是发展趋势。

（五）智能化信息处理

探测器和接收机为导弹提供了许多目标和环境的信息，而这些信息的利用率则取决于信息处理技术，国外十分重视该项技术研究。目前，信息处理发展的重点是继续开展自动目标识别技术，促进导弹武器智能化；继续开展多传感器集成和数据融合技术研究，提高导弹所获取信息的利用率；提高和改善导弹武器在复杂背景下的目标捕获能力、抗干扰能力和自动寻的能力；继续开展小型化、集成化处理技术研究，改进总体结构设计，发展超大规模集成电路，超高速、大容量计算机，开发各种专用处理机及功能模块，提高识别处理速度。

（六）向小型化发展

载机携带小直径炸弹，可同时打击多个固定目标和移动目标，并又能够减少附带损伤。小型制导炸弹有利于提高隐身飞机和非隐身飞机的载弹数量，以打击更多的目标。美空军还想发展加装激光雷达或雷达导引头的该型别小直径炸弹，用来攻击运动目标。美空军计划将小直径炸弹装备在 F-15E、F-16 战斗机，B-1B、B-2 轰炸机上，进而装备到新一代的 F/A-22 隐身战斗机、F-35 联合攻击战斗机以及无人驾驶攻击机上。希望大幅度提高其载弹能力，大大提高其突防力和打击力。

（七）追求经济效益的最大化

机载精确制导武器虽然提高了攻击效果，但是由于其价格昂贵，战争耗费剧增。海湾战争中，美军仅发射 322 枚巡航导弹就耗资 3.09 亿美元，发射各种精确制导弹药 18850 枚，耗资 15 亿美元。使用价值十几万甚至上百万美元的精确制导武器去攻击一些低价值的目标，有些得不偿失。因此，美军采取各种措施降低机载精确制导武器的价格，譬如通过大力推广成熟的 GPS/INS 技术，使控制组件的重量更轻，价格更便宜；采用民用成熟技术、弹体包件采用树脂材料等措施；在弹体或复加部分大量使用复合材料，降低生产成本。价钱降下来，精确制导武器就可以大量使用。

（八）注重全天候使用

机载精确制导武器尽管在作战中发挥作用很大，但是它们受天候的影响亦很大，大多精确制导武器只能在白天或天气比较好的情况下投放，而在恶劣天气条件下使用时，作战效果往往不佳。因此，美军正投资 240 亿美元开展一项"不良天气使用精确制导武器"计划。该计划一方面使用 GPS 进行制导的、可以在全天候投放的新型精确制导武器；另一方面通过改装武器系统，使之能够挂载这些新型精确制导武器。对于一些老式的精确制导武器，美军亦在为其改装 GPS 制导系统，提高其在不良天气下的作战能力。

四、机载设备发展趋势

机载设备的发展既有作战需求的牵引，又有科学技术进步的推动，向数字化、综合化、模块化和软件化方向发展。

（一）向信息化、数字化方向发展

信息化是飞机实施联合作战的首要条件，空中斗争将是航空装备体系之间的信息对抗。机载设备向数字化方向发展，既是未来战争大量信息需要数字传输和处理的要求，也是现代计算机和通信技术数字化技术推动的必然。首先，未来空战对信息的依赖越来越大，相应地对机载设备的信息通信与处理能力也提出了越来越高的需求。而机载设备的信息处理必然是数字化，数字化不仅支撑着单架飞机快速获取信息的能力，还能通过编队内部、指挥机构的数字通信，获得整体的信息优势。

机载设备的数字化也体现在自身各种设备的数字化程度。传感器采集数字化，设备输入、输出数字化，处理、管理和显示控制数字化，以及相应软件组成的一个数字系统。机载设备通过计算机和多种类型多路数据传输总线实现对各分系统和设备的信息进行数字化处理。如美国 F-15E 航电系统通过采用 1553B 多路数据传输总线技术来实现航电系统各分系统数字流的水平综合，完成各分系统功能的集中与控制与管理。F-22 的"宝石柱"航电系统和 JSF 飞机的"宝石台"航电系统采用高速光纤数据传输总线、1553B 数据总线等，对来自各设备和系统的数据流和信号流进行垂直式的梯次综合，从而实现系统信息的数字化处理、显示、控制和监视。

随着海、陆、空、天、电一体化作战体系的出现，数字化技术将通过各种传感器实现与战场信息网络的信息交换，提高武器平台的信息感知、信息获取和信息综合处理能力，利用战场信息网络和各种战术数据链实现多平台间的信息互通互联和信息共享，经多平台的数字化信息处理后实现战场态势信息的实时综合处理，提高武器系统的多平台协同作战能力。在信息制胜的未来空战中，机载设备的数字化能力是提高飞机的空中态势感知能力，实现信息共享。保证先敌发现、先敌决策、先敌机动、先敌开火的根本。

（二）向一体化、综合化方向发展

综合就是要把所有航空电子设备（分系统）作为一个整体统筹考虑，从系统的观点出发，对其分系统组成、构造、功能、互联方法等进行综合的研究，以达到航空电子设备进行系统集成，使各种系统资源有机地结合起来，协调工作，共同完成系统的使命任务。机载设备的综合化是为了满足一体化联合作战的需要，以增强设备系统性和综合性能力，提高信息互通、协作和共享能力。

随着战斗机作战任务的日趋复杂和机载电子设备的迅速增加，飞机信息的多源化，途径多样化。一方面，本机信息的迅速变化及信息量的迅速增加，使传感器利用目标某些特征探测、分类及识别等出现了局限性、不精确、不完整、不一致、不可靠甚至矛盾；另一方面，电磁空间必然存在敌人的有意干扰、迷惑甚至破坏，使得信息的欺骗性增强，使单个传感器无法完整地测量并区分复杂的信息。

首先需要综合的是传感器，将本机的多种传感器或者异地的多传感器综合起来，例如，收/发天线的综合孔径、综合射频器件等，将雷达、电子战、光电设备、通信、导航、识别等不同种类的传感器探测的信息合理调配，实现优势互补，综合它们在空间和时间上的冗余或补充信息，来排除各种干扰对探测系统的影响，减少误差，提高精度，以获得被探测目标更全面、更确切的信息。

其次是对信息处理机的综合，将各种信号直接在宽频带接收机前端进行模/数转换，共用变频和中频放大级，综合进行信息编译码、信号过滤和识别能力，实现一个处理机处理雷达、电子战、通信、导航和识别等多种无线电信息，确保信息的准确性。

综合化不仅局限在传感器、处理机等某些单元，而是航空电子系统综合化，增强信号处理、信息处理和信息融合的能力。体现在各子系统间更为深入的综合和广泛的软、硬件资源共享，在数据显示部分实现综合显控。并通过数据链与飞机外部各个作战系统的各单元综合成一个有机的整体，进行编队内部所有飞机和舰船探测的信息共享，协同求解目标位置和航迹，最终提供给飞行员综合化的空中态势感知信息。

（三）向模块化、集成化方向发展

模块化是在机载设备及系统中最大限度地使用相同类型的模块。航空电子系统实现模块化的结构，不仅能适应航空电子系统的各种应用，而且系统发生故障时便于检测和重构。模块化是实现系统结构简化和综合化的基础，也是实现系统重构的基础。

机载设备具有共同的功用和相同技术要求等通用特征，必须适应多种平台类的安装使用、必须满足平台多任务的需求、复杂的外部接口等不断变化的需求。所以，统一的、标准的模块化是一种策略。

模块化寻求航空电子系统在不同军种中使用的共性，建立一些通用的软件和硬件通用标准，变成标准化模块。标准化技术的发展将渗透到航电系统各分系统，同时也渗透到各类装机适应性标准中，促进了标准的发展，缓解了传统装机标准对机载电子设备系统的制约，例如，美国"宝石柱"计划，除了采用1553B数据总线、1750A计算机指令系统结构、1589JOVIAL高级语言和1760外挂物管理接口等四项军用标准外，还大量采用了适应机载环境条件的标准化空气冷却模块。

模块化实现了系统高可靠性、易维护性和改进性。系统通过自检测基本可实现外场可更换模块（LRM）或者外场可更换组件（LRU）的故障检测和故障隔离，降低了外场维护使用保障费用，减少地面保障和战场维护时间，增强飞机再次出动能力。同时模块化使系统重构和改进的潜力增强。

（四）向智能化、软件化方向发展

软件是构成系统的一个重要环节，特别是系统软件，只有通过它的管理、调度和控制，各设备和模块才得以构成一个真正协调的统一整体。飞机的设计也以硬件为基础的解决方案向以软件为基础的解决方案转变。

航空电子系统已由电子机械密集型向软件密集型过渡，软件规模大幅度增长。软件化是机载设备发展的一个重要方向。软件化是通过计算机辅助软件工程等手段，开发可重用的通用软件，是满足空中飞行作战需要，更大限度地提高机载设备的人工智能水平，全面提升空中作战使用性能。

机载计算机是现代航空电子系统的基础和核心，机载软件系统就是机载计算机的大脑。没有先进的机载计算机及其软件技术，就没有先进的航空电子系统，也就没有先进的战斗机。随着各种先进航电设备的装机使用，飞行员需要面对的信息量急剧上升，负担不断加重，急需软件和智能系统支持。软件系统通过对综合探测系统所获得的态势环境信息的收集、推理和判断并做出决断，可以直接给出控制指令，也可以向驾驶员提出处理建议，由驾驶员决断及实施控制。对各种目标进行自动分类和识别，为驾驶员及时提供敌我信息；控制本机没有必要的电磁辐射，降低被敌方截获的概率；对各种威胁进行人工智能分析，并能自动实施有效的电子对抗；为攻击目标优先级分类，提供所需目标参数，发射控制和引导控制武器攻击。各种软件支持的智能化系统使驾驶员可以从过量的任务负担中解脱出来，集中精力于高层次的判断，并可避免人脑在某些方面的能力不足；还能克服飞行员的判断失误、决策不当、时机延误等方面的问题，从而提高任务效率和生存率。

机载软件有一个明显的发展趋势，那就是它所完成的功能将越来越强大。以美国为例，第二代战斗机 F-111 的航电系统，20%的功能是通过软件实现的，而第三代战斗机 F-16，这个比例达到 40%，到最先进的第四代战斗机 F-22，航电系统功能中竟有 80%是通过软件实现的。F-22 战斗机机载软件的规模已达到 170 多万条语句；联合攻击战斗机（JSF）的软件规模将大大超过 F-22。

第三章　信息化空军地面防空装备

信息化空军地面防空装备，是指在信息化网络系统支持下，在空军作战编成内，由地面防空武器及其配套技术装备组成，专门用于防空作战的武器系统及其保障设备。其中，武器系统包括地空导弹武器系统、高射炮武器系统、弹炮结合防空武器系统、地对空电子对抗系统等。由于各国（地区）军情的差异，有的是空防一体，有的则是空防分离。因此，地面防空装备不仅仅配属在空军，有的国家（地区）配属在陆军，有的国家（地区）还配属在海军，但是由于这些地面防空装备具有一定的代表性，所以，也在本章的研究范畴之列。

第一节　信息化空军地面防空装备的基本构成

信息化战争中，空袭与防空作战是体系与体系的对抗。信息化防空作战是多个作战子系统参与的作战行动，不仅地空导弹和高射炮在防空作战中发挥着极其重要的作用，同时一些新概念防空武器装备，如激光武器、微波武器等，也将在防空作战中发挥作用。空军地面防空装备是空军装备的重要组成部分，一般分为战斗装备和保障装备，主要由指挥控制系统、情报预警系统、火力控制系统、拦截弹药系统、发射控制系统和技术保障系统组成。

一、指挥控制系统

指挥控制系统是综合运用以计算机为核心的各种技术设备，接收、处理防空作战所需的各种信息，协调地面防空装备战斗运用，保证对部队实施指挥和武器控制的人机系统。指挥控制系统，能及时准确地对获取的空中目标情报进行综合处理，形成具有预测性和结论性的信息，对各组成部分进行作战指挥和火力控制，它既是武器系统的射击指挥中心，又是上一层次及更高层次的 C^4I 系统的基本单元，作为地面防空武器系统的"神经中枢"，在信息化防空作战中发挥着越来越重要的作用。一般情况下，信息化空军地面防空装备指挥控制系统由战术级指挥控制系统、基本作战单元指挥控制系统和火力单位指挥控制系统构成，三者相配套、相交联，虽然担负任务不同，但组成和功能大体相同。

通常包括指挥控制中心、通信分系统和指挥自动化分系统等。

（一）指挥控制中心

指挥所、指挥协调车（指挥控制方舱）和指挥控制车都是指挥控制中心，可根据防空作战需要和实际情况选择使用。

指挥所是实施防空作战指挥的中心，通常由指挥员、参谋人员、战勤保障分队及配备的指挥、通信设备组成。早期的指挥所，人工指挥控制方式沿用了一个相当长的时期。半自动的指挥控制方式，初级的只解决了一些射击诸元及射击时机等计算问题，而高级的也只是提供了辅助决策的功能。但是随着信息化程度的不断提高，指挥所在指挥控制方式上发生了质的变化，可以通过信息网络与其他指挥所进行组网，也可以直接引接远程雷达或预警机的情报信息，进行敌我识别并监视武器系统各部分的工作。以美军地空导弹营指挥所为例，营指挥所（AN/TSQ-73）可以通过联合战术信息分发系统和定位报告系统，对上与群指挥所交联，对下与各连指挥所交联，同时还可与友邻营指挥所和友邻兵种通联；可直接引接预警机或其他远程情报信息，通过远程雷达进行敌我识别，辅助指挥人员和战勤人员进行目标属性及威胁程度判断，计算射击诸元，优化目标（火力）分配、射击程序，为指挥人员提供决策依据，实施直接或越级指挥控制等。

指挥协调车（指挥控制方舱），是指挥所的必要补充，协助指挥所掌握战场态势，进行情报、信息、兵力、火力及各种动作的协调，进行必要的计算和规划，为指挥人员提供情况判断和定下决心的依据，有时可直接代替指挥所进行作战指挥。以美国"爱国者"地空导弹武器系统为例，在营一级，用指挥协调车实现本营火力与所辖空域其他用户的协调。它与美国陆军防空部队的通信装置、友邻的指挥协调车和下属各火力单元的指挥控制车相连，并使用一台中央处理机，通过调制解调装置，确保与上级进行通信联络。

指挥控制车，大多设置在火力单位，是火力单位作战指挥和控制中心。一般有战术控制台、显示控制台、引导操纵台和通信设备等。向指挥人员提供必要的目标情报、火力单位作战状况和所需要的控制数据，向操作人员提供目标数据，便于操纵人员对目标进行快速锁定、跟踪、发射、引导和拦截等。如，美国的"爱国者"地空导弹武器系统，指挥控制车是连的指挥控制中心，主要设备有武器控制计算机及其外设、显示与控制组合，雷达/武器控制接口，甚高频数据传输线终端设备，以及超高频、音频无线通信与有线通信设备等。该型指挥控制车通过对多功能相控阵雷达的遥控，完成对空中多目标的探测、搜索、识别、跟踪以及对导弹的跟踪、制导和电子反干扰作战；通过甚高频无线电数据传输线控制 8 辆发射车，由发射车的发射架电子装置接收、译码和执行指挥控制车的指令，并向指挥控制车反馈发射架和导弹的状态及每一受控动作的实施状况。显示与控制组合是火力单元的控制中心。它监视武器系统各主要组成部分输入的主要数据和信号，并为操作人员提供充分的控制手段，使他们可以根据实际情况选择一种适当的方法，集中而适时地控制火力单元的各部分。该型指挥控制车可以控制武器系统自动作战，即控制武器系统自动完成从目标评定、选择发射架到实施射击的全部作战过程，操作人员只起监视作用（但也可人工干预）。此外，也可以采用半自动作战方式，即选择和射击目标由操作人员完成，其他动作由武器系统自动完成。

（二）通信分系统

通信是实现指挥与控制的基础。指挥控制系统通常以分布式通信网络为基础，指挥控制的成功与否在很大程度上依赖于通信网络是否能够准确、迅速地传输各种信息。

通信分系统主要由远程数据链路、地域无线电网、火力通道数据链路和战术语言通信单元等组成。远程数据链路可以是各种标准的军用数据链路，如美军和北约使用的 JTIDS 链等，它使系统具有广泛的互通能力。地域无线电网由多信道数字无线电设备、数据终端设备、数据交换设备和中继设备等组成，它在防空武器的防区范围内提供实时的大容量数据和语音通信，同时，也可以采用标准的数据链路如 JTIDS、EPLRS（增强的定位报告系统）和无线电包交换网等传输信息。火力通道数据链路则必须满足武器火控的要求，一般使用时分复用（TDMA）或频分复用（FDMA）的专用无线（或有线）数据传输系统传输信息。战术语音通信单元则提供保密的语音通信，以满足指挥和勤务通话的要求。通信分系统能够接受来自各种用户或其他通信网络的多种业务信息，传输包括语音、电报、数据、传真、图像等多种形式的信息。

通信分系统一般可分为战术级通信网络、基本作战单元通信网络和火力单位通信网络。战术级通信网络为多种武器系统混编组成的区域纵深防空体系提供通信互联。主要功能是保障具有较大范围、有时甚至达上万平方千米内各种武器系统之间的通信联络，具有传输情报信息、武器状态信息和作战指挥控制信息等能力，同时要求具有快速传输紧急信息的能力。基本作战单元通信网络将地面防空武器系统的多个火力单位连接成一个有机的整体，为系统的集中指挥提供通信信道，保障情报信息、火力单位武器状态信息及指挥控制信息的传输。该网络形成地域覆盖，范围可达几千平方千米，具有较强的机动性和动态的拓扑结构，同时网络具有为系统突发的大量信息提供实时传输的能力。火力单位通信网络用于连接武器系统的各个组成单元，使指挥控制系统能够将目标的探测、跟踪、识别及火力分配、发射、制导等功能统一协调起来，控制和监视系统的作战过程并实现作战自动化。火力单位通信网络传输的主要信息包括情报信息、武器设备状态信息、火力控制信息和来自上级及友邻指挥所的预警和指挥控制信息等。对该通信网络来说，主要是解决分布的火力控制通道的监测、控制等信息的传输。

（三）指挥自动化分系统

指挥自动化分系统既是信息化空军地面防空装备指挥控制系统不可分割的组成部分，也是一体化防空作战指挥体系的重要组成部分。随着空袭兵器的发展，地面防空武器系统要对付的目标数量、类型急剧增加，空情信息量大、变化快，人工搜索、处理、分析、判断困难增大，难以保证指挥控制对信息的实时性、准确性的要求，而且对空袭兵器的预警时间越来越短，实施指挥控制的时间极其短暂。因此，指挥自动化分系统的作用显得越来越重要。

指挥自动化分系统一般由指挥控制设备、传感器网、通信设备和各种外部网络接口组成。虽然战术级、基本作战单元和火力单位等各级指挥控制中心在功能上不同，但其指挥自动化分系统设备的组成相似，如硬件设备一般包括传感器接口和处理设备、指挥控制数据处理设备、显示控制设备、通信及网络终端设备、训练仿真设备等。系统软件是实现系统功能的核心，有作战应用、测试维护、模拟训练等软件。

指挥自动化分系统一般分为战术级指挥自动化分系统、基本作战单元指挥自动化分系统和火力单位指挥自动化分系统。其中，战术级指挥自动化分系统能组织 4～6 个火力单位构成火力配系，主要任务是收集处理作战空域内的近方情报，确认目标属性，进行威胁判定；根据上级指挥所下达的作战任务向火力单位分配和指示目标；监视火力单元的战斗实施，组织火力掩护；与友邻作战部队和电子对抗部队协调，与各种情报分队建立情报联系等。例如，俄军的83M6E，集目标指示与自动化指挥控制于一体，采用了机动式配置，可同时与 4～6 个 C-300 地空导弹营连接，构成固定式或机动式地空导弹防空作战火力群，进行作战空域和目标分配，使各火力单位杀伤区能够相互连接、相互掩护，从而构成一个整体作战单元，可有效发挥各火力单元的作战效能，比数量相同但独立作战的若干火力单元更能有效地对付大规模空袭、突发性空袭、弹道导弹空袭以及强电子干扰下的空袭等。此外，美军的"爱国者"地空导弹武器系统，在营一级也采用了类似的信息协调中心（ICC），通过通信中继车与各火力单位进行无线电信息联系。火力单位指挥自动化分系统主要用于自动接收上级指挥命令，上报战斗准备情况和战斗实施情况；组织对目标的搜索和跟踪，判定威胁程度，实施目标和火力分配；确定射击顺序、方法和时机，组织运用火力，检查射击效果；实时完成设备间的信息交换等。

指挥自动化分系统保证了各基本作战单元的整体化作战运用，同时也体现出了地面防空装备高度机动化、指挥自动化、作战协同化、区域网络化有机融合的重要发展趋势。

二、情报预警系统

情报预警系统是空军地面防空装备的重要组成部分。信息化条件下，空袭的突然性比以往任何时候都要大得多。因此，防空作战对情报预警要求非常高。情报预警保障，一般情况下可依靠本系统内的目标指示雷达来完成，但更多地需要系统外的情报网来保障。因此，情报引接系统和目标指示雷达是情报预警系统的重要组成部分。

（一）情报引接分系统

外部预警情报一般来自技术侦察、天基侦察、空基侦察、雷达侦察网和对空观察哨网等。这些情报侦察网之间相互通联、相互融合，使情报信息整合为综合的空情态势，做到"一点发现全网皆知"。为此，地面防空装备需利用情报引接设备，将空情网信息引接到武器系统中。这些引接设备包括有线和无线收听抄报设备、各种情报网络接口等。采用有线情报引接时，可设置专用情报线，引接到指挥所、指挥控制方舱或指挥控制车；采用无线情报引接时，需与上级指挥机构、情报总分站或友邻部队等沟通频率、密码密钥，将情报引接到指挥所；各情报网络接口包括空情预警中心、情报总分站、侦察卫星、预警机及其他友邻情报源等相互之间的接口。

（二）目标指示雷达

是空军地面防空装备中用于提供近方空情并为火力单位指示目标的雷达，也是情报预警系统的必要组成部分。按探测范围，可分为高空远程、中高空中远程、中低空中近程、低空近程等目标指示雷达。随着技术的发展，目标指示雷达发展变化较快，其代表类型为三坐标雷达，采用相控阵天线，具有全相参、频率捷变、脉冲压缩、脉冲多普勒等先进体制，应用了自适应动目标检测、边搜索边跟踪、雷达诱饵及先进的信号处理、显示、多功能控制等多种先进技术。其探测范围、精度、分辨率、空情容量、数据传输率、机动能力和电子对抗能力与各级指挥自动化系统和各类武器系统相适应。为保证火控雷达正常工作，目标指挥雷达的工作频率范围须远离火控雷达工作频率范围。

此外，在其他远、近方情报预警保障手段无法使用时，也可以将制导雷达等目标搜索跟踪设备纳入情报预警系统，作为情报预警的一种补充手段。这些设备包括制导雷达、光学和光电探测跟踪设备等。

三、火力控制系统

火力控制系统是根据空中目标飞行诸元，控制地面防空武器瞄准和发射，并控制导弹或弹丸按一定弹道与目标遭遇的设备和装置的总称。是空军地面防空装备的核心组成部分。武器系统不同，其构成也不尽相同。本书重点研究地空导弹制导雷达和高射炮火控分系统。

（一）地空导弹制导雷达

地空导弹制导雷达是引导和控制地空导弹飞向目标的专用多功能雷达。用于搜索发现、识别、跟踪、测量和照射目标，计算射击诸元，控制导弹准备和发射，截获导弹和跟踪测量导弹，形成并发射导弹飞行控制指令和各种状态控制指令，显示射击效果，等等。一般由同步系统、发射系统、接收系统、天馈线系统、目标导弹跟踪系统、数据处理系统、显示系统、射击指挥系统、指令计算系统、指令发射系统、控制检查系统和天线伺服系统等组成。制导雷达是一个复杂、精密的体系，在上述各系统精确运行下，形成闭合回路，控制导弹飞向目标。随着技术的发展和信息化程度的提高，制导雷达大多为相控阵雷达，具有频率捷变、极化捷变等先进工作体制和功能，低旁瓣、单脉冲，测角和测距精度高，抗干扰能力大大增强。

（二）高射炮火控分系统

高射炮火控分系统是控制高射炮瞄准与发射的自动化系统。主要由探测跟踪装置、指挥仪或火控计算机和指挥控制设备等组成。用于收集分析各类情报、搜索和跟踪目标、测定目标运动参数、采集和修正非标准射击条件、计算射击诸元、指挥和控制高射炮发射。按配备的探测跟踪装置，分为光学火控分系统、雷达火控分系统、光电火控分系统和复合火控分系统。早期的火控分系统由炮瞄雷达和机电式射击指挥仪构成，分装在两个车体上。信息化程度高的火控分系统一般集雷达、光学、光电探测装置和数字式火控计算机于一体。如复合火控系统，主要由探测跟踪装置、火控计算机和指挥控制系统等组成。自行式高射炮火控系统还包括瞄准线稳定装置和高射炮稳定装置。

四、拦截弹药系统

拦截弹药系统是对空中目标进行摧毁和杀伤的弹丸或携带战斗装置的飞行器及其辅助装置的统称。武器系统不同，拦截弹药也不同。对地空导弹和高射炮来讲，分别是各类地空导弹和各种弹药。

（一）地空导弹

是从地面发射，携带战斗部导向并毁伤空中目标的飞行器，是空军地空导弹武器系统中直接杀伤目标的部分。主要由弹体、动力装置、弹上制导设备、战斗部、引信、电源和气源或液压能源设备等组成。弹体由壳体和空气动力面组成，要具有良好的空气动力性能，有足够的强度和刚度。壳体用于安装战斗部、弹上制导设备、动力装置和电源、气源等设备；空气动力面安装在壳体上，在与气流发生相互作用时，产生控制和稳定导弹飞行的力和力矩。动力装置包括发动机及其附件，发动机多为固体火箭发动机，也有液体火箭发动机、冲压发动机或固体火箭冲压组合发动机。弹上制导设备由制导装置和控制装置组成，有寻的制导、无线电指令制导和复合制导等。战斗部是直接杀伤目标的部件，多为杀伤战斗部，分为无控破片杀伤、可控破片杀伤、连续杆杀伤和多聚能杀伤等几种战斗部。引信是适时起爆战斗部的引爆装置，多采用近炸引信，也有碰撞引信。电源和气源多用高能电池和高压气瓶并附有分配装置。

地空导弹按射高可分为高空、中空和低空导弹；按射程可分为远程、中程和近程导弹；按用途可分为反气动目标、反弹道导弹目标和两者兼反的导弹；按制导体制可分为遥控、寻的和复合制导的导弹；按包装类型可分为裸式、筒式和箱式导弹。

（二）高射炮弹药

高射炮弹药是高射炮配用的各种炮弹的统称，是高射炮火力系统的重要组成部分，主要用于直接毁伤目标。由弹丸和装有发射药及底火的药筒组成。弹丸是弹体与引信的结合体，具有良好的气动外形和足够的强度，以保证发射时的安全和正确的飞行方向。以自身的动能和炸药爆炸时的产生的破片、子弹及冲击波毁伤目标。其头部装有引信，壳体内装有炸药或炸药与若干子弹，特殊弹丸也填装特种化学剂，也有实心的弹丸，如小口径穿甲弹等。药筒一般为金属材质，也有可燃药筒在炮膛内能被烧掉。其底部安装有底火，内装有感度和点火能力很强的击发药和传火药，以保证击针撞击时安全瞬发点燃药筒内的发射药。发射药在炮膛内燃烧时产生一定的膛压，推动弹丸沿膛线旋转并获得直线加速度，且以一定的旋速和初速飞出炮口。药筒与弹丸经辊压牢固结合，以保证有足够大的拔弹力。

高射炮弹药用于战斗的弹药主要有高射榴弹、穿甲弹、穿甲爆破弹、穿甲燃烧弹、穿甲爆破燃烧弹等；按口径大小可分为大、中、小口径高射炮弹，分别配用于大、中、小口径高射炮；按结构特点可分为近炸引信预制破片弹、脱壳穿甲弹、薄壁弹和埋头弹等，其中，埋头弹是将弹丸埋装在药筒内的炮弹，使炮弹总长减小，可使炮栓开栓行程减短，利于提高射速。

五、发射控制系统

发射控制系统是控制地空导弹或高射炮弹药准备和发射的各种装置和设备的统称，是空军地面防空装备的组成部分。主要功能是完成导弹或弹药的发射准备，并按要求进行发射。

（一）地空导弹发射控制设备

地空导弹发射控制设备是控制地空导弹接电准备和发射，并使导弹准确射入制导波束的各种装置的总称。通常由计算机、控制台、监视装置和瞄准装置等组成。主要用于对导弹射击诸元装定和校验，按程序使导弹进入待发状态并实施监视，控制导弹发动机点火或启动弹射装置工作使导弹发射，以及当发射失败时，迅速断开弹上供电电源，停止发射，并对故障弹进行隔离。

按照发射方式分类，可分为倾斜和垂直式发射控制设备。倾斜式发射控制设备，有的能根据制导系统的指令，进行高低和方位调转跟踪，或装定高低和方位发射角，赋予导弹初始射向。也有的地空导弹武器系统采用倾斜式固定角度发射，如美国的"爱国者"武器系统，是四联装箱式倾斜发射，倾斜角度为 38°。垂直式发射控制设备，将导弹竖立 90°，与水平面垂直，并保证导弹的垂直精度，以降低导弹攻击目标时的机动过载。如俄罗斯的 C-300 武器系统的发射控制设备就属于这一类。

另外，还有便携式发射控制设备，用于指示和截获目标，判断发射时机，确定发射方式和发出发射指令；有的导弹发射控制设备与综合测试设备构成一体；有的导弹发射控制设备的某些部分与制导设备组装在一起；等等。

（二）高射炮发射控制设备

高射炮发射控制设备是利用炮膛内火药燃气压力和炮上其他动力实现连续发射的各种装置的组合。由炮身、炮栓、供弹及输弹装置、反后坐装置、发射和保险装置等组成。依靠炮箱或摇架组成一个整体，安装在炮架上。

对于小口径高射炮而言，其发射控制设备又称作自动机。常用的自动机有炮身后坐式、导气式、转膛式、转管式和链式等。炮身后坐式自动机利用火药气体的能量使炮身后坐、复进来完成发射动作，其炮身后坐长度通常小于炮弹长度，以提高射速。导气式自动机利用从炮膛导出的火药气体的能量完成发射动作。转膛式自动机利用导气或后坐的能量使多个弹膛旋转来完成发射动作，其炮身由两段组成，前段为 1～2 个身管，后段通常有 3～8 个弹膛，每发射一次，弹膛准确转动一个位置，使击发、退壳、进弹等动作同步进行，以提高射速。转管式自动机利用自身能源或外部能源（如液压马达）驱动多个身管（一般为 3～7 个）旋转来完成发射动作，身管在旋转过程中依次完成进弹、推弹、闭锁、击发、开锁、抽壳、抛壳等动作，多身管轮流发射。链式自动机通常利用外部能源通过双排闭合的滚柱链条驱动一滑块沿轨道运动来完成发射动作。

大、中口径高射炮有的装有半自动炮栓和装填机构，可自动开栓、退壳；有的装有全自动炮栓和装填机构，可连续自动装填和发射炮弹；有的装有引信测合机，自动装定时间引信值。

六、技术保障系统

技术保障系统是指空军地面防空装备中用于对武器系统进行检测、维修、维护、供电等保障设备的总称。目的是保持武器系统处于良好战备状态，随时能遂行作战任务。某些型号的地空导弹武器系统，其技术保障系统中还包括导弹的装配、分解和技术管理等设备。下面主要阐述地面供电设备、地空导弹技术保障设备和高射炮技术保障设备。

（一）地面供电设备

对地空导弹来讲，供电设备有弹上供电设备和地面供电设备；对高射炮来讲，供电设备主要指地面供电设备。本书主要介绍空军地面防空装备的地面供电设备。

地面供电设备是指在防空阵地上给防空武器系统的地面设备和导弹供电的各种设备的统称。主要有发电设备和变流设备。发电设备有汽油发电机组、柴油发电机组和燃气涡轮发电机组。由电力网供电时，发电机组作为备用供电设备。变流设备主要有交、直流变流机和高频交流静止变频机等，将发电设备产生的电源转换为不同的电压、频率的交流电和不同电压的直流电，满足地面设备和导弹等用电需要。供电设备多数装在专用车辆上，成为移动电站。

（二）地空导弹技术保障设备

地空导弹技术保障设备包括装配、加注、运输、储存、安装设备，检测设备和维修设备。

装配、加注、运输、储存、安装设备主要用于地空导弹的启封、对接、运输、安装和保管。装配设备由专用吊车、吊具、装配台和工艺拖车等组成。使用液体推进剂的导弹配有加注设备，主要由燃烧剂加注车、氧化剂加注车、燃烧剂运输车、氧化剂运输车、中和冲洗车、空气加温器、中和冲洗架及化验设备等组成。气源设备用于产生压缩空气并供给导弹，由制气设备、贮气设备和检测仪器组成。导弹的火工品通常配备特殊的工艺装具。运输设备用于武器系统中其他非自行部分的转运，多由牵引车、拖车或半拖车实施运输。

检测设备主要用于对武器系统有关部分进行功能性检查测试。按武器系统组成，分为导弹、雷达和发射系统检测设备；按功能，分为电子检测设备和机械检测设备。

维修设备用于对武器系统的维护修理。

（三）高射炮技术保障设备

高射炮技术保障设备是用于保障高射炮武器系统处于良好状态的各类设备。包括维护设备、检查设备和修理设备等。维护设备用于对高射炮武器系统调整紧固、精度检查校准、小故障排除。检查设备用于检测高射炮武器系统在各种状态下的技术状况和可靠程度。修理设备用于将受损、有故障和使用达到规定时限的高射炮武器系统恢复到规定状态。

七、弹炮结合防空武器系统

弹炮结合防空武器系统，简称弹炮结合系统，是由地空导弹和高射炮相结合构成的低空近程防空武器系统。综合了地空导弹射击精度高、单发杀伤概率大、射程较远的优点和高射炮快速机动、持续射击、抗干扰能力强、成本低的优点，是抗击低空、超低空目标的有效武器。

弹炮结合系统的结构形式可以分为混编式、分置式、集成式三种。混编式弹炮结合系统就是将结构独立的地空导弹及其火控系统、高炮及其火控系统、指挥系统等混合编制在一个末端防空综合防御阵地上，根据导弹和高炮系统的威力范围区分作战空域，统一指挥，发挥系统整体最佳作战效能的一种配置形式。分置式弹炮结合系统，也称作弹炮软结合系统，就是车辆载体和配置形式独立的地空导弹、高炮，在共用的指挥、火控系统的统一指挥下，形成的弹炮有机结合的配置形式。如瑞士曾将"防空卫士"火控系统、麻雀导弹和两部双管 35 毫米高炮相结合组成的防空武器系统。分置式弹炮结合系统具有火力密度较大、作战空域相对较大、战斗队形配置灵活等特点，但组成相对复杂。集成式弹炮结合系统，也称弹炮硬结合系统，就是将地空导弹、高炮、雷达、情报指挥系统、火控系统等安装在一个履带或轮式装甲底盘上形成"三位一体"的防空武器系统。如俄罗斯的"通古斯卡"、美国的"卡什坦"和"复仇者"等。集成式弹炮结合系统机动灵活，适用于机动防空作战。

从技术和结构上看，只有分置式和集成式弹炮结合系统做到了指控、火控、火力系统的真正结合。尤其是集成式弹炮结合系统已经成为弹炮结合防空武器系统的代名词。就弹炮结合系统本身而言，其构成也是由指挥控制系统、火控系统和火力系统三个主要部分组成。所以，尽管弹炮结合系统与地空导弹、高射炮武器系统有一定的区别，但上述关于空军地面防空装备的基本构成也适用于弹炮结合系统。

第二节　信息化空军地面防空装备的发展现状

防空作战与空袭是相伴而生的。随着科学技术的发展，空袭兵器实现了质的飞跃。信息化空袭体系的进一步发展和完善，在提升了空天威胁程度的同时，也催使防空武器加快了更新换代的步伐。大空域、全天候、多通道，抗干扰和机动能力强的新一代防空反导装备不断产生，多型号防空武器系统配套发展，形成了"高、中、低空"和"远、中、近程"火力配系，在信息系统支持下，体系作战能力不断增强，使空军地面防空装备的发展进入了一个崭新阶段。

一、防空反导一体发展，战略地位进一步提升

随着空天威胁的不断增大，信息化空军地面防空装备加大了防空反导一体化发展的步伐，并进一步提升了战略地位。

（一）防空反导发展一体化

现代空袭手段迅猛发展，空袭兵器呈现出多样化。就作战飞机来说，隐身飞机和无人飞机已加入了空袭阵列。此外，像弹道导弹、巡航导弹、临近空间飞行器和太空武器等已然成为空袭的生力军。面对信息化空袭的巨大挑战，防空作战理论也发生了革命性变化。在两者的驱动下，地面防空武器的概念内涵与外延发生了重大改变。地面防空武器逐渐由防空型向防空反导一体型方向发展，并具备了一定的反卫能力。防空反导一体化发展是地面防空装备的标志性成果。综合分析目前的防空反导型地面防空武器系统，主要有通用型和专用型两大类。通用型防空反导地面防空武器系统，既可以反飞机，又可以反巡航导弹和战术弹道导弹。如地空导弹武器系统中，有美国的"爱国者"PAC-3 和俄罗斯的"安泰"-2500、С-300ПМУ1/2、С-400 等，基本上是由第三代地空导弹改研而成。反弹道导弹专用型地面防空武器系统，目前主要是专门研制的新型地空导弹武器系统，包括反战术弹道导弹型，例如以色列的"箭"-2 和美国的 THAAD；反战略弹道导弹型，如美国的地基中段防御系统（曾称之为 NMD），俄罗斯的 A-135 系统等。上述两大类型的地面防空装备，是导弹防御体系中地基拦截武器的骨干装备，可构成两层以上的弹道导弹拦截"高伞"和两道以上的反巡航导弹拦截"篱墙"。综上所述，可以看出，目前的地面防空装备，既包括传统的单纯反飞机型武器系统，又包括反导反飞机通用型和反弹道导弹、反辐射、反卫星等专用型武器系统。另外，地面防空装备已经具备了拦截太空目标的能力。如，2015 年 12 月 10 日，美国《防务新闻》周刊网站报道，美国和以色列合作开发的"箭"-3 型导弹在试验中成功拦截了太空目标。"箭"-3 型导弹的飞行高度几乎是"箭"-2 型导弹的 2 倍，作战距离大约是后者的 4 倍，但重量仅为后者的一半，使武器系统增强了防御高级威胁的能力。

（二）地面防空反导装备战略价值提高

信息时代，空天安全已经成为国家安全最为重要的组成部分。无空防便无国防，已是一条被实践反复证明的铁律。地面防空武器系统，作为防空反导的中坚力量，在未来防空反导作战中将承担重要任务，其战略地位和战略运用价值不断提高。一是战略目标区域防空的骨干力量。国家和军队的重要战略目标区域，是战争重心所在，搞好以要地为核心的战略目标区域防空具有战略意义。防空作战实践表明，以地空导弹武器系统为主体的地面防空装备，是实施以要地为核心的战略目标区域防空的有效武器。目前，地面防空装备不断发展，至今已成为战略目标区域防空的骨干装备。二是国家安全的重要保障。防空历来受到世界各国的普遍重视。奥地利的防空理论家认为，一个没有强大防空力量的国家，战时将陷入危机，面临绝望的境地。法国军事理论家甚至认为，不能掩护自己领空的国家将从地球上消失。信息化局部战争已经证明，空防安全是国家安全的重要组成部分，防空反导作战对维护国家主权和发展利益、增强民族凝聚力、巩固和发展战争潜力具有重大影响，其结果对国家具有决定性的战略意义。随着地面防空装备信息化程度和作战能力的不断提高，目前已成为防空反导的主力装备，在国家安全大局中具有举足轻重的地位。三是战略制衡的重要利器。信息化战争，最大的威胁来自空天。随着各型作战飞机、临近空间飞行器、航天器和弹道导弹的大量装备使用，军事大国都把确保本土及势力范围的空天安全作为首要的军事目标。而能够遏制敌空天袭击、与先进的空袭兵器相抗衡的重要武器，就是以地空导弹武器系统为核心的地面防空装备。新一代的地面防空装备出色的作战能力，使它成为战略制衡的法宝。比如，以地面反导武器系统为主体的弹道导弹防御系统，以防为攻，不仅有效减煞了敌方弹道导弹的威胁程度，而且也抵消了敌方核弹等战略威慑力度，具有很强的战略制衡能力。如美国的战区导弹防御体系（TMD）和国家导弹防御体系（NMD）等，很大程度上成为战略制衡的工具。

二、装备型号多代并存，体系作战能力增强

制造成本、技术革新、研发速度和作战需求，甚至是思想观念等多种因素使然，目前地面防空装备形成了多代、多型号并存并用的局面。而且，在网络化信息系统支持下，地面防空装备的体系作战能力大幅提升。

（一）新老装备并存发展

地面防空装备新老并用、多代并存的现象，在世界各国都普遍存在。俄罗斯在这一点上最为典型。俄罗斯装备的地面防空武器系统型号多，多代并存，武器系统性能水平优劣不等，有的性能低下，有的则具有世界先进水平，在功能上有所重叠。俄罗斯各个军种装备的地面防空武器以防空导弹为主，高射炮和弹炮结合系统为辅。目前装备的防空导弹有 SA-4A/B、SA-5、SA-6、SA-8、SA-9、SA-10A/B/C/D/E、SA-11、SA-12A/B、SA-13、SA-15、SA-17 和"安泰-2500"等，此外还装备有大量的 SA-7、SA-14、SA-16 和 SA-18 便携式防空导弹系统；其他防空武器有"通古斯卡"、"铠甲-C1"弹炮结合系统，以及各型自行式和牵引式高炮、激光防空武器等。虽然俄罗斯加快了老旧装备更新换代的速度，但目前多代并存现象仍没有改变。如装备体系中，第一代武器有 SA-4、SA-6 等；第二代武器有 SA-8、SA-9、SA-13 等；第三代武器有 SA-10A（С-300П）、SA-10B（С-300ПМ）、SA-10C（С-300ПМУ）、SA-10D（С-300 ПМУ1）、SA-10E（С-300ПМУ2）、SA-11（山毛榉-M1）、SA-12（С-300B）、SA-15（道尔-M1）、SA-17（山毛榉-M1-2），以及 SA-16、SA-18 和"通古斯卡"弹炮结合系统等；更新一代的则有"铠甲-C1"弹炮结合系统、SA-21（С-400）、激光防空武器等。

美国和日本情况也大体相同。如，美国在拥有"爱国者"系列武器装备的同时，也搭配使用老旧兵器，如"奈基"、改型"霍克"、"长剑"和"罗兰特"等防空装备，以及"复仇者"、"火神"等武器系统。同时也拥有先进的防空反导武器系统，如激光防空武器、高功率微波防空武器和 THAAD 反导系统等。当前，日本装备的地面防空武器有"爱国者"、"霍克"、"短萨姆"（TAN-SAM）、"毒刺"和"凯科"便携式导弹及大量的高炮。

形成新老装备多代并存的主要原因之一，是地面防空装备研发过程相对较长，致使武器系统种类繁多。与空袭兵器效能的更新周期为 3～5 年相比，地面防空武器效能的更新周期按传统研制方法一般为 10～15 年，甚至 20 年。即便为了迎接空袭兵器的严峻挑战，创新了发展机制，最快也要 5、6 年时间。如俄罗斯、美国、以色列等国，其地空导弹作战效能的更新周期为 5 年左右。

（二）多型装备混合部署

多代并存是多型共用的基础。换言之，多型共用也就是多型号地面防空装备混合部署，即不同射程、不同射高和不同频谱的各种型号地面防空装备，配置在同一个武器系统中或同一个防空区域内，使防空武器系统型号配置实现族谱化。

目前，世界上多数国家都将地面防空装备进行混合部署，以便形成"高、中、低空"和"远、中、近程"的火力配系。如美国，"爱国者"武器系统与"霍克"等武器系统混编作战；俄罗斯通过"贝加尔"自动化防空指挥系统，控制SA-10D、SA-10C、SA-12 等 6 种型号地空导弹进行混编作战，等等。通过混合部署，武器系统之间火力相互衔接、优势相互弥补，提高了防空的整体作战能力。这一点在第四次中东战争中已经得到了证实。第四次中东战争中，埃及在苏伊士运河西岸 90 千米长、30 千米宽的地域，密集配置了 62 个地空导弹阵地和部分高炮阵地，其中配置有 SA-2、SA-3、SA-6、SA-7 地空导弹和 23 毫米、57 毫米高射炮等武器系统，形成了一个"高、中、低空"和"远、中、近程"的火力区，火力覆盖空域可达西奈半岛 24～32 千米。混合配置，使高、低空火力区相互衔接，提高了整体抗电子干扰能力，击落了大量以色列飞机，战争初期有效地掩护了陆军渡河作战。

（三）体系作战能力增强

现代防空作战，不再是武器的离散式对抗，地面防空装备运用的整体性越来越强，战争越来越成为系统与系统之间的体系对抗。任何一种武器，如果没有其他武器装备的配合，无论它的技术如何先进，都难以在残酷的空防对抗环境中完成防空作战任务。因此，世界各主要国家在发展信息化防空武器装备时，都十分注意防空武器系统的体系集成，尤其重视同预警探测、情报侦察和指挥控制以及支援保障系统的协调发展，力求通过系统配套、整体优化，使武器装备横向连结成为统一的有机整体，构成完备的能够与信息化空袭体系相抗衡的一体化防空体系。地面防空装备，在混合部署、优化集成的基础上，依托网络化信息系统，使体作战能力大大增强。例如，上述俄罗斯利用"贝加尔"自动化防空指挥系统，控制 SA-10D、SA-10C、SA-12 等 6 种型号地空导弹武器系统，不仅提高了发现目标能力、快速反应能力和抗电磁干扰能力，而且使对空作战的目标通道，通过集成达到了 144 个，使体系作战能力大大超过每一个单型号兵器能力之和。

通过信息网络，将分散配置的各型地面防空武器系统联为一体，形成以第四代、第三代和地面反导武器系统为主导，以其他地面防空武器为辅助的一体化防空作战体系，变兵力集中为火力与信息的优化组合，大大提高了信息化战争防空体系的生存能力和作战效能。

三、用途多生存能力强，制空作战威力增大

信息化空袭中，空袭一方将利用各种手段，对防空一方进行全方位、全天候侦察、监测、干扰、欺骗和远程精确打击，在"软杀伤"的同时实施"硬摧毁"。为有效扼制空袭，信息化地面防空装备不断提高技、战术性能，生存能力和作战威力大幅提高。

（一）能应对多种类目标

随着空袭武器多样化进程不断加快，信息化空军地面防空装备性能也快速跟进，武器系统抗击多种目标的能力也不断增强。除能够抗击传统作战飞机外，还能够打击隐身飞机、空地导弹、巡航导弹、弹道导弹和高空无人机等，有的甚至可以打击临近空间飞行器和具备反卫等攻击太空目标的能力。例如，美国的"爱国者"PAC-3 武器系统，具备抗击高性能飞机、空地导弹、巡航导弹和战术弹道导弹等多种目标能力；其老装备"霍克"地空导弹武器系统，采用了新技术雷达后，使该武器系统也具备了反近程战术弹道导弹的能力。俄罗斯的 SA-10E（C-300ПМУ2）、SA-21（C-400）等地空导弹武器系统，更是抗击多种类目标的典范；其弹炮结合系统"铠甲-C1"性能则超过其他国家的同类装备，可拦截固定翼飞机、武装直升机、巡航导弹和空地导弹等空中目标。与此同时，各国高射炮武器系统的射击能力也不断增强，可射击的空中目标有中远程战略轰炸机、歼击轰炸机、强击机、武装直升机、巡航导弹和空对地制导武器等。此外，为了提高生存能力和扩大防空武器系统的作战范围，有的地面防空武器系统甚至可以拦截地面火器发射的火箭弹和炮弹。比如，曾在法国国际地面与防空装备展览会上展出的以色列"大卫投石索"导弹防御系统，不仅可以拦截巡航导弹、短程弹道导弹和远程炮射导弹，甚至可以拦截射程达 70 千米的火箭弹与炮弹。还有，以美国为首的西方国家积极发展反火箭弹、炮弹和追

击炮弹（C-RAM）系统，它是由20毫米陆基"密集阵"武器系统、轻型反迫击炮雷达（LCMR）、"哨兵"雷达以及紧急事件无线视听告警系统（WAVES）组成。虽然拦截火箭弹、炮弹和迫击炮弹不在防空话题范畴之内，但由此足以见证，当前防空武器打击多种类目标的能力越来越强。

（二）生存能力强

提高生存能力，是现代地面防空武器系统追求的重要指标。主要反映在机动能力和防护能力等方面。一是机动能力强。机动性已成为当代防空武器系统在抗击敌大规模空袭时的一个重要生存条件。机动能力强，主要体现在装备体积小型化、质量轻型化与运输、转移、部署高度自行化等方面。在装备体积小型化方面，目前的主流地面防空装备，系统高度集成，不仅减小了设备的体积，而且缩减了车辆和设备，大大提高了武器装备"撤、走、进、打"的速度。如法国和意大利联合研制的"紫苑"30地空导弹武器系统，整套系统可通过空运快速部署，具备了较好的战略机动性。在武器系统自行化方面，普遍采用了自行式的主流设计理念，各种设备都安装在可自行的车辆底盘上，减少了牵引设备，进一步提高了地面防空武器系统的机动转移能力。例如，SA-21（C-400）在设计原则上强调机动性，并采用新型高机动性轮式底盘，提升了系统的机动能力。二是防护能力强。防护能力强，主要体现在伪装、欺骗、抗干扰和抗打击能力强等方面。伪装遮障、隐真示假、电子欺骗、反电子干扰等措施，是增强地面防空装备生存能力的重要手段。在伪装隐身方面，地面防空武器系统利用各种新技术伪装材料，结合作战地域内的地形、植被等条件，采取涂漆、遮障、变形、设置电磁角反射器、设置仿真假目标等措施，进行光学、电磁特性等伪装防护；在电子欺骗方面，采取设置诱饵雷达等手段进行电磁防护；在反电子干扰方面，采取设置多基地雷达的手段提高生存能力，更多的则是加强抗电磁干扰技术手段。比如，中频对消技术、逻辑滤波算法技术、被动跟踪技术、频率捷变技术和旁瓣对消技术等。地面防空装备反干扰的技术越来越成熟，第三代以上的兵器一般都有几种，甚至十几种反干扰措施。在抗打击方面，多数地面防空武器系统都安装了防护装甲，特别是一些自行式高射炮和弹炮结合系统，为了有效地支援地面作战部队的行动，往往要实施伴随掩护，为了防敌地面火力打击，装甲强度更高。此外，有的地面防空武器系统还具有一定的抗核生化武器袭击的能力。

（三）作战威力大

为了有效对付空袭兵器不断增长的威胁，提高单一型号地面防空武器系统的作战能力，成为信息化空军地面防空装备发展新的增长点。全天候、大空域、多通道和自行式等性能指标，是新一代空军地面防空武器系统的标志性能力。全天候，是指地面防空武器系统适应环境的能力比较强，能在各种天候条件下作战。如，俄罗斯的 C-300ПМУ 武器系统，可在海拔 3000 米的高度、相对湿度不大于 98% 和环境温度为-50～+50℃的条件下工作，最大可抗 50 米/秒的风速。大空域，是指地面防空武器系统的作战空间大，或者说是火力作用范围大。如，美国的"爱国者" PAC-3，最小作战高度为 300 米，最大作战高度为 24 千米，最小作战距离为 3 千米，最大作战距离为 80 千米；俄罗斯的 C-300ПМУ2 武器系统，最小作战高度仅为 25 米，最大作战高度为 27 千米，最小作战距离为 5 千米，最大作战距离则达 200 千米。根据相关资料显示，俄罗斯的 C-400，最大作战距离能达到 400 千米。多通道，是指地面防空武器系统同时对付多目标能力比较强。由于地面防空武器系统更多地采用了相控阵雷达技术，使武器系统普遍具备了同时对付多个目标的能力。地面防空武器系统的"通道"，是指监视、跟踪目标的信道和控制导弹的波道。如，美国的"爱国者" PAC-3 有 8 个导弹通道 3 个目标通道，即能制导 8 枚导弹拦截 3 个目标；俄罗斯的 C-300ПМУ 武器系统，有 12 个导弹通道和 6 个目标通道，即能制导 12 枚导弹拦截 6 个目标。此外，地面防空武器系统作战威力大，还体现在杀伤概率在不断提高。如，俄罗斯的 C-300ПМУ1 武器系统，对空气动力目标杀伤概率为 70%～95%；对巡航导弹杀伤概率为 70%～90%；对战术弹道导弹杀伤概率为 50%～70%。

四、网络化信息支持欠缺，信息化水平亟待提高

数字技术在地面防空装备上的应用，使地面防空武器系统性能发生了巨大变革。例如，美国的"霍克"地空导弹武器系统，采用软件可更新的新型 TPS-59 雷达，使该地空导弹武器系统性能发生了重大变革——具备了反近程战术弹道导弹的作战能力。这是信息技术使地面防空武器系统增强作战性能的成功例子，但是，这还远远不够。与信息化程度越来越高的空袭体系相比，地面防空作战体系得到网络化信息支持不强，地面防空装备信息化水平略显滞后。

（一）网络化信息融合度需加强

网络化信息系统支撑是地面防空武器系统作战效能得以提高的有力手段之一。依托网络化信息系统，地面防空武器系统可以高效地获取、处理、加工、传递和利用各种作战信息，使武器系统威力得到充分发挥。但是，总体上看，目前地面防空装备在这方面的差距还很大。主要表现在：一是互联、互通、互操作能力不强。地面防空武器系统之间、地面防空作战群之间，以及地面防空作战体系与其他系统之间等，均存在着信息融合能力差、传输速度慢、控制能力弱、上下级指挥信息自动反馈不够等问题，直接制约着地面防空整体作战能力。特别是，当地空导弹发射后，依靠系统外的控制设备，如空基、天基等平台控制导弹飞行还难以实现。因此，地面防空装备亟需增加数据融合等信息处

理功能，亟需提高共享目标信息、互通指挥和协同信息的能力，亟需增强异构平台互联、互通、互操作能力。二是"随入随战"能力有限。"随入随战"是地面防空武器系统网络化作战能力的重要体现。即地面防空武器系统或其某些设备，通过传感器，随时加入防空作战网络体系，随时投入防空作战。要达到"随入随战"水平，需要有一个能将各种传感器和发射平台整合为一体的网络系统，强化防空作战中的情报传输、通信保障、指挥和控制，使随机加入防空作战网络中的地面防空武器系统，可以利用网络的远程传感器等多渠道获取目标信息，投入战斗。但是，总体上看，这方面能力普遍存在差距。三是自适应作战能力不够。防空作战网络中，如果某一作战单元出现问题、战斗损伤、故障维修，或因机动转移等原因，使其不能担负作战任务时，网络却难以自动发现这一变化并调整防御布势，自动交由另一防空武器系统来弥补火力网缺口，防空网络弥补漏洞基本靠人工干预。在快节奏的防空作战中，亟需加强防空作战网络的自适应作战能力。

（二）武器系统信息化水平需提高

一是数据链运用水平有差距。地面防空武器系统要形成体系作战能力，必须进行信息化、网络化改造，重点是数据链技术的运用水平要高。例如，美国采用属于 Linkl6 通信单元的"联合战术信息分发系统"（JTIDS），为防空反导网络中的各作战单元留有系列终端，这些终端可以在同一时刻通过 Linkl6 获得从多种传感器传来的目标信息，提高了防空体系作战能力。但是，普遍地看，地面防空武器系统对数据链的运用水平参差不齐。有的防空作战单元没有数据链接口设备，单件武器装备"嵌入"防空作战网络困难很多；有的防空武器系统信息化、智能化水平不高，运用数据链技术局限性大，对武器系统实现信息共享和指挥高效产生了障碍，从而制约了武器装备体系的整体作战能力。二是预警情报等信息系统不完善。隐身、超低空等技战术运用，使空袭变得更加隐蔽突然。如巡航导弹、隐身飞机、精确制导炸弹等小雷达散射截面的空袭兵器，由于发现和截获的距离非常近，使得防空作战反应时间非常短暂。因此，地面防空武器系统能否有效发挥作战能力，很大程度上取决于能否及时获取空情预警信息。但是，由于当前武器系统信息化程度还不是很高，情报信息系统不够完善，因而获取各种侦察情报、空情预警信息手段有限，对各种情报信息渠道的利用率不高。例如，地面防空作战单元难以与其他作战体系"共享一张态势图"，天基和技术侦察情报信息难以与地面防空作战体系实时共享，难以被地面防空武器系统同步获取或直接利用，空情保障难以直达火力单元，限制了作战的灵活性和整体作战威力。这种状况显然已经不适应现代和未来地面防空作战，必须进行信息化改造，增加地面防空装备的信息接口，增强地面防空武器系统获取各类预警情报能力。

在信息化空袭威胁面前，地面防空装备必须向以信息技术为核心的网络化、体系化方向发展，借助信息系统支持，将预警、指控、拦截、保障等装备进行有机融合，使地面防空装备作战能力和体系化对抗能力进一步增强。

第三节　信息化空军地面防空装备的作战运用

战争实践证明，以地制空是立体防空作战的重要组成部分，信息化空军地面防空装备是防空作战体系中的有力武器。随着战争信息化程度的提高，其地位作用越来越重要。第一次世界大战中，地面防空兵器击落的飞机数量只占被击落飞机总数的 15%～20%；第二次世界大战中，上升为 40%；而在局部战争中，特别是近几场局部战争中，已上升到 90% 以上。信息化空军地面防空装备作战的灵活性、密集性、高效性，使其在未来防空作战中当首先使用，全程使用。而且，在不断变化的国际形势下和错综复杂的作战环境中，其运用的方式也呈现出多样化。

一、军事威慑

运用信息化空军地面防空装备，不仅要能够打赢信息化防空作战，还要能够对敌构成强大的军事威慑。信息化空军地面防空装备展示出来的能力和防空作战一方使用地面防空装备进行作战的决心，对敌会产生强大的威慑力。运用信息化空军地面防空装备实施威慑，可根据实际情况分为若干类型，如，分为战略威慑、战役威慑和战术威慑；也可分为战斗性威慑和非战斗性威慑；还可根据敌空中行动样式划分威慑类型；或按己方作战样式划分威慑类型，如实施空中禁飞；等等。

（一）遏制敌空中侦察

航空侦察是获取情报信息的重要手段，而地面防空装备是破坏敌实施航空侦察图谋的有力武器。例如，20 世纪五六十年代，中国台湾空军的高空侦察机经常窜入大陆上空搜集情报。1959 年 10 月 7 日，人民空军地空导弹兵在通州上空击落一架窜入北京地区实施侦察活动的 RB-57D 高空侦察机，不仅开创了世界防空史上首次用导弹击落飞机的先河，而且有效地威慑了中国台湾空军。自此，RB-57D 高空侦察机未再敢袭扰大陆。此后，中国台湾空军又使用美国制造的 U-2 高空侦察机实施空中侦察袭扰，但在人民空军地空导弹兵连续击落 5 架该型侦察机后，于 20 世纪 70 年代初，中止了任何对大陆的空中侦察行动。可见，地面防空装备作战空域大，低成本对空常态化警戒，是对付各型侦察机的高效武器，对敌空中侦察图谋具有很强的威慑作用。

（二）防止敌侵入领空

处理敌机擦边境线飞行和窜入领空袭扰等异常空情的工作，在日常防空战备中所占比重很大。如果每每出现异常空情，都派战斗机起飞进行处置，不仅消耗大，而且工作量也大，疲于应付，效果还不一定理想。如果使用地面防空装备，特别是杀伤空域大的地空导弹武器系统担负战备值班任务，对边境线一带空域实施全天候、昼夜不间断的监视、警戒，对敌入侵行为会产生强烈的威慑效果。比如，在20世纪80年代，中东某国家因常年遭受周边国家飞机的入境骚扰，便引进了改进型的SA-2地空导弹武器系统。引进以后，通过媒体对外广泛宣传，产生了很强的威慑效果，此后很长一段时间内，再没有出现外机袭扰飞行事件发生。

（三）粉碎敌空袭企图

信息化空军地面防空装备作战能力的全面提高，使其成为遏制敌空袭企图，乃至遏制战争的强大工具。强有力的防空"撒手锏"武器系统，以及由这些武器系统构成的信息化防空体系，是一支很强的防空威慑力量，甚至会令拥有信息优势和技术优势的空袭一方不敢轻举妄动。

例如，在冷战时期，自20世纪70年代以来，以苏联为代表的华约国家作战飞机性能不断提高，数量日益扩大，以美国为核心的北约对华约的空中优势逐渐缩小。这使美军意识到在未来的战争中，不可能像过去那样取得完全的空中优势。为了有效对付现代战争中的空中威胁，美军加快了其地面防空装备的改造和更新，并组建了适合本国作战特点的地面防空体系。当时美军的地面防空装备主要有："奈基-Ⅱ"、"霍克"改进型、"小懈树"、"火神"、"伏尔康"高炮和"红眼睛"低空近程防空导弹等，80年代中期又形成了新一代防空武器系列："爱国者"、改型"霍克"、"罗兰特"、"尾刺"等。这样美国与北约盟国在欧洲战区逐步建立了一套完整的联合防空体系。比如，在中欧，从西德东部边界开始，建立了多道防空火力区：远程地空导弹拦截区，"霍克"导弹拦截区，"奈基-Ⅱ"导弹拦截区，以及"小懈树"导弹和"火神"高炮等轻型防空武器混合部署火力区，等等。这些地面防空武器系统，昼夜保持高度戒备状态，对华约无形中构成了巨大的威慑力，很大程度上遏制了华约对美及其北约盟国空袭的打算，同时也遏制了双方爆发冲突和战争的可能性。

在科索沃战争中，南联盟地面防空部队在防空作战中，巧妙运用地面防空装备，也同样多次破坏了北约的空袭计划。南联盟地面防空部队战术灵活，实施大范围机动作战，使北约弄不清楚南联盟的地面防空武器会在哪里出现，北约的飞行员在执行空袭任务时总感觉危机四伏，有的甚至未能完成突击任务，只能带弹返航。南联盟的地面防空武器在战争中有效地制约了北约的空袭行动。可见，地面防空装备，无论是对敌方战略性空袭、战役性空袭，还是战术性空袭，都有一定的威慑和制约作用。

（四）削弱敌弹道导弹威胁

随着弹道导弹技术的扩散，弹道导弹威胁日益严重。具备反导能力，抵消敌方弹道导弹的威胁，成为地面防空装备能力发展的重要方向，也是地面防空装备战略性威慑价值的具体体现。

海湾战争中，美国"爱国者"地空导弹武器系统，依靠预警卫星提供的早期预警情报，拦截了伊拉克"飞毛腿"导弹的袭击，很大程度上抵消了伊拉克弹道导弹的威胁，为以色列等盟友撑起了"保护伞"，对伊拉克构成了强大的威慑力。

构建以地面防空装备为主体的弹道导弹防御体系，历来是美国威慑对手弹道导弹袭击企图的重要手段。例如，20世纪80年代，面对苏联弹道导弹和空间武器的迅速发展，美推行"威慑战略"，曾提出过建立新的战略防空体系——"星球大战"计划，实行以地面防御为主体的多层次立体防御。进入90年代后，随着世界形势的剧变，美防空战略做了相应调整，由"威慑+对抗"转为"威慑+防御"。为达到这一目的，美国发展了几种防御系统，包括原国家导弹防御系统（NMD），即后来的陆基中段防御系统（GMD）。在这些系统中，主战的地面反导武器有"爱国者"地空导弹和陆基拦截弹（GBI）等。其中，GBI是陆基中段防御系统（GMD）的重要组成部分。末段高空区域防空系统（THAAD）是美国威力更大的弹道导弹防御系统，部署THAAD系统的目的就是为了增加其战略威慑能力，以应付可能发生的局部战争。每套THAAD系统列装9部发射平台，总计72枚待发导弹，能够通过"直接碰撞杀伤"的拦截方式击落大气层内部或外部的来袭导弹。THAAD的C2系统还可与"爱国者"联网，使用后者的通信及传感器资源，形成中高搭配、多层拦截的终端弹道导弹防御体系。2015年12月8日，美国《国防》月刊网站披露，美军计划在关岛永久性地部署一套THAAD系统，作为应对太平洋地区敌方弹道导弹的额外防御手段。美军陆军将领明确表示：永久性部署THAAD系统将带来若干好处，首先它能确保我们（在那里的）持续存在，以达到战备和威慑目的。

俄罗斯也同样构建了弹道导弹防御系统，用以维护俄地缘政治利益，满足保持战略平衡的需要。因为北约东扩，使俄防务范围从西欧不断向中东欧扩展，加上美国在东欧部署导弹防御系统，对俄形成全面军事优势，使俄面临的潜在威胁正上升为现实威胁，其地缘政治利益受到严重挑战。因此，俄为防止地缘战略失衡，确保俄空天安全，便首先大力发展可靠的防空反导体系。俄罗斯的弹道导弹防御系统中，主战的地面防空武器系统有SA-10E（C-300ⅡNY2）、"安泰-2500"、C-400等地面防空导弹系统。其中，SA-10E（C-300ⅡNY2）能拦截40千米内的战术弹道导弹；"安泰-2500"可拦截射程2500千米的弹道导弹；C-400 则是目前世界上唯一的射程达 400 千米的防空导弹系统，可拦截预警机、干扰机、巡航导弹、弹道导弹和各种战术战略飞机。C-400 防空导弹系统的产生，是俄罗斯体系对抗理论和战略威慑思想在武器装备发展方面的具体体现，它的出现标志着信息化地面防空装备的发展翻开了新的一页。

（五）实施空中禁飞封锁

地面防空装备是实施空中禁飞威慑的有力武器。通过空中禁飞这一威慑手段，可以较好地夺取局部制空权。实施空中禁飞，首先要划设禁飞区。即在相应地域的上空划定限制敌方飞行活动的空域，并对外发布消息以作警示和恫吓。例如，1991 年 3 月，美、英在伊拉克北部划设的禁飞区，及 1996 年 9 月 2 日，美国在伊拉克南部建立的禁飞区，等等。使用地面防空装备对敌进行空中禁飞，或者说对敌方空中飞行活动进行限制和威慑，就是根据划定的禁飞区范围大小，部署若干相应型号的地面防空武器系统，对预封空域实施火力覆盖，封闭拒止敌空中力量进入该空域。运用地面防空装备实施空中禁飞，要在统一的指挥下，把地面防空装备与预警侦察装备、电子对抗装备和空中作战平台等进行有机整合，一体运用，搞好协同和敌我识别，防止误判误伤。

二、防空作战

近几场局部战争表明，空袭作战已成为军事强国发动信息化局部战争的主导模式。这昭示着防空作战将是未来信息化战争的主要样式之一。作为防空作战的支柱装备，地面防空装备在防空作战中将承担主要任务。下面重点阐述地面防空装备在国土防空作战和野战防空作战中的运用。

（一）国土防空作战

对国土防空的认识和组织，各国不尽相同，而且也都有一个比较长的渐进过程。在 20 世纪初期，多数国家都把要地防空作为国土防空的重点，围绕要地来部署地面防空装备。以 20 世纪苏联防空为例，直至 60 年代末，苏联全国范围内的地空导弹防御都属于要地防空。例如，1967—1968 年，苏联要地防空型地空导弹兵集团占其总数量的 80%，要地—区域型地空导弹兵集团占 13%，区域型地空导弹兵集团占 6%，防线型地空导弹兵集团占 1%。[①]美国的本土防空则拓展到了加拿大。1957 年 8 月 1 日，美国和加拿大联合建立了"北美防空司令部"，即后来的"北美航空空间防御司令部"，1962 年，建成了以美国为主体、加拿大参加的多兵种防空力量组成的北美大陆防空体系，该体系的发展重点是建立完备的监视、预警、指挥和反导系统。美国本土防空的指导思想，20 世纪 50 年代以前主要是防御远程轰炸机，自 50 年代后期苏联出现了洲际导弹后，

---

① 赵建军. 俄罗斯国土防空史[M]. 北京：军事科学出版社，2011：362.

便转型为以防御洲际导弹为重点，同时针对这一转型研制了"奈基—宙斯"反导弹系统，但受当时的技术限制，该系统防御能力有限。尽管各国在国土防空方面发展路径不同，但目前，以地面防空装备为主体实施大区域动态防空作战，以及实施广泛的机动性防空作战，逐渐成为各国进行国土防空作战的共识和通行做法。

一是实施要地防空作战。要地是指具有重要的政治、军事、经济价值的地点或地区。要地构成了国家的战略目标，各类重要目标相对集中的地区又会构成战略区域。信息化空军地面防空装备是实施要地防空的有效武器。例如，美国在"9·11"事件发生后，曾派出战斗机24小时在空中巡逻，保护白宫对空安全，持续一个月后，消耗巨大，这才清醒地认识到，适合24小时防空战备值班的还应该是地面防空装备。于是在白宫周围部署了上百枚地空导弹，构建了以白宫为核心的要地—区域防空态势，使白宫的防空问题迎刃而解。而俄罗斯、法国、英国一贯坚持以首都为核心，强化区域防空布势，在首都周围加强了地面防空装备的部署，充分发挥了地面防空装备低成本、高效率防空的作战能力。运用地面防空武器系统实施要地防空作战，要构成梯次拦截的火力配系，即按照地面防空武器系统的火力覆盖范围，以要地为核心，由远及近梯次部署地面防空武器系统，构成"高、中、低空"和"远、中、近程"相结合的火力配系，逐次不间断地打击来袭兵器，实施层层拦截，不断消耗空袭之敌。

二是实施机动防空作战。实施广泛的机动性防空作战，是信息化条件下，地面防空武器系统遂行国土防空作战的有效方式，既能很好地保存自己，又能有力地歼灭来袭之敌。实施机动防空作战，就是充分利用地面防空武器系统的机动性能，在动中谋局造势，采取机动设伏、游击歼敌等方式，积极主动地寻找战机，灵活歼灭空中来袭兵器，掩护防空区域的对空安全。机动设伏，即地面防空武器系统通过隐蔽机动，配置在保护区域地幅外缘敌空袭兵器可能来袭的主要方向和可能的航路，依据有利地形伏击过往敌空袭编队和兵器，以突然、准确的火力打击空袭之敌；游击歼敌，即使用机动性能较好的地面防空武器系统，在防空作战地幅内，频繁机动，打一仗换一个阵地，迷惑敌人，达到动中歼敌目的。例如，科索沃战争中，南联盟地空导弹部队，立足于机动作战，在78天的作战中，机动距离累计达10万多千米，不仅保存了有生作战力量，也限制了北约的空袭行动。到战争结束时，南联盟尚有57%的地空导弹部队保存了下来。同时在运动中寻求战机，击落了包括F-117隐身战斗机在内的98架飞机，拦截了238枚巡航导弹，机动作战效果明显。

三是实施大区域防空作战。随着航空航天武器的发展，世界各国都在加紧建立防空防天一体化的大区域防空体系。同时，地面防空武器系统作战性能不断提高，有的地面防空武器射程能达到300~400千米，甚至可以拦截空间目标，使防空防天一体化的大区域防空作战成为国土防空作战的主要方式。例如，美国构建的防空防天武器拦截系统，不仅担负着对轰炸机和巡航导弹的拦截任务，而且担负着对弹道导弹、卫星及其他空间飞行器的拦截任务。如，美国具备拦截低轨卫星能力的海基"标准"-3已移植到陆上，并成功进行了中程弹道导弹的拦截试验。美军认为保持防空防天一体化的优势，加快实现空中与空间导弹防御一体化，还需尽快推进动能武器和定向能武器实用化。俄罗斯已完成空天一体化防御的转型，把防空防天兵器进行优化组合，建立了一体化空天防御体系。英、法、印、日、韩等国家，也都在建立或完善反航空器和反弹道导弹一体化的防空防天体系。可见，建立防空防天一体化的大区域防空作战体系，已成为世界各国谋求国土防空斗争主动权的一个大趋势。

（二）野战防空作战

野战防空是为保障战役军团、战术兵团、部队、分队在野战条件下作战的空中安全而进行的防空。野战防空作战是地面防空装备作战运用的又一大领域。

一是实施区域防空作战。未来信息化局部战争中，地面攻防作战地幅增大，地面攻防作战力量将面临着空天一体、全方位、全纵深、全天候和防区外精确打击的威胁，因此，要求地面防空作战装备在野战防空作战中，必须改变传统的"守株待兔"式的配置方式，而是通过科学搭配形成防空反导一体的区域性作战布势。区域性防空不是在整个作战区域内，把地面防空装备像"撒胡椒面"一样进行部署，而是以性能优越的地面防空武器系统为骨干，混合配属若干其他的地面防空武器系统，形成功能互补的混编防空作战武器体系，以此体系为模块，实施区域动态防空，为地面作战部队夺取局部制空权。例如，北约十分重视战区陆军防空。北约认为，战区陆军的地面防空系统应在纵深200千米的作战地幅内履行职能，这个地面防空系统是北约整个防空系统的第一个屏障。掩护一个军的地面防空兵器，必须构成全天候的区域防空系统。一般情况下，在区域防空中，任何特殊的、具体的目标都不会得到优先防护。以美军为例，野战集团军及军的地面防空部署，必须建立起作战地域内的高空区域防御和中、低空要地防空相结合的配系。高、中空区域防空任务由"霍克"、"奈基"或"爱国者"防空导弹武器系统承担，通常部署在集团军、军的后方地域，距前沿35～60千米。各阵地构成连绵、重叠的火力，能保证同时向战斗地域前沿、暴露的翼侧或接合部等重要目标提供火力掩护。中、低空的防空任务由"小檞树"防空导弹、"火神"高射炮担任，必要时也可加强3～4个"霍克"防空导弹营，组成前方地域防空武器系统，一般配置在师的前方地域，距前沿15～20千米以上。如果小于20千米，应经常转移阵地，防止被敌地面炮火袭击，以提高生存能力。使用近程地面防空武器系统掩护机动作战部队，安全、机动能力和阵地选择是必须考虑的三个重要因素。即地面防空武器系统必须有适当防护，以防敌地面火力攻击；地面防空武器系统有良好的机动性能，能紧紧跟上机动作战的部队，并搞好防空；地面防空武器系统阵地条件要达到视界、射界良好，并能与预警情报源保持通信联络。

二是实施要点防空作战。要点防空就是在具体的掩护目标附近，形成较小范围的对空防御态势。当然，要点防空可能需要掩护一定范围内的区域，但与区域防空有着本质的区别，因为，这时的区域性防空是有重点掩护目标的。要点防空的特点就是优先掩护具体的兵力、阵地、武器或设施。在野战条件下，要点防空要掩护的目标可能是一支主力部队或后方重要目标设施。这些要掩护的目标，可能是处于运动状态，也可能是静止状态。这就需要根据被掩护目标的状态，配置相应的地面防空装备。以北约的野战防空战术为例，在地面师的作战中，一般使用自行式防空武器系统实施对空防御。在进攻中，自行式防空分队通常在第一攻击梯队和炮兵营战斗队形中部署，掩护指挥所和进攻的地面部队，并随时能转移发射阵地。自行式防空武器系统，依靠高度的机动性和装甲的保护，可以在坦克和步兵战斗车后面跟进，既可以防止敌反坦克兵器伤害，又能有效地掩护第一攻击梯队免遭敌低空、超低空飞机和武装直升机的突击。

三、支援作战

信息化空军地面防空装备，机动能力强、全天候多环境使用、杀伤区范围不断扩大等优长，使其成为支援各军、兵种作战的有力武器。无论是从战略、战役到战术层面的支援，还是从合同作战到联合作战中的支援，都能对遂行的作战样式起到支撑作用。

（一）支援国家转入战时体制

信息化战争一旦爆发，国家需要全部或部分地从平时体制转入战时体制，而这种转换是需要一定时间的。必须给国家转入战时体制争取时间，这就需要地面防空力量予以有效地支援。因此，各类地面防空武器系统，必须在敌发起突然的空袭后，能迅速投入战斗，确保防空体系完整，有效抗击敌前几个波次的突击，顶住敌人的"三板斧"，保证国家首脑机关、军事决策部门、战略 C^4ISR 系统、骨干机场、弹道导弹发射阵地和海军港口等国家战略战役目标的对空安全，有效支援国家快速转入战时体制。从这可以看出，信息化空军地面防空装备，未战先备，未动先谋，是国家不可或缺的战略性武器装备。

（二）支援空中进攻作战

信息化空军地面防空装备是空中进攻作战的坚实后盾，是参与争夺和保持作战地域局部制空权的重要武器。在空中进攻作战准备阶段，地面防空装备要提前进行筹划和实施预先战役展开，形成有利的战役布势，保证空中进攻作战平台机动、布局时的空中安全，为空中进攻作战赢得主动权。在空中进攻作战实施过程中，地面防空装备必须全局使用，随时实施紧急增援，及时弥补作战地幅内的防空火力缺口，保持整个空中进攻作战态势的稳定。

（三）支援陆上、海上作战

在以空中力量为主体的非对称、非接触作战中，陆上、海上的作战行动离不开制空权。信息化空军地面防空装备承担了为陆上、海上作战夺取制空权的大部分任务。可以说未来信息化战争中，失去制空权，也就没有制陆权、制海权可言，陆上、海上的作战行动将难以为继。例如，第四次中东战争中，埃及在苏伊士运河西岸长90千米、宽30千米的地域内构建了一个防空火力带，火力覆盖空域可达西奈半岛24～32千米，在这个防空火力带里，以色列空中力量对阿拉伯地面部队无从下手，使阿陆军从容渡过苏伊士运河。但是，埃及、叙利亚只在有限的战术地幅内构成地面防空火力网，地面防空装备没有及时随陆军推进，结果，陆军在突破以军二线防御后，得不到地面防空火力网的掩护，失去了制空权，将战场主要空域拱手相让，受到以色列空军的猛烈打击，造成战局僵持，最终落败。可见，地面防空装备对陆上、海上作战的支援作用不可小视。因此，许多国家，包括像美国这样空中力量强大的国家也没有完全放弃使用地面防空装备支援陆军作战。比如，美军特别强调"必须与合同战斗计划相一致"的地面防空炮兵作战使用原则。《美国陆军防空炮兵运用》指出："现代作战原则是为指导战术决策人员计划和实施战斗而制定的，在拟定防空炮兵战术时坚持这些原则才能保证与被支援部队战术统一。"同时，美军运用地面防空装备支援各军、兵种作战，强调多样化和广泛的适用性。如美军地面防空炮兵可以支援空降作战、空中突击作战、意外作战、两栖作战、城镇作战、渡河作战、后方地域作战和特殊地形条件下的作战等。其中，支援两栖作战时，地面防空武器系统一般先行上陆以掩护部队登陆，高射炮和机动性能好的中低空防空导弹部队通常掩护机动部队，而中高空防空导弹部队主要掩护上船和陆上突击行动；支援特殊地形条件下的作战，地面防空炮兵要在世界各地作战，并且要适应多种作战环境，如丛林、沙漠、山地和北极等地区。

此外，地面防空装备在支援联合火力打击、联合封锁、联合登陆等作战中，掩护海军基地、港口，掩护海军战役展开和作战行动，掩护地面部队驻屯、行军，掩护登陆兵装载上船和登机、航运和航行、换乘和编波，以及抢滩登陆等方面都充当着重要角色。

第四节　信息化空军地面防空装备的发展趋势

军事技术革命，必然导致武器装备跨时代的跃升。受主动作为、积极迎接空袭革命挑战的理念使然，信息化空军地面防空装备又掀起了新一轮变革发展高潮。新体制、新机理、新概念、新思想的不断涌现和国家防空安全的迫切需求，促使信息化空军地面防空装备发展进入了快车道。

一、地空导弹武器系统发展趋势

瞄准未来防空需要，地空导弹武器系统向高精度、大威力、反弹道导弹、反隐身、有效信息对抗、快速机动的高性能发展，并逐步实现由防空型向空天防御型转变。

（一）防空反导反卫一体化

防空反导反卫一体化，即反飞机与反巡航导弹、反低层与反高层弹道导弹，以及反低轨卫星的地空导弹装备一体化发展与使用。随着弹道导弹技术的扩散，以及临近空间武器、太空武器逐渐成为防空作战的现实威胁，防空作战已经从传统打击航空器向兼具拦截弹道导弹、临近空间飞行器、太空武器和卫星等空天目标方向发展，为适应新的威胁，具备反飞机、反导、反临近空间飞行器和反低轨卫星的一体化作战能力已成为地空导弹武器系统发展的必然。

（二）大幅提升体系作战能力

在信息化空袭体系威胁面前，地空导弹武器系统向着以信息技术为核心的网络化、体系化方向发展，各类预警、指控、拦截、保障装备有机集成，使指挥系统更加高效，武器系统反应时间进一步缩短，防空作战能力和体系化对抗能力进一步增强。借助数字技术、网络技术，尤其是大数据、云计算技术，地空导弹武器系统将大幅增加信息技术含量，实现地空导弹武器系统与情报预警系统和指挥自动化系统联网，自动生成跨洲际、动态化综合空情态势，自动进行目标威胁排队和火力分配与协同，提高地空导弹武器系统的自动化、智能化程度。基于信息网络，不同型号地空导弹武器系统之间实现一体化和互通、互操作。

（三）小型化模块化实现灵巧作战

为适应未来防空作战需要，地空导弹武器系统向着小型化、模块化、高火力密度、高机动性发展，将大大提高地空导弹的抗饱和攻击能力、越野能力和战场生存能力。向小型化方向发展，是地空导弹发展的重大变革。其前提条件是大规模集成电路的广泛应用和固体火箭发动机的普遍使用，特别是微机电制造技术的成熟与应用，将使地空导弹成为体积更小、质量更轻、性能更强、极其灵巧的拦截器，如美国提出的新概念地空导弹——"质量距导弹"（Mass Moment Missile）。向模块化方向发展，是地空导弹武器系统性能上新的增长点。武器系统模块化，使得地空导弹武器系统只要在同一动力装置上配置不同的战斗部、引信或制导组件，就可以满足不同的要求，遂行不同的战斗任务。地空导弹武器系统小型化、质量轻型化产生的直接效果就是运输、转移、部署的高度机动化，进而实现灵巧作战。

（四）实现智能化自适应抗干扰

信息化防空作战，对战场信息的依赖程度高，夺取以电子对抗为核心的制信息权成为地空导弹武器系统发挥作用的重要前提。提高地空导弹武器系统电子对抗能力，将普遍采用频率捷变技术，配置多体制雷达，大力发展有自适应能力的相控阵雷达，使武器系统能自动、灵活地运用各种反干扰措施。此外，在地空导弹武器系统中将普遍增加高性能光电跟踪设备和红外、激光等监视设备，进一步丰富电子对抗手段。在提高单个武器系统电子对抗能力的同时，通过网络技术和智能技术，增强整个防空体系电子对抗能力也将是地空导弹武器系统提高抗干扰能力的一个发展方向。

（五）运用新概念制导技术提高击毁率

依靠新技术，未来地空导弹武器系统制导精度更高，甚至具备自动寻的功能。

提高制导精度的基础是大规模集成电路、超小型计算机、雷达信号处理与控制技术的发展。例如，末段采用微型脉冲火箭控制技术，用直接推力矢量控制导弹横向与轨道姿态，来大幅度提高末段制导精度。又比如，前面提到的"质量距导弹"（Mass Moment Missile），美国海军和陆军正在探索其研发的可行性。这种新概念地空导弹的最大特点，就是其制导方式是一种全新的控制理念：在导弹的重心稍稍偏离导弹的气动压力中心时，导弹可通过移动配重改变飞行姿态，这样可以减小阻力，大大增加导弹的飞行速度。还有一种技术是使地空导弹具备自动寻的功能，这样导弹就不需要由地面制导雷达控制，能够自动跟踪和攻击空中目标，真正实现发射后不管。这既给兵器操作使用带来简便，又能大幅度提高地空导弹对空目标的射击效能。

地空导弹武器系统制导精度提高带来的革命性变化，就是碰撞击毁目标方式的产生，即一种依靠导弹动能直接撞击拦截目标的方式。这样，弹头无需装填破片和炸药，从而大大减轻了导弹的重量，提高了导弹飞行品质。

二、高射炮武器系统发展趋势

为适应信息化防空作战的恶劣环境，提高生存能力和抗击种类多样的空袭平台能力，高射炮武器系统不断提高机动性能，向智能化、隐磁化和模块化方向发展。

（一）自行化

为提高生存能力和支援作战能力，提高高射炮武器系统的机动性能成为一个重要的发展方向。牵引式高射炮武器系统将淡出历史舞台，而探测装置、解算装置和火炮安装在同一车体上的自行式高射炮武器系统将大行其道。高射炮武器系统自行化，可以使武器系统各个作战单元集成为一个功能完备的独立作战系统，甚至可以在行进过程中完成对空射击动作，强化了跟进掩护能力，因而受到普遍重视。

（二）智能化

未来高射炮武器系统将成为信息化程度极高的综合指挥控制系统的终端。其指挥控制、情报侦察、预警监视、传感器利用、信息处理、电子对抗和火力抗击实现一体化，武器系统智能化特征凸显。其智能化突出体现在对情报信息的利用上。运用多传感器信息融合技术，可将来自 C^4ISR 系统的信息、多种传感器的信息、数据库信息进行综合分析处理，从而产生新的高价值信息，使高射炮指控系统与火控系统的目标截获、识别跟踪等性能大大改善。其智能化的另一个体现是弹药的智能化。具有可编程近炸引信和预制破片的小口径炮弹，以及可在中、大口径高炮上使用的末端寻的制导炮弹，已成为各国高射炮弹药的发展方向。例如，瑞士厄利空公司推出的可编程预制破片弹（AHEAD），就属于智能引信的近炸弹药。其弹体内携带 152 个圆柱形子弹丸，弹底有可编程时间引信，炮口有三个线圈，第一、二个线圈为测速线圈，第三个为装订线圈。弹丸发射时，系统根据弹丸经过第一、二个线圈的时间间隔计算弹丸初速，并在弹丸经过第三个线圈时将正确的飞行时间装订到弹底的可编程时间引信上。弹丸距目标 2～3 米时，引信点燃抛射药，使弹内的 152 个子弹丸以 12°角的倒锥形散布飞向目标，子弹丸形成的密集弹幕可拦截各种低空飞行的空地导弹、巡航导弹、无人机等小型空中目标。此外，闭环校正技术对高射炮武器系统智能化起到了推动作用。采用闭环校正的高射炮武器系统，可实时测定高射炮发射的前一发炮弹的弹着偏差，通过火控计算机进行处理后，对下一发炮弹进行修正，从而提高系统对机动目标的命中概率，减少外弹道的修正量引入，使预先准备和火控计算机的计算更为简单、快捷。

（三）隐磁化

高射炮武器系统将广泛采用各种光电探测手段和无源雷达技术，降低高射炮武器系统的电磁特性，以提高对抗反辐射导弹的硬毁伤能力。其发展路径有：一是提升现有的各种波段可见光、微光、红外、激光等观测器材的性能。采用可见光跟踪的电视跟踪仪，以提高分辨率、灵敏度以及图像处理能力；开发激光测距机，提高穿透烟雾、灰尘能力，降低被告警的概率；开发红外热成像仪，重在提高灵敏度、空间分辨力和信号处理能力，并发展红外探测或红外/紫外探测的多传感器复合探测器件。二是发展无源雷达。此类雷达直接利用电视、广播和移动通信等民用辐射源，在不影响其正常工作的前提下，通过专门设计的接收设备，获取目标反射信号的多普勒频移、到达方位角和到达时差，完成对监视区域内目标的探测和跟踪。在高射炮武器系统中，探测手段可采用模块式结构,对几种手段进行集成构设、组合运用,如电视跟踪与激光测距组合运用、红外跟踪与激光测距组合运用,等等,以增强高射炮武器系统电磁隐匿能力。

(四)模块化

模块化发展理念、积木式设计思想,为高射炮武器系统的功能升级与系统重构预留了拓展空间。未来的高射炮武器系统,在总体设计上将追求通用化和组件化,以提高系统的可靠性、可维修性、多功能性和保障便利性。一是便于维修,性能可靠。按通用化、组件化设计的高射炮武器系统战损时,各型系统之间部件可以互换,容易在较短的时间内通过维修恢复战斗力,武器系统的可靠性大幅提高。二是结构重组,功能可塑。通过不同的模块组合,可使武器系统形成不同的功能,以适应对各种目标射击的条件。三是补给方便,减少消耗。部件通用,使各型高射炮武器系统之间部件可以互换,缩短了供应周期,节省了保障费用,方便了战时的后勤补给。

三、弹炮结合系统发展趋势

弹炮结合系统在新技术助力下,指控系统、火控系统和车辆底盘系统等通过技术改造,性能不断提高。抗击多种类目标、抗饱和攻击、多手段抗干扰、快速机动等能力增长点是该武器系统的发展方向。

(一)抗击目标种类增多

作为末端地面防空武器,弹炮结合系统同样需要担负拦截多种空袭目标的任务,甚至要具备末端拦截战术弹道导弹的能力。因此,必须拓展弹炮结合系统的威力,使其能拦截各类作战飞机、武装直升机、巡航导弹,以及战术弹道导弹等目标。这就需要扩大和增强雷达的搜索和跟踪范围、火力系统的毁伤空域、火控系统对不同火力单元的控制力。如,中国台湾研发的新型弹炮结合系统,通过综合集成 CS/MPQ-78 近程火控雷达,使搜索范围扩大到 45 千米,可同时锁定 64 个来袭目标,使武器系统成为了反巡航导弹的有效武器。

(二)抗饱和攻击能力增强

为抗击高强度饱和式空中突击,弹炮结合系统配置的导弹系统可以自主寻的和进行全方位攻击,高射炮系统则选用口径小、射速快、初速大、反应灵敏的高炮。整个武器系统的弹药储备量将显著提高,并配备高强度装甲,具备一定的抗摧毁能力。而且,武器系统具有同时拦截多个目标和对同一个目标进行重复拦截的能力。如俄罗斯的"铠甲-C1"弹炮结合系统,可同时截获两种目标,一种用雷达频道截获,另一种用光电频道截获。为确保摧毁目标,可同时制导两枚导弹攻击同一目标。

(三)抗干扰手段多样化

为提高弹炮结合系统的抗干扰能力,在其发展过程中将增加多种抗干扰措施。比如，对搜索雷达和跟踪雷达系统的性能进行技术改造，使其具有较强的抗电磁干扰能力。导弹系统将配有多种传感器，以提高干扰条件下系统工作的可靠性。增加光学瞄具、电视/红外跟踪仪、激光测距仪等光电探测辅助设备，以丰富抗干扰手段。

（四）机动性能进一步提高

将导弹系统、高射炮系统和雷达系统等综合集成，安装到同一个车辆底盘上，使弹炮结合系统成为完全自行式，其载体将向履带式装甲底盘和轮式装甲底盘发展。由于探测、跟踪和射击设备都在同一个作战车辆上，弹炮结合系统的体积进一步减小，重量进一步减轻，将使武器系统具有高度的作战机动性、隐蔽性和独立性。而且，火控系统安装在履带式或轮式底盘上，可在移动和固定状态下发射。

（五）"弹炮光"综合集成

"弹炮光"综合集成，就是将弹炮结合系统与陆基强激光防空武器结合成为一个体系，做到导弹系统、高射炮系统和激光武器系统"三结合"，可充分发挥弹炮结合系统防空性能好，激光武器系统防天、反导以及抗击超低空飞行器作战能力强的优点。特别是对付飞行轨迹低、巡航速度慢、雷达特征弱、外形尺寸小的各式各样的所谓"低、慢、小"目标，如无人机、巡飞弹、装载自制炸药的航模等更为有利。例如，美国波音公司研发的"激光复仇者"系统，就是在现有"复仇者"弹炮结合系统平台上加装了光纤激光武器发射望远镜。据报道，该系统可攻击的无人机，翼展可以小到 1.83 米或者可以更小。在现有弹炮结合系统平台上加装激光武器，是一种实现"弹炮光""三结合"的高效途径。

四、新概念地面防空武器涌现

新概念武器是指工作原理、毁伤机理和作战运用方式与传统武器有显著不同的各类高技术武器的统称。与传统武器相比，新概念武器设计思想新，材料新，结构新，多样化，综合功能强。技术信息显示，新概念地面防空武器发展快，而且种类多样。本书主要讨论激光武器、粒子束武器、等离子体武器、微波武器和电磁炮五种武器。

（一）激光武器

激光武器是利用激光束直接毁伤目标或使目标失效的定向能武器。目前，美、俄、英、法等国都在大力研制激光武器，主要有：用于攻击多种目标的激光器、激光炮、激光枪以及激光致盲器等。有单兵携带的、车载的，也有舰载、机载和星载的，品种齐全，功能多样，被广泛应用于防卫星、防空、防导等系统中。美军在一次试验中，用车载激光炮击落了 1 万米距离上的 2 架无人驾驶直升机。

激光致盲器可使兵器操纵者因失明而不能继续使用武器。1982年的英阿马岛之战中，阿根廷几架战斗机，就因驾驶员遭到了英军舰载激光致盲器的攻击而坠入大海或误入英军的火力网。目前，美军正在研制的激励X射线的激光武器，用一个发射平台，可同时拦截50～100个目标。有些激光武器正向"灵巧"的方向发展。激光的静止质量为零，且方向性强，可在瞬间完成对目标的侦测与攻击，发射基本无后坐力，并能迅速方便地改变方向。这些特点，可保证把某些激光武器制作得较为小巧，特别是随着微电子和激光技术的发展，低功率的激光武器装备正不断地向微小型袖珍化迈进。美、英已研制的红外激光致盲器，小巧玲珑，成本低，射击时无声响，也看不见光束，能在隐蔽中快速方便地达到军事目的。

（二）粒子束武器

粒子束武器是利用接近光速的密集粒子束流毁坏目标或使目标功能失效的定向能武器。粒子是指电子、质子、中子和其他带正、负电的离子，粒子只有被加速到光速才能作为武器使用。达到光速的粒子组成的粒子束命中目标后，可熔化或破坏目标，还会发生二次磁场作用，进一步破坏目标。一般情况下，粒子束武器由粒子源、粒子加速器和聚焦瞄准系统等组成，可分为带电粒子束武器和中性粒子束武器。带电粒子束武器一般在大气中使用，中性粒子束武器一般在外层空间使用。因为在大气层外的真空状态下，带电粒子之间的斥力会在短时间内散发殆尽，因此中性粒子束更适合在外层空间使用。粒子束武器主要的优点是能量集中、穿透力强、脉冲发射率高、能快速改变射向等。粒子束武器通过发射高能定向强流、接近光速的带电粒子束或中性粒子束，用来击毁卫星和来袭的洲际弹道导弹。即使不直接破坏弹头，粒子束产生的强大电磁场脉冲热也会把导弹的电子设备烧毁，或利用目标周围发生的各种射线，使目标的电子设备失效或受到破坏。其中，中性粒子束武器主要用于拦截助推段和中段飞行的洲际弹道导弹。

俄罗斯和美国一直致力于粒子束武器的研发。俄罗斯曾进行过用粒子束武器干扰和破坏卫星电子设备的试验，美国则进行了用中性粒子束识别真假弹头的拦截试验。从物理学观点来衡量粒子束武器是合理的，它具有优于现有防御武器和激光武器的长处。粒子束武器所涉及到的技术领域很广，虽然还有一些问题需要解决，但就目前科学技术而言，设计上已无多大障碍，因此，粒子束武器作为下一代理想的战略防御武器是可以期待的。

（三）等离子体武器

等离子体武器是利用电磁波束在大气层某一区域内形成人工等离子体区，从而改变局部大气环境，使经过该区域的飞行器失效的武器。一般情况下，在大气层中，等离子体的密度和电离度都很低，所以不会影响飞行器的正常飞行。

但是，使用等离子体武器，可将超高频电磁波束在大气中聚焦，使该区域的空气极度电离，形成密度和电离度非常高的等离子体云团，飞行器一旦进入这种离子体云团，电磁波束就会在其前面和两侧形成影响，从而产生旋转力矩，通过向心力把飞行器撕成碎片，以高能量毁掉目标。等离子体武器由超高频电磁波束发生器、导向天线和电源组成，集雷达搜索、发现目标和打击于一身，大大简化了摧毁导弹的过程。

等离子体武器由于不是直接摧毁目标，而是以破坏其飞行环境来间接打击目标，因此，不存在捕捉、跟踪目标的问题，发现目标后发射电磁波即可。另外，等离子体武器发射的电磁波束是以光速传播的，各种飞行器对于等离子体武器发射的电磁波束来说，速度差极大，甚至相当于静止目标，所以非常易于打击，可在瞬间极其准确地击中大量目标。

（四）微波武器

微波武器是利用高能量的电磁波辐射去攻击和毁伤目标的武器系统。一般由微波产生器、天线、定向微波发射装置和控制系统等组成。微波武器是一种高频电磁波，波长范围在 0.01 毫米～1 米之间，频率范围为 0.5～100 吉赫。在空中以光速直线传播，数十千米的距离上，能量可瞬时到达。微波武器可用于攻击洲际弹道导弹、巡航导弹、卫星、航天飞机、飞机、舰艇、雷达、通信设备、计算机设备等目标，可在不破坏这些目标整体的情况下，使之失去作战效能。微波武器对目标的杀伤效果取决于微波发射的功率、微波发射天线的增益和目标与微波武器的距离等。以 0.01～1 微瓦/平方厘米的微波能量，对敌人相应频段的雷达和通信设备进行干扰，可使敌方通信中断，雷达无法正常工作。以 0.01～1 瓦/平方厘米的微波能量照射，可使敌方的武器、通信、雷达、导航等系统设备中的电子元器件失效或损坏。由 10～100 瓦/平方厘米的强微波辐射形成的瞬变电磁场，可使各种金属目标的表面产生感应电流和电荷，并通过天线、导线和各种开口、缝隙耦合并传入导弹、卫星、飞机等武器系统的内部，破坏敏感元件和电子设备，使整个武器系统失去效能。当微波能量达到 1000 瓦/平方厘米时，可在很短的照射时间内烧毁目标。如果微波能量极强，经过大口径天线聚合之后，还能使弹道导弹弹头的引信提前引爆，从而引爆来袭弹道导弹的各种装药。微波武器还是隐身空袭兵器的克星。因为隐身空袭兵器的外部涂层多选择吸波材料，这恰恰构成了隐身空袭兵器的一个致命弱点。高功率微波的强度和能量密度要比雷达微波高几个数量级，它产生的脉冲频带远远超过吸波涂层的带宽，足以抵消这种隐身效果，当隐身空袭兵器被微波武器发出的高能电磁波束照射到时，其外体会因为吸波材料过量吸收微波能量而产生高温，轻者机毁人亡，重者甚至使武器即刻熔化。此外，高功率微波武器还能破坏反辐射导弹的制导系统，使导弹跟踪偏离制导航向。

（五）电磁炮

电磁炮是一种充分利用电磁能和电热能发射小型制导或非制导射弹的动能武器。与传统火炮相比，电磁炮是利用电磁系统中电磁场产生的电磁力沿导轨对金属炮弹进行加速，使其达到打击目标所需的动能。与传统的火炮用火药推动炮弹相比较，电磁炮可大大提高弹丸的速度和射程。

电磁炮主要由能源、加速器和开关三部分组成。主要用于反飞机、反弹道导弹和反卫星等。电磁炮可把 10 克至 1 千克的弹丸加速到 3～20 千米/秒，用于摧毁空间的卫星和导弹，还可以拦截巡航导弹和空地导弹。目前，世界各国都在积极开展电磁炮的研究。如英国已把 200 克重的弹丸加速到 2 千米/秒的速度，或者把 50 克重的弹丸加速到 3～4 千米/秒的速度。美国研制的一种电磁炮，其发射速度为 500 发/分，射程达几十千米，可以代替高射武器和地面防空导弹执行防空作战任务，不仅能打击各种临空飞机，还能在远距离拦截各种导弹特别是拦截来自外层空间的弹道导弹。

可以预见，未来信息化空军地面防空装备，仍将是多元化体系架构，各种新机理武器只是这个武器族谱中的成员之一，并不能完全替代现行的防空武器装备。但是随着新型信息化空军地面防空武器的发展和成熟，这些武器系统将在未来防空作战中起到核心作用，并推动防空作战向防空防天一体化过渡。

第四章　信息化空军空降装备

空降装备是空军装备的重要组成部分，是空降兵部队的重要武器装备。为适应信息化战争需要，现代科学技术特别是以信息技术为核心的高新技术已被广泛用于空降装备。高性能的空降装备为达成空降作战的突然性起到了积极的作用，并对空降作战的胜负产生了重大影响。因此，加快信息化空军空降装备发展是各国空降兵部队一项刻不容缓的重要任务。在军事高新技术迅速发展的今天，信息技术含量越来越高的全新空降装备将不断问世，必将对未来空降作战产生更深远的影响。

第一节　信息化空军空降装备的基本构成

空降装备，用于空降和保障空降的装备、器材的统称，包括跳伞装备、空投装备和机降装备。空降装备作为空降兵专用装备，是空降兵部队遂行任务的重要依托和物质基础，也是空降兵部队战斗力的重要保证，更是空降兵信息化建设的重要内容。随着空降技术的不断发展，用于保障空降的各种器材和设备日益通用化、系列化、组合化，空降装备已成为空军的重要装备之一。

一、跳伞装备

跳伞装备是为保障人员跳伞的各种装具和设备，主要有降落伞系统和伞兵装具系统。其中，降落伞系统包括主伞、备份伞、自动开伞器等；伞兵装具系统包括伞兵背囊、伞兵鞋、伞兵帽、伞刀、伞兵睡袋、救生器材以及信息化装备等。降落伞是由柔性织物制成，利用空气阻力使人或物从空中缓慢稳定下降的一种伞状器具，是空降兵的一项重要装备。降落伞一般由引导伞、伞衣、伞衣套、伞绳、伞包、背带系统、开伞设备等组成。

（一）伞兵伞

常规伞兵伞是空降兵部队平常大量使用的降落伞，能够满足空降作战、训练要求，具有性能稳定、下降速度小、重量轻、安全可靠的特点，分可操纵和不可操纵两种。伞兵伞按跳伞重量可分为轻型（120 千克以下）伞兵伞、重型（120 千克以上）伞兵伞；按照空降高度区分，可分为高空伞兵伞和低空伞兵伞；

按照主伞形式可分为常规伞兵伞和翼型伞兵伞；还可按开伞程序区分，可分为一级开伞和二级开伞；从伞衣形状可分为圆形伞、方形伞、翼型伞；按功能区分，可分为主伞和备份伞等。

美军空降兵现使用两大系列的伞兵伞，一是 T-10B/C 型降落伞，该伞是不可操纵性降落伞，没有水平运动速度，适用于大规模战术伞降突击和伞兵基础训练及复训，是美军确定的标准型用伞，可在多种飞机上使用，适应机速为 278 千米/小时，跳伞重量为 160 千克。二是 MCI-1B/1C 系列降落伞，两种降落伞均为可操纵性标准伞兵伞，是美军标准型可操纵伞兵伞，旋转 360°需要 8.8 秒/7.7 秒，跳伞重量 160 千克。另外，T-10R 型备份伞配置有 DAD 开伞辅助装置，它包括一个新设计的引导伞和一个力量极强的弹簧弹射装置，该装置可将引导伞弹射到主伞湍流区以外，从而保证了备份伞开伞的可靠性。

俄罗斯、乌克兰现使用的 3 种伞兵伞，一是 Д-5Ⅱ伞兵伞，主要用于教学训练和作战跳伞，适合在安-12、安-22、安-26 和伊尔-76 等运输机上使用，可进行单兵跳伞，也可完成各种专业伞兵全副武装（或无装备）成建制跳伞。二是 Д-6Ⅳ降落伞，可用于各专业伞兵兵全副武装（或无装备）从运输机和直升机上跳伞，可进行单兵跳伞，也可成建制跳伞。这两种伞兵伞伞衣呈圆形，均采用串联工作模式，其特点是使用寿命长、下降速度稳定。三是 Д-10 型降落伞，是俄罗斯降落伞设计院与 1996 年为空降兵部队设计生产的最新型伞兵伞，用以替代服役 20 余年的 Д-6 型降落伞。1999 年亮相空降兵部队，但长期以来受军费紧张困扰，该新型伞并没用立即装备部队。该伞伞衣扁平，呈"西葫芦"状，采用了新型开伞系统，空中操作性强，在大规模伞降行动中能够更有效避免空中伞兵相撞发生，着陆冲击力小。

（二）翼型伞

翼型伞兵伞是根据飞机机翼产生升力的原理而设计的一种降落伞，俗称翼伞。与传统的降落伞相比，具有面积小、重量轻、滑行快、转向灵、刹车好、落点准的特点。伞衣由多个气囊组成，随着伞衣充气，具有一定的飞行角。在风速为零的情况下，每秒能前进 10 米以上，时速达到 32～48 千米。翼型伞开始主要用于跳伞运动，后成为军队的一项装备，主要用于特种空降作战。

美军现使用的 XT-11、MT-1X/1Z、MC-4/5、GQ360，都是高性能翼伞，是适用于高空投放、低空开伞和高空投放、高空开伞的滑翔伞。具有下降速度小（1.8～5.8 米/秒），跳伞重量重（182 千克），跳伞高度范围大（610～9000 米），滑翔比大（2.8～3），水平运动速度快（20～60 千米/小时）的特点。另外还有 SF-10A，它是一种可实施精确（定点）跳伞并可在高原地区空降的可操纵伞，该伞主要装备于美国特种部队，跳伞重量可达 160 千克，下降速度 4.2 米/秒，水平运动速度 5 米/秒，旋转 360°需要 5 秒，最低高度 150 米，适应机速

278 千米/小时。

俄罗斯、乌克兰新研制的新一代高性能翼伞为矩形翼面主伞，面积 35 平方米，采用主备一体的伞包，滑翔比大于 4，跳伞重量为 145 千克，最大跳伞高度为 9000 米，优于美国的同类产品。

（三）低空伞兵伞

低空伞兵伞是为缩短跳伞员的留空时间，降低最低安全开伞高度而专门设计的一种降落伞。有一种低空伞兵伞由 3 个伞衣组成，包装在一个背式伞包内，采用绳拉开伞方法，伞衣张开后形如 3 片树叶的降落伞，亦称三叶形伞兵伞。跳伞高度在 90～120 米，安全性能好，3 个伞衣即使两个出现故障，也可保证着陆安全。由于跳伞高度低，备份伞已失去作用，跳伞员不再佩挂备份伞，留出空间用于佩挂武器。下降过程中气流撑着 3 个伞衣，稳定性强，不易发生两伞相撞等现象。该型伞可以减少滞空时间，是实现低空空降突防的主战用伞。

美国现使用的可操纵突击伞（SAP）是由 GQ 公司研制的一种开伞速度较快的可操纵性伞，跳伞高度为 91 米，跳伞重量为 160 千克，下降速度为 5.3 米/秒，适应机速为 260 千米/小时，水平运动速度为 3.3 米/秒，旋转 360°需要 12 秒。

（四）伞兵装具

伞降装具是伞兵个人随身携带的各种用具，包括伞兵作战服、水壶、背囊、背具、枪衣、伞刀、伞兵靴、睡袋等传统用具以及单兵防护信息化装备。

伞兵装具是伞兵个人随身携带的各种用具，包括伞兵鞋、伞兵帽、腰带、伞兵背囊、伞兵睡袋、伞刀、多用途水壶、伞兵电筒、伞兵热餐盒、救生器材等。目前，各国研制的数字化单兵系统越来越先进。数字化单兵系统是为士兵设计的包括武器、头盔、防护服、电台、计算机和有关软件等在内的一体化作战系统。

1989 年，美国及其北约盟国提出了"单兵综合防护系统"（SIPL）计划。随后，美军依据这一计划相继提出了"21 世纪部队陆地勇士"计划（简称"陆地勇士"计划）、"理想部队勇士"计划和"2025 未来勇士"计划等。"陆军勇士"计划由 5 个子系统组成：综合头盔子系统、武器子系统、计算机/无线电子系统（CRS）、软件子系统、防护服与单兵设备子系统。"理想部队勇士"计划的目标是开发重量轻、杀伤威力大、真正一体化的单兵战斗系统。"2025 未来勇士"计划的概念是武器、通信、医疗救护等一系列分项目的合成，主要由传感器头盔、作战服、微型空调系统、可佩戴在手腕上的火力控制器和连续工作 6 天的微型能源系统组成。

俄军研制的单兵系统称为"巴尔米查"新型单兵装备系列。该装备系列是由俄中央精密机器制造科研所专门为其空降兵、陆军以及在山地、丛林、沙漠和北极地带活动的特种部队量身打造的，目前已装备部队使用。该新型单兵装备系列主要突出了防护子系统和通信子系统的构建，以增强单兵的综合防护能力。

二、空投装备

空投装备是用于空投武器装备、物资的各种制式设备、器材的统称，通常包括投物伞、牵引伞、空投货台、空投货箱、空投集装网、空投缓冲装置、空投防翻装置、空投遥控装置、空投寻的装置等。按空投样式，分为有伞空投、无伞空投和特种空投；按投放方法，分为人力空投、机械空投、牵引空投、重力空投；按空投重量，分为小件、中件、大件、超大件空投；按空投高度，分为超低空空投、低空空投、中空空投、高空空投；按使用投物伞的数量，分为单伞空投、多伞组合空投等。

（一）投物伞

投物伞是用于将飞机上投下的各种重物减速并安全降至地面的降落伞。投物伞一般由开伞装置、引导伞、主伞、吊挂系统等组成。重型投物伞是比较复杂的伞系统，主要由牵引伞系统、主伞系统、平台、系留装置、脱离装置（牵引锁及开锁机构、着陆脱离锁）、着陆缓冲装置、防翻装置等组成。空投时，为了保证重型投物的安全着陆，往往需要降落伞面积达几百平方米，甚至几千平方米。

（二）空投货台

空投货台是用于放置、固定空投物，并承受着陆冲击力，以方便空投的器材，亦称空投平台。空投货物时必须有承托货物的货台装置和着陆缓冲装置，才能保证货物不受损坏。要求确保飞机的飞行安全，与飞机协调配套性能好，有足够的承载能力，能快速装卸，能牢固地固定货物，保证货物着陆完整无损，使用方便，有良好的工艺性。货台分大件货台、中件货台、小件货台和组合式空投集装箱等。

（三）空投缓冲装置

空投缓冲装置在空投时用以释放着陆冲击能量、减小着陆动载的器材和设备。分机械缓冲装置、填充式缓冲装置、气囊式缓冲装置及火箭制动装置等。通常置于货物和货台之间，或者置于货台下面。在着陆瞬间，巨大的冲击力作用在缓冲装置上，使缓冲物变形，吸收和消耗一部分动能，从而减小了货物实际着陆速度，使货物免受损坏。

美军使用的是 CM-11、CM-12、CM-14 型和 G-12D 等系列投物伞，这些投物伞可单个使用，也可组成多伞（最多不超过 12 具伞）系统。可投放 317～27180 千克重的载荷，适应机速为 277.9 千米/小时。MKC-350 系列投物伞，伞衣面积为 350 平方米；MKC-540 型，伞衣面积为 540 平方米；MKC-128P 系列投物伞，伞衣面积为 1400 平方米。以上投物伞可根据不同的空投重量组成多伞组合系统，允许数量可达 16 具，伞投高度 300～4000 米，适应机速 260～400 千米/小时，货物重量为 14400～18000 千克。

"舍利夫"空投系统是俄军研制的无货台重装空投系统，根据空投战车不同，有ПБС-915、ПБС-916 及ПБС-925 等三种型号。该系统采用多伞和气囊缓冲方式，无须伞降货台，只需将伞固定在车体上即可，空投伞兵战车需 12 具伞（每具 350 平方米），适应机速 260～400 千米/小时，最低高度 300 米，下降速度 8 米/秒。"人车一体"空投系统，是战车乘员在车内并实施空投的整套设备。该系统的投入使用，有效地提高了空降突击梯队的快速战斗力。该系统由投物伞、火箭缓冲装置、减振座椅、货台、吊挂系统等组成。空投БМД-3 型伞兵战斗车，乘员 7 人，空投高度 400 米，使用 12 具投物伞。

三、机降装备

机降是利用运输机、直升机、滑翔机和动力飞行伞等空中运输工具和机降特种装备，将乘载的部分人员、装备和物资从出发地空中输送到机降场的一种空降手段。机降装备是用于运输机机降和直升机机降的各种器材和设备，包括装、卸载工具，系留器材，固定器材，外挂物件包装器材等。装、卸载工具有吊车、铲车、货桥等；系留器材有各种绳索等；固定器材有三角木、垫板等；外挂物体包装器材有集装网、集装箱等。机降按机种可分为运输机机降、直升机机降和特种飞行器机降。

（一）悬停机降装备

主要是用于直升机不易着陆的条件下，通过绳、梯和直接跳下而实施的机降力式。直升机悬停高度一般为 10 米。当需要人员直接跳下直升机时，要求直升机悬停高度不大于 2 米，周围净空条件要好国外采取较多的是利用绳索速滑垂直机降，机降高度为 20 米左右。悬停速滑机降设备主要有机载设备、系留锁、下滑绳、保险腰带和滑轮控制扣，滑轮控制扣连于保险腰带并松住下滑绳索，跳离机身后，在人体重力的作用下沿绳索迅速下滑。机降人员可根据离地面的高度变化，用手调节滑轮扣控制下滑速度，确保人员和装备的安全着陆。

（二）外吊挂装备

外吊挂装备是指利用直升机能垂直起降，能向任何方向飞行，能在任何地点进行空中定点悬停的性能，进行吊挂空运物资装备的装备。吊挂技术受机降地点地形限制小，可缩短直升机在机降场的停留时间，提高空降兵战时的生存与机动能力，提高炮兵快速转移变换阵地能力。在外吊挂空运部队的技术装备时，可做到精确、迅速地机降于未构筑的空降场。

吊挂机降时，直升机悬停在输送物资装备的正上方，根据机型、吊挂物资的特性和绞车钢索的性能确定命令高度。直升机悬停后绞车放下钢索，并与吊挂物资的脱离锁相连接。连牢后，绞车设备回收钢索。钢索拉直受力后，直升机垂直升高，而后进入空运航线。当直升机到达机降场后，机降人员利用自动及手控装置，使脱离锁脱离，机降物资脱离飞机。

由于直升机的发展和装备部队，吊挂技术大量应用在战时向战斗行动地区空运技术装备、武器和补给品，参与火力准备、火力支援。因此，在支援炮兵阵地快速转换、进行空中侦察和电子干扰等方面，吊挂技术将得到更广泛的应用。

（三）动力飞翼伞

动力飞行伞也称动力翼伞，是指有动力装置，靠可展式织物滑翔伞产生升力重于空气的新型航空器。主要由滑翔伞、支架、护圈、背带系统和动力装置等部分组成。按起降方式分为座式动力飞行伞和背式动力飞行伞。动力飞行伞特点是体积小、重量轻、起降容易、操作灵活、机动性强、安全可靠，是当今世界最轻的航空运输工具。动力飞行伞基本构成是用一个连有动力三轮车滑翔伞作为"机翼"。这种翼由微透气量尼龙材料制成，可在3～5秒内张开升力面。通过与脚蹬相连的操纵绳或双手进行航向操纵。机体是一个由新型复合材料制成的可折叠的"T"形构架或背式支架。机体上面装有飞行员座椅或背带系统、动力装置、油箱和起落架。发动机安装在飞行员后部保护罩内，通过皮带驱动同心轴上的双桨叶或单桨叶推进式螺旋桨，向前产生推力升空。该型伞主要用于空降特种分队执行侦察、破袭及其他特种空降任务的主要装备。

第二节　信息化空军空降装备的发展历程及现状

自出现战争以来，人们总是幻想和描绘着"神兵天降"的事。但是，在没有发明飞机、降落伞之前，幻想只能是一种幻想。直到第一次世界大战后，由于科学技术的发展，有了运输机和降落伞，一些国家才开始组建专门的空降作战兵种——空降兵。正是有了空降装备，才有空降作战。空降装备经过几十年的发展，已经形成包括伞降、机降、空投、空降保障等种类繁多、要素齐全的空降装备体系。客观准确地描述空降装备的发展历程，揭示空降装备的发展规律，对空降装备的未来发展具有十分重要的指导意义。

一、初始起步阶段

空降兵能从飞行中的航空器上安全降落到地面，完全借助于降落伞。关于降落伞的记载，最早始于中国。据中国司马迁（公元前145—前86年）所著的

《史记·五帝本纪》中记载，舜利用两个斗笠，从着火的仓廪上跳下，安全落地，说明当时已有人懂得利用空气阻力使物体从空中减速下降的道理。12世纪，中国已有人用两把带柄的伞从高塔"跳伞"成功的记载。14世纪，中国杂技艺人用类似降落伞的装置作"跳伞"表演。清康熙年间，大约公元1662年前后，中国杂技艺人曾到暹罗（今泰国）给贵族表演过利用空气阻力的原理从高处跳下安全着陆的节目，这种技能后来被法国传教士弗逊传到了欧洲。气球和飞机的出现，进一步促进了空降技术和装备的发展。

有了飞机和降落伞，便存在将人员有目的地从空中投到敌后进行军事活动的可能性。第一次世界大战期间开始在战场上出现空降活动。但是，由于当时尚没有专门的运输机，使用的轰炸机也数量少，人员跳离飞机时要从舱口爬上机翼，而后从机翼上跳下，进行"爬舱跳伞"，因此，每次只能空降极少数人，并且不能随身携带枪支，空降活动只限于侦察、破坏、袭扰。战场上最早的空降活动可能是德军1916年10月14日在俄军战线后方80千米处的罗夫诺破坏铁路，当时空降了2人，活动了一昼夜，完成任务后由飞机接回。此时，法军也进行了类似的活动，以2人空降到德军后方的阿鲁达耶地区，他们化装成当地居民，对德军一个司令部进行了连续袭扰，德军出动部队搜捕20多天没有结果，不得不将司令部转移。法空降人员又将此情况报告给自己的军队，法军趁机向德发起攻击，使德军遭到很大损失。到1918年10月20日，英军一次使用5架飞机在德军后方空降了一个组，原定任务是待火车通过隧道时将其炸毁。他们着陆后发现德军的主要运输线不是铁路，而是运河，遂改变计划破坏了运河一个闸门，造成德军水上运输堵塞。

空降作战大量运用于战场，始于第二次世界大战时期。二战期间，实施空投主要使用小型降落伞、投物袋等，空投重量通常为120千克左右。据不完全统计，参战各国共组织实施空降作战100余次，其中师以上规模的就有10次，规模最大的是1944年9月美、英军在荷兰战役中的空降作战，共伞降、机降3个师又1个旅的兵力，约35700余人，以及火炮568门，汽车1927辆，物资5230吨。二战中的空降作战，对于协同正面部队登陆、进攻和完成其他作战任务，发挥了重大作用。所以，德国、前苏联、美国、英国、日本等，都进行了空降作战，并且作战规模越来越大。1944年，美、英军在诺曼底登陆战役中，空降3个师3.5万余人，504门火炮，110余辆坦克，1000余吨作战物资，对战役胜利起到了重要作用，空降兵的作用得到证实。中国国民党军队，在1945年7月，为破坏日军撤退，配合局部反攻，先后在广东、广西和湖南的日军占领区，进行了3次小规模的空降作战，兵力都在200人左右，均获得了成功。可以说，空降装备正是由于第二次世界大战时期大规模空降作战需要并且作战效果明显，得到各国军方的重视和大力发展。

二、快速发展阶段

第二次世界大战后，随着军用运输机的发展，空投装备逐步完善，空投重量根据需要可从数十千克到数十吨，从小型武器装备到大型车辆、火炮、重型坦克。例如，俄罗斯联邦的Π-16空投货台，空投重量达到21000千克；ПБС-915无货台空投系统（简称"舍利夫"系统）实现了战斗车辆的载人空投。一些国家将翼型伞技术、无线电技术应用于空投装备，研制的自动寻的空投系统和地面遥控空投系统，可将空投物准确投送到指定着陆点。超低空空投系统可在飞机飞行高度3～10米的条件下实施空投。建国后我军的空投装备有了长足的进步，根据需要研制生产了多种型号的空投系统。

科学技术始终是装备发展最直接的推动力。空投装备使用的技术，主要包括重力空投、机械空投、牵引空投技术，连投技术、可控空投技术、着陆缓冲技术等。随着航空技术在空降领域的广泛应用，空投装备将向系统化、通用化和智能化方向发展，空投将增加一次空投的件数和重量，进一步改善连投技术，向超低空空投方向发展。在降落伞的研制和使用技术方面，微透气量纺织伞衣材料的应用技术、降落伞的连动技术、二级开伞技术、可变伞顶孔技术、翼型降落伞技术、低空降落伞和高空降落伞技术等将得到发展。例如，降落伞问世后，其研制技术在20世纪得到很快发展，大致分为3个阶段。第一阶段（50年代），降落伞使用的纺织材料主要是棉、麻类天然纤维材料。伞衣为109本色细平布，伞绳采用4.4～125棉绳。伞形以方形为主。第二阶段（60年代中期至70年代），降落伞开始使用锦丝纺织材料制作，锦丝纺织材料具有强力高、柔软而富有弹性、不霉变、不虫蛀、耐化学药品等特性，从而使伞衣面积缩小、重量减轻、强力提高，伞形也由方形发展为圆形，降落伞的性能有了质的飞跃。第三阶段（80年代以后），高强力锦丝纺织材料的出现并在降落伞上的应用，使降落伞的体积、面积缩小，重量减轻，开伞过载减小，载重量增加，操作性能提高和寿命延长，在保证强度的情况下，提高了伞的低空开伞性能。锦丝纺织材料的轧光和热定形整理工艺，使织物透气量减小，满足了伞形改变的要求，高性能翼型伞亦随之出现。随着新材料、新技术、新工艺在空降装备上的应用，空降装备已形成了一个完整的体系。

总的来说，这个时期空降装备大量采用了新材料、新结构、新技术、新工艺后，装备的安全性、稳定性、可操作性有了明显的提升，并为日后的更新换代跨越发展打下了坚实的技术基础。

三、完善提高阶段

20世纪90年代，海湾战争给世人展示了不同于以往机械化战争的战争新形态，信息化战争的特征初现端倪。于是，世界各国开始了以军队信息化建设为目标的军事变革。为适应信息化空降作战的需要，空降装备的自动化、智能化程度越来越高，空降的安全性和精确性进一步提升。1992 年起，随着新时期军事战略方针的深入贯彻，我空降装备从注重数量规模转变到注重质量效能，武器装备建设进入更新换代的跨越发展期。1993 年中央军委明确指示：要把中国空降兵部队建设成为"精干、顶用、过硬"的快速机动作战部队。空降装备从通用武器装备向专用空降武器装备发展、实现从单一伞降作战向空地合成作战的历史性跨越、形成全方位快速机动、成建制空降、远距离独立作战能力。

（一）新型降落伞

美军自 20 世纪 50 年代一直使用的主战伞兵伞 T-10 主要用于大规模战术伞降突击，已不能满足现代空降作战的要求。由美、英的海空救生装备公司强强联手组成的空降系统集团公司，为美国空降部队研发一种先进的战术降落伞系统（ATPS）即 XT-11 以替代 T-10 伞兵伞。XT-11 型降落伞开伞机速为 241～278 千米/小时，最低跳伞高度 152.4 米，下降速度 4.9 米/秒。这样性能的改进使得伞兵的跳伞冲击力减少 40%，可大大降低着陆受伤率。为了保证降落过程的安全性和稳定性，XT-11 采用了小展弦比十字形伞设计，既利用了十字形伞内在的稳定性和固有的轻缓开伞，又对展弦比、伞绳长度和伞衣材料空隙度进行慎重的权衡和计算，使得阻力面、稳定性、开伞时间和开伞冲击力的结合达到最优值。另外，XT-11 主伞开伞系统采用的是一种独特的内部设计的"稳定伞/伞衣套开伞法"，并结合使用一块特殊的收口布，以提高其可靠性，使离机问题最小化，也能使高度损失降到最低值；XT-11R 备份伞设计了先进的开伞和充气加速系统，能在最大速度范围内提供最大开伞载荷，从何使高度损失在最大安全开伞速度内达到最小值。

（二）精确空投系统

传统的空降空投利用重力自由下降，这种方法虽然简单、易行，但是缺点也非常多，首先是精度差，人员、装备散布面积大，部队收拢困难，容易受到敌方攻击，另外容易受空投区域的地形、气象以及载荷的影响，所需要的空降场面积也比较大，限制了空降兵部队的机动性。针对这一问题，美、俄等军事强国提出了精确空投的概念，即在降落伞上配备传感器、导航定位系统、任务计算机，利用传感器收集自身的状态信息，然后利用导航定位系统获得自身的方位坐标，任务计算机通过计算得出降落伞相应的轨迹，从而实现可控降落。

为满足更快速，更机动、更分散的空投要求，精确空投已成为美军军事行动和人道主义救援行动的标准的物资供应方法。在空军科研办公室和内蒂克士兵中心的帮助下，美军对精确投送技术进行了研究，减少投送费用并逐步增加高空空投的准确性。目前，"精确投送系统"综合了 3 项关键技术。一是低耗减速器，包括一个可控制的半弹道减速器和一个高速弹道系统。前者是一种综合了新型气动"肌肉"激励器的圆形降落伞系统，可自动操纵从释放点至着陆点的整个过程，并保持精确的轨迹，后者是一个低空开伞系统，可以避免开伞过早、负载被风吹离目标的危险。二是全天候感知器。该系统可在现有气候模型的基础上，收集到达空投区途中的当前风情数据，极大地提高空投精度。三是空中释放点计算系统，可使飞行员在实际空投前几小时采用大模型以及风情数据来计算空中释放点。此外，美军还在研制一种任务计划程序，可在飞往空投区的途中通过无线通信对自动空投系统进行数据更新，实现空投的即时监控。

美军已成功完成了多种"先进精确空中投送系统"（APADS）的精确制导、高海拔投送技术演示。如：制导式空投系统（AGAS），该系统的研制目的是降低空投费用、提高空投自动化水平和准确率，以实现即时供应。AGAS的组成包括：圆形的标准伞衣，其价格低于可转向翼伞；制导、航行控制箱（GN&C），部署前该箱可得到地面目标的坐标；控制激励器，当AGAS从运输机上释放后，GN&C控制负载转向并保持准确的轨迹。AGAS的优点是准确性高，可使军事和人道主义补给运输更准确；费用低，准确性投送将大大减少重复空投机动性强，可更广泛地投送军事作战物品，载荷可任意安放在不同容器中并空投至不同地域；危险性小，空勤人员和飞机能从更高海拔和更远的偏移距离空投物品。

（三）人车同投

空降作战过程中有一个突出问题就是如何缩短空降兵着陆后战斗准备时间。一般情况下，是作战装备乘一架飞机、空降人员乘另一架飞机或紧随装备实施空降。但容易造成人员和装备散落面积过大，直接影响部队集结的速度。应空降兵高度机动性的作战要求，为缩短空降战斗员着陆后与装备结合的时间，使得空降兵由空中快速转向地面、迅速形成地面战斗力而研发的一种新型空投空降装备：协同空降系统。俄罗斯载人空投的发展始终走在世界空降兵发展的最前列。КСД协同空降系统是俄罗斯早期的载人空投系统，也是世界上首次成功研制的载人空投系统。该系统成功实现了"飞机—伞兵战斗车—战斗员—空降设备"四位一体协同空降，从而开辟了世界空降兵发展史中新型机动方式的新篇章。该系统设计开发的基本思路是立足俄（苏）空降空投技术装备，在其基础上配套使用协同空降系统，以达成人员、装备和空投系统的协同。它的发展分为两个阶段：早期的载人空投系统被命名为"半人马"（肯塔夫尔），"列阿克塔夫尔"为第二代载人空投系统。"列阿克塔夫尔"在第一代КСД协同空降系统的基础上发展而来，性能更加完善。"列阿克塔夫尔"的下降速度是"半人马"的4倍多，可减少人与装备离开飞机后的滞空时间，降低敌人空中火力杀伤程度。КСД协同空降系统具有很强的通用性，与货台结合后可以进行伞兵战斗车、Д-30榴弹炮、医疗救护车等战斗与保障车辆的载人空投。

　　总的来说，随着信息化技术引入到空降装备的发展中，人用降落伞越来越注重安全性和可操作性，空投装备向精确空投和人车同投等方向发展。

第三节　信息化空军空降装备的作战运用

　　空降作战，是以空降兵为主，在航空兵和其他军种部队的协同下，为达成一定的战略、战役和战术目的，按照统一的意图和计划，通过空中机动，直接抵达敌纵深地区进行地面作战的行动。空降作战装备使用是以空降装备为主的作战运用，但也离不开其他兵种装备的保障与支援，尤其离不开航空装备的火力、掩护和运输保障。空降作战是从空中迅速机动到敌纵深地区的地面作战，装备的输送、着陆、集结、使用和保障等都相对比较困难。空降作战装备通常以空降装备为主，空军其他兵种装备为辅，必要时，还需得到陆军装备和海军装备力量的支援。

一、乘载阶段空降装备的作战运用

　　空降兵部（分）队乘载是完成空降出发准备的最后环节，由待运地区机动至出发机场（直升机降落场），实施乘载和登机。此阶段空降部队的人员、装备集中，装载登机又需要一定时间，不便机动，是敌人反空降重点打击的时机。

　　空降兵部（分）队完成战斗准备后，由待运地区机动至出发机场（直升机起降场）实施乘载。出发机场在驻地附近时，可直接从驻地机动至出发机场实施乘载。乘载应当按计划组织实施。通常在夜暗或者能见度不良的条件下进行，并尽量缩短部队在机场停留的时间。

　　空降出发地区指挥所，对空降兵、运输航空兵和场站实施统一指挥；各出发机场开设的乘载指挥所，根据乘载计划或者上级指示，协调乘载事项，适时发出乘载信号，指挥部队完成乘载，并将乘载情况及时报告上级。

　　登机乘（装）载前，架次长（搭乘长）应协助机长组织乘（装）载与检查，并对所属人员明确有关事项。检查的重点是：伞具的连接、装具的披挂、携带物资、器材的数量、重装备（伞兵战斗车、突击车）的捆绑、连接等。登机装载的顺序，通常先随队空投装备、物资、器材，后组织人员登机。

　　伞降乘（装）载时，先装随队空投的物资，后上人员和伞具。已装机的物资应当放置有序，固定牢靠，便于空投。大型装备通常直接向飞机停放地点集中，由机组人员协助或者专门指派专业分队装载。人员背伞的时机，根据在机场停留与空运的时间而定，可以在登机前，或者在空运中背伞。

　　搭乘直升机时，空降兵部队通常先于直升机抵达直升机起降场。直升机着陆后，空降兵指挥员根据乘载计划或者临时协同，指挥部队多点、同时、快速地实施乘载。当实施近距离机降，或者实施战场机动时，可以将较重、较大的装备或者物资吊挂在机身外。

搭乘运输机机降的乘载，通常是成建制按乘载计划实施，空降兵指挥员和指挥机关应当相对分散搭乘。乘载时先装装备、物资，尔后人员登机。装载重型装备应当在专业人员指导下进行。装备应当保持完整。实施野外机降，装备、物资应当便于人工卸载。担负抢修跑道的专业分队应当先于机群行动。在数个出发机场同时或者先后实施乘载时，由空降出发地区指挥所实施统一指挥，机场乘载指挥所具体组织实施。

伞降和运输机机降的部队乘载时，通常伞降部队先乘载，机降部队后乘载；采取欺骗伪装措施实施偷袭时，机降部队可以先乘载。伞降部队和直升机机降部队，通常在不同的地域实施乘载，直升机机降部队一般靠近战线，伞降部队位于战略、战役纵深。

二、空中输送阶段空降装备的作战运用

空中输送是空降作战最紧张、最复杂、最脆弱的时节。为确保空运的安全，并能准确地抵达空降区域实施空降，通常是在航空兵全程掩护下分多条航线进行。隐蔽地实施空运，是达成空降作战目的的基础。空运的时机，必须充分利用夜暗、复杂气象等条件，还应选择有利的地形，并广泛采取欺骗、佯动和电子干扰等手段。

空降兵部（分）队空中输送，通常在航空兵全程掩护下分多条航线进行。空中输送必须充分利用夜暗、复杂气象和有利地形，低空突防，并广泛采取欺骗、佯动和电子干扰等手段，保障按时、准确、安全抵达空降作战地区。

飞机起飞后，空降兵指挥员应当及时向机群指挥员或者机长了解飞机所在位置和敌情、气象情况，并接收机组转达的上级指示和情况通报。机上背伞，通常在超越战线前完成。遇有意外情况，全体人员应当保持镇定，服从指挥，机上的空降兵指挥员和机长应当将发生的情况迅速报告上级，根据上级指示和飞机的故障、受伤情况，确定按计划飞行、返航、被迫跳伞或者迫降。被迫跳伞时，飞机靠近空降作战地区，尽量飞向预定的空降场伞降；飞机在敌我战线附近时，尽量在我方地区伞降。

直升机空中输送时，空降兵指挥员应当随时识别有关地形、地物和标志、信号，并指挥引导人员及时准确判定空降位置，保障部队（分队）准确机降。

运输机机降输送时，空降兵指挥员应与运输航空兵指挥员密切配合，确切掌握飞行的航线、在途中加油的机场和停留时间、支援航空兵护航情况等，保证机群准确地按计划实施输送。飞机在途中加油时，空降兵指挥员应及时与场站指挥员协同，迅速给部队补充饮水和食物，搞好卫生保健等。向受核、化学、

生物等武器威胁地区空中输送时，空降兵部队应当于乘载前做好防护准备，并对各种装备和物资采取必要的防护措施。航行中，根据上级通报，在飞机进入放射性沾染空域前，穿戴好防护器材。

混合空降时的空中输送，伞降部队和运输机机降部队可以使用同一航线，先后实施；直升机应当沿各自的航线进行输送。

三、空降阶段空降装备的作战运用

空降，是指空降人员、物质和装备从离机到着陆的过程。这一阶段是在敌方战区进行活动，不确定因素较多，而且降落过程中或着陆未稳时，是敌反空降打击的重点。因此，空降时，应加强空中掩护和对地火力支援，歼灭向空降作战集团攻击的敌空中作战力量和地面作战力量，保证空降作战集团空降时的安全。

空降兵部（分）队降落，通常在多个空降场同时实施。降落时充分利用火力压制效果，尽量缩短降落的持续时间。

伞降降落，通常是各空降场多波次连续进入，每波进入一次跳伞完毕。空降高度一般为400～800米，尽量缩短留空时间和缩小空降散布；空降时最低气象条件，通常合成风速不得超过12米/秒，地面风速不得超过6米/秒。空降着陆后各部队（分队）迅速集结，向目标运动。

直升机着陆，通常多点一批着陆或者多点分批着陆。受地形或者敌情限制时，可以一点分批着陆。空降兵部队（分队）充分利用火力准备效果和攻击直升机的掩护，快速离机和卸载，并立即脱离着陆场向目标运动。尽量缩短各批（架）次的间隔时间。

场地受限不能直接降落时，可以在距地面一米左右悬停，人员跳下；悬停高度较高，可以用救护兜或者索梯下机。

遭敌攻击时，空降兵指挥员应果断组织机上火力实施压制，指挥人员快速离机。敌情威胁较大，直升机可以最低速度作贴地飞行，人员迅速跳下，自然展开成战斗队形。

运输机降落后，空降兵指挥员应当迅速指挥部队（分队）下机和卸载。遇敌抵抗时，应当果断指挥先降落的分队坚决予以歼灭；场地受限不能直接降落时，可以在距地面1米左右悬停，人员跳下；悬停高度较高，可以用救护兜或者索梯下机。

遭敌攻击时，空降兵指挥员应果断组织机上火力实施压制，指挥人员快速离机。敌情威胁较大，直升机可以最低速度作贴地飞行，人员迅速跳下，自然展开成战斗队形。

运输机降落后，空降兵指挥员应当迅速指挥部队（分队）下机和卸载。遇残敌抵抗时，应当果断指挥先降落的分队坚决予以歼灭。当多批次使用同一降落场时，应当指挥已机降的分队迅速脱离机场，在预定地域集结或者向敌发起攻击，并组织相关人员清理场地，保障继续机降。

当伞降和直升机机降混合空降时，通常先伞降后机降，或者根据情况先直升机机降后伞降。空降兵指挥员应当指挥先降落的部队（分队），迅速控制空降场，并派出警戒，保障后续部队（分队）机降或者伞降。

伞降和运输机机降混合空降时，通常是先伞降夺取机场，尔后掩护运输机机降；或者运输机在机场机降，有在机场外围伞降同时进行，内外配合，夺取目标。

四、地面作战阶段空降装备的作战运用

地面作战阶段，是指从空降着陆起至完成战斗任务止。空降兵的地面战斗，是空降兵部队空降后对敌重要目标和地区是实施的具体战斗行动，是在战斗的关键时刻和具有决定意义的地区进行，是空降作战的最后行动，也是达成空降作战目的的关键环节。

空降兵地面作战阶段，受空中和地面的威胁较大，歼击航空兵应加强空中掩护和巡逻，阻止敌航空兵进入空降地域，并保持该区域上方的制空权；强击航空兵应以火力封锁通向空降地域的道路，阻滞敌反空降部队的开进，并给予空降兵部队对纵深防御之敌实施进攻按计划火力支援。

空降兵地面战斗行动，通常按当前任务、后续任务和尔后任务三步实施。当前任务是夺建空降基地、对纵深防御之敌进攻战斗，后续任务是扼守重要地区和目标，尔后任务是会合后的破袭战斗或转移。

夺建空降基地，是空降作战由空中作战向地面作战转换的重要行动，是地面作战的前提和依托。各空降场首批着陆的分队，担负空降场的警戒，迅速肃清空降场内的残敌，并在敌威胁较大方向上抢占有利地形，掩护主力着陆、展开和攻击。火力分队坚决打击敌坦克和攻击直升机，空降兵炮兵分队压制袭击空降场的敌火力，根据情况需要，召唤航空火力拦截和突击反空降之敌。其他部（分）队人员迅速脱离空降场，向预定地域集结或者根据命令直接向预定目标攻击。对纵深防御之敌进攻战斗，通常以火力、爆破、格斗和装甲战斗车辆碾压与冲撞等手段，采取多方向、多路而有重点的冲击方式，尽量加大首次冲击力量，力争一举突破敌前沿阵地。直接空降在目标地域内的部（分）队以积极的行动，打击敌人的指挥所、炮兵阵地、通信枢纽等重要目标，牵制敌纵深兵力的机动，配合主力突破敌之防御。冲击发起后，炮兵火力和航空火力应当实施不间断的支援，防空火力打击来袭的敌低空飞机、攻击直升机，反坦克预备队和障碍设置队应适时向前推进，打击和迟滞向我突破口机动的敌装甲目标。

扼守重要地区和目标，是指空降兵对已经攻占的地区和目标实施的防御行动；有时也可能是从空中机动，垂直抢占要点，直接进入防御；也可边夺取目标边转入防御。无论何种情况，空降兵的防御都是在情况紧急、多面受敌威胁、准备时间极为短促的情况下进行的。其基本任务是：固守夺占地区和目标，割裂敌作战布势，制止敌人机动，牵制、吸引纵深之敌，配合正面作战，夺取空降战斗胜利。因此，应抓紧时间，快速调整部署，完成防御准备；防御必须充分利用有利地形或敌既设阵地，凭险扼守，组成要点、支撑点和以反坦克为主体的环形防御阵地，以顽强抗击与积极的攻势行动，坚决挫败敌人的进攻。

空降兵完成扼守任务（或预定任务）后，通常是与正面部队会合，或因情况变化而实施转移、撤离。会合，应当按预定的协同计划实施。会合前向正面部队通报空降兵的情况，对双方部队的行动、会合的时间、地点、通信联络及相互识别信（记）号、火力支援与协调的方法、措施等进一步进行协同。转移，通常为地面转移，有时也可能有部分兵力实施空中转移。空降兵转移时，应当迅速、隐蔽、出敌不意，利用夜暗和不良天候，力争在航空火力和地面火力支援掩护下实施。撤离，应明确规定各部队任务，撤离的时间、方向、路线、行动序列、预定集结地域及到达的时限等。需组织兵力掩护，这对于空降部队的撤离和转移具有至关重要的作用。

第四节　信息化空军空降装备的发展趋势

信息化战争的特征在近年来的几场信息化条件下的局部战争中已初见端倪，可以预见，信息化战争正向我们走来，空军信息化建设和装备信息化已是必然的发展趋势。空军空降装备向信息化、智能化发展趋势，一方面取决于未来信息化空降作战任务的需要，更重要是受现代科学技术发展水平的影响。为适应现代战争需要，高新技术已被广泛用于空降装备。高性能的空降装备对达成空降作战的突然性起到了积极的作用，并对空降作战的胜负产生重大影响。在军事高技术迅速发展的今天，技术含量越来越高的全新空降特装的问世，必将对未来空降作战产生更深远的影响。

一、跳伞装备向新材料、新工艺发展

随着军事工业的不断发展和纺织技术的不断提高，新型纺织材料在降落伞上得到了广泛应用，使得降落伞的安全性、稳定性得到了明显提高，其中最有代表性的是高强力锦丝材料和微透气量锦丝绸。高强力锦丝材料可以在保证降落伞使用强力的前提下，更多地减轻了降落伞的自身重量，锦丝材料的轧光和热定形整理工艺，使织物透气量减小，满足了伞形的改变和翼形伞的需要，降

落伞发展到了锥形伞、多缝圆形伞和翼形伞。未来新型合成纤维纺织材料也将在降落伞上逐渐得到应用。微透气量锦丝绸的出现，为降落伞的设计和制造提供了发展基础。它缩小了整个降落伞系统的体积和重量，使一名伞兵每次跳伞的重量减少了 8.3 千克，为降落伞小型化和轻型化创造了条件。微透气量材料技术的应用，一是使圆形伞提高了低空性能，增大了该伞的阻力系数和开伞扩张力，提高了一次性开伞的成功率，保证了低空伞降的安全性，从而缩短了伞降留空时间和集结时间，适应了空降作战向低空发展的需要。二是为新型伞翼伞提供了理想材料，使伞衣面积缩小 4 倍，水平运动速度提高了 4～6 倍。使以往主要靠空气阻力减速下降的伞型变为主要靠翼型升力减速下降的新型翼伞。三是延长了降落伞的使用寿命。

最近，德国研发了一种新型人用降落伞，它不再有伞衣，而改用轻质碳纤维制成的"飞翼"。使用时，"飞翼"成收缩状态，系缚在人的背部，一旦跳伞离开飞机后，"飞翼"就展开，能以 400 千米/小时的速度在空中滑行，滑行距离可达 40 千米。该伞包括飞翼、控制系统、供氧系统。由于它的结构和材料特殊，滑行过程中无信号反映，很难被雷达发现，使用者能像"蝙蝠侠"一样无声无形地飞入敌后。这种"飞翼"正在德军特种部队中试用，不久将正式列入装备，其名称为"格里芬飞翼"。"格里芬飞翼"的空中滑翔性能、隐蔽性能都大大强于现在普遍使用的翼型伞。毫无疑义，它的装备部队将为特种作战提供一种更为理想的空降手段，使特种作战具有更大的威力。

二、空投装备向重型化、精确化发展

空投是军队作战时输送武器装备和物资器材的一种手段，是空降作战的重要组成部分。国外的武器装备和物资空投能力是相当大的，大到坦克、装甲车等二十几吨的武器装备，小到 3～5 吨的弹药等作战物资的集装牵引空投，极大地增强了空降兵的作战能力，而空投技术将以重型装备空投和大吨位集装箱整体空投为主，以提高空降兵的机动力和突击力。

确保空投的安全性和准确性一直是空投装备发展的目标。其中，着陆缓冲技术是保障空投重型装备的安全的关键技术。着陆缓冲技术是指一种在空投件着陆时吸收落地冲击动能的可压缩材料或使空投件再次减速的装置技术。主要作用是空投件接地瞬间，利用着陆缓冲装置，吸收部分着陆冲击能量，以保证空投件所承受的着陆冲击过载不超过允许值。因而这种技术可提高空投件允许着陆速度，以减小投物伞面积，从而减小空投件的留空时间和着陆散布面积。另外，可控空投技术是保证空投准确性的主要手段。可控空投技术是指在空降空投时，利用无线电发射机的引导命令，进行手动和自动操作进行控制，使空投物资安全准确地降落在预定区域。此系统也被称为精确空投系统。主要用于武器装备的远距离空投、缩小空投偏差、避开或跨越江河障碍、定点着陆空投、空投雀降着陆及特种定点空投。可以说，可控空投的发展、着陆缓冲件的采用及利用现代通信手段寻找收集空投物资等技术，均推进了空投装备向重型化、精确化发展。

三、机降装备向快速化、多样化发展

机降是利用运输机、直升机、滑翔机和动力飞行伞等空中运输工具和机降特种装备，将乘载部队人员、装备和物资，从出发地空中输送到机降场的一种空降手段。随着机载设备、机降装备系统的发展，机降方式、机降范围、载重量等都得到了一定的发展。机降作战的特点，一是行动迅速，主动灵活，机动范围大，能克服江河、山川等自然障碍和敌设障碍，能在敌意想不到的时间、地点突然实施，出奇制胜，达到战役目的；二是兵力集中，快速高效，能在局部战区迅速集中兵力，进行新的部署，转换战场态势，形成有利之势，增大战略战役的突然性，促使战役战斗速战速决。机降作战广泛地实施空中机动，克服了传统的"空降—夺取—扼守—会合"旧的作战程式，实行的是"空降—进攻—再空降—再进攻"新的作战样式，可以在战场上实施垂直攻击、垂直穿插、垂直包围、垂直警戒、垂直补给、垂直追击等一系列的空中突击任务。信息化机降作战要求机降装备有更好的机动性、更强的适应性，因此机降装备向快速化、多样化发展的趋势愈加明显。

机降按机种可分为运输机机降、直升机机降和特种机机降。随着科学技术的发展，机降技术将向快速、多样方向发展。其中悬停机降技术，是空降特种分队利用直升机空中悬停的性能，在机上用绳索、绳梯或跳下的方式进行的空降，为在飞机不易着陆的复杂环境下执行任务提供了条件；动力飞行伞技术的发展，为空降特种分队执行破袭、侦察及其他特殊空降任务，快打快撤，跳跃作战提供了新型航空器；吊挂技术在机降中的应用，缩短了直升机在机降场的停留时间，提高了直升机在战时的生存和活动能力，可将空运的部队和技术装备精确、迅速地机降于未构筑的空降场，为空降兵顺利完成作战任务提供了良好条件。

第五章　信息化空军电子对抗装备

随着高新技术，尤其是信息技术在军事领域的广泛应用，一场世界范围内以争夺信息优势为主导的新军事变革正在蓬勃兴起。为了应对未来信息化战争的挑战，主要的军事强国都在努力推进军事转型，构建和完善信息化武器装备体系，加速武器装备由机械化向信息化的发展，提升信息化作战和信息对抗能力。空军电子对抗装备作为信息化战争中信息对抗的主要手段，在作战需求的牵引和技术创新的推动下，其发展更是日新月异。

第一节　信息化空军电子对抗装备的基本构成

空军电子对抗力量在信息化作战中，担负着夺取和保持制电磁权的重任。在进行电子对抗作战过程中，要运用各种专业电子对抗装备遂行作战任务。空军电子对抗装备是专门用于空军电子对抗的武器、设备和制式器材的统称，既有地面电子对抗装备，也有机载电子对抗装备。空军电子对抗装备按专业领域可划分为雷达对抗装备、通信对抗装备、导航对抗装备、光电对抗装备等。

一、雷达对抗装备

雷达对抗是指为削弱、破坏敌方雷达使用效能，保护己方雷达正常发挥效能而进行的电子对抗。相应地雷达对抗装备就包括专门用于对敌方雷达进行侦察、干扰和攻击的电子对抗装备。信息化空军的雷达对抗装备按照装载平台的不同可以分为陆基、机载、星载等类型，并通过网络形成雷达对抗的体系作战能力。按照功能的不同，雷达对抗装备还可以分为雷达对抗侦察装备、雷达有源干扰装备、雷达无源干扰装备、反雷达攻击武器和电子摧毁武器等。

（一）雷达对抗侦察装备

雷达对抗侦察所使用的装备是各种雷达信号接收机，安装在地面站、车辆、飞机或卫星上，对敌方各种雷达的信号进行侦察。现代电子技术和计算机技术的飞速发展，使新一代雷达对抗侦察设备的信息化程度和技术战术性能有了很大的提高。在各国空军部队中根据用途的不同，雷达对抗侦察装备主要有地面雷达对抗侦察装备、机载雷达对抗侦察装备和机载雷达威胁告警器。由于地面雷达对抗侦察装备在技术原理上与机载雷达对抗侦察装备相同，并且在其他军兵种中也普遍使用，因此针对空军特点这里只介绍机载雷达对抗侦察装备和机载雷达威胁告警器。

1. 机载雷达对抗侦察装备

雷达对抗侦察是为全面、准确地获取雷达的各种战术技术参数，以及雷达型号、性能、部署等情报所进行的侦察活动。通过机载雷达对抗侦察装备，可查明对方雷达类型、数量、用途、部署情况及与雷达相关的武器装备的配备，同时还可重点侦察敌雷达的新波段、特殊的调制方式、天线性质和雷达的新工作体制，判断其军事意图和动态，不仅为空军指挥机构进行电子对抗行动计划提供决策参考，以及为雷达威胁数据库提供有关数据，还可为国家研制和发展雷达干扰装备提供技术依据。例如，美军的 RC-135、EP-3 等电子侦察飞机就是从事战略侦察任务的电子对抗侦察装备，在其电子对抗侦察任务中雷达对抗侦察是重要和主要的内容。RC-135 上的 AN/ASD-1 侦察系统覆盖了整个电磁频谱，所有电子信号都被截获和记录下来，任何不寻常或要求特别注意的信号都转给 AN/ALD-5 雷达分析系统进行破解，经过不断改进的 RC-135 系列在信号分析、辐射源定位以及数据处理显示等方面形成了高度自动化的电子情报收集能力，处理辐射源数量可达数千个。

机载雷达对抗侦察装备除了装在大型电子侦察飞机上之外，还可装在战术电子对抗侦察飞机上，通过机载数据链实时地将获取的敌方雷达参数发送给地面站，由指挥员根据需要，指挥干扰机或反辐射攻击飞机对敌雷达进行干扰或攻击，以破坏敌方的对空中情况的监视和掌握能力，根据机载雷达对抗侦察装备所实时获得的雷达信号频谱等参数和波束的指向，引导雷达干扰机确定干扰频谱、干扰方向和干扰样式，对敌雷达实施干扰；机载雷达对抗侦察装备还可与雷达干扰装备或反辐射武器配套使用，利用雷达对抗侦察情报结合无源定位系统对敌雷达进行精确测向、定位、瞄准和跟踪，引导反辐射武器等对敌雷达进行实体摧毁。例如，法国"幻影"Fl-CR 和日本 RF-4EJ 电子侦察飞机上安装的"阿斯塔克"电子战[①]情报侦察系统是一套机载雷达对抗侦察装备，它由一个装有雷达对抗侦察装备的吊舱和一个地面处理站构成，用于在密集的信号环境下对各种雷达进行探测、识别和定位；该雷达对抗侦察设备的工作频率为 0.5～40 千兆赫兹，采用两部宽带压缩式表面声波接收机和干涉仪测向天线阵，具有全自动和可编程的特点，拥有每秒处理 20 种以上雷达信号的高速处理能力，能处理脉冲重复间隔分集或跳变、射频分集或跳变的脉冲调制雷达信号，

[①] 电子战：与我军的"电子对抗"概念相同，是美国和西欧国家军队对"电子对抗"的称谓。因此，本书在涉及我军和一般表述时，使用"电子对抗"一词；在涉及外军时，按其原有表述使用"电子战"一词。

以及脉冲压缩、连续波或间断连续波等雷达信号，所截获的雷达辐射源数据可储存起来供后期分析，也可以通过机载数据链设备向地面站快速传输侦察区域的雷达数量、类型、位置等情报信息。

2. 机载雷达威胁告警器

雷达威胁告警器的功能主要是快速发现和实时识别威胁并判断威胁等级，为作战平台或作战单元及时提供受到威胁的信息。雷达威胁告警器具有视野范围广、频段宽、高截获概率、瞬时测量和快速信号处理等主要性能。空军使用的机载雷达威胁告警器主要安装于各型飞机上，用于监视敌方雷达对载机的照射，及时向飞行员告警，通过敌我识别和告警器对敌雷达工作状态的判断，自动启动雷达干扰，同时飞行员根据战术需要采取相应的机动动作。

新型机载雷达威胁告警器已经能适应每秒 50～100 万脉冲的密集信号环境。具有识别多参数捷变和连续波雷达信号的能力，能同时显示多个雷达辐射源的方向、类别和威胁等级，功率管理能力也日趋完善，同有源和无源干扰装备工作的配合更加协调，自动化水平大幅提高，作战效能有了质的飞跃。例如：美军飞机 F-16 等战机装备的 AN/ALR-69（V）机载雷达威胁告警设备，采用了宽带晶体时频接收机、窄带超外差接收机和低频段接收机相结合的体制，提高了装备的测频精度；该设备在 CP-1293 高速威胁处理器的控制下，可现场重编程，具有很高的电磁信号环境适应性，可与有源和无源雷达干扰设备兼容，控制它们释放干扰，提高作战效果。

（二）雷达干扰装备

雷达干扰装备可以分为雷达有源干扰装备和雷达无源干扰装备。雷达有源干扰装备是指能够主动发射干扰信号或放大敌雷达信号并对其进行干扰的装备；雷达无源干扰装备是指不产生或放大能量，只利用对敌雷达信号的反射、折射、散射等方式对其进行干扰的装备。

1. 雷达有源干扰装备

雷达有源干扰装备用于产生各种干扰信号，以扰乱和破坏敌方雷达的正常工作。根据战术用途、使用环境以及采用技术的不同，形成了多种各具特色的干扰机，主要有噪声干扰机、回答（欺骗）式干扰机、双模干扰机、外置式干扰机、自适应干扰机以及相控阵干扰机等。

噪声干扰机是一种压制性干扰机，用于压制和遮蔽各种雷达信号，在雷达对抗中应用最为广泛。回答（欺骗）式干扰机主要采用距离欺骗、速度欺骗和角度欺骗的干扰方式，用于飞机自卫，以破坏敌方雷达对己方飞机的跟踪，也用于对警戒雷达、目标指示雷达实施迷惑干扰。将连续波压制式干扰与脉冲欺骗式干扰结合起来形成的双模干扰机，同时兼具两方面的干扰能力，是一种综合性干扰机。外置式干扰机多以吊舱的形式在需要的时候挂载到作战飞机上用于辅助轰炸机、战斗机的突防。还有一种分布式干扰机，可将其投放到敌纵深雷达基地或导弹基地附近进行近距离干扰，以增强干扰效果。

目前最先进的两种干扰机是自适应干扰机和相控阵干扰机。自适应干扰机是由计算机控制的能够根据雷达性质和威胁程度实施快速有效干扰的自动化干扰机，它以计算机为核心，对雷达信号的截获、分析、分选以及确定目标性质、威胁程度、选择干扰样式等全部由计算机来完成，是今后雷达干扰机发展的主流。相控阵干扰机是将相控阵天线技术应用于雷达干扰而发展起来的，干扰功率大，可以形成多个可灵活控制的干扰波束，且具有干扰多个目标的能力，大大提高了干扰机的工作容量，而且还具有多功能、自适应能力强、一机多用的特点，大大简化了干扰机系统的结构。

例如美军现役的雷达对抗干扰装备中 AV/ALQ-165 是新一代的雷达干扰机，工作频率为 0.7～18 千兆赫兹，可扩展到 35 千兆赫兹，具有脉冲欺骗和连续波噪声干扰两种模式，兼具欺骗性和压制性两种干扰功能，能干扰捷变频、连续波、隐蔽扫描、复杂调制波形等新体制雷达。该系统采用先进的功率管理单元，可同时干扰 16～32 部雷达辐射源，并具有可重新编程的能力，能对抗新出现的雷达　威胁。

2. 雷达无源干扰装备

随着雷达技术和雷达频谱向毫米波和激光频段扩展，雷达"四抗能力"，即：抗电子干扰、抗低空超低空突防、抗反辐射武器攻击、抗隐身目标入侵能力显著提高，使得未来战场的电磁环境更加复杂。对雷达的干扰也更加困难，单一的对抗手段已经难以奏效，而无源干扰仍将是对抗雷达的有效手段。无源干扰装备能够严重破坏和妨碍雷达的目标回波，从而具有许多有源干扰所不具备的特点：能够干扰各种体制的雷达，能够同时干扰不同方向、不同频段的雷达，制造简单，使用方便，工作可靠，效费比高，可以避免反辐射武器的袭击，可以制造假目标。

箔条干扰物是一种广泛应用的无源干扰器材。除铝箔条、镀铝玻璃丝、尼龙丝箔条外，还有空心充气箔条、配重箔条、雷达/红外复合干扰箔条、箔片等。它可以用飞机降落伞投放，也可以做成箔条弹用火箭或专用发射装置发射到空中。箔条在空中散开后，形成干扰走廊或干扰云团，以干扰屏障及诱饵等方式，对警戒、引导、跟踪等雷达造成干扰。以箔条为基体还演化出一些其他样式的干扰器材，如将多股镀铝玻璃丝绕在一起制成干扰绳，可以用于干扰 300 兆赫兹以下的低频雷达。箔条干扰装备既可以是播撒式的机载设备，也可以是投放式的箔条弹。播撒式箔条弹主要通过内装式箔条投放设备打出，爆炸后形成箔条云。箔条干扰物是最早用于电子战，并且至今仍然非常有效的雷达干扰措施。

　　角反射器也是一种普遍使用的反雷达伪装器材，其优点是结构简单，产生的雷达反射截面积大、回波强，主要用于伪装，也可以掩护空中、水面、地面目标。除角反射器外，龙伯透镜和等离子体也能用于雷达无源干扰。

　　拖曳式诱饵是由飞机用缆绳拖曳，离开载机有一定距离的电子干扰设备，可以是无源的也可以是有源的，用于飞机的自卫。拖曳式诱饵可以模拟被保护目标的电磁特征，能有效对抗单脉冲、脉冲多普勒体制的火控雷达和寻的制导导弹，可重复使用。例如，美国空军的 F-16、B-1B 等飞机上装备的 AN/ALE-50 拖曳式诱饵系统，用于对付射频威胁，该诱饵的频率覆盖范围 2~18 吉赫兹，可采用噪声干扰、转发式干扰和其他先进干扰措施。拖曳式诱饵线缆长可达 200 米，通过诱骗雷达制导的导弹，使其偏离目标来保护飞机免遭攻击。

（三）针对雷达的攻击和电子摧毁武器

　　目前，已经用于战争的空军所使用的针对雷达的攻击和电子摧毁武器主要包括反辐射导弹、反辐射无人机和电磁脉冲弹。

　　反辐射导弹是利用目标电磁辐射源发射的信号进行导引、跟踪，以摧毁该目标的专用导弹，是应用最广泛的对敌防空雷达进行压制或摧毁的"硬杀伤"武器。反辐射导弹由攻击引导设备和导弹组成，攻击引导设备是关键部件，其构成有测向定位设备、测频设备、雷达参数显示、导弹发射控制、综合显示控制器以及与导弹和机载设备的接口。各型反辐射导弹由微波被动导引头、导弹弹体、引信战斗部、投放设备等构成。目前，比较典型的机载反辐射导弹有美国的 AGM-88 "哈姆"反辐射导弹和俄罗斯的 X-31 反辐射导弹等。

　　反辐射无人机是装有战斗部并能利用敌方电磁辐射源发射的电磁波进行自导引，压制、摧毁该辐射源的无人驾驶飞机。反辐射无人机也可看成是一种以亚声速飞行的巡航式反辐射导弹，是反辐射导弹的一种补充。反辐射无人机系统主要由三大部分组成，即情报侦察分系统、任务规划分系统和反辐射无人机平台。它具有在一定高度和一定空域进行巡航的能力，可在预先计划的航线上飞行并搜索目标。一旦敌方雷达开机辐射信号，它便可截获目标并予以攻击。目前，反辐射无人机典型代表有美国的 AGE-136 "默虹"和以色列的"哈比"。反辐射无人机一般以亚声速飞向目标并进行俯冲攻击。在攻击中，如果敌方雷达发射机突然关机，反辐射无人机既可以利用其存储器中存储的信息继续完成对其他目标的攻击任务，也可以在目标区继续巡逻以等待目标雷达重新开机，一旦开机，即可立即对目标实施攻击。由于反辐射无人机的巡航时间相当长，因此它可以迫使敌方雷达长时间保持"静默"，否则将会暴露给反辐射无人机，进而遭到攻击。另外，反辐射无人机也可预先飞到敌方目标雷达上空，作巡航飞行以等待敌方雷达开机，一旦开机就立即予以攻击。

　　电磁脉冲弹是能产生强电磁脉冲的专用弹药，通过强电磁脉冲在敌方电子设备中产生强大的感应电流，扰乱敌方电子设备的工作甚至使其毁坏。例如：美国波音公司研制的 CHAMP 电磁脉冲巡航导弹，美国雷声公司研制的 MALD-J 干扰型电磁脉冲弹和 MK-84 电磁脉冲炸弹等多种类型。电磁脉冲弹有多种称呼，如电磁炸弹、电子炸弹、高功率微波弹、微波炸弹、射频炸弹等。电磁脉冲弹不仅可以攻击雷达，还主要用于攻击敌方指挥控制系统、计算机、通信、导航等电子设备。

二、通信对抗装备

通信对抗是为削弱、破坏敌方通信设备的使用效能，保护己方通信设备正常发挥效能而进行的电子对抗行动。相应地，通信对抗装备包括通信对抗侦察装备和通信对抗干扰装备。

（一）通信对抗侦察装备

通信对抗侦察装备包括通信对抗侦察接收装备和通信对抗侦察测向装备。两者结合使用不仅可以侦察敌通信发射装备的存在，还能够确定其方位甚至所处的大致位置。

1. 通信对抗侦察接收装备

通信对抗侦察接收装备是对敌无线电通信信号进行搜索、截获、分析、测量、显示、记录、识别的设备。它的主要功能是探明敌人通信信号的技术特征，因此要求频率覆盖宽、收信灵敏度高、测频准确、选择性好、分辨率高、动态范围大、信号失真小、工作稳定、反应速度快、信号处理能力强、可靠性及可维修性好。

按波长和频率的不同，侦察接收装备可以分为超长波、长波、中波、短波以及超短波等类型。按调制方式分类，可以分为调幅接收机、调频接收机、调相接收机、脉冲调制接收机、单边带接收机、双边带接收机等，还可以根据运载方式的不同进行分类。

自 20 世纪 80 年代以来，具有低截获概率和低检测概率等新特点的扩频通信技术开始应用于军事领域，促使通信对抗侦察装备朝着自动化、宽带化、数字化方向发展，不但能够侦收常规通信信号，而且能够侦收扩频信号，工作频率也基本覆盖了全部战术通信频段，搜索的速度也大幅度提高。为了对付作战中大量使用的跳频电台，一些发达国家已经研制出在高密度电磁环境中截获、分选跳频信号的通信侦察设备，能获取信号频率、信号电平、信号到达时间和方位、信号驻留时间等参数。如德国的"西格玛"通信侦察系统，工作频段为 1～500 兆赫兹（可扩展到 1 吉赫兹），对高频信号的搜索速度是每秒 100 个信道，对甚高频（VHF）和超高频（UHF）信号的搜索速度是每秒 1000 个信道，能够截获和识别跳频、猝发等类型的通信信号。

2. 通信对抗侦察测向装备

利用无线电侦察测向技术可以在复杂多变的信号环境中测定陆地、水面和空中带有电台目标的方向和位置，实现对敌方设施的监测、截获情报或引导干扰机对敌台进行干扰、甚至火力摧毁。对侦察测向装备的基本要求是频率范围宽、测向精度高、测向速度快、作用距离远、灵敏度高、抗干扰能力强。

通信对抗侦察测向装备的种类很多，分类方法各异。除按频率和波长分类外，还可以按读出方式分为听觉无线电测向机、视觉无线电测向机、视听混合无线电测向机，也可以根据运载方式的不同进行分类。

目前，西方发达国家的军队都装备了大量的通信对抗侦察测向装备和系统，如美国的军事情报部门都配备了 AN/TSQ-112 综合自动化战术通信发射机定位与识别系统、AN/TSQ-152 和 AN/TSQ-164 短波单站定位系统、AN/TSQ-114（V）"开路先锋"和 AN/TSQ-32（V）2 "队友"通信测向系统以及单兵背负式测向系统等。

随着大量跳频电台的出现，国外已经研制出了多种跳频通信测向机，如法国的 TRC-6100 系列快速数字测向系统，可工作在高频、甚高频和超高频频段，采用快速傅里叶变换技术对 1 兆赫兹瞬时带宽进行并行处理，搜索速度为每秒 2 吉赫兹，适用于对跳频和猝发通信信号的测向，对持续时间为 0.5 毫秒的信号进行测向时的误差优于 0.5°，可安装于车辆、飞机等作战平台上。

（二）通信对抗干扰装备

通信对抗干扰装备产生和发射的无线电干扰信号可以达到中断敌方无线电通信联络，瘫痪其指挥与协同系统，延误敌方战机，降低敌方现代化武器装备的使用效能等目的。现代通信对抗干扰装备采用计算机进行控制和管理，已经发展成为集侦察、接收、干扰于一体的综合通信对抗系统，其基本技术要求是，引导接收设备应具备较高的灵敏度和分辨力，产生的干扰频谱应尽量接近敌台信号频谱，对不同的干扰对象应具备足够的干扰功率，对于瞄准式干扰应具备较高的频率重合度。

除可以按照波长或频率分类外，通信对抗干扰装备还可以按照干扰频谱分为瞄准式通信干扰机和阻塞式通信干扰机，也可以按照干扰功率的大小划分为小功率通信干扰机（<100 瓦）、中功率通信干扰机（100～1000 瓦）和大功率通信干扰机（>1000 瓦）。

通信对抗干扰装备是电子对抗部队的主战装备之一。目前世界各国已经形成了具有自身特色的装备体系。如美军装备了用于干扰多路中继通信和对流层通信的 AN/ALQ-154 机载电子战系统，以及用于干扰高频与甚高频通信的 AN/TLQ-17A 和 AN/MLQ-34 TACJAM 干扰机系统，一般在师级和旅、团级装备有 AN/TLQ-17A、AN/MLQ-34TACJAM、AN/MLQ-33、AN/ULQ-21 通信干扰系统和 AN/TLQ-T6 数据链路干扰系统、"首领"综合通信电子战系统以及 AN/ALQ-151（V）2 通信侦察测向和干扰系统。美空军典型的通信干扰装备是 EC-130H "罗盘呼叫"电子战飞机上的机载大功率通信干扰系统，其工作频段为 20～1000 兆赫兹，干扰功率为 5～10 千瓦，采用各种特殊的噪声干扰信号，可实施阻塞式干扰和瞄准式干扰，也可实施欺骗式干扰，专门用来压制敌方的指挥控制和防空通信网，目前该系统已经升级为 EC-130H BlockⅢ，改进后更具模块化、标准化、序列化与智能化，能够有效地干扰跳频通信。

（三）针对通信的电子摧毁武器

目前，还没有实用的针对通信的反辐射攻进武器，电磁脉冲武器对敌方的通信系统能进行一定程度的电子摧毁。电磁脉冲弹能够发射数十纳秒的、吉瓦以上的强电磁脉冲，通过敌方电子设备的天线或没有屏蔽的导体部分进入设备内部，产生很强的感应电场或电流，轻则可以造成计算机重新启动、存储器乱码，重则烧毁电子元器件。这种武器既能攻击地面目标，也能攻击掩体内甚至地下设施中的目标，是信息化战争中的重要攻击手段，一般不对人体造成重大伤害。由于目前这种武器的辐射功率只有数吉瓦的水平，有效攻击范围不超过数百米，通常需要巡航导弹、制导炸弹或无人机等运载工具投送至目标附近实施攻击。对于巡航导弹和制导炸弹，只需将其战斗部改成电磁脉冲弹头即可。

三、导航对抗装备

导航对抗是为削弱、破坏敌方无线电导航设备的使用效能，保护己方无线电导航设备正常发挥效能而进行的电子对抗行动。空军所采用的导航手段主要包括惯性导航、无线电（卫星）导航、地磁导航等。惯性导航、地磁导航等是自主式导航，不辐射无线电信号也不依赖于平台之外的其他设备，一般不会被侦察和干扰，因此，导航对抗主要是针对无线电导航和卫星导航而言。无线电导航大多是利用短波、超短波、微波电台的无线电信号所进行的飞机定位、测向与起降；卫星导航是通过接收导航卫星发播的无线电信号，测定距离或距离变化率，并根据卫星坐标确定飞机位置和速度的导航。空军导航对抗装备主要包括无线电导航对抗装备和卫星导航对抗装备。

（一）无线电导航对抗装备

随着无线电技术的发展和军事航空的需要，无线电导航技术广泛应用于空军，由此，无线电导航对抗自然成为了电子对抗的重要领域。

无线电导航对抗装备干扰的对象主要有机载中波导航系统、塔康系统、仪表（微波）着陆系统、地面定向台以及着陆雷达等。由于无线电导航在技术的使用上与无线电通信有相同或类似，无线电导航设备工作的频率也大多是利用中波、短波、超短波、微波等频段，与无线电电台所覆盖的频段基本一致，因而可采取相应的通信对抗侦察和干扰方式进行无线电导航对抗侦察和干扰。所使用的无线电导航干扰装备大多数情况下也可采用无线电通信干扰装备兼任。

（二）卫星导航对抗装备

随着卫星导航在军事领域的应用，GPS 导航已经成为美军精确制导武器中的核心技术之一，目前美军武器库中的大多数精确制导武器及其作战平台都装备了 GPS。对机载和弹载 GPS 导航的干扰无疑将大大降低这些武器的作战效能，因此针对卫星导航的干扰手段也相应产生。

目前的 GPS 干扰装备，所采用的技术有欺骗式干扰和压制式干扰，所采用的干扰方式有对下行链路的干扰和对上行链路的干扰。GPS 卫星导航干扰主要是指对卫星下行链路的干扰。GPS 接收信号非常弱，大约在-150dBm 的量级，所以如果干扰机能够位于其视距范围内，那么要产生足够强的干扰信号是非常容易的。GPS 信号有两种级别的频率扩展：公众可以使用的 CA 码和获取受到严格限制的 P 码。CA 码信号有大约 40 分贝的抗干扰防护，仍可以用相对较弱的信号进行干扰。通常讲，可以用很小的功率干扰 CA 码，但这也只是用于干扰机具有很好的视线情况下。P 码信号具有额外的频率扩展，使用了保密编码，所以具有额外的 40 分贝的抗干扰（A/J）防护。这样，干扰信号必须具有足够强的功率来克服 80 分贝的 A/J 防护并产出足够的干信比 J/S。

对于 GPS 上行链路的干扰，从地理位置上讲要比干扰下行链路容易，因为卫星上的接收天线是指向地球的。对于一个具有地球覆盖天线的同步卫星而言，干扰机位于地球 45%的表面上的任何位置都能够对主瓣进行干扰。即使是来自同步卫星或低轨道卫星的窄波束天线也要覆盖大量区域，所以只有扩谱和纠错码是可靠的电子防护措施。如果下行链路使用了一个窄波束天线，而干扰机不能位于该天线地面覆盖范围内，除了上行链路的 A/J 特征之外，干扰机还必须克服天线的副瓣隔离。但是，在所有情况下，由于到卫星的距离很远，要干扰一个卫星的上行链路需要克服大量的发散损耗。干扰机的有效辐射功率因此必须要比上行链路发射机的功率强，其数值是由所需的 J/S、A/J 防护因素及天线隔离（如果采用了的话）确定的。

四、光电对抗装备

光电对抗是为削弱、破坏敌方光电设备的使用效能，保护己方光电设备正常发挥效能而进行的电子对抗。光电对抗按技术原理划分主要包括可见光对抗、红外对抗和激光对抗等。光电对抗装备主要有光电对抗侦察装备、光电干扰装备等。

（一）光电对抗侦察装备

光电对抗侦察是特指以实施光电干扰或进行光电防护为目的、采用光电装备进行的侦察。光电对抗侦察装备的作用是及早地发现威胁源，对其类型进行识别并提供其距离、方位等参数。光电对抗侦察装备除了可提供光电对抗侦察情报外，还可实时向飞行员进行告警，以便飞行员实施对抗或采取相应的措施保护自身安全。按照技术手段的不同，光电对抗侦察装备主要分为激光、红外、紫外等侦察装备。

1. 激光侦察装备

激光侦察是指利用激光技术手段获取激光武器及其他光电装备的技术参数、工作状态、使用性能的军事行为。激光告警针对战场复杂的激光威胁源，及时准确地探测敌方激光测距机、目标指示器、波束制导照射器等设备发射的激光信号，确定其入射方向，并发出警告。激光侦察装备分为激光主动侦察装备和激光被动侦察装备。

目前装备数量较大的是激光被动侦察装备，又称激光告警设备。它通过截获敌方各种装备发射的激光信号，来识别出其方位、波长等参数。据不完全统计，目前已经研制成功和装备部队的激光告警设备有 43 个型号，涉及 13 个以上的国家，除了美、英等发达国家外，还包括南非、巴基斯坦等第三世界国家，加上在研的 10 多个型号的激光告警设备，它们的应用覆盖了从卫星到飞机、舰船、战车等武器平台和各种重点军事目标，甚至包括单兵防护，未来的激光告警设备将向着更宽的波段范围、更高的角度分辨力、更小型紧凑的方向发展。

激光主动侦察装备已经逐步进入实用。法国已经完成样机研制的 SLD400 型激光瞄准探测仪是一种典型的激光主动侦察装备。该类装备发射激光束扫描战场，通过探测回波信号来侦察战场上的各种光学设备，如各种光电观瞄器材。由于充分利用了光学窗口的激光回波比其他目标要强得多的现象（俗称猫眼效应），激光主动侦察可以比较容易地定位敌方的光学窗口，进而为实施光电干扰提供依据。美国正在研制的车载战斗防护激光对抗系统，就是将激光主动侦察与激光干扰结合起来，以激光主动侦察引导激光干扰与致盲武器，对准目标上的光学窗口实施激光干扰或攻击。

2. 红外侦察装备

红外侦察是通过红外探测头探测飞机、导弹、炸弹或者炮弹等目标本身的红外辐射或该目标反射其他红外源的辐射，并根据测得数据和预订的判断准则发现和识别来袭的威胁目标，确定其方位并及时告警，以便采取有效的对抗措施。任何物体都会辐射红外线，所辐射红外线的强度和主要波长范围会因物体的温度及构成材料的不同而有很大差异。导弹逼近光电告警系统主要靠探测来袭导弹尾焰的红外或紫外辐射来发现威胁源。例如，飞机和巡航导弹的蒙皮所辐射的红外线强度较弱（约为每单位立体角百瓦左右）、峰值波长约为 8～10 微米，战略弹道导弹助推段尾焰的辐射强度则高达每单位立体角兆瓦级、峰值波长约为 2.1 微米。这些目标，不仅温度与其背景有差异而且材料也不同，因而所辐射红外线的强度和波长有差别，很容易被现代红外侦察器材所发觉。

在过去的 30 多年中，空空导弹和地空导弹成为飞机的最大威胁。为了作战飞机的自卫，各国开始研制红外侦察装备，美国则于 20 世纪 60 年代初率先在 B-52 等飞机上安装了红外告警设备。初期的红外告警设备，主要是利用目标的光谱特征和时间特征来鉴别威胁源的，方法简单，往往难以从复杂的背景中区别出目标，因而对威胁导弹的识别能力较低。随着技术的进步，特别是新器件和新的信号处理技术的引入，红外告警设备的识别能力大为提高，误警和漏警明显降低。例如为了对抗红外制导的地空导弹和空空导弹，法国已经在幻影-2000N/D 型战斗机上装备了 SAMIR（红外导弹报警系统），该系统采用红外凝视探测器来跟踪向飞机发射的导弹，先进的信号处理器可以计算出导弹的轨迹。并及时提供位置信息，以确保对抗系统在最有效的时刻投放出诱饵弹，同时系统向飞行员发出报警信息，使飞行员有几秒至十几秒的时间采取规避措施。典型的装备还有美国的 AN/AAR-47 和 AN/AAR-54 导弹逼近告警系统、德国的"米尔兹 II"导弹发射探测系统和法国的 DDM 红外导弹发射告警器等。其中美国的 AN/AAR-47 可对 360° 方位角范围进行告警，在多目标的情况下，可对不同方向的威胁大小进行分析，显示威胁最高的导弹来袭方位，并可按照威胁的等级采取相应的对抗措施。传统的导弹逼近红外告警是通过导弹在助推过程中尾焰的强烈辐射来发现目标的，随着探测器技术的不断进步，红外导弹逼近告警系统的灵敏度越来越高，即使导弹的发动机关闭，也可以利用导弹蒙皮的红外辐射发现目标。例如德国最新研制的一种红外告警系统，在 6 千米以外还能够发现关机的空空导弹。

3. 紫外告警装备

紫外告警是通过探测来袭导弹羽烟的紫外辐射，确定导弹来袭方向并实时发出警报，使被保护平台及时采取对抗措施。复杂的红外背景往往造成红外告警设备的虚警，使得识别目标的技术难度增加。例如，距离红外告警窗口很近的一只鸟，就可能造成虚警。如果能够找到背景干扰可忽略的波段，对于降低虚警，提高告警设备的识别能力大有帮助，紫外区域的 220～280 纳米波段（俗称日盲区）恰好就是这样的波段。大气层内日盲区的阳光辐射几乎为零，除了温度很高的目标（如导弹的尾焰、羽烟），地面和空中的其他物体在这一波段几乎不存在辐射，这意味着在日盲区天空和地面的背景很干净。如果用多个在日盲区工作的紫外传感器向各个方向凝视，则一旦有紫外辐射被某个传感器探测到，就比较容易判断出该传感器所对应的空域可能有导弹，经过进一步的信号分析，排除了假目标以后，就可以进行告警。

由于在紫外传感器研制上取得了突破，美国于 1988 年开始为直升机和慢速固定翼飞机装备 AN/AAR-47 型导弹逼近紫外告警设备。目前该型紫外告警设备已经发展出 4 个变型，装载平台包括多种战斗机、运输机及地面战车。除了美国三军以外，英国、澳大利亚、加拿大也有飞机采用了该设备。

上述的多传感器凝视型设备只是第一代紫外告警系统，第二代紫外告警系统则采用凝视成像型探测器，它具有更高的角度分辨力和更强的探测能力，可以对导弹进行分类，进而引导定向干扰系统实施干扰。美国及英国、丹麦、挪威、荷兰、葡萄牙等北约国家目前已经装备了属于第二代的 AN/AAR-54（V）型机载导弹逼近紫外告警系统。德国的"米尔兹 II"导弹发射探测系统是一种机载紫外成像告警系统。视场空间为 360° 方位角和 70° 俯仰角，指示来袭导弹的方向精度为 1°。最大探测距离大于 5 千米；与工作在红外波段的告警系统相比，工作在红外波段的告警系统具有更好的抗背景信号干扰的能力。

（二）光电干扰装备

光电干扰装备主要包括红外干扰装备和激光干扰装备。

1. 红外干扰装备

红外干扰装备是对抗红外制导导弹以及红外成像侦察的重要手段。它包括红外告警设备、红外干扰机、红外诱饵弹和红外伪装器材等。

红外干扰机主要用于对红外制导导弹进行干扰。它能够向来袭导弹发射调制的红外信号，从而扰乱敌方导弹的跟踪过程，使导弹偏离目标。典型的装备有美国的 AN/ALQ-144 和 AN/ALQ-144A 红外干扰系统、AN/ALQ-147A 红外干扰系统、AN/ALQ-157 红外干扰系统、"防红外"红外防御系统、红外自卫干扰系统和英国航空航天公司的红外干扰机等。其中英国航空航天公司的红外干扰机安装于直升机上，其辐射源为石墨元件，所发出的红外辐射可降低红外制导导弹的跟踪能力，其干扰方位角为 360°，俯仰角为 30°。

红外诱饵弹主要用于将来袭导弹诱偏，以保护作战平台。它由可燃烧的含能物质组成，燃烧时能迅速释放出强烈的红外线，该红外线的能量比作战平台本身发出的红外线能量大几倍到几十倍。当作战平台发现敌红外制导导弹来袭时，即以一定速度向外投掷红外诱饵弹。该弹在投放后被点燃，一边运动一边发出强烈的红外线。那些利用红外线进行制导，并且以辐射最强的方向作为攻击方向的导弹，将被诱饵弹强烈的红外辐射引开，从而保护飞机和舰艇等作战平台。典型的红外诱饵弹有美国的"基尔戈"系列机载红外诱饵弹、英国的 HS-1～HS-6 型和"红外盾"机载红外诱饵弹等。其中美国的"基尔戈"系列中的 MJU-10/B 诱饵弹，尺寸为 52 毫米×65 毫米×205 毫米，重 1.2 千克，采用 AN/ALE-40/45 发射装置。英国的"红外盾"机载红外诱饵弹，直径 57 毫米，长 138 毫米，重 400 克，投射速度 30～45 米/秒，持续燃烧时间大于 3.5 秒，采用 W1 投放器。红外诱饵弹的投放器是诱饵弹使用中必不可少的设备，随着技术的发展，其信息化程度也越来越高，典型的装备有美国的先进数字投放器系统 AN/ALE-40/45 系统、法国的"精灵"干扰物投放器、英国的 ADS-10 导弹诱饵系统和"逃避"干扰物投放系统等。它们都是由先进的电子单元通过计算机程序进行控制的，具有较高的智能性。为了对抗多波段的威胁，红外诱饵弹通常和箔条弹（用于对抗雷达制导导弹）配合使用，诱饵弹的发射装置通常都可以发射上述两种弹药，如德国的"热狗"/"银狗"诱饵系统、法国的"纳德斯"诱饵系统以及上面提到的几种投放系统等。

红外干扰装备的一个发展趋势是集红外告警、红外干扰机干扰和红外诱饵弹投放功能于一身。如美国洛克希德·马丁公司等研制的红外对抗系统，综合采用了激光与弧光等定向干扰技术和先进的一次性干扰机，能对来袭红外制导导弹进行多波段干扰，能对抗现有的各种红外制导导弹，它能准确地探测导弹来袭的方向，精度为几度，并可把红外线会聚成一束，调制后对导弹进行干扰；德国的"米尔兹 II"导弹发射探测系统，不仅能指示来袭导弹的方位和来袭时间，还可自动采取投放红外诱饵弹、启动红外干扰机和飞机机动等措施进行对抗。

红外伪装和红外隐身是红外干扰的另一类重要方法。红外伪装装备包括烟幕器材、伪装网和伪装涂料等，其中烟幕器材包括烟幕弹药、机械式烟幕发生器和发烟罐等。红外伪装装备的发展方向之一是多波段兼容，如美国陆军于 2002 年定型的大面积机动喷射烟幕系统具有可见光、中远红外和毫米波波段的良好遮蔽能力，连续工作时间可长达 4 小时，可以显著提高地面目标的生存能力和作战效能。红外隐身设备包括两种方式：一是降低目标的红外辐射强度，即通常所说的热抑制技术；二是改变目标表面的红外辐射特性，即改变目标表面各处的辐射率分布。降低目标红外辐射强度的装备具体可采取的技术手段和措施有：采用空气对流散热系统、涂敷可降低红外辐射的涂料、配置隔热层、加装废气冷却系统、改进动力燃料成分。改变目标表面红外辐射特征技术有：模拟背景的红外辐射特征技术、改变目标红外图像特征新技术。

2. 激光干扰装备

激光干扰是指所采取的涉及激光技术的各种干扰和破坏措施。激光干扰装备可以分为激光有源干扰装备和激光无源干扰装备两类。

1）激光有源干扰装备

激光有源干扰包括激光有源欺骗干扰和激光压制干扰。激光有源欺骗干扰扰乱或者欺骗敌方激光测距、观瞄、跟踪或制导系统，使其得出错误的方位或距离信息，从而极大地降低敌方光电武器系统的作战效能。主要有角度欺骗和距离欺骗，该干扰方式需要的激光功率不高，技术上比较容易实现。

英国已经研制成功的 405 车载激光诱骗系统就是一种角度欺骗系统，它通过激光告警器截获敌方激光目标指示器的信号，并对信号进行复制和转发，以形成激光有源假目标，从而将敌激光制导武器引到假目标上去。

美国已经完成试用实验的 LARC 激光测距机对抗系统，属于距离欺骗装备。它通过截获、分析激光测距信号，预测威胁激光束达到的时间，使干扰激光束瞄准激光测距机进行干扰，使其不能获取目标的真实距离信息，从而不能对目标进行准确攻击。

此外，用激光还可以对点源式红外制导导弹、协同式光电敌我识别器进行有效的欺骗干扰。目前许多国家已经装备了激光有源欺骗干扰设备，如俄罗斯已经在陆军、海军装备了多套此类设备，据报道，对各种激光制导武器的干扰成功率可以达到 80%以上。

激光欺骗干扰的主要难点是，除了需要了解被干扰目标的工作波段，还要了解目标的调制频率、编码形式等技术参数；由于新一代的激光制导武器都采用了复杂的编码和距离波门技术，使得传统的欺骗干扰不起作用。因此，目前和今后激光有源欺骗干扰的发展重点，是采用更先进的激光侦察技术和短延时激光干扰技术，研制新型高重复频率激光干扰设备。

随着较大功率激光系统的出现，压制式激光干扰技术是目前发展最快的激光有源干扰技术。它可以有效地干扰各种光电系统：它具体包括激光致盲和激光饱和式干扰。

致盲是利用大功率激光束暂时或永久地破坏各种武器装备中的光电传感器和人眼视觉，具有一定的威慑力。1975 年美国空军开始研制一种机载高级光学干扰吊舱。它发射的绿色激光可以致盲高炮观察员和瞄准手的眼睛。美国1982 年开始研制的"红鱼"车载激光致盲武器系统，利用固体激光器发射的 0.1焦耳激光脉冲，可以致盲 8 千米远的激光测距机和其他光电观瞄器材，大功率激光对光电装备的致盲所以奏效，是因为在光电探测系统中，往往用光学装置将入射光会聚到光电探测器或某些光学器件上，因此损毁这些器件所需的激光功率比攻击其他部分要低得多，而这些器件的损坏会导致整个系统失灵。目前已经装备的激光致盲武器有美国的 AN/PLQ-5 激光对抗装置、AN/VLQ-6 导弹对抗装置、AN/VLQ-8 导弹对抗装置、40 毫米激光闪光炮弹以及英国的 DEC舰载激光眩目瞄准具等，还有更多种类和型号的激光致盲武器在研或已经完成研制。

饱和式干扰是指在高亮度的干扰激光束照射期间，光电传感器会因为处于饱和状态而无法正常工作，正如人眼在强光的直射下无法进行正常地观察一样。该干扰方式与致盲的主要区别是，干扰激光束一旦停止照射，光电传感器就会恢复正常工作。饱和式干扰所需要的激光功率要远小于致盲，因此致盲武器在有效的致盲距离之外，通过连续不断地照射目标，完全可能达到饱和干扰目的。

1997 年 10 月，美国利用位于地面的低功率激光系统，进行了激光对卫星光电传感器的干扰试验，3 次激光发射的结果表明，利用 30 瓦的连续激光就可以使低轨道卫星的光电传感器饱和。

在激光有源干扰方面，当前和今后一段时间工作的重点是发展小型机动化、组合化的反光电传感器大功率激光武器系统，将其与光电/雷达对抗侦察、火控系统组合使用，深入研究对卫星光电传感器的干扰、致盲，发展以小型化激光器件为核心的机载激光自卫系统。

2）激光无源干扰装备

无源干扰作为廉价、有效、可以大量装备的干扰手段越来越受到各国的重视，美、英、俄等国家近几年更是投入了大量经费用于研制新型无源干扰设备。

激光无源干扰装备主要包括烟幕、假目标等。烟幕布放系统通常与激光告警器同时使用，当有激光威胁时及时告警，并立即放出烟幕阻挡激光辐射，以对抗激光侦测装备和激光制导武器。目前，许多国家已经将这种对抗装备应用到了坦克、战车、舰船和直升机上。

激光无源干扰也包括隐身手段。隐身技术主要有采用外形技术、吸收材料技术、采用光致变色材料、利用激光的散斑效应等。目前，激光隐身技术与雷达隐身、可见光/红外复合伪装相兼容的复合隐身技术，也逐渐受到重视。

第二节　信息化空军电子对抗装备的发展历程

电子对抗从 1904 年日俄战争时期的萌芽开始至今，经历了从 20 世纪初至 30 年代初的起步阶段，20 世纪 30 年代中至 60 年代形成阶段，20 世纪 70 年代至 20 世纪末的发展阶段[①]和 21 世纪以后的转型过程。经过一百多年的发展和战争实践，电子对抗理论已趋于成熟，电子对抗技术逐渐发展、装备不断完善、战术手段日益丰富。空军电子对抗是伴随着空中作战力量的使用而形成和发展的，其发展阶段与电子对抗的发展经历在早期并不完全一致。因此，空军电子对抗装备的发展可分为初始形成阶段、全面发展阶段和正在进行的转型完善阶段。

一、初始形成阶段

从电子对抗产生到 20 世纪 30 年代，虽然经历了第一次世界大战，但是由于飞机还没有被广泛应用于战争，空军还没有成为独立的军种，电子对抗主要用于海战场和陆战场。到第二次世界大战，空军在一些国家已经发展为独立的

---

① 闫宗广. 电子对抗概论[M]. 北京：解放军出版社，1999：24-33.

军种，在作战中发挥了举足轻重的角色。

20世纪30年代至50年代是空军电子对抗的初始形成阶段。在这个阶段中，由于飞机在军事上的广泛应用，在战争中日益显示出它的威力和重要性，但是单靠光学设备提供空中情况已不能适应作战的要求，无线电导航和雷达便应运而生。围绕导航和雷达在战争中的运用，交战双方展开了激烈的电子对抗。电子对抗也由之前单一的通信对抗形式发展到通信对抗、导航对抗、雷达对抗等多种形式。用于空中作战的专用电子对抗装备陆续研制生产，电子对抗行动范围由陆战、海战扩展到空战中，电子对抗的手段不断增多，作战能力不断增强，对作战结局的影响更加明显，因此反过来也使电子对抗的基础技术得到了稳步发展和提高。

1930年德国洛伦斯公司研制出了引导飞机的无线电导航系统。经过改进后，该系统不仅可以用于夜间或能见度很差的气象条件下引导飞机航行和着陆，还可以提高飞机在夜间或能见度很差的气象条件下的投弹精度。针对这种情况，在第二次世界大战期间英国开始研究对付德国无线电导航系统的办法，英国使用无线电导航干扰机，致使德国飞行员迷失方向，轰炸时找不到目标，甚至因迷航而无法返航不得不迫降在英国空军基地成为俘虏。导航对抗成为电子对抗的新领域。

第二次世界大战初期，雷达的出现可以提前发现空中目标，为部队提供敌机的来袭方向、距离、架数等重要情报，可使部队提早做好防空作战准备。在作战中，为了使飞机避免被敌雷达发现，摆脱敌雷达的威胁，以及设法减弱敌雷达的作用以保护自己，从而产生了雷达干扰。由此使电子对抗又有了新的发展，由通信对抗、导航对抗发展到雷达对抗。1939年12月，英国轰炸机群在飞向德国海湾企图空袭威廉港时，被汪格俄奇岛上的一部德国"弗雷亚"型雷达发现，德防空指挥部不相信雷达提供的情报，未采取措施。当英国轰炸机被德海上巡逻艇发现后，在耶弗待命的德歼击机才起飞，但已失去战机；在英国轰炸机返航的途中，驻在汪格俄奇岛上的一个德国歼击机小分队，依靠雷达提供的情报将其大部分击落。此后英国采用了各种侦察手段，获得了"弗雷亚"雷达的工作频率和其他技术参数，研制了雷达干扰装备——"轴心"干扰机，并将"轴心"干扰机安装在专门的飞机上，可伴随轰炸机执行空袭任务，为实施雷达有源干扰创造了条件。在以后的几次战斗中英国对"弗雷亚"雷达进行了有效干扰，使得德国雷达操纵员判断失误，保证了空袭的顺利进行。德国雷达受到干扰后，最初采取的措施是关闭雷达，接着就研究了具有反干扰手段的"维茨堡"雷达。英国发现有源干扰效果不好后，又研制了无源干扰箔条，在实施空袭作战的航路上，由专用飞机在攻击编队前上方投放箔条，箔条散开后所形成的电磁回波在雷达荧光屏上可持续20分钟，能掩护或模拟攻击机群，英国人称为"窗口"战术。

第二次世界大战后期，多种电子对抗手段在战役、战斗行动中被综合使用，进行欺骗和伪装，成为作战胜利的重要保障措施。1944 年 6 月，英、美联军调动了二千多只舰船，几十万兵力，准备在英吉利海峡南岸的诺曼底半岛登陆。德军在诺曼底半岛部署了 10 多个雷达站，每站至少有两部雷达（警戒和炮瞄雷达），并集结了大量歼击机航空兵、海防快艇和其他防御力量。战役开始前，联军对德军所有雷达工作频率、性能及配置情况进行了详细侦察，从而为干扰雷达做好准备。在无线电通信方面，联军通信参谋部发出一些内容虚假的无线电报，并做了一些故意的"泄密"，使德军受到很大欺骗。战役开始后，联军使用大量小艇，在小艇上安装角反射器，并悬放干扰气球，使小艇在雷达上被看成是一艘巨大的军舰，联军用飞机在小艇上空投放干扰箔条，使德军雷达观测员把其看成是大批护航飞机，造成德军误认为联军舰队要从加莱方向登陆的假象，诱使德军调动大量海防快艇和航空兵及防御部队赶向加莱地区。此时，联军迅速向诺曼底半岛发动了真正的进攻，首先用轰炸机和火箭等摧毁了德军 25%的雷达站，然后用 20 架干扰飞机对残存雷达实行压制性干扰，使其防御系统工作瘫痪，在这次登陆作战中，联军 2127 艘船只损失了 6 艘，不到千分之三，这次登陆战役的成功，一个重要原因是英美联军使用了大规模的电子对抗技术和战术综合措施。

二、全面发展阶段

20 世纪 60 年代以来，通信、雷达和光电技术飞速发展，特别是地空和空地导弹的出现，使得火力控制雷达被广泛应用，同时也促进了红外、激光、电视制导技术的出现和发展。20 世纪 60 年代至 20 世纪末空军电子对抗相应进入了一个更广泛、更激烈、更复杂的新的全面发展阶段。这一阶段的主要标志是电子对抗技术得到了飞跃性的提高，空军电子对抗装备有了较大突破；电子对抗手段有了全面发展，空军电子对抗战术运用比较灵活；电子对抗理论体系逐步完善，电子对抗内涵不断扩展。

1964 年越南战争中，侵越美军采用大编队机群轰炸越南北方。当时由于美机未装备电子对抗设备，无法干扰地面高炮雷达，而遭到沉重打击，损失很大。1966 年 10 月，美军作战飞机开始装备了雷达告警系统和干扰设备，这使得越军地面炮瞄雷达基本上丧失了作战能力，萨姆-2 地空导弹也因受干扰其作用大大降低。由原来 10 枚击落一架飞机增加到 50 枚至 70 枚才能击落一架飞机。从此，人们开始重新认识电子对抗的地位和作用，进而开始大力发展并运用电子对抗。

1967 年第三次中东战争中，由于以色列在战前进行了电子侦察，获得了埃及雷达的性能、配置和波束盲区等情报，战时以色列飞机施放压制干扰，并利用雷达盲区超低空突防，埃及雷达受干扰后情报中断、武器失控，20多个防空导弹连无法进行射击，导致大部分机场和导弹连阵地被摧毁，损失惨重。

1973年第四次中东战争中，阿以双方积极进行了战前电子战准备，交战中双方电子战力量进行了反复较量。这期间，埃及在苏联的帮助下，加强了情报部门的现代化建设，获得了许多新式电子战设备。战争开始时，由于埃及装备了新频段的炮瞄雷达和连续波雷达制导的"萨姆-6"防空导弹，以及抗红外干扰的红外制导"萨姆-7"防空导弹，以军没有及时弄清情况和采取相应对抗措施，开战第一周就损失飞机78架。以色列为了研制有针对性和更有效的电子战系统，采用各种手段对埃及开展侦察活动。除用电子侦察外，还多次派兵深入埃及占领区，抢夺感兴趣的兵器和部件。在缴获了这些雷达实物后，以色列详细研究了其性能，并研制出对付这些雷达的干扰和欺骗设备。以军的行动引起了北约国家的兴趣，不久，西方电子战专家就提出了几种干扰和欺骗雷达的方案。战争中，美国和苏联分别通过交战双方对自己的新式电子战装备武器进行了实战试验。最终以色列及时得到了美国电子战装备援助，并充分发挥其效能和采用了新的电子战战术，转败为胜。这再一次证明了电子战在现代战争中起着决定胜负的重要作用。

1982年第五次中东战争中，以军的电子战在贝卡谷地空战中显示了神奇的效能。以色列在对贝卡谷地发动攻击之前，多次派出无人电子侦察飞机在贝卡谷地上空侦察，这些无人机加装了雷达回波增强器模拟战斗机群的行动，目的是诱骗叙利亚的防空导弹搜索和制导雷达开机，查明其工作频率、测定雷达参数和导弹阵地准确位置。由于以军获得了大量电子情报，因此在空袭的同时实施了针对性很强的雷达干扰，使叙军的防空导弹雷达系统全部陷于瘫痪，仅仅8分钟就将叙利亚苦心经营多年的19个导弹系统全部摧毁，为后续空中作战奠定了良好的基础。在这次贝卡谷地之战中，以色列运用了自卫干扰与支援干扰相结合、有源干扰与无源干扰相结合、压制性干扰与欺骗性干扰相结合、"软杀伤"与"硬摧毁"相结合等电子攻击手段，形成了侦察、干扰、摧毁一体化的电磁优势，称得上是综合运用各种电子战手段的经典战例。

1986年3月23日至4月15日，美国为了"惩罚"利比亚，对其发动了两次大规模空袭。美军充分发挥了电子战的优势，综合运用空中电子侦察和电子干扰，以及"软"、"硬"杀伤相结合，摧毁了利比亚防空导弹阵地的主要设施和重要目标，达到了预期目的。

20世纪90年代以后，航空电子战无论是技术装备还是战法运用都发展到了很高水平，成为世界各国军事建设中一个非常重要的内容。在海湾战争、科索沃战争等战争中先进完备的航空电子战技术装备在现代高技术局部战争中发挥了突出作用并产生了巨大影响。电子对抗由作战保障手段提升为战役战术作战行动。

1991 年 1 月 17 日至 2 月 23 日，以美国为首的多国部队对伊拉克实施了代号为"沙漠风暴"的大规模空袭。海湾战争是"冷战"结束以后规模最大、参战国最多、现代化程度最高的局部战争。在这场战争中，航空电子战作为先导发挥了重要作用，并在整个作战过程中贯穿始终，对战争的进程和结局产生了重要影响。以美国为首的多国部队投入了所有先进的电子战兵器，开展了一场"全空域、全时域、全频域"的电子战。电子战行动规模之大、时间之长、程度之剧烈，都是前所未有的。

1999 年 3 月 24 日至 6 月 10 日北约空袭南联盟的科索沃战争，是继海湾战争和北约空袭波黑塞族军队后另一场大规模、长时间的以空袭、反空袭和电子战为主要作战样式，完全由空中力量主宰的高技术战争。电子战一直处于空袭的最前沿，在战争中发挥了重大作用，双方围绕空袭和反空袭而实施的电子斗争非常激烈，引人关注。南联盟尽管在整体军事实力上弱于对手，但由于采取了积极的电子防御行动，不仅保存了一定的作战实力，还取得了打下 F-117 隐身飞机的不凡战绩。

三、转型完善阶段

21 世纪初以后，随着高新技术，尤其是信息技术在军事领域的广泛应用，一场世界范围内的新军事变革正在蓬勃兴起。各军事强国为了应对未来信息化战争的挑战，都在努力推进国防及军队建设的军事转型，纷纷在作战理论、武器装备、部队编制等各个方面展开一系列的变革。目的是要建立起强大的，能战胜未来任何潜在对手的军事能力，这个能力的基础就是保持信息控制方面的绝对优势。由于未来战争对信息的依赖越来越大，未来战场上电磁环境将越来越复杂，夺取电磁频谱的控制权与使用权越来越重要，电子战就成为夺取"制信息权"的关键所在。

在军事转型背景下，以美国为代表的军事强国为实现关键能力的转型开始重振电子战。并以此为契机，把打造空天态势感知能力、发展压制与摧毁敌先进防空系统能力、提升弹道导弹防御能力、开发新的电子攻击能力、强化反恐作战能力等作为发展未来空天一体联合作战的重点，进而实现其"全球警戒、全球到达、全球力量"的作战构想。为此，美空军电子战装备发展构想主要包括：针对大量现役机载电子战装备，运用先进的信息技术、网络技术和数据链技术，进行"技术插入型"改造，实现转型能力；针对潜在对手的"能力威胁"，应用创新技术并最大限度地采用成熟商用技术研发新系统、新装备，扩大领先优势；遵循"不对称性发展"的思路，逐步完善空中作战平台网络化功能，实现机载电子战装备的联网，为空军网络中心电子战塑造基础；开展有人无人联合电子战概念研究和演示验证，发展新的作战模式与作战方法。例如：针对卫星导航对抗问题，美国首先于 1996 年 3 月正式提出了针对 GPS 系统的"导航战"概念，并将 GPS 导航对抗列为美国国防部"先期概念技术演示"的一部分，其研究内容主要是围绕 GPS 军用导航定位系统的干扰与反干扰技术，以及在接收机、卫星和卫星控制等方面的改进技术。

在 2003 年的伊拉克战争中，美英联军每天出动多架电子战飞机对伊军预警、通信系统进行广泛而强烈的电子干扰，并大量使用反辐射导弹，对伊军的防空雷达阵地和电子目标进行"硬摧毁"，充分发挥其先进的电子战技术和装备优势，消除了伊拉克军队对美英联军空袭行动的威胁，保障"震慑行动"的空中突击顺利实施。与此同时，伊军也主动地首次将 GPS 干扰机应用于实战，成功地干扰了美军的"战斧"式巡航导弹的 GPS 航路导航系统，导致多枚"战斧"式巡航导弹偏离预定航线，没有命中目标。针对这一情况，美军采取了相应的措施摧毁了 GPS 干扰机，保证了后续巡航导弹的命中率。GPS 干扰和反干扰行动在伊拉克战争中的应用，已经拉开了针对 GPS "导航战"的序幕。

目前各军事强国为实现电子战能力发展转型，正在多个方面进行重点建设，关键性的建设领域主要体现在以下几个方面。

一是注重空天战场电磁态势感知能力建设，夯实空军电子对抗的基石。空天战场电磁态势感知能力是空军进行电子对抗的基础，空天战场电磁态势感知系统主要由各种电子侦察飞机及侦察卫星装备的电子侦察系统组成。例如：美军的"天基空间监视系统计划"可实现天基空间目标监视系统和地面现有的监控网无缝衔接，最终建成功能强大的、有较强实时性的天地一体化空间监视系统；同时，其"先进的极高频系统计划"将利用加密防护和抗干扰的卫星通信，不需依赖地面中继站和分发网络，可在世界范围内传输态势感知信息。

二是将有效地压制与摧毁敌先进的防空系统作为空军电子对抗的作战重点。例如：美空军为了实现空军的全球到达、全球攻击的转型目标，在有效地压制与摧毁敌先进的防空系统方面，投入了大量的人力、物力和财力，制定了一系列的机载电子战系统的发展计划来加快机载电子战系统的转型，采用了持续改进现役机载电子战系统和研发新型机载电子战系统同步发展的战略；其空军转型电子战发展关键计划主要包括 F/A-22 全面隐身和综合电子战计划、F-35转型传感器计划、"全球鹰"增强电子战支援能力计划、"捕食者"电子攻击计划、先进战术激光器先期概念技术演示计划等。

三是将弹道导弹防御作为空军电子对抗的重要任务并重点建设。未来信息化作战中，空军电子对抗在对敌弹道导弹防御方面的要求更高了，不但要及时准确地探测到敌方发射的弹道导弹，而且还要摧毁在飞行中的导弹。例如：美空军在弹道导弹防御方面实施的电子战转型发展关键计划主要包括天基红外计划和机载激光器计划。

四是将空间电子对抗作为建设的重点，研制和部署空间对抗系统。为实现控制空间，保障太空领域的信息优势，达到以天制空、制陆和制海的目的，在以空间态势感知为基础的前提下，重点建设空间对抗系统，包括防御性空间对抗系统和进攻性空间对抗系统两部分。

五是进一步增强空军的电子攻击能力，保证战术行动的电磁优势。例如：美空军制定了大型飞机红外对抗计划、机载大功率微波电子攻击计划等。

通过转型发展，各军事强国在电子战理论、电子战作战概念和作战方式的创新、电子攻击行动的应用、战场电磁频谱的控制等方面，都有了全新的理解和把握，不仅把电子战作为军事能力转型中新质战斗力的增长点，而且以战争实践为舞台进行联合电子战转型的检验，转型的发展催生了网络中心电子战、网电一体战等新的作战样式，使电子战装备成为武器装备发展的重中之重。各军事强国的军事转型开创了电子战发展的新纪元。

第三节　信息化空军电子对抗装备的作战运用

在未来信息化作战中，空军电子对抗主要担负削弱、破坏敌方电子信息设备、系统、网络及相关武器系统或人员的作战效能，同时保护己方电子信息设备、系统、网络及相关武器系统或人员作战效能正常发挥的作战任务。因此，空军电子对抗装备的作战运用是与空军作战行动紧密相连的，主要体现在电子对抗侦察、电子干扰、电子摧毁和电子防御等方面。

一、电子对抗侦察

电子对抗侦察是指使用电子对抗侦察装备，截获敌方辐射的电磁、水声信号，以获取敌方电子信息系统的技术特征参数、位置、类型、用途及相关武器和平台等情报的侦察。目的是为电子进攻或电子防御作战决策和作战行动提供情报保障。电子对抗侦察按专业技术内容可分为雷达对抗侦察、通信对抗侦察、光电对抗侦察和水声对抗侦察；按作战任务可分为电子对抗情报侦察和电子对抗支援侦察。空军电子对抗侦察装备的作战运用，根据作战平台的不同，可分为航空电子对抗侦察装备的作战运用和地面电子对抗侦察装备的作战运用两方面。

（一）航空电子对抗侦察装备的作战运用

航空电子对抗侦察装备的作战运用包括沿边界侦察、越边界侦察和随行侦察等几种。

1. 沿边界侦察

电子侦察飞机沿战线前沿、敌方国境线或海岸线飞行，对敌电子目标进行侦察，通常用于对敌浅纵深地区宽大正面的电子目标实施战术性电子对抗侦察。沿边界侦察的航线通常选在边界线己方一侧或公海一侧，平行于边界线飞行。距敌边界的距离视任务要求和机载侦察设备的性能而定。在敌地面防空火力不危及电子侦察飞机安全的条件下，应尽量靠近敌区。

2. 越边界侦察

电子侦察飞机深入敌区上空飞行，对敌电子目标进行侦察。通常用于对敌纵深地区的电子目标实施战略性电子对抗侦察或战役准备阶段的预先侦察及战役发起后的监视侦察。当敌防空火力威胁不大时，多采用曲折往返飞行的航线，这样可使一次侦察飞行完成较大区域的侦察。当敌防空火力威胁较大时，选择航线应在保证完成任务的条件下力求避开敌防空火力杀伤范围，通常选择一条主航线和数条备用航线，一般不在敌区上空折返飞行而直接穿过敌区上空，并尽量缩短在敌区的飞行时间。

3. 随行侦察

电子侦察飞机与其他航空兵取得战术协同，或将电子侦察飞机编入其他航空兵机群（编队），对敌方电子目标进行侦察。实施随行侦察通常有三种运用方式：其一，电子侦察飞机单独或与其他侦察飞机组成侦察编队，也可与电子干扰飞机组成侦察干扰编队，配置于突防机群的前导位置伴随机群突防；其二，电子侦察飞机与攻击飞机组成侦察攻击编队；其三，电子侦察飞机（编队）在其他航空兵作战地域附近空域实施侦察。

（二）地面电子对抗侦察装备的作战运用

地面电子对抗侦察装备的作战运用方式主要有固定侦察、机动侦察等。

1. 固定侦察

使用固定的侦察阵地或侦察系统进行的电子对抗侦察，主要包括地面雷达对抗侦察和地面通信对抗侦察两种。在作战运用上，电子对抗部队的固定侦察与雷达部队的雷达站有类似之处，根据侦察当面的区域和方向上目标的工作情况，可采取定时开机、轮流开机、连续开机等方法，长期侦察敌方电子目标的技术参数和战术活动规律。

2. 机动侦察

以一定的侦察兵力通过机动部署，对敌某些重要目标或区域进行的电子对抗侦察。通常用于敌作战部署发生重大变化或我作战方向变换，以及需要对有关地域进行重点侦察时。

近几次局部战争中，美国几乎动用了所有高技术侦察设备。从电子侦察卫星，空中电子侦察飞机，到地面电子侦察站应有尽有。这些电子侦察手段可监视作战对手的军舰、防空雷达、制导雷达的分布和活动情况，因此，美军及其盟国部队在战前已对作战对手的军事部署和活动情况了如指掌，为后来的空袭作战提供了详细的依据。

二、电子干扰

电子干扰是利用电磁能对敌方电子信息设备或系统进行扰乱的行动。目的是使敌方电子信息设备或系统的效能降低甚至失效。电子干扰按作战性质可分为压制性电子干扰和欺骗性电子干扰；按原理方法可分为有源电子干扰和无源电子干扰。根据不同的干扰目标，选择采用雷达对抗、通信对抗、光电对抗等不同的干扰设备，并且采取有源干扰、无源干扰、欺骗式干扰、压制式干扰等不同方式进行干扰。空军电子干扰任务主要由空军的空中和地面专业电子干扰力量遂行。空军电子干扰既可以在空中进攻作战中干扰破坏敌电子信息设备、系统、网络及相关武器系统；也可以在防空作战中削弱、抑制、破坏敌空袭兵器电子信息设备和系统的使用效能。空军电子干扰的作战运用可分为航空电子干扰装备的作战运用和地面电子干扰装备的作战运用。

（一）航空电子干扰装备的作战运用

航空电子干扰装备的运用方式主要包括远距离支援干扰、随队支援干扰、近距离支援干扰、敷设无源干扰走廊、伴动支援干扰和机载自卫干扰等。

1. 远距离支援干扰

远距离支援干扰是由电子干扰飞机组成干扰编队，位于敌对空火力杀伤范围之外干扰敌电子设备，掩护其他航空兵作战行动的航空支援电子干扰运用方式。远距离支援干扰方式的优点是电子干扰飞机比较安全，干扰持续时间长，可以同时掩护多批目标。其缺点是电子干扰飞机提前出动，容易暴露企图；攻击编队的航线不能离开有效压制区域，机动受限制；干扰飞机距目标区较远，相对于目标区的敌防空武器火控雷达的仰角较低，因此对目标区敌防空武器火控雷达的压制效果不好。

2. 随队支援干扰

随队支援干扰是电子干扰飞机伴随被掩护的作战飞机编队一同飞行并实施干扰掩护的航空支援电子干扰运用方式。随队支援干扰分为单独编队和混合编队两种基本方式。随队支援干扰方式的优点是干扰能量从雷达主波瓣注入，干扰强度大；干扰飞机便于实施机动，掩护效果好。其缺点是干扰飞机易成为敌主要攻击对象，危险性大。

3. 近距离支援干扰

近距离支援干扰是电子干扰飞机（干扰编队）位于敌方被攻击目标与己方攻击编队之间，在距离目标较近的位置，对敌施放干扰掩护攻击编队作战行动的航空支援电子干扰运用方式。其优点是干扰强度大，可以使用小功率的干扰装备获得很好的压制效果或形成足够强的模拟信号。但是干扰飞机通常要进入敌方对空防御兵器射程之内。因此，多选用无人干扰飞机遂行近距离支援干扰任务。若选用有人驾驶干扰飞机实施近距离支援干扰，干扰飞机要有较强的自卫干扰能力。

4. 敷设无源干扰走廊

由电子干扰飞机在一定空域范围内大量投放箔条等无源干扰物，干扰敌防空雷达形成掩护攻击编队突防作战通道的航空支援电子干扰运用方式。这种方式通常用于压制敌地面防空武器火控雷达，兼顾到压制防空情报雷达，对位于其不同方位的各种波段雷达都能进行有效压制，但对具有动目标显示能力的雷达压制效果较差。

5. 机载自卫干扰

机载自卫干扰是作战飞机为保护自身安全而采取的电子干扰行动。在现代战争中，专用电子干扰飞机、反辐射攻击武器和机载自卫电子对抗设备，是空军夺取电磁优势的三大支柱，其中，机载自卫电子对抗设备所实施的机载自卫干扰是保障航空兵顺利遂行作战任务的基础。

单机自卫干扰，是指作战飞机为保障自身安全，使用自身携带的有源干扰系统和无源干扰器材对敌威胁信号源实施的干扰。常见的有施放有源干扰、投放假目标以及自卫复合干扰等方式。

编队协同自卫干扰，是指一个编队与其他编队之间或同一编队内的各架飞机之间相互掩护、共同防御的自卫电子干扰方法。常用的方式有同步协同干扰、协同式闪烁干扰等。

（二）地面电子干扰装备的作战运用

地面电子干扰装备的作战运用，无论是地对空雷达干扰、预警机干扰、GPS干扰、光电干扰还是通信干扰，都是通过地面部署的干扰装备对目标进行电子干扰，虽然目标和特点不同，但运用过程相类似。这里以地对空雷达干扰系统的作战运用为例介绍其作战运用。

地面电子干扰装备以机动式为主，如车载或背负装备等；在重要方向上也可采用固定式装备，其最大优点是容易实现宽波段、多功能、大功率以及对付多目标，可进行地对地、地对空、地对星的电子干扰任务。地面电子干扰装备战斗部署多以重要军事、政治、经济防护目标为核心，部署的基本形式主要包括点状部署、线状部署、三角形部署、环形部署、梯次部署以及星形部署等。

对敌空袭武器的轰炸瞄准雷达或远程巡航导弹精确制导系统等实施干扰的战术方法，因敌机进袭方式和地对空雷达干扰装备部署形式的不同而有所不同。针对单方向、批次间隔大的进袭目标，地对空雷达干扰装备可采取以下几种作战运用方式：一是单机单批，逐批干扰；二是隐真示假，接力逐批干扰；三是集中功率，以优势兵力逐批干扰。针对单方向、批次间隔小的进袭目标，地对空雷达干扰装备通常采用接力式分段逐批干扰或隔批接力干扰的方法。针对多方向、多批次连续进袭的目标，地对空雷达干扰装备通常按目标进入的顺序划分批次，然后用干扰单方向进袭目标的方法给各干扰站区分任务，指挥下属各站逐批进行干扰压制。针对不同高度进袭的目标，地对空雷达干扰装备原则上是按先低后高的顺序对其实施干扰。

在海湾战争中，战略空袭开始前几个小时，美军用各种电子干扰飞机对伊拉克的预警雷达和通信系统实施了强烈的压制干扰，代号"白雪"行动，使伊军司令部与作战部队之间的无线电通信完全中断。战斗开始时又对伊拉克的警戒雷达、引导雷达、制导雷达、炮瞄雷达实施强压制干扰，使伊拉克的雷达迷盲、武器失控。随后，派出载有反辐射导弹的飞机首先攻击了伊军正在工作的所有电磁辐射源。在如此强大的电子干扰和攻击的掩护下，多国部队的隐身飞机、巡航导弹、战斗轰炸机没有受到伊军防空火力的有效威胁，顺利地完成了预计的作战任务。这是最典型的压制性干扰战例。在第五次中东战争中，以色列对贝卡谷地叙军导弹阵地的空袭，则是在典型的欺骗式干扰条件下拉开序幕的[①]。

三、电子摧毁

电子摧毁是使用反辐射武器、定向能武器和电磁脉冲武器等毁伤敌方电子信息设备、系统、网络及相关武器系统或人员的电子进攻行动。

运用电子干扰，不论是有源干扰还是无源干扰，它们对敌方军用电子信息设备的干扰效果一般都是暂时的，停止施放干扰之后，敌方的军用电子信息设备就能恢复正常工作，其结构和功能通常都没有受到任何损害。因此，电子干扰对敌方电子信息设备的干扰作用常常称为"软杀伤"。损伤或摧毁敌方军用电子信息设备则是彻底破坏敌方军用电子信息设备效能最有效的方法，常被称为"硬杀伤"。反辐射武器是专门用于摧毁敌方辐射源的武器。它利用敌方辐射源辐射的电磁波作为制导信号自动导向目标，准确地杀伤目标。反辐射武器目前主要有两种：反辐射导弹和反辐射无人机。用于电子摧毁的高功率微波定向发射武器和电磁脉冲武器统称为微波武器。

（一）反辐射导弹的作战运用

反辐射导弹是一种采用被动式雷达寻的制导的导弹，它利用敌方雷达辐射的电磁波来发现、跟踪雷达，引导导弹飞向目标雷达，从而杀伤或摧毁雷达。

---

① 详见 136 页"贝卡谷地之战"战例。

目前世界上现役的反辐射导弹有十余种，比较典型的有"百舌鸟""标准""哈姆""阿拉姆""狼"等。反辐射导弹多数是机载空对地战术导弹，也有地对地反辐射战术导弹和舰对舰反辐射导弹。反辐射导弹有四种作战使用方式。

1. 预定攻击方式

在预先知道目标雷达参数和位置的情况下，在地面对机载雷达告警系统、导弹进行预先编程，装订目标雷达参数，作战飞机挂弹起飞后按预定航线飞行，接近作战区域时由飞行员按预定的方式发射导弹，对敌方雷达实施攻击。常用于防区外发射导弹，实现远距离攻击。

在实施过程中，向已知方位的目标雷达发射导弹之后，导弹按预定程序寻找和摧毁目标，载机不再发出指令，导弹有序地搜索和识别辐射源，并锁定到威胁最大或预先确定的目标雷达上。导弹在飞行过程中，如果目标一直不发射电磁波，导弹就会自毁。

2. 自卫攻击方式

在未知敌方雷达参数和位置的情况下，作战飞机执行任务时遇到敌方雷达照射而发射反辐射导弹进行攻击。常用于近距离和中距离作战。

机载雷达告警系统探测目标雷达信号，计算机适时进行分类，判断威胁的程度，选出攻击重点，向导弹发出数字指令，装定好频率等有关参数，飞行员即可发射导弹。使用这种作战方式时，即使目标雷达在导引头的视野之外，也可发射导弹，导弹按预定的方式飞行，直到导引头截获到所要攻击的目标。

3. 随机攻击方式

在没有预料到的时间或地点遇到突然威胁时使用。一般是在载机的飞行过程中，被动雷达导引头自主完成目标信号的截获、分选、识别和锁定，再由火控系统完成导弹射击诸元解算，并装订参数，控制发射。

在载机的整个飞行过程中，导弹的导引头都处于工作状态，导引头比机载雷达探测距离远，它对目标进行探测、定位，用存储装置中的各种威胁数据对目标进行识别，并将威胁数据显示给机组人员，使之向威胁最大的目标雷达发射导弹。"哈姆"反辐射导弹能攻击"百舌鸟"、"标准"反辐射导弹探测不到或不能攻击的目标。但发现目标的机会往往受探测天线视场的限制。

4. 压制攻击方式

在作战飞机执行任务前，某区域（或航线上）敌方雷达的辐射参数已知，敌方雷达的位置信息未知，而这一区域是攻击区域或航路必经区域。在这种情况下，向这一区域概略瞄准并发射反辐射导弹，由导引头搜索、判断、截获目标雷达，并选择威胁最大的目标雷达作为攻击对象，引导反辐射导弹攻击。常用于开辟突防走廊（或区域）时使用。

在电子对抗飞机中，有一类专门用于摧毁敌方防空系统中的警戒雷达、炮瞄雷达和制导雷达的飞机，这种飞机也称为反雷达飞机。机上配置侦察定位设备、干扰设备和反辐射武器，可以快速地对雷达实施侦察、识别和定位，并实施干扰或发射反辐射导弹予以摧毁。其作用在越南战争、美国空袭利比亚、以色列空袭贝卡谷地之战、海湾战争和科索沃战争中都得到了充分证实。美空军为了增强反辐射攻击能力，专门建立了"野鼬鼠"中队，主要任务就是执行反辐射攻击。

（二）反辐射无人机的作战运用

反辐射无人机作为一种对电子目标进行硬杀伤的手段，在战场上发挥了重要作用。反辐射无人机系统大体上由三部分组成：飞行器、有效载荷和发射装置与控制装置。反辐射无人机的控制及管理一般由无人机地面站来完成。地面站一般由中心计算机和无人机飞行控制台、任务控制台、综合显示器等外围设备组成，它与机上飞行控制计算机、遥控设备、遥测设备、导航设备等配合工作，对无人机的飞行进行控制。

反辐射无人机的作战运用方式主要有按计划攻击和游猎攻击两种。

1. 按计划攻击

按计划攻击是指在空袭机群进入敌防空区前，使用反辐射无人机，对突防航路两侧地域和目标区内预先选定的敌电磁辐射源目标实施攻击的方式。攻击重点是对己方飞机危害较大或直接妨碍己方飞机实施突击的敌对空武器火控雷达。攻击开始时间不宜过早，过早进行攻击容易暴露我企图。在没有掌握制空权的情况下，对敌防空火力体系中威胁大或深远纵深的电磁目标，应首先使用反辐射无人机进行按计划攻击。

2. 游猎攻击

游猎攻击是指使用反辐射无人机在较广阔空域内巡弋飞行，以伺机攻击的方式。通常在战役实施过程中且掌握一定制空权的条件下采用。当截获敌电磁辐射源信号并确定其概略位置后，无论其开机与否都把反辐射无人机发射到预定区域，对敌造成一种威慑态势。

反辐射无人机的作战运用基本过程：反辐射无人机发射之后，地面控制站遥控无人机飞向指定的区域，然后按预编程序航线飞行；飞至敌方雷达阵地上空后作盘飞，引诱敌雷达开机；寻的探测、分析和识别敌雷达信号，在寻的器中可以按一定优先级次序预置几种威胁雷达参数，一旦寻的器截获的信号与预置信号比较确认为高威胁信号，就进行跟踪和攻击；对于威胁等级低的雷达信号，寻的器可把它存储起来，并继续搜索，在确认无威胁等级更高的雷达时才对威胁等级较低的雷达攻击；若攻击过程中敌雷达采用"突然静默"或中断信号发射等战术对抗反辐射攻击时，则无人机在"决断高度"以上可拉升起来作盘飞，等待时机再行攻击。由于反辐射无人机带有战斗部，即使寻找不到攻击对象也不作回收，飞行一定时间后（如燃料耗尽后），在敌方地域上自毁，以免给己方造成伤害。

（三）微波武器的作战运用

利用微波武器可进行电子战、战略空袭、进攻型防空作战、战场空中封锁作战等行动。微波武器中已经投入实用的是电磁脉冲弹。1991 年海湾战争中，美国海军首次使用了试验性的电磁脉冲弹，从战争开始的第一天起，就从潜艇和驱逐舰上发射了带有这种弹头的海军"战斧"式巡航导弹，干扰和毁坏了伊拉克防空系统和指挥控制中心的电子系统，取得了良好的作战效果。在 1999 年的科索沃战争中，美军再次使用电磁脉冲弹对南联盟实施电子攻击，配合其他电子战手段，夺取了战场制电磁权。在 2003 年的伊拉克战争中，美军又借助巡航导弹投掷了电磁脉冲弹，使用对象是伊拉克国家电视台和广播电台，攻击结果是使伊拉克电视台信号中断，虽然伊拉克启用了备用机动电视广播车，在停播 3 小时后恢复广播，但美军达到了在特定的时段内封堵伊拉克喉舌和大众眼睛的作用。

高功率微波定向发射武器是利用强方向性天线，向电子目标发射高功率微波束，类似于用探照灯照射目标。其最大的特点是可快速、重复发射和多次使用，消耗的仅仅是电能。可用作防空武器对付敌飞机、巡航导弹、激光或红外制导炸弹等目标；也可用作超级干扰机，干扰敌各种电子设备。由于目前还处于研制过程中，其作战运用还没有在实战中展开。

四、电子防御

电子防御是为保护己方电子信息设备、系统、网络及相关武器系统或人员作战效能的正常发挥而采取的措施及其行动的统称。针对不同的电子设备，电子防御可能包括反电子侦察、反电子干扰、反目标隐身、反电子欺骗/假冒、反网络/黑客攻击、抗电子摧毁和组织战场电磁兼容等内容。

在现代战场上，电子防御是在电子对抗斗争中为保障己方电子设备及其系统正常发挥效能而采取的措施与行动，因此，电子防御关系到己方电子设备能否发挥作用，关系到己方电子设备的生存能力，也关系到战场制电磁权和信息优势的获得与保持。这不仅是空军电子对抗兵的责任，而且是空军各兵种都要参与的作战行动。目前条件下，在电子防御中最主要的任务是反电子侦察、反电子干扰和抗电子摧毁等。

（一）反电子侦察

反电子侦察是阻止敌方侦测己方电磁辐射信号的综合措施，其具体方法分技术和战术两个方面。技术上，主要是采用低截获概率信号、扩频信号、捷变频信号、旁瓣消隐技术、猝发通信、隐身技术、降低无线电波能量和信号加密等方法。战术上，主要采用控制电磁辐射（即缩短无线电波在空间的暴露机会和时间)、无线电静默、无线电伴动、设置假雷达、假电台、假指挥所、假无线电网络、发射假信号等无线电欺骗和电子伪装等方法。空军电子对抗力量可以采取积极的干扰措施,干扰或欺骗敌方的电子侦察装备。科索沃战争中南联盟利用各种伪装和欺骗手段比较成功地对付了多国部队对其防空导弹系统和军事目标的侦察。

(二)反电子干扰

反电子干扰是利用电子防御措施来削弱和消除敌方电子干扰对己方电子设备造成的影响,使其处于正常工作状态。反干扰的战术技术措施很多,例如在雷达反干扰上采用合理部署雷达,提高雷达网的整体配合能力;综合运用展宽频段、快速跳频、改变载频、调整极化、调整增益、增大发射功率、压低天线旁瓣等多种探测手段;以及加装反干扰设备等措施。在通信反干扰上采用隐蔽通信频道、跳频、同时采用多频通信、采用定向天线、增大发射机功率、缩小通信频带等措施。空军电子对抗力量可以采取主动的电子摧毁手段,摧毁敌方的电子干扰装备。

(三)抗电子摧毁

抗电子摧毁是为降低、消除敌方电子摧毁的破坏效果而采取的措施及其行动的统称。目前抗电子摧毁在作战运用上主要包括防反辐射武器摧毁和防电磁脉冲武器摧毁。

防反辐射武器摧毁主要利用有效措施防止敌反辐射武器对雷达辐射源的攻击,所采用的方法要根据不同情况而定。主要措施大体分四种:一种是合理配置雷达站,站与站之间保持适当距离,使用时交替开机、关机。将远程警戒雷达设置在地下,加固机动式雷达站的防护工事。二是设置假雷达、假目标,诱骗反辐射导弹攻击。三是配置双(多)基地雷达,将雷达发射机站与接收机站分开配置,发射机站只发射雷达信号,接收机站只接收雷达信号。四是采用多普勒和频率捷变技术、多频工作和脉冲重复频率跳变技术。在战术上,要尽早发现敌方的反辐射导弹的攻击动机,采取有意控制电磁辐射,及时发射诱饵信号,更换发射频率等措施。

防电磁脉冲武器摧毁是指为使电子设备和系统免受或减轻高能电磁脉冲的破坏而采取的各种防护措施。目前主要采取电磁屏蔽和加固等措施,并充分利用防护工事抗击电磁脉冲武器的攻击。

第四节 信息化空军电子对抗装备的发展趋势

在飞速发展的电子科技推动下,电子对抗技术装备的发展也必然会日新月异,出现更多更先进的电子对抗武器。从目前的发展情况看,信息化空军电子对抗装备的发展有以下几个主要趋势。

一、电子对抗装备的一体化、通用化程度将不断提高

信息化条件下的局部战争中，战场上的电磁环境日益复杂，以往那种彼此分立、功能单一的电子对抗装备，尤其是与火力系统的结合不够紧密、作战效率受到一定限制的情况已远远不能适应信息化作战的需要。20世纪后期的几场局部战争中，出现了一些相对先进的综合电子探测、告警、干扰等多种功能的电子对抗装备器材，但多数是临时改装的电子对抗吊舱，在与整个作战平台的协调和匹配上还不够，使用范围也受到限制。未来的信息化战争中，战场电磁环境极其复杂，这就要求电子对抗系统提高快速反应能力，具有同时处理多个目标的能力和进行目标探测、告警、干扰、欺骗和防护的综合处理能力。为此，必须把不同性能和用途的电子对抗设备进行整合，形成通用性、一体化、综合化的电子对抗系统。一体化和通用化已成为当前电子对抗装备发展的重点和未来电子对抗装备总的发展方向。

所谓一体化，就是在电子对抗作战指挥单元的统一管理和控制下，将功能相近、相互关联的多个设备组合成一个系统，从而简化系统，实现资源共享，提高电子对抗装备的信息综合能力和快速反应能力，使之能够同时对付多种威胁。如美国为新型作战飞机 F-22 研制的新一代综合航空电子战系统，该系统不仅包含一个由多种传感器组成的一体化告警系统，而且还包含一个集侦察、测向、干扰、摧毁于一体的对抗系统。新一代综合航空电子战系统覆盖的频率范围包括微波、毫米波、红外、激光，包括雷达告警、导弹攻击告警、电子支援和电子对抗等功能；机上的 APG-77 雷达与该系统互联，不仅具有高性能的目标探测能力，还能在相应的频段内对敌方雷达进行干扰，综合了雷达与电子战两种功能，真正实现了雷达与电子战功能的一体化；该系统还能与通信、导航、敌我识别系统整合在一起构成一体化的机载航电系统。该系统将广泛用于美国空、海军下一代战斗机和攻击机上。

所谓通用化，是指电子对抗系统的设备普遍采用标准化的模块结构，通过组建多种作战平台通用的弹性系统框架，使不同的系统、设备之间尽可能拥有相同的电子模块，相互之间可以通用，根据不同的对抗对象快速组装成功能不同的电子对抗装备。作战中，根据不同的对抗对象和作战需求，快速组装成具有多种功能、可用于不同目的的电子对抗装备。实现电子对抗装备的通用性，可以避免设备的重复研制，降低成本，减少设备和器件的种类，简化系统的技术维护，可有效提高电子对抗系统的反应速度和作战效能。美军 F-15 战斗机上使用的 AN/ALQ-135 电子干扰系统以及新研制的 AN/ALQ-165 电子干扰系统，都遵循了新的模块化设计原则。法国研制的 TMV-433 电子战装备，既可

用于舰船、潜艇，又可装备在直升机、巡逻机和海岸上，并能够根据作战平台的不同，灵活调整系统组件。

二、电子对抗装备的功能不断拓宽、作用不断增强

随着时代的发展和科学技术的进步，空军电子对抗装备功能越来越强大，从最开始的辅助型设备向软硬一体杀伤装备发展。

21世纪以来，由于实施作战行动的部队规模越来越小，平台自卫能力不断提高，尤其是机载自卫干扰能力不断提高，对电子支援干扰的要求也发生了变化。在空战中，由于机群编队规模小、速度快、隐身飞机大量使用，电子支援干扰方式将发生变化，主要以远距支援干扰形式为主，近距支援干扰和随队干扰将较少采用，而且在支援作战时，硬杀伤手段所占比重越来越大。随着作战飞机和越来越多的无人机开始承担支援性电子进攻任务，支援性电子进攻的能力不断提高、范围不断扩大。此外，未来将会更加重视提高主战平台的自卫电子对抗能力。随着隐身技术的广泛应用和自卫电子对抗装备技术的发展，尤其是新概念隐身技术的出现，将使主战平台的生存能力大大提高。其中主战平台自卫系统将达到的能力包括：能运用多种手段（电磁、红外、激光等）探测和反击所有类型的威胁；实现全向覆盖，并具备一定程度的智能化；实时提供威胁信息（包括威胁程度）；处理系统能融合来自不同传感器的数据，显示战场态势；具备干扰手段和干扰技术的自适应能力。

在未来作战中无人机将成为电子对抗的重要作战力量。无人机的应用领域越来越广泛，无人机已成为情报侦察、电子侦察、战场监视等方面的重要力量；利用无人机进行压制敌防空系统，包括防区外的大功率支援干扰、突防干扰和反辐射压制等，并将逐步取代部分退役的有人飞机；在突防中广泛用做诱饵和反辐射武器，压制敌防空系统。无人机是世界各国中远期发展计划的重要内容之一。例如美国无人机的发展计划是近期使用无人机进行情报、监视、侦察和通信等，美军先后研制了"全球鹰"、"暗星"、"捕食者"、"先锋"等无人机并投入使用；中期无人机将用于压制敌防空系统，同时根据技术成熟程度、经济承受能力，将其转移到其他作战领域。

随着航天技术的发展，以及卫星在侦察、导航、通信方面得天独厚的优越条件，使得信息战正朝着"天战"方向发展，太空已逐步成为信息战的一个重要战场。几十年来，航天力量主要是在战略和战役上支持陆上、海上和空中作战（如通信和侦察）。随着卫星在目标识别、预警监视、探测跟踪等方面能力的提高，对于整个战场空间的不间断的信息流来说，天基系统的信息收集、产生和传播能力以及指挥控制能力是战术级作战行动非常关键的支撑，卫星还将逐步承担起类似预警机的预警、指挥控制等功能，并在通信、导航、侦察、预警

方面起核心作用。

在太空系统中，70%以上为电子设备。因此，未来太空将成为重要的战场，电子干扰、定向能武器、动能武器等将成为攻击卫星的重要手段，太空电子对抗将越来越引起人们的重视。从电子对抗角度看，天基系统是一种脆弱装置，可以通过电子对抗武器对其进行攻击。采用电子对抗手段不仅作用范围大，而且经济、便捷。在航天作战中，电子干扰与定向能武器（高能激光、粒子束武器、高能微波武器）和动能武器将成为重要的进攻性手段。近期美国将部署新型天基激光器，使天基定向能武器真正走向实用。因此发展空间电子对抗技术具有重大的意义。

三、新概念电子对抗技术将不断涌现、装备迅猛发展

进入 21 世纪，电子对抗作战手段将在现有基础上不断丰富和发展，新概念武器不断涌现。电子进攻手段从传统的有源干扰、无源干扰和反辐射摧毁向更广泛的软硬杀伤领域扩展，在新机理武器方面，用于直接毁伤目标的定向能（包括高能微波、激光及粒子束等）武器、电磁脉冲弹以及用于瘫痪智能电子设备和信息系统的计算机病毒等电子对抗新机理武器在 21 世纪将大量出现并投入使用，随着定向能武器、电磁脉冲武器、计算机病毒武器等大量装备部队，电子进攻能力将进一步提高。

在定向能武器中高能激光武器的研究最为成熟，美、英、德、法、俄等国都做过这方面的试验，有些已装备部队。美国装备在"布雷德利"战车上的激光器可破坏 8 千米处的光电传感器。机载战术激光器已开始装备部队。到 2020 年，地基激光器和机载激光器将成为重要防空兵器。地基激光器可拦截飞机和处于飞行末段的来袭导弹，机载激光器将能对付在动力飞行段、对战区构成威胁的导弹，与其他防空武器构筑严密的防空网。从发展的情况看，天基激光器到 2020 年将达到实用。目前电磁脉冲弹已投入实验性使用，在科索沃战争中美国就使用了电磁脉冲弹 E-Bomb。高功率微波武器的发展已取得重大进展。俄罗斯研制的微波发射管脉冲功率达百兆瓦，即将部署第一代微波武器；美国的回旋管脉冲功率达千兆瓦量级，高功率微波武器在美国已处于后期研究试验阶段。

纳米材料以其尺寸小、对电磁波的衰减性能优良和频带宽等特点，在电子对抗领域有着广阔的应用前景。例如，纳米材料颗粒小、下降速度慢、而且在很宽的频带内具有很强的吸波性，并且可通过控制其颗粒的大小来调节其吸收频带范围，因此在无源干扰方面可发挥很好的作用，是理想的红外成像遮蔽剂。

四、电子对抗装备的应用领域不断扩大、任务不断增加

电子对抗是以敌方的电子信息设备为主要攻击目标，是对敌指挥信息系

统、信息化武器的主要攻击手段，它是信息作战在电磁领域的表现形式。随着电子技术尤其是信息技术广泛渗透到各个军事领域，电子对抗的作战领域不断扩展。电子对抗作战对象从传统的通信对抗、雷达对抗、光电对抗向指挥控制对抗和遥感遥测对抗等多种领域扩展；作战任务从破坏敌人和保护自己的电子情报收集能力等，扩大到了破坏敌人和保护自己的信息收集、传输和指挥决策过程，并控制、使用和破坏电磁信号中所包含的信息等。

在信息化作战和联合作战理论的指导下，电子进攻目标将大量包括国家信息中心和信息节点，涉及整个国家的信息系统，给国家安全战略带来新的内容；相应地，电子对抗作战领域也不断扩大。电子对抗的首要目标是敌对国整个C^4ISR系统，包括金融、通信、电力、交通、航空等涉及国家安全的系统；信息系统集中的城市将成为双方对抗的重要战场；电子侦察、电子进攻的目标不仅针对军用设施，还将更多地包括民用设施；同时由于未来信息系统中将大量应用商业技术，如信息处理技术、计算机软件和硬件技术等，更多地依赖民间的参与；此外，由于信息传输、互联网等技术的发展，为更多的非军事人员参与战争提供了条件，因此在未来的信息对抗中，将有更多的民间作战人员的参与。

未来电子对抗将在全方位、全时段、全频域全面展开。电子对抗装备覆盖广阔的空域：从太空中的卫星，到空中的飞机、地面的战车、水中的舰艇和水下的潜艇，都将装备电子对抗装备，作战空域覆盖了敌前方和后方。在作战频域上，电子对抗作战频段覆盖所有信息系统使用的频段，电子对抗侦察不分平时和战时全时段展开。

临近空间成为电子对抗发展的新领域。"临近空间"是介于航空与航天之间的"新"的空域，它对于情报收集、侦察监视、导弹预警、通信中继、战场保障以及对空、对地作战等都有广阔发展前景。此外，与卫星相比，临近空间飞行器在对特定区域精确信息的获取、运营成本等方面都具有优势。临近空间极大地拓展了电子对抗的作战空间和研究领域。

世界各国在完善电子侦察手段、增强电子进攻能力的同时，也在注重提高电子防御能力。21世纪在信息防护方面将发生概念性的变化。新一代雷达大量采用新的调制技术和波形控制技术，有效对付日益发展的雷达干扰技术；重点雷达普遍设置诱饵，对付反辐射导弹的威胁。为了提高通信和情报的抗干扰性，通信设备普遍采用跳频和扩频技术，具有很强的抗干扰能力，量子通信技术进入实用将会使电子对抗进入一个新的境界。

由此可见，电子对抗装备不仅对抗领域不断扩大，而且任务也在不断增加。在未来信息化战争中，电子对抗仍然是最活跃的作战形式，成为信息作战的主要作战方式和手段。

第六章　信息化空军情报侦察装备

情报侦察装备是用于获取军事活动所需情报的技术装备，是获取军事情报、提供战场支援和夺取信息优势的重要手段。空军情报侦察装备是空军为获取作战和其他任务所需情报而进行侦察和侦察保障的武器、武器系统和军事技术器材的统称，是空军情报侦察的物质基础。信息化空军情报侦察装备是军事高技术侦察装备体系的重要组成部分，是空军夺取战争胜利的重要支持。

第一节　信息化空军情报侦察装备的基本构成

情报侦察装备通常按情报用途、情报类型和搭载平台进行分类。根据情报用途的不同，可分为战略侦察装备、战役侦察装备和战术侦察装备；根据情报类型的不同，可分为图像情报侦察装备、信号情报侦察装备、测量与特征情报侦察装备和人力情报侦察装备；根据搭载平台的不同，可分为陆基侦察装备、航空侦察装备、航天侦察装备和海面（水下）侦察装备。空军使用的情报侦察装备主要有航空侦察装备和地面侦察装备，随着空军作战领域向空天一体拓展，特别是在航天部队编入空军序列的国家，航天侦察装备也是空军情报侦察装备体系的重要组成部分。

一、航空侦察装备

航空侦察是空军情报侦察的主要方式，其原理是利用各种航空器平台，携带各种侦察设备，摄取目标图像或接收记录各种目标的电磁辐射，经加工处理后，从中提取有价值的情报信息。按照航空器平台类型划分，空军航空情报侦察装备主要有固定翼侦察机、侦察直升机、无人侦察机、航空侦察吊舱、浮空器侦察系统等。

（一）固定翼侦察机

固定翼侦察机是指装有航空侦察设备，专门用于遂行空中侦察任务的作战飞机。按遂行任务范围，可分为战略侦察机和战术侦察机。战略侦察机的特点是：航程远、具有高空高速飞行性能，装有性能较完善的航空摄影和电子侦察等设备，能深入敌后对重要目标实施战略侦察。早期的战略侦察机多由轰炸机或运输机改装而成，新型战略侦察机多是专门设计制造的。战术侦察机具有低空高速飞行性能，通常由战斗机改装而成，加装航空摄影设备、雷达等传感器用以获取战役战术情报。侦察机一般不携带武器，主要依靠其高速性能和加装电子对抗设备来提高其生存能力。但有的侦察机也装有武器，用于自卫或实施攻击，以实现"察打结合"。

固定翼侦察机侦察装备的基本组成包括运载飞机和机载任务系统。运载飞机的机型取决于侦察机的类型，其中战略侦察机一般采用大型固定翼飞机作为载机（如美国的 RC-135 战略侦察机是由 KC-135 空中加油机改装而成），战术侦察机则采用战斗机、攻击机（强击机）等小型固定翼飞机作为载机（如 RF-5E、米格-25R 战术侦察机等）。

机载侦察任务系统主要包括：照相侦察设备（如可见光照相机、电视摄像机、电子数码相机等）、红外侦察系统（如红外线行扫描仪、红外探测器、红外监视系统等）、侦察雷达和电子侦察设备，以及通信和数据传输系统等。早期的侦察机功能设计比较单一，机载系统的集成度比较低，常常只拥有某一种侦察手段。随着科学技术的发展，现代侦察机正在向集侦察预警、指挥控制为一体的多传感器空中平台发展（如美国的 E-10 系列多传感器飞机），可以依靠其机载多传感器信息的融合，极大地提高侦察机的整体作战效能，满足对各类战场目标的侦测需要。

（二）侦察直升机

侦察直升机主要完成对战场区域的战术侦察。侦察直升机的特点是：能在狭小的场地上垂直起降，可以在很低的高度上实施侦察，且飞行速度不大，有利于对地面进行更细致、准确的观察，情报侦察可靠性高；能够悬停于空中，便于从己方区域对敌整个战术纵深内的活动目标进行监视。

侦察直升机系统的基本组成包括直升机载机平台和机载侦察设备。一般侦察直升机以光学器材侦察为主，白天用望远镜观察目标的纵深可达 10～12 千米；夜间观察时，需借助航空照明弹、照明火箭筒等对地照明。通过良好的光学设备，以保证直升机能够处于离对方尽可能远、超出其地面防空武器射程的地方。除上述的目视观察手段外，目前侦察直升机还普遍装备了航空照相机、电视摄像机、红外线扫描装置、侧视雷达和无线电侦察设备等，来实现战场多源侦察，提高情报侦察质量。

（三）无人侦察机

无人侦察机包括母机投放型和地面发射型，有远程和近程、高空和低空之分。无人侦察机按控制方式可分为两大类，一类是按预编程序控制飞行，通常称为无人驾驶侦察飞机；另一类是通过电视图像、遥控系统由地面或发射机上的操纵者进行实时控制，称为遥控侦察飞机。近年来，有相当多的无人机已将两种控制方式结合起来，统称无人侦察机。

无人侦察机系统的基本组成包括无人机系统和机载侦察设备。无人机系统由无人驾驶飞行器、地面控制站和发射回收装置组成。无人驾驶飞行器作为机载侦察设备的运载工具，要求有较强的生存能力，不易被雷达发现，且红外辐射和噪声要小。地面控制站是无人侦察机系统最核心的设备，其主要任务是指挥控制无人机飞行，接收无人机侦察设备所获取的实时战场信息；发射回收装置用于无人机的发射和安全回收。

机载侦察设备是执行各种情报侦察任务的光电传感器，主要包括光学航空照相机和电视摄像机、合成孔径雷达、激光指示和测距器、红外探测器、激光电视、热成像仪等，用来实现多源情报侦察，提高侦察效能。

（四）航空侦察吊舱

航空侦察吊舱是一种方便实用的机载战术侦察系统，主要吊挂在航空器外部，内装侦察设备用以执行航空侦察任务的装置。航空侦察吊舱的特点是：通用性强，可适配于多种航空器；使用灵活，根据不同的侦察任务可采用不同的设备组合方案。按吊舱内装载的侦察设备种类和用途，可分为可见光成像侦察吊舱、红外成像侦察吊舱、微波成像侦察吊舱、电子侦察吊舱和组合式侦察吊舱。

典型的航空侦察吊舱主要由舱体、稳定平台、侦察设备、侦察管理系统、视频取景器、图像（数据）记录设备、图像（数据）传输系统和环境控制系统等组成。其中侦察吊舱通过标准的机械悬挂接口和电连接器与航空器连接，实现配装不同航空器的通用性要求。稳定平台用于安装航空侦察设备，为其提供横滚、航向和俯仰三通道稳定的工作平台，并起到隔振、减振作用。环境控制系统对侦察吊舱内部的温度、湿度、压力、清洁度等进行控制，满足侦察设备及其他设备的工作条件要求。其余组成部分与专用情报侦察机上安装的同类分系统的作用、性能基本相同。

（五）浮空器侦察系统

浮空器侦察系统是利用气球、飞艇等航空器，通过载荷各种侦察设备遂行战场情报侦察任务的装备系统。典型的浮空器侦察系统有无动力的系留气球侦察系统、空飘气球侦察系统和有动力飞艇侦察系统。

系留气球侦察系统由气球、任务载荷、系留缆绳、地面系留设施和地面控制站组成。气球通常由气囊和防风罩两部分组成。气囊通常呈流线型，外貌形似飞艇，有人字形尾翼，有利于减小风阻和提高气动稳定性，而使侦察设备的天线指向稳定；防风罩类似于飞机吊舱，位于气囊腹下，其内部装有情报侦察设备及其伺服系统，包括信号侦察设备和雷达设备、电源设备、控制机构、定向装置及信息传输设备等。系留缆绳除系留和收放气球外，还具有供电、通信及监控信息传递功能。地面系留设施是系统的操纵、控制和维护中心,有固定式和车载式两种。地面控制站对气球的工作气象环境、飞行姿态,以及任务载荷的工作状态进行监测和控制,接收和处理侦察到的情报信息并予以存储或转发。地面控制站与球载侦察设备之间的信息传递除经过系留缆绳外,还有无线电通信联络,以确保安全可靠。大型气球系统的地面控制站和系留设施为固定式,通常设置在一起,控制站可处于地下。小型气球系统的地面控制站与系留设施一起分装在几辆拖车上,便于机动。

空飘气球侦察系统通常由球体及其载荷的执行情报侦察任务的侦察设备组成。空飘气球包括零压气球、超压气球和"天锚"气球。零压气球是目前最常用的一种。这种气球内外压力相等,在施放时只充少量足以浮空的气体,随着气球上升,外压下降,气体膨胀,使气体的内外压相同。超压气球与零压气球近似,不同的是,超压气球底部的球囊是密封的,且气球外层相当结实,不泄漏气体。这种气球即使内部气体和压力有变化,体积仍保持不变,从而保持高度的稳定性。"天锚"气球是零压气球与超压气球的混合系统,其设计思路是用零压气球获得升空能力,用超压气球稳定零压气球高度的飘移,获得高度稳定性,实现长航时飞行。

飞艇侦察系统主要由艇体、动力装置、飞行控制分系统和侦察吊舱组成。艇体外壳有软式、半硬式和硬式三种。软式飞艇的壳体为软气囊;半硬式飞艇则在软气囊底部有龙骨架;硬式飞艇的壳体由一组大梁和肋材组成的纵横承力构架支撑。艇体通常呈流线型,带有人字形尾翼,靠充填氢(氦)气产生升力。动力装置为2~4台柴油发动机,各带动一个位于吊舱两侧环形整流罩内的螺旋桨,通过整流罩和螺旋桨的转动完成升、降和机动飞行。飞行控制分系统保持飞艇的稳定性和良好的飞行性能,具有保持飞行姿态和维持飞行航线的自动驾驶仪。侦察吊舱装主要用来装载人员和各种侦察设备,包括监视雷达、红外和光电成像设备等。

二、航天侦察装备

航天侦察是以航天器为平台,利用星载侦察设备在外层空间接收和记录目标辐射和反射的电磁波信号,记录数据由回收式卫星再入舱带回地面,或者运用无线电传输的方式直接或经由数据中继卫星将信息实时传回地面站。地面信息接收处理系统将接收到的信息、数据经各种处理设备分析判读,从中获取有价值的情报。按航天器是否载人,可分为侦察卫星和载人航天侦察系统,其中侦察卫星主要包括成像侦察卫星、电子侦察卫星和载人航天侦察系统等。

(一)成像侦察卫星

成像侦察卫星是通过使用遥感设备获取图像情报的人造卫星,主要用于侦察敌方政治经济中心、通信与交通枢纽、大型工业设施和重要军事目标；监视核爆炸和导弹发射场；查明敌方兵力部署、战区地形、战场态势、阵地编成、火力配系、后勤设施等。成像侦察卫星的基本组成包括卫星平台、遥感侦察设备和地面信息接收处理系统。

成像侦察卫星平台通常采用近圆形的低轨道人造卫星，轨道高度一般在300千米以下。如果降低轨道高度，图像分辨率便会随之增加，有的为了获取更高的地面分辨率，照相时将高度降到150～160千米。也有的照相侦察卫星选择太阳同步轨道（航天器轨道平面绕地轴的旋转方向和周期，与地球绕太阳公转方向和周期相同）。

成像侦察卫星因任务不同，所使用的遥感侦察设备也不同，主要有以下几种类型：

（1）扫描仪。常用的有可见光全景扫描相机、多光谱扫描仪和微波扫描仪。它们在垂直于卫星飞行方向上进行横向扫描，扫描所获得的信息是图像。多光谱扫描仪使用最多，其工作范围从可见光区域到红外光区域共分为4个波长区域。

（2）可见光相机。它采用几何光学成像，分辨率高、易于分析判读。常用的有长焦距全景扫描式或画幅式相机、高几何精度测绘相机。

（3）红外相机。它采用红外成像原理，利用遥感装置把肉眼看不见的红外线辐射差异转变为肉眼可见的图像或者数据，从而分辨出在普通可见光条件下所难以分辨的目标和烟雾等伪装干扰。

（4）电视摄像机。它采用光学成像法，成像面是电荷耦合器件（CCD），效果优于乳剂胶片，并且几何关系好，适宜于实时传输。

（5）合成孔径雷达。这是一种主动型传感器，不受气候影响，能观测出与可见光不同的景物物体。合成孔径雷达可向地面发射扇形波束，并能接收回波。为获得高分辨率的图像，典型的合成孔径雷达侦察范围为100千米，地面分辨率为25米。

成像侦察卫星的地面信息接收处理系统将接收到的信息、数据经各种处理设备分析判读，从中获取有价值的情报。

（二）电子侦察卫星

电子侦察卫星是通过侦测和截获雷达、通信等无线电信号获取空军作战情报信息的人造卫星，主要用来侦测对方预警、防空、反导弹等雷达的位置及信号特征，测定对方军事通信和无线电台位置，截获对方指挥、通信信号，为空军战略轰炸机和巡航导弹执行突防和攻击任务提供数据。电子侦察卫星的基本组成主要包括卫星平台和星载侦察设备。

电子侦察卫星平台通常使用近地圆形轨道卫星和地球静止轨道卫星两种。

其中近地圆形轨道卫星可以兼顾定位精度和卫星长期工作的需要，为有利于长期监视大面积地区，通常单星定位制卫星的轨道高度一般在 400～650 千米，多星定位制卫星的轨道高度在 1000 千米以上。电子侦察卫星上装有侦察接收机和磁带记录器，当卫星飞经敌方上空时，将各种频率的无线电波信号记录在磁带上，在卫星飞经本国地球站上空时，再回放磁带，以快速通信方式将信息传回，用来分析电磁信号的各种参数和进行辐射源的定位，并从中获取军事情报。

静止轨道电子侦察卫星，可以全天候、全天时对侦察对象进行"凝视"侦察，从而防止侦察对象根据卫星的轨道参数算出卫星飞经本地区上空的时间表，在卫星通过时实行雷达和无线电静寂或造假信号。

（三）载人航天侦察系统

载人航天侦察系统主要由载人航天器和侦察设备组成。载人航天器包括载人飞船、空间站、航天飞机和单级火箭式空天飞机，它们都可执行侦察与监视任务。

载人飞船是保证航天员在空间轨道上生活和工作以执行航天任务并返回地面的航天器。其特点是运行时间有限，仅能一次性使用，可独立进行航天活动，也可以作为往返于地面和空间站之间的"渡船"，还能与空间站或其他航天器在轨道上对接后进行联合飞行。典型的载人飞船由对接装置、轨道舱、返回舱、仪器设备（主要装有动力和电源设备等）舱和太阳帆板等部分组成。载人飞船容积较小，所载消耗性物质数量有限，不具备再补给能力，不能重复使用。

空间站是大型、绕地球轨道作较长时间航行的载人航天器或者空间基地。与载人飞船相比，空间站具有容积大、载人多、寿命长和可综合利用等优点。由于空间站可装载大量复杂的仪器设备，并可由人直接操作，因而可以执行复杂的、非重复性的情报侦察任务。

航天飞机是部分可重复使用的、往返于地面和近地轨道之间运送有效载荷并完成特定任务的空间飞行器。典型的航天飞机由助推器/助推火箭、外燃料箱和轨道器三部分组成。这种航天飞机垂直发射，由火箭运载入轨，入轨时助推火箭及燃料箱均抛掉，只有轨道器在轨道上飞行，执行轨道任务后再重返大气层并滑翔着陆。

空天飞机是能在普通跑道上水平起降，并在大气层内和空间轨道上飞行的完全可重复使用的航天器。

载人航天情报侦察系统所使用的侦察设备主要是遥感设备，主要有遥感照相机、电视摄像机等可见光成像装置、多光谱扫描仪、无线电侦察接收机以及侦察雷达等。

三、地面侦察装备

地面侦察装备是空军地面部队用来遂行情报侦察任务的各类侦察技术装备和系统，主要包括地面无线电技术侦察装备、地面电子对抗侦察装备、地面光电侦察系统等。

（一）地面无线电技术侦察装备

无线电技术侦察属于被动电磁侦察，主要是通过截获、分析和处理侦察对象的无线电信号，从中获取情报。空军使用的地面无线电技术情报侦察装备主要有无线电通信接收机、测向机和信号的记录、分析和破译设备，其主要功能是截收侦察对象各种信道的电报、语音、数据、图像等通信信号，通过技术分析和处理，从中获取反映其兵力、部署、动向、作战意图等情报。按活动方式，可分为固定式侦察装备和机动式侦察装备。机动式侦察装备主要指采取机动、移动或者便携的方式遂行地面侦察任务的侦察系统，主要用于战术侦察，包括侦察车、便携式侦察设备等。固定式侦察装备主要指在地面侦察站上配置的各类侦察装备和系统，通常设在边界附近、山头、海岸等特定区域，既可以用于战略侦察，也可以用于战术侦察。

（二）地面电子对抗侦察装备

电子对抗侦察装备是用来对电磁辐射信号进行搜索截获、分析识别、威胁判断及对辐射源测向定位的侦察技术装备和系统。按侦察对象，可分为雷达对抗情报侦察装备、通信对抗情报侦察装备等。

雷达对抗情报侦察装备，是对对方雷达长期或定期侦察监视，全面搜集积累雷达的战术技术参数和有关军事情报的装备。主要功能是搜索、截获、分析和处理雷达发射的电磁信号，并对雷达进行测向、定位。主要由天线、接收机、信号处理器、控制器和显示记录装置等组成。基本工作原理是：天线接收的雷达高频信号送到接收机，接收机将高频信号变换成视频信号后，送往信号处理器，信号处理器完成对信号分选、分析识别和测量，并将处理结果送往显示器、打印或存储装置。

通信对抗情报侦察装备，主要用来对通信信号进行搜索截获、分析识别，掌握通信信号的工作频率、通信体制、调制样式、通信网组成、通联规律和位置等战术技术特性，以及对辐射源进行测向定位等情报信息。典型的通信侦察装备主要包括侦察接收设备和测向设备，其中侦察接收设备用来搜索截获、分析识别、显示记录信号特征参数，由天线、接收机、信号处理器、存储记录、显示器及控制器等组成。其工作过程是：天线接收辐射源信号后送到接收机，经放大后送至信号处理器进行分析识别，并传输至显示器和存储设备。控制器主要用来控制各单元协调工作。测向设备主要用来测定通信辐射源的方向和位置，按测向方法分为比幅、比相、比相比幅、时差和多普勒测向设备等，由天线、接收机、信号处理器、显示器、存储器和控制器等组成。工作过程是：由天线接收信号，通过输入匹配网络送到接收机，放大后的信号送到信号处理器处理以获取角度信息，最后由显示器显示测向结果。测向结果可用数字、极坐标、扇面区或直方图显示。用单部或多部测向设备可测定辐射源的位置。

（三）光电侦察装备

光电侦察装备是利用热辐射和光反射原理，通过光电转换进行情报侦察的侦察器材和技术装备，主要包括可见光侦察装备、红外侦察装备、多光谱侦察装备、微光夜视侦察装备和激光侦察装备等。

可见光情报侦察是利用目标在 0.4～0.7 微米波长的可见光谱段的物理特性，使用光学仪器设备来发现和识别目标，完成情报保障任务。主要装备有光学观察仪器、照相侦察系统等。典型的空军地面情报侦察光学观察仪器有望远镜、光学测距仪等。其中光学测距仪又可分为合像式和体视式两种类型，它们的工作原理完全不同。合像式测距仪采用改变光学补偿器的位置，把两个目标像的相对错位量补偿，使单一目镜视场目标的两个半像（或两个全像）合成为完整的一个像，侦察人员就可以从光学补偿器的刻度上直接读出目标的距离。而体视式测距仪则是将外界目标分别成像在两个目镜视场里，依据人眼的双眼体视视觉特性，对目标像与已知距离的测量标志进行体视比较，从而获知目标的距离。

用于情报侦察的照相侦察系统装备种类较多，但基本原理与结构基本相同，通常分为胶片式和光电式。胶片式用感光胶片接收可见光影像；光电式用光电耦合器件（CCD）等传感器接收可见光影像。在结构组成上，通常由机身、镜头、光圈、快门、镜箱、暗盒及附件等组成。

红外侦察装备是利用红外传感器接收目标的红外辐射，测定其技术参数，以判别红外辐射源的性质；或向目标发射红外辐射能，利用其反射特性，判明其配套武器系统的威胁程度，测定其位置，以获取情报的技术侦察装备。

激光侦察装备是利用激光传感器接收激光源的辐射或散射信号，测量其技术参数，判明激光源的类型、方位；或向目标发射激光，利用其反射信号，判明武器系统的光学特性，识别该武器系统的类型，或测定其位置，以获取情报的技术侦察装备。

第二节 信息化空军情报侦察装备的发展现状

空军情报侦察装备是伴随空军侦察的产生、发展并在实际应用中逐步发展的。早期空军侦察手段主要是航空侦察，随着电子、遥感等近现代科学技术的发展，情报侦察手段已由单一的可见光照相发展到红外成像、微波成像和光电成像，实现了在夜间和复杂气象条件下也能实施情报侦察；同时，出现了专门侦察敌方无线电通信和雷达的无线电技术侦察和雷达侦察。侦察平台也从空中、地面向天基平台发展，使得情报侦察的距离、范围增大，侦察的准确性和时效性显著提高。目前，空军情报侦察装备已发展形成了立体配置、手段齐全、具有较强实战能力的情报侦察体系，具有全天候、全天时的侦察监视能力、实时和快速的响应能力，以及较强的抗干扰、抗辐射、抗摧毁能力和多目标处理能力。下面以美俄等军事强国为对象，介绍当前世界空军情报侦察装备的发展现状。

一、航空侦察装备发展现状

美军的侦察装备代表了当前军事侦察装备发展的最高水平。在航空侦察装备发展方面，美空军拥有世界上规模最大、技术最先进的空中侦察力量。目前在役的战略侦察机主要有 U-2、SR-71、RC-135 和 EP-3 等侦察机。战术侦察机则有十余种机型，如 TR-1A、RC-12、RC-7、ES-3、RF-4C、RF-16、RF-14、RF-18、E-8C、RU-38 等。在无人侦察机发展方面，1988 年，美国成立了无人机联合计划办公室，提出了近程（50 千米）、短程（100~200 千米）、中程（700千米）和长航时 4 个系列无人机发展的总体规划。海湾战争后又成立了国防机载侦察办公室（DARO），调整了无人机发展计划。从总体看来，目前美国国防部正积极研制的无人机分为两类，即战术无人机和高空长航时无人机，每一类包括两个系列。战术类无人机包括"先驱者"战术无人机和"捕食者"中空长航时无人机，主要担负对靠近部队前线地区的战术情报侦察。战区级无人机包括"全球鹰"和"暗星"高空长航时无人机，主要对战场进行纵深的长期静态的大范围监视。此外还有多种无人机列入研制计划，如"传感飞行器"等。浮空器侦察系统也是美国空中侦察力量的重要组成部分。美国凭借其技术及财力优势，是当今世界上浮空器研制与应用规模最大的国家。在 20 世纪 80 年代初，美国 TGOM 公司研制出一种机动性较强的"斯塔斯"小型侦察气球系统。该系统工作高度 750 米，装载有信号情报、电子情报以及雷达侦察等电子设备，探测半径达 110 千米。20 世纪 90 年代，美国和法国两家公司联合研制了"420-K"气球侦察系统，搭载的传感器包括光电摄像机、夜视系统以及远程中空监视设备，用于边境、海岸和其他区域的侦察监视。未来，美国空军将把无人侦察机作为美军"网络中心战"情报侦察装备体系的重要组成部分，并将越来越多地替代有人侦察机的情报侦察作战功能。

俄罗斯情报侦察装备的发展规模和技术水平仅次于美国，目前，俄罗斯空天军航空侦察基本形成了有人驾驶侦察机与无人驾驶侦察机相结合，战役、战术侦察与战略侦察相结合，高空侦察与中低空侦察相结合，在边境己方一侧对敌实施侦察与深入敌纵深侦察相结合，电子侦察与光学照相、红外、电视、激光和雷达侦察相结合的格局，具有能在昼间、夜间和各种气象条件下遂行侦察任务，通过各种空中侦察手段及时获取能相互补充和印证的准确、可靠情报的较高的航空侦察能力。其航空侦察装备包括侦察飞机、无人侦察航空器等。在侦察飞机发展方面，前苏联时期，1978 年服役至今的伊尔-20 侦察机装备有侧视雷达与摄像机或其他传感器。1982 年开始研制米亚-17 高空侦察飞机，该机与美国的 U-2 侦察机相似，并配备有雷达告警接收机。米亚-17 高空侦察飞机升限 28800 米，最大速度为 750 千米/小时，飞机上只有 1 名乘员。俄罗斯时期，1992 年在范保罗航展中第一次公开展出了苏-24MR 多传感器侦察飞机，这是一架战术侦察飞机，携带有 SHPIL-2H 与 EPHIR-1M 吊舱，以便用光学设备、红外设备、电视、雷达、激光传感器等搜集高分辨率图像，并通过数据链实时传送侦察信息。此外，俄空天军在苏-24MP 等侦察机上安装了情报信息处理和实时传输设备，可对敌目标方位、军队部署等进行实时侦察，为己方飞机及地面指挥控制中心提供数据和图像。目前，俄罗斯空天军可担负航空侦察的有人驾驶飞机主要有图-22MP、伊尔-20、苏-24MP、米格-25P 和安-30B 等型战略、战役、战术侦察机，A-50 预警机也担负着俄罗斯空天军重要的情报侦察任务。总体来看，俄罗斯空天军现有侦察机具有多种侦察手段，可进行光学照相侦察，红外、激光、电视和雷达侦察，以及无线电电子侦察。能够及时获取大面积、高分辨率的能判明目标性质、数量，并准确定位的目标照片；可通过无线电电子侦察获取敌雷达站的部署、工作频率等参数及无线电通信频率和通话内容。在无人侦察航空器发展方面，俄罗斯在装备研发和实战应用上起步较晚，1982 年雅克夫列夫设计局开始研制一种短程实时空中监视和战术无人机，最初的型号为"蜜蜂"-60C，1984 年"蜜蜂"-1T 投入使用，1994 年发展为由 10 架"蜜蜂"-1T 组成的"列队"-P 无人机系统。雅克夫列夫设计局在 1995 年的莫斯科航展上还展出了对"蜜蜂"-1T 的最新改进型"熊蜂"-2。目前，俄罗斯现役无人机系统主要有"航行者"战术无人侦察机系统、"雨燕"无人侦察机系统和"列队"-P 无人侦察机系统。还有多种列入研制计划的新型无人机系统，如"电视观察者"无人侦察机系统、"信天翁"垂直起降无人侦察机、"专家"无人侦察机系统等。

二、航天侦察装备发展现状

航天情报侦察装备是美国航天侦察装备体系的核心。平时，美国用它侦察、监视世界各国，尤其是热点地区国家军事行动的情况。战时为军队提供战场、敌方战区和全纵深内的战略及重要战术目标的有关信息与图像。美国目前执行空军情报侦察任务的卫星主要有光学成像侦察卫星、雷达成像侦察卫星和电子侦察卫星等。在光学成像侦察卫星发展方面，美国于 1960 年发射第一代照相侦察卫星，迄今共发射了六代照相侦察卫星。早期的照相侦察卫星分为普查和详查两种类型：普查型卫星是在星上自动冲洗胶片，通过光电扫描，将胶片信息转为电信号，延时传回地面，此类卫星获得情报快，但分辨率低；详查型卫星采用胶片回收的方式，分辨率高于普查型，但实时性差，适用于对主要目标详查。随着技术水平的提高，美国从第四代"大鸟"卫星开始实现同一卫星上详查与普查相结合，到第五、第六代发展成为高分辨率的实时图像传输卫星。在胶片回收型卫星中，以"大鸟"系列卫星最为先进，它装有大型高分辨率的相机，并有 6 个胶卷回收舱。目前，美国在轨的照相卫星属于第五、第六代卫星，如"锁眼"系列卫星等，采用数字图像实时传输技术，星载设备有 CCD 相机、高分辨率电视摄像机和侧视雷达。图像数字信号通过"卫星数据系统"实时转发给华盛顿地区的米德堡或贝尔泛堡地面站，其分辨率为 1～3 米，甚至更高。目前美国至少有 4 颗 KH-12 卫星。它不仅与 KH-11 卫星或 KH-11 改进型卫星组成星座对全球进行实时侦察，而且机动能力强，可在很大范围内作轨道转移。据报道，在海湾战争中，至少有两颗 KH-12 卫星被调到海湾上空，日夜不停地拍摄伊拉克的军事设施、军队调动等高清晰度的照片。在雷达成像侦察卫星发展方面，美国自 1988 年开始发射雷达成像卫星以来，先后多次发射此类卫星。这类卫星的代号为"长曲棍球"系列，是世界上最先投入使用的雷达成像卫星，它的图像信号由"跟踪与数据中继系统"卫星实时传输，成像图片分辨率为 1～3 米，采用多频段工作。"长曲棍球"卫星目前仍有 3 颗在轨工作，它们和 KH-11、KH-12 照相卫星一起担负着全球侦察任务。据报道，美国曾利用"长曲棍球"卫星成功地侦察到苏联冰层下的军事目标。在海湾战争期间，"长曲棍球"至少有一颗被调至海湾上空执行任务。另外，美空军于 2001 年提出了由美国空军和国家侦察局共同管理的天基雷达侦察卫星系统研制计划。该计划是一个由多颗卫星组成的星座系统，星上主要搭载合成孔径雷达（SAR）和地面移动目标指示器（MTI），可以提供实时或准实时的战术和战场信息。星座将与 E-8 "联合监视与目标攻击雷达系统"飞机和无人机协同工作，成为美军空、天、地一体化情报、监视与侦察系统的重要组成部分。在电子侦察卫星发展方面，美国于1962 年 5 月发射了世界上第一颗电子侦察卫星，至今已发展了五代装备。第一代为低轨道卫星，第二代至第四代主要为地球静止轨道和大椭圆轨道卫星。冷战结束后，第二代"峡谷""流纹岩"，以及第三代"小屋""旋涡""猎户座""酒瓶""折叠椅"等电子侦察卫星，已先后停止发射并陆续退役。目前，美国主要使用第四代电子侦察卫星，包括"水星""顾问""命运三女神"和"号角"等。第五代电子侦察卫星"入侵者"于 1995 年开始部署，发射了 3 颗，该卫星综合了"大酒瓶""旋涡"等侦察卫星的功能，是目前世界上较先进的电子侦察卫星。2003 年 9 月发射了"猎户座"第五代同步信号情报卫星。美国还在研制具有一定隐身特征的"徘徊者"静止轨道电子侦察卫星，用于侦察、定位战略目标。

俄空天军的航天侦察系统主要包括成像侦察和电子侦察两类。光学成像侦察卫星发展方面，自苏联 1962 年发射首颗照相卫星以来，经历了 6 个阶段的变迁。第一代至第四代为胶卷回收型卫星。其中第一代至第三代分辨率在 1～4 米之间，第四代卫星采用两台相机，分辨率可达 0.3 米，一幅侦查照片的覆盖面积为 100～170 平方千米。第五代卫星属数字传输型卫星，其性能类似美军的 KH-11，它通过同步轨道上的数据中继"急流"卫星实时传输图像，分辨率可达 1～2 米,有很强的变轨能力。苏联时期，通常保持 1～2 颗卫星在轨巡视，如有特殊情况，则上述卫星发射频率加快。俄罗斯时期，俄军大力发展第四、第五代卫星，先后发射了 7 颗第四代、2 颗第五代和 1 颗第六代卫星，性能和工作寿命都有很大提高。雷达成像卫星装备发展方面，苏联时期，俄军把雷达成像卫星作为天基雷达侦察系统的一个重要组成部分。1987 年，发射了第一颗"宇宙"侧视雷达成像卫星，该卫星能提供约 15～25 米分辨率的图像。此后，研制了"钻石"大型成像雷达卫星，它采用 S 频段，此卫星的大小和形状可与"礼炮"号空间站相匹敌，是典型的大型天基雷达系统，具有较高的分辨率。电子侦察卫星装备发展方面，1967 年开始发射电子侦察卫星，现已发展到第五代。俄罗斯现用电子侦察卫星的主力是第三代至第五代卫星。其中第三代电子侦察卫星由 6 颗星组网；第四代电子侦察卫星由 4 颗星组网，主要任务是截获通信和电子信号，跟踪美国和北约的舰船活动，卫星具有较强的星上处理能力，可将数据通过"急流"地球同步轨道卫星实时中继给国内地面站。据称，该卫星不仅有防止反卫星武器袭击的能力，还能攻击其他卫星。第五代电子侦察卫星是从 1988 年开始发射，它是俄军第 1 颗能大面积覆盖的连续普查型卫星，其性能与美国的"流纹岩"相当。据报道，俄罗斯还在计划研制多种航天侦察装备系统，比如 Kondor-E 航天器、多功能雷达卫星 Arkon-2 和新一代地球观测成像卫星 Resur-DK 等。

三、地面情报侦察装备发展现状

在无线电技术侦察系统发展方面，著名的固定信号情报站是美国及其盟国建立的"梯队"全球侦察网，该网由设在世界各成员国（盟国）的 47 个大型监听站、4120 个小型监听站等组成，据称能截获几乎所有卫星、短波、蜂窝电话以及光纤通信信号。俄军的地面无线电技术侦察也拥有较先进的技术手段、较强的情报获取能力和高素质的技术队伍，其侦察装备主要有"圆"信号情报系统、"织女星"无线电电子侦察系统、"塔兰"综合测向系统等，主要通过与电子侦察卫星协同，采用侦听、测向和信号分析等手段获取信息。除了接收、利用航天和航空侦察装备提供的信息进行空军技术侦察以外，各国空军大力发展陆基无源情报侦察系统，相关装备技术近年来发展迅速。目前使用的对空无源监视系统主要有捷克的维拉-E 电子情报及无源监视系统、俄罗斯的"Bera" 85B6-A 二坐视无线电技术侦察系统、乌克兰的"铠甲"无线电电子环境无源监测系统以及美国的"寂寞哨兵"系统等。

在地面电子对抗侦察系统发展方面，据报道，美国目前正在研发一种集侦察监视与对抗于一体的"狼群"战场电子战系统，该系统能够秘密地部署在敌人后方，监视频率为 30 兆赫～20 吉赫的通信。必要时，能对敌人的电台或防空雷达进行干扰，并能确定信号位置，阻止敌方在战场上使用通信和雷达。"狼群"系统的研制已于 2005 年完成了第四阶段的最后一次演示。未来美国空军将使用该系统部署抑制敌方空中通信，使电子对抗侦察部队成为"从传感器到射手"攻击链的一个重要环节。

在光电侦察系统发展方面，美国的地基光电深空监视系统"GEODES" 是空间监视网的重要组成部分，主要用以监测深空目标。该系统能跟踪高于 5600 千米直至 40000 千米的空间目标。每个测站配 3 台望远镜，2 台主望远镜主要用于对运动速度较慢的高轨道空间目标的搜索，并具有对夜空进行每小时 2400 千米监视的能力；1 台辅助望远镜主要用于对低高度大范围的快速运动目标的搜索，具有每小时搜索 15000 平方公里的能力。据称，"GEODES"提供了全球赤道上空的几乎全空域的覆盖，并承担 65%以上的深空目标的跟踪和识别。

在机动侦察方面，传统的机动侦察车仍在继续使用，且功能越来越强，技术越来越先进，如美、英正在联合研制专用的"未来骑兵侦察车"，可昼夜执行侦察、监视任务的全地形无人驾驶地面侦察车，以及探测活动目标、供机械化部队、空降兵和空中突击队用的"前方观察目标捕获系统"等。

第三节　信息化空军情报侦察装备的作战运用

进入 20 世纪 90 年代以来，在以美国为主导的现代局部战争中，充分利用多种情报侦察装备，基于信息技术组成了一个庞大的航空、航天和地面立体侦察系统，从全维作战空间昼夜不停地实施联合战略战术侦察，为作战胜利提供了精准的情报保障。

一、空军情报侦察装备作战运用特点

准确及时的空军情报，是空军筹划和指挥作战的重要依据，对赢得作战胜

利具有直接影响。因此，各国尤其是美、俄、英、法等国家的军队已建立起了空、天、地一体化和多元情报高度融合的空军侦察装备体系，不仅能在空中进行航空侦察，而且能从地面、空间实施情报侦察；不仅能在白天侦察，而且能在夜间及恶劣天候中进行侦察；不仅能用目视和光学手段进行侦察，而且能在声频、微波、红外等领域进行侦察。这些情报侦察系统各有自己的特长和优点，但也都存在着各自的局限性，因此，在作战运用上，需要在侦察与监视的地域、时间、周期以及对情报的处理和利用方面取长补短，互为补充，互相印证。以近几场局部战争中美国空军情报侦察为研究对象，分析现代空军情报侦察装备的作战运用特点。

（一）运用天基空基平台，注重全维监控态势

美国在 2001 年 10 月出台的"四年防务评估报告"，要求 21 世纪的美军"能够利用全球情报网、新型情报技术、合成监测与侦察装置和设施"获得情报优势，以便对复杂的战场环境实施全维监控。美国空军在《2020 空军展望》中明确"航空航天优势"将是 21 世纪首要核心竞争力，指出要大量运用天基空基侦察平台，实现战场态势的全维监控，进而达成决策优势。伊拉克战争中，美国空军利用成像卫星实时监视伊军调动情况，进行目标定位和打击效果评估等，极大地提高了战场态势感知能力；利用电子侦察卫星搜集伊防空雷达、导弹制导雷达、地面指挥通信系统的电子信号，并确认这些设施的具体位置，对无线电信号进行检测，寻找萨达姆等伊拉克高层领导人的藏身之处及伊军重要指挥控制中心，为空袭行动提供目标方位信息；利用气象卫星准确了解伊拉克境内的沙尘暴等天气情况，严密监视伊境内油井及巴格达地区用于防御的油壕燃烧情况。在高空，美国空军的有人侦察机可对伊拉克全境实施照相侦察、电子侦察，监听伊军部队之间的无线电通话及伊重要领导人的电话，侦察和定位伊军地空导弹阵地。在中低空，美军利用无人机对战场实施长时间抵近侦察并作出准确的战果评估。最为重要的是美国空军利用数据链将这些游弋在太空的天基平台及处于不同空域的有人或无人驾驶空基平台无缝交联，并将侦察到的大量战场情报信息进行实时传输，从而使美国空军基本实现了对战场环境及作战态势的全维监控，保证了美国空军在战争中始终牢牢掌握着决策优势，这是信息化条件下美国空军情报侦察装备作战使用的一个显著特点。

（二）整体运用信息化情报侦察装备，注重装备体系协同作战

美军在《作战纲要》中提出了全频谱作战样式，其基本内涵是指综合运用以信息为纽带连结起来的机动、火力、指挥、防护等战斗力各要素，在决定性的时间和地点上，形成压倒性的优势效果，以剥夺敌人优势、减少己方伤亡、迅速达到作战目的、确保己方取得战争胜利。美国空军在这一作战指导思想下，在情报侦察作战保障中，要求以大量信息化侦察装备为依托，充分发挥联合情

报侦察体系作战效能，顺利完成情报保障任务。伊拉克战争中，美国空军利用信息化情报侦察装备的整体优势，建立了高效统一的指挥控制体系，成功实施了信息化条件下的联合情报侦察保障。归纳其特点，一是整体运用空军情报侦察装备。在伊拉克战场上，美国空军利用大量信息化情报侦察装备积极参与空、天、地信息化侦察情报组网，构建了功能强大的战场信息化网络，将情报、监视和侦察等网络系统与其他军种连成了一个有机的整体，从而使陆基、海基、空基、天基情报侦察平台和各类人员能实时交换作战信息，共享各类信息资源，形成了支持各种武器装备作战活动的多维信息空间战场。通过高度透明的信息化战场，美国空军各级司令部指挥官可随时随地共享信息、获得共同的战场画面，达成与其他军种指挥上的高度协调，进而实施有效的联合作战，使空军装备作战使用效能最大化。二是注重发挥联合侦察使用的整体威力。在伊拉克战场上，美陆海空的卫星、侦察机、无人机及地面特种部队获得的信息能够通过数据链传输到美军所有信息化装备，在信息共享及高度统一指挥基础上，美国空军可依托信息化情报侦察装备的整体优势最大限度地发挥联合情报侦察保障的整体威力。美国空军作战飞机大部分安装了"目标数据实时接收和修正系统"，在赴伊拉克目标区途中，作战飞机通过卫星直接接收情报中心发出的实时数据，实现在作战过程中高度协调及有效的相互支援。在发挥联合作战的情报保障过程中，空军情报侦察装备发挥了积极的作用，这也是美国空军情报侦察装备作战使用的一个显著特点。

二、空军情报侦察装备作战运用实例

空军情报侦察装备在战场上的应用主要是监视空军作战战场环境，通过侦察及时获取准确的情报，为空中力量使用提供决策依据，确保空军武器装备作战效果的充分发挥。

（一）航空情报侦察装备的作战运用

航空侦察具有时效性强、机动灵活等特点，不仅能在短时间内同时发现大量的各种目标，向各级指挥员提供实时的战场情报信息，还可对目标进行跟踪识别，直至目标被摧毁。因此，航空侦察情报在现代局部战争中的作用越来越大，能够对作战胜负产生巨大影响。

20世纪50年代初在朝鲜战争中，美军曾利用RF-80喷气式侦察机对仁川登陆点实施航空摄影侦察，从60～70米的低空拍摄了2000多张立体照片。根据这些照片，美军不仅详细地掌握了登陆点的地形地貌，而且推算出什么时间适宜登陆，以及当时的潮水高度。这些详尽准确的航空侦察情报，为美军制定战斗方案和实施作战准备提供了可靠的基础。

1982年6月第五次中东战争中，以色列先进的侦察手段为战争的胜利提供了条件。战前,以色列使用"先锋"无人机和高空侦察机配合,潜入贝卡谷地,侦察叙利亚部署的萨姆-6 地空导弹的情况,并使用"侦察兵"无人机进行电视侦察和战场监视,用"猛犬"无人机完成战场摄影侦察。通过上述情报侦察,以色列 6 月 9 日成功地闪电式袭击叙利亚在贝长谷地部署的导弹阵地,摧毁了 19 个萨姆-6 导弹阵地,击落了叙利亚 80 多架飞机,而以色列仅损失了几架飞机。

海湾战争中,美国和英、法等国在海湾地区集中了大量空中侦察飞机,包括 U-2S、TR-1 和 RC-135 等型战略侦察机 19 架,RF-4C、RF/A-18A/C、RF-14A、"美洲虎"和"狂风"等型战术侦察机 100 余架,以及无人驾驶侦察机 150 多架,共进行了 3758 架次侦察飞行,为以美国为首的多国部队提供了全天候、近实时的战场目标情报。其中,在整个"沙漠风暴"行动中,美军的"先锋"无人机共出动 533 架次,飞行 1638 小时。该机可以从不同角度对目标进行战术侦察,通过它传回的视频图像进行分辨和确认,可以做出较准确的判断,然后决定是否还需要对目标再进行突击,为多国部队的行动提供作战效能评估和提供攻击目标等任务。

科索沃战争中,北约投入了数十架性能先进的高空侦察机、无人侦察机和电子对抗侦察飞机,用以截获南联盟国家指挥中心与各军兵种和警察部队之间的通信,搜集南军指挥通信、雷达工作参数,以及对轰炸效果进行评估。

阿富汗战争中,美国国防部制定了一种称作"闭环 C^4I 系统"的作战方案,即由"全球鹰"无人机、"捕食者"无人机(包括攻击型"捕食者"无人机)、RC-135"联合铆钉"信号情报侦察飞机、E-8C 雷达侦察飞机等组成,利用 LINK-16 数据链,组成一个"闭环 C^4I 系统",可使盟军部队在 5~10 分钟之内就能打击这些捉摸不定的目标。这种"闭环 C^4I 系统"首先通过 E-8C 雷达侦察飞机、RC-135 信号情报侦察机或者"全球鹰"无人侦察机等这些高空侦察平台对战区进行大范围的不间断的侦察监视,一旦发现有移动目标(车辆或人员),即将目标信息传送给中央情报局的"蚋蚊"或者空军的"捕食者"等无人机,引导这些视野较小,但飞行高度较低的无人机飞往作战指挥员所关注的某一地区(例如,阿富汗山谷地区陡峭的深谷山涧),对目标的位置作进一步的细致探测,然后,引导美空军的 B-2 轰炸机利用新型的 GBU-37 型炸弹和 AGB-130 型炸弹打击恐怖主义分子。

伊拉克战争中,在高空,美军的 U-2C、RC-135、EP-3、RC-12 等有人侦察机以及 E-8、E-3 等预警机装载的情报侦察设备可对伊拉克全境实施照相侦察、电子侦察,监听伊军各部队间的无线电通话及伊重要领导人的电话;P-3 和 EP-3 型机可侦察和定位伊军地空导弹阵地;在中低空,美军利用"捕食者"、"全球鹰"、"影子 200"等无人机对战场实施长时间抵近侦察并做出准确的战果评估。

（二）航天情报侦察装备的作战运用

航天情报侦察具有不受领空限制，可对全球进行侦察、监视的特点。1957年 10 月苏联发射了第一颗人造地球卫星后，美国不知苏联空间技术的虚实，曾估计苏联部署有 400 枚洲际弹道导弹，大大多于美国，赫鲁晓夫也乘机以此作为讹诈手段。20 世纪 60 年代初，美国首先将卫星用于军事侦察。1961 年初，美国根据侦察卫星拍摄的照片，断定苏联仅仅拥有 14 枚洲际弹道导弹，揭示了有"导弹差距"的是苏联，而不是美国。10 月，美国总统肯尼迪向苏联外长展示了卫星侦察照片。结果，赫鲁晓夫自知讹诈已被揭穿，不得不一下子降低了讨论柏林问题的调子。

海湾战争中，多国部队空军在太空部署了各类卫星 56 颗，其中情报侦察卫星 25 颗。"大酒瓶"卫星是美国的第三代地球同步轨道电子侦察卫星，主要用于截获通信和电子信号情报。美国的"国防支援卫星"（DSP）主要是用于探测战略弹道导弹发射，同时也为"爱国者"导弹拦截"飞毛腿"导弹提供了预警信息。俄罗斯曾在伊拉克入侵科威特后不到 48 小时，应急发射了 1 颗高分辨率侦察卫星对海湾地区进行侦察。

科索沃战争中，航天侦察成为北约部队最主要的情报获取手段，它在战争中为北约部队提供了 70% 以上的战略情报。在航天情报侦察装备使用上，北约部队运用了处于外层空间的近 80 颗卫星对南联盟境内包括通信、雷达等电子目标在内的军事目标实施全面的侦察监视。其中，照相侦察卫星的数量最多，技术最成熟，约占卫星总数的 40% 和军用卫星的 60% 以上。到科索沃战争爆发，美国空军和中央情报局已经发射了 230 多颗六代侦察卫星。第六代 KH-12 光学照相侦察卫星载有先进的红外和电子遥感设备，地面目标分辨率高达 0.1 米。美国"长曲棍球"雷达成像卫星采用合成孔径雷达技术，可全天候、全天时、实时化侦察，并能对目标进行透视和揭露伪装，地面分辨率 1 米；如果轨道下降到 160 千米，分辨率可达 0.1 米。除军用照相侦察卫星、电子侦察卫星和导弹预警卫星之外，一些民用的地球资源卫星和航天飞机等也担负着一定的空军情报侦察任务。

阿富汗战争中，美军为满足战争需要，通过变轨技术，将多颗最先进的照相侦察卫星调集到中亚地区上空，动用卫星总数达 94 颗。战前，美军为隐蔽其作战行动，在不便派出其他侦察手段的情况下，于 2001 年 8 月 18 日至 10 月 5 日，专门发射了 3 颗侦察卫星，包括"锁眼"和"长曲棍球"型侦察卫星。这 3 颗高分辨率的侦察卫星和其他侦察卫星一起，每天反复扫掠阿富汗恐怖主义分子的地区，监视塔利班政权的据点、车辆和火炮的动向，跟踪战争爆发后阿富汗难民的状况，协助美军对阿富汗境内的目标实施军事打击。"锁眼"侦察卫星的可见光探测器可以在白天跟踪一小群正在地面行走着的阿富汗人，红外传感器则可以在冬日的夜晚精确地发现阿富汗人点燃的一堆堆篝火，并利用其侦察分辨率高的优点，可以在 320 千米高的空间成功地对地面上行走的少量人群进行成像，并沿其运动方向进行跟踪。因此，在阿富汗战争中，美军利用上述情报侦察能力，监视塔利班作战分队的运动情况，并连续不断地对难民移动情况进行监视，从而使盟国军队能够区分潜在的敌对人群和非战斗人员。美国还通过借用两颗民用卫星，组成外空侦测网，全面监视和搜寻塔利班和本·拉登的动向与位置，并截取电子邮件，截听电话，以便为实施准确打击提供情报支援。

（三）地面情报侦察装备的作战运用

空军地面无线电技术侦察不受国界限制、受气候等自然条件的影响小，能及时获取重要、可靠情报。通过电子对抗侦察和光电侦察，可构成严密的空中监视网，具有发现目标快、探测距离远等特点。

海湾战争中，美国空军在沙特阿拉伯部署了一个机动地面站，以接收TR-1A 的飞行数据，并对数据进行自动处理和传播。

科索沃战争中，北约有 50 多个各类电子侦听站不间断地搜集南联盟政治和军事情报；部署在亚得里亚海上的航母战斗群和电子侦察船，可对一定范围内的电磁辐射源进行信号侦察和精确定位。

阿富汗战争中，美国中央情报局的特种作战伞兵小组装备了激光目标指示器、通信电台和便携式计算机等装备，深入战区获取情报，为作战飞机提供实时或近实时的目标数据。

（四）情报侦察装备一体化联合作战运用

在 20 世纪 90 年代以来的几场现代化局部战争中，美军充分运用大量的信息化空基、天基平台，从而形成了空天一体化的侦察网络，保证美军能够快速发现目标，迅速进行定位和跟踪，并把战场情报迅速传递到作战平台上。因此，美军大大缩短了目标发现、定位、瞄准、跟踪和打击的作战时间。从信息获取到实施打击的整个作战过程，海湾战争需要 3 天，科索沃战争约 2 小时，阿富汗战争已缩短到 19 分钟，伊拉克战争只需要几分钟，基本具备了对战场目标的近实时打击能力。许多遭打击目标都是在飞机起飞后才出现的，对这些新出现目标的打击成功率已经达到 65%。战争后期，美空军还随时保持 2 架战机在战场上空待命，通过特种部队地面引导，由飞行员自主决定攻击目标，进一步检验了实时化精确作战程序。

海湾战争中，多国部队的侦察卫星、侦察机、地面侦察装备遍及天、空、地空军作战空间，组成了规模庞大的情报监视网，在监视战局变化、战争决策和制定作战计划、设定武器目标、发挥武器效能等方面发挥了重要作用。

2001 年 11 月 13 日晚，塔利班部队被迫放弃首都喀布尔向山区撤退。美军航空航天侦察力量严密监视着敌人的行动，夹在溃退部队中的一支车队引起了美方的注意。"捕食者"RQ-1型无人侦察机的机载红外摄像机将其一举一动都拍摄了下来，并将图像迅速通过加密卫星通信系统传到位于美国佛罗里达州坦帕的美军中央司令部控制室，然后再发送到五角大楼和中央情报局。空中作战指挥中心迅速判定这是"基地"组织目标，下令3架F-15E战斗机和"捕食者"无人机实施精确打击。F-15E发射GBU-15激光制导炸弹，摧毁了人员居住的旅馆；"捕食者"则向停车场内的汽车发射了2枚"海尔法"导弹。事后查明，"基地"组织二号人物穆罕默德·阿提夫等近百名恐怖分子在袭击中被炸身亡。

三、空军情报侦察装备发展对作战运用的影响

现代侦察技术的发展及其在战场上的应用，使得现代战场监视与侦察手段有了显著的改善。侦察手段多样化，各种手段结合运用，大大提高了大面积监视能力、精确侦察能力、夜间或复杂条件下全天候侦察能力、实时或近实时侦察能力和揭露伪装的能力，对作战也产生了深刻的影响。

（一）扩大了作战空间

现代侦察技术装备可以在全球范围内进行全纵深、大面积的侦察和监视，并覆盖整个战场。例如，地面战场监视系统侦察纵深可达150千米以上；中低空侦察机可覆盖其航迹侧面100千米；高空侦察机飞行距离4800千米，值勤时间12小时，每小时监视能力达38.9万平方千米；卫星侦察与监视可覆盖数百万平方千米。作战侦察距离的增大，扩大了信息获取量，为实施远距离作战提供了条件。同时，作战距离的扩大又使传统的近战战法受到严重挑战，必须探索新的对敌作战方式。

（二）提高了信息获取能力

侦察装备技术的发展，使现代战争的情报侦察方式发生了变革，过去战场侦察主要是依靠侦察兵或特工人员使用目视观察器材进行侦察，而现代战争的情报侦察主要是使用配备有先进的光、电、磁传感器的侦察设备，包括地面侦察站、侦察船、侦察飞机、侦察卫星等手段，对敌方的军事设施、军队的部署、武器装备的配置以及部队的调动与行动企图进行侦察和分析，获取军事情报，为制定作战计划和作战行动提供依据。使用现代侦察手段，可以深入敌后方，全面详细地了解和掌握战场的情况，从而达到"知己知彼，百战不殆"的目的。

（三）增强了作战指挥的时效性，提高了指挥质量

现代战场复杂多变，实时获得高质量的情报信息显得越来越重要。现代侦察技术特别是卫星、遥感技术应用于军事领域后，不仅使军队获取信息的范围显著增大，而且速度和准确率也大大提高。目前，在地球上空的各类探测和通信卫星多达千余颗。这些卫星上均装有最新成果的高技术仪器，大大缩短了各

种指令的传递时间。如侦察卫星所采集的大量信息以数据图像、文字资料、无线电信号、雷达信号等多种形式传递给地面接收站和指挥中心只需 1 分多钟。海湾战争中，多国部队的指挥中心，依靠先进的侦察系统，可以随时收到卫星发送的战场情况，并能动态监视伊军的行动，使各级指挥员及时地了解和掌握当地伊军部署和双方战斗进展情况，为战区乃至分队指挥员实施正确指挥提供重要的依据。高技术侦察装备这种实时、快速、准确地传递信息的能力和手段，极大地提高了作战指挥的时效性。

现代侦察系统不仅能为指挥员提供不同距离的、全方位的、有声有色的直读、直观、直闻情报信息，而且还可用计算机的逻辑功能帮助计算和分析，并为指挥员制定的计划方案进行"对抗模拟"，比较方案的可行性，选择最佳方案。同时避免了手工作业带来的差错，提高了保密性和指挥质量。

（四）促进了反侦察技术的发展

侦察技术在战场上的运用，促进了反侦察技术的发展。随着卫星、遥感等新技术在军事上的运用，使战场"透明度"越来越大，部队企图隐蔽行动更加困难，必须探索新的伪装方法和行动方法。如常用的伪装方法对目视侦察和微光侦察有效，但热成像器材出现后，烟幕伪装的效果也越来越小，这些方法基本失去了作用，必须研究出有效的伪装材料和方法。此外，高技术侦察设备和先进侦察手段的大量使用，还使战场目标的生存面临更大的威胁，战役战斗的突然性越来越难以达成。因此，为了提高战场目标的生存能力和达成战役战斗的突然性，必须发展反侦察技术。

第四节　信息化空军情报侦察装备的发展趋势

随着各种高技术的广泛应用，现代侦察监视技术正在进入一个崭新的发展阶段。无论是侦察方式、侦察手段、器材设备本身，还是其战术技术应用，都将提高到一个新的高度。归纳起来，现代侦察监视装备呈现出以下发展趋势。

一、侦察手段综合体系化

随着侦察技术的不断改进，各种反侦察设备和伪装干扰技术也得到了发展，为了识别伪装，提高侦察效果，一方面要加强地面目标特征研究，另一方面要加速研制新的红外、激光、微波遥感器，使用多种遥感器，同时观测同一地区，这样既能获得多种信息，又能增加侦察监视效果。如美国研制的"伦巴斯"远距离监视战场探测系统由声、磁、振动、红外 4 种传感器和监视器组成，各种传感器获取的目标信息可互相补充、互相验证。又比如美国在其预警卫星上增加了 X 射线探测器、γ 射线探测器、中子计数器等探测仪器，使其具有了核爆炸探测能力。

二、侦察平台多维立体化

由于现代武器的射程急剧增加，部队的机动能力迅速提高，现代战争将是大、纵、深的立体战争。为适应未来防空、防天和反导的任务需要，各国空军尤其是美俄等军事强国空军正在按"大情报、大态势"理念，构建空、天、地一体化和多源情报高度融合的情报侦察系统。因此，空军将在现有航空情报侦察和地面情报侦察基础上，综合天基侦察预警、陆基远程预警和空间目标监视、海基侦察监视等情报资源，构成高度统一、密切协同的空天防御情报保障体系，为空天防御作战提供全方位、全天候、全时域和全谱域信息支援。

三、情报处理智能实时化

现代战争快速多变，部队机动能力强，要求侦察与监视所用的时间尽量最短。使得信息的处理和传输速度成为情报侦察作战的关键。随着遥感技术的发展，靠人的五官和经验远远不能适应"实时、适时侦察"的需要，唯一的办法是借助以计算机为核心的遥感图像自动分类和识别技术，提高处理速度。如美国的 E-3A 预警机上装备的计算机容量大、运算速度快，可同时跟踪 600 个目标，对 200 个目标进行识别，并同时处理 300～400 个目标的信息。

四、情报保障察打一体化

侦察与攻击一体化就是将部队的侦察监视系统与火力攻击系统有机地结合起来，构成一个合理的整体，以便及时发现和摧毁目标。未来，空军侦察打击一体化建设的主要方向，一是加强指挥通信系统建设，实现从空军内部以空防部队为主体的纵向察打一体化向跨军兵种横向一体化的延伸；二是研制新型侦察装备，构建多传感器自动化协同网；三是发展和装备侦打一体化无人机系统，比如"捕食者"无人空中作战系统；四是研制和装备新型远程精确制导武器，提高打击目标的精确性和毁伤效果。

第七章　信息化空军保障装备

信息化空军保障装备，是指为实施空军战训保障而编配的专用车辆、设备、器材、装具的统称，是空军装备的组成部分，包括作战指挥、通信、导航、航空管制、军需、油料、卫生、机场、军交、弹药、四站、技术保障等通用装备和空军专用装备。空军保障装备对于空军有效地遂行战训保障任务，维护和提高空军部队战斗力，具有重要作用。

第一节　信息化空军保障装备的基本构成

保障装备涵盖军需装备、运输装备、军械装备和后勤自动化装备等，范畴较宽。一般保障装备分为通用装备和专用装备两部分。通用保障装备指诸军兵种及其他武装力量都使用的保障装备；空军专用保障装备是空军为实施作战保障所编配的专用机械、车辆、设备、器材的统称，是空军武器装备发挥作用、顺利完成各项任务的重要保证。具体可分为作战保障装备、后勤保障装备和技术保障装备等专业保障装备。

一、作战保障装备

空军作战保障装备是指空军为顺利遂行战训任务所配备的作战勤务保障装备，包括作战保障指挥装备、通信保障装备、气象保障装备、导航装备和航空管制装备。

（一）作战保障指挥装备

空军作战保障指挥装备是用于空军作战保障指挥的专用装备。使用良好、先进的作战保障指挥装备，是提高空军作战保障速度和效率的重要保证。主要包括空军作战保障指挥软件系统、航空军事物流指挥控制系统、科技装备管理系统、机场管理保障网络信息化系统、飞行保障指挥监控台、飞行保障指挥车等6种。各国空军作战保障指挥装备情况不一，技术水平不尽相同。

美空军研制的后勤机动控制装备用于改进和缩短决策过程，增强计划能力，监视保障行动的执行。它还能提供工具和显示，以收集和处理各种不同的后勤指挥官和各作战参谋用户偏好的信息。该装备接收来自空军作战指挥系统的关键信息和数据，当后勤指挥官和他们参谋们需要时，将这些信息可视化地显示在图像显示器上。当在他们的功能区域执行保障任务时，还能提供每个战场功能区域的重要的通用作战图像信息。这些信息和数据交换直接由军事消息机制、数据交换、电子邮件、主客户端应用软件直接完成，或间接地使用空军作战指挥系统完成。该系统提供一种从平台到作战集团各级作战保障指挥方式的软件能力，使得他们可以协力创建和管理包括部队位置、目标位置、作战命令、保障计划和图像等的关键信息。

航空兵机场飞行保障指挥监控台，经过不断改进，实用性、可靠性和技术水平有较大提高。飞行保障指挥监控台的使用，提高了航空兵飞行保障指挥的效率、可靠性和自动化水平，增强了机场的保障能力，提高了航空兵快速反应能力和作战能力。

（二）通信保障装备

通信保障装备是组织通信联络、保障作战指挥的重要工具，可分为无线电通信装备、有线电通信装备、光通信装备、运动通信装备和简易信号通信装备，各类通信装备根据在传送信息过程中的功能划分，一般包括传输设备、交换设备、用户设备、保密设备、供电设备、测试设备及各种通信平台。

第二次世界大战后，随着科技的发展，通信保障装备的发展进步也更为迅速，以信息技术为核心，以微电子技术为先导的高新技术被广泛应用于军事通信领域，通信保障装备在信息化战争中的作用也越来越突出，并逐渐成为军事信息化建设的重要支撑。特别是美国、苏联分别拥有了军用卫星通信系统，使得战争走向了空间通信时代。据统计，美英联军在2003年的伊拉克战争中，使用各类军事卫星20多颗，租用商业卫星近百颗，卫星通信是美英联军的主要通信手段。

（三）气象保障装备

气象装备的种类较多，目前已基本形成了以地基为主，空基、天基相结合的立体化气象装备体系。按其在气象保障中的用途可分为气象观探测装备、气象信息的收集和传输设备、天气预报和气象保障自动化系统、人工影响天气设备、空间天气探测设备等五大类。

气象观探测装备又分为地面气象观测装备、空中气象探测装备、天气雷达、飞机气象探测设备和气象卫星等。地面气象观测装备种类较多，主要是为保障飞机的起飞、降落获取各种气象观测资料，包括地面温度、湿度、气压、降水、风向、风速等基本气象要素和云底高、低空风场、视程、能见度、大气的物理现象和特征等数据。空中气象探测装备，主要包括高空气象探测雷达系统、风廓线雷达、无线电经纬仪系统、导航测风设备、GPS高空气象探测系统、平飘气球探测系统、气象火箭探测系统等。天气雷达是指专门用于对云、降水、雷暴等现象进行探测的气象雷达，又称测雨雷达。飞机气象探测设备包括安装在战斗机、运输机及其他通用飞机上的各种机载气象探测设备和专用气象探测飞机、无人驾驶气象探测飞机等。气象卫星是指从外层空间对地球表面及其大气层进行气象观测的人造地球卫星。按照运行的轨道不同，分为极轨气象卫星和静止气象卫星。

气象信息的收集与传输设备，是用于收集、传递和分发气象信息的各种通信设备的统称（又称为气象通信设备），是空军气象装备的重要组成部分。

天气预报和气象保障自动化系统，主要包括天气图自动填绘和分析系统、数值天气预报系统、气象保障工作站、机动气象保障设备等。

人工影响天气设备主要包括人工消云设备、人工消雾设备、人工增雨设备、人工防雹设备和人工引雷设备等。

空间天气探测设备，按照工作平台的不同分为地基空间天气探测设备和天基空间天气探测设备。地基空间天气探测设备主要有太阳光学望远镜、太阳射电望远镜、地磁仪等；天基空间天气探测设备主要有安装于航天器上的光学、高能粒子和等离子体相关的探测仪器。

（四）导航装备

导航作为一种技术门类，主要研究如何运用载体的实时位置信息以及以何种方式确定运载体的航线或航向等问题。导航装备按运载体能否单独产生导航信息分为自主式导航系统和非自主式导航系统。

自主式导航系统按工作原理或应用的主要技术手段可分为多普勒导航系统、高度表、惯性导航系统、天文导航系统、地形辅助导航系统、目视导航系统、地磁导航系统等。

非自主式导航系统主要是指无线电导航系统、星基无线电导航系统（又称卫星导航系统）和空基无线电导航系统。非自主式导航系统的优点是整个系统的复杂性大部分集中在导航台上，机载用户设备比较简单，因此价格低廉、可靠性高、易于推广应用。但从作战角度看，非自主式导航系统有导航台并依赖于导航台与运载体之间的空间通信，所以生存能力、抗干扰能力、反利用能力、抗欺骗能力与自主式导航系统相比稍逊。

若将导航系统所测量的数据信息进行融合处理构成一套新的导航系统，则称为组合导航系统。不同类型的无线电导航系统可以进行组合，无线电导航系统和非无线电导航系统之间也可以进行组合。惯性导航与卫星导航的组合以及惯性导航与地形辅助导航的组合具有很大的发展潜力。因此组合导航系统可使不同系统取长补短，显著提高导航系统的整体性能。多普勒导航系统与 GPS 组合导航系统曾在海湾战中经受实战的考验，证明它是一种适应性强、造价低、精度高的自主式导航体系，不过分依赖 GPS，即使在 C/A 码的情况下，位置精度也高达 10 余米,这对惯导系统尚未普遍使用的国家有一定现实意义。目前备受瞩目的是惯性导航系统与 GPS 组合,两者都是全球、全天候、全时间的导航设备,可提供完备的导航数据,优势互补能消除各自的缺点,使该组合系统的应用越来越广泛。但对于 GPS 的非卫星拥有国,过分依赖它是极不明智的,所以多于两种导航设备组合的多传感器组合导航系统得到迅速发展。

(五)航空管制装备

航空管制装备包括空地通信、航空器定位和管制中心信息处理系统。航空管制系统是一个典型的人—机组合系统,由管制中心自动化设备、雷达、通信、导航、气象和监控等设备构成。系统以雷达为传感器,以管制中心处理系统为核心,以语音和数据通信为网络,在管制员的操作下实现管制功能。管制系统中的现代化装备是保证航空管制工作正常开展的基础和先决条件,也是保证航空事业快速发展和现代空中作战制胜的必要条件。

管制中心自动化装备包括雷达数据显示单元、飞行计划显示单元、航行情报显示单元、语音控制单元、气象数据显示单元、飞行进程单打印单元、记录和重放单元、模拟训练单元,通过局域网与系统相连,以便共享资源。

航空管制雷达装备可以准确地确定航空器的位置,并对航空器进行识别,还可以为飞行员提供导航协助、雷达引导、不安全状态告警等飞行服务。包括航路监视雷达及机场监视雷达,二者均可以是一次监视雷达也可以为二次监视雷达。其中一次监视雷达通过航空器反射回来的信号,测定飞机的方位、距离和高度,存在反射信号较弱,监视半径小,不能自动识别目标,并容易丢失受监视目标等缺陷。二次监视雷达通过地面询问发射机发出经编码的询问信号,由机载应答接收机接收并解码,二次监视雷达可有更大的作用距离、较高的发现概率,可进行数据通信。

航空管制通信装备将航空管制地地、空地和空空通信有机地融为一体。主要包括航空管制甚高频、高频和卫星通信设备等。

航空管制导航装备,用于定位、航线引导、着陆引导和其他引导,主要装备包括中波无线电导航机、超短波自动定向系统、甚高频相位式全向信标、近程测向测距导航系统、仪表着陆系统、全球卫星导航系统。

航空管制气象设备为管制及时提供气象信息,包括天气观测站、遥测站、测风雷达、数据化天气雷达、常规雷达的气象通道信息、气候资料库、卫星云图接收系统、气象情报综合处理交互系统、军民航间气象中心信息引接以及通信网等。

航空管制监控装备主要担负监控和收集管制中心系统运行状态,以及与中心相关联的雷达、通信、导航设备的工作状态,并对收集到的信息进行分析、处理和通报有关单位的监控分系统的设备。由系统监控中心、监控席和检测部件三级一体的监控网络组成监控分系统。

二、后勤保障装备

空军后勤保障装备是指空军为顺利遂行战训任务所配备的后方勤务和装备勤务保障装备，主要包括空军饮食装备、空军油料装备、空军卫生装备、机场场务保障装备、空军军交保障装备、空军航空弹药保障装备和空军航空四站装备。运输机作为空中运输装备通常也列入空军后勤保障装备。

（一）空军饮食装备

机场饮食专用装备是用于航空兵等作战训练时，外场空勤人员和其他人员饮食保障的专用装备。航空兵外场作战和训练，需要饮食保障的人员多，既有空勤人员，也有地勤人员，既有指挥人员，也有专业技术人员，而且根据空军作战训练特点，这些人员饮食就餐时间不一，餐数不一，标准不一。另外，机场外场往往离内场有较远的距离，内场的饮食保障装备和场所难以满足外场饮食保障的要求。因此，外场飞行饮食保障需要适于外场使用的专用装备。机场饮食专用装备主要有外场饮食保障车、飞行员餐车等。

外场饮食保障车是适用于空军外场飞行饮食保障的专用装备，主要用于把场站内场食堂或加工点制作的正餐（间餐）热食，运送到机场外场就餐点，供应外场飞行保障的各类人员食用，并供应热开水到外场各饮水点。飞行员餐车是在飞行现场为飞行员加工、供应膳食并供其就餐的专用车辆。空勤人员在执行飞行训练和作战任务时，就餐时间不统一，就餐批次多，往往轮流就餐。飞行员餐车是针对空勤人员作战、训练的特点以及对饮食保障的需求而研制的。

（二）空军油料装备

空军油料装备是指对空军作战实施油料保障的专用保障装备，用以补给各种飞机燃油和附属油料，主要包括各种专门的航空油料储存、运输、加注以及化验检测装备等。

飞机地面加油装备是在机场或其他场地为飞机加注油料的航空油料专用装备。飞机地面加油按直接油源的不同，分为加油车加油和管道加油；按油料加注的油品种类不同，分为燃油加注和附属油料加注。飞机地面加油装备主要有飞机燃油加油车、飞机附油加注车、飞机管道加油装备以及机动发动机泵、挂车泵等其他加油装备。

飞机空中加油装备主要是空中加油机，它给飞行中的飞机空中补充航空燃料。空中加油具有极大的优越性，不仅能增加飞机的航程、有效载荷和作战半径，还可大大减少被敌人火力摧毁于地面的危险，使作战飞机具有更大的灵活性和反应能力。对延长作战飞机留空时间，增加有效载荷，提高飞机航程和作战能力，有着十分重要的作用。空中加油机大多由大型运输机或战略轰炸机改装而成，也有个别像美军 KC-135 型空中加油机那样专门研制的加油机，还有少数加油机是由歼击机加装加油系统改装而成同型"伙伴"加油机。

机场野战油料补给装备是用于野战条件下给作战武器补给燃料的成套油料装备系统，具有储油、输油、加油多种功能。它机动灵活，运输方便，展开/撤收迅速，可临时储备一定数量油料，并同时给多架作战武器连续加注燃油。野战油料补给装备是一个综合油料保障装备系统，由储油、输油和加注设备及载运挂车等组成。储油设备通常为可折叠的软体油罐，单个容量数十立方米至数百立方米，用于盛装燃料。输油设备主要有油泵车或挂车泵和输油软管，用于泵送燃料。美军的野战加油设备由可空运加油车和可空运或空投的软体油罐组成。主要型号有 A/M32R-5 和 A/E32R-14 等，还有专门为直升机加油用的前方加油系统以及寒区加油系统。俄军野战机场使用的加油系统有野战机场集群加油系统和野战机场管线加油系统，如 T3-CT-4-1250 集群加油系统等。

（三）空军卫生装备

空军卫生装备是供航空兵等部队用于医疗救护、飞行员救生与防护，以及航空生理和心理检测、航空医学模拟等使用的专用装备。

航空医疗救护装备主要包括航空医疗箱、飞行员紧急救护装置、空运救护装备、卫生救护飞机。航空医疗箱是按航空兵医疗救护的需求和特点设计，装有规定的药品器材，供航空军医实施外场飞行保障和在飞行人员遇险时实施紧急救治的制式卫生装备。飞行员紧急救护装置是航空兵飞行员飞行训练和作战飞行遇险时，部队地面卫生救护力量对其实施紧急抢救、救护和相机后送的卫生装备。空运救护装备是安装、配备在运输机或直升机上用于救护和后送伤病员的装备，是航空医疗后送配套的卫生装备。卫生救护飞机是航空运送伤病员并能在飞行中进行医疗救护的专用飞机，简称卫生飞机。卫生救护飞机平时可用于抢险救灾、边远地区和其他情况下伤病员的运送和救治，战时可用于伤病员的快速医疗后送。卫生救护飞机快速地将伤病员运送到医院救治，能为伤病员赢得宝贵的救治时间，显著降低伤员的伤死率。

飞行员救生与防护专用装备是飞行员空中遇险跳伞着陆（水）或迫降后用以自救、求救和维护生命的装备，它对提高遇险飞行人员的生存、获救能力具有重要作用。飞行员救生装备实际上是包含有卫生装备的综合性专用后勤装备，通常分为求救联络器材、医疗自救药品器材、生存辅助用品等三部分。飞行员防护装备系指供飞行人员个人穿戴，用于对抗、防护飞行环境和其他因素对人体所产生的不良影响及其危害的装备。主要包括供氧装备、抗荷装备以及防碰撞、防噪声、防辐射等装备。

航空生理心理检测专用装备是用于检测飞行人员生理、心理功能与状况的专用装备，分为日常环境条件、航空模拟环境条件和航空作业环境条件下的检测装备。日常环境航空生理、心理检测装备是日常环境条件下对飞行人员生理、心理功能与状况进行检测的专门装备。主要有飞行员生理参数记录检测仪、心理运动能力检测仪、生物反馈仪、暗适应客观检查仪、对比敏感性检查仪、深径觉检查仪、飞行员快速综合检查仪等；航空模拟环境生理、心理检测装备是通过地面模拟的某些航空环境条件，对飞行人员生理、心理功能与状况进行检测的专门装备，主要有低压舱、低氧混合检查仪、空间定向障碍模拟器、系列化前庭功能检查仪、载人离心机等；航空作业生理、心理检测装备是在实际的航空作业环境中对飞行人员生理、心理功能与状况进行检测的专门装备。

（四）机场场务保障装备

机场场务保障装备主要是用于维护飞行场地及其附属设备的专用装备，包括机场道面清扫装备、机场道面维修装备、机场道面抢修装备、飞行场地安全装备等。

机场道面清扫装备用以清洁机场跑道以及有关场所，主要包括机场清扫车、机场扫雪装备等。机场清扫车是保持机场道面清洁的专用车辆，清扫道面，保持机场跑道、滑行道、停机坪等场所洁净，是保障飞行安全的重要措施。清扫道面垃圾有滚刷式和真空吸入式两种方式。机场扫雪装备是扫除机场场地积雪的专用装备。机场地区降雪后，道面积雪不清除，飞机不能起飞、降落，机场无法使用。采用人工扫雪的方式扫雪，需用人员多，速度慢、效率低；使用速度快、效率高的机场扫雪装备及时清扫机场积雪，对于机场雪后的正常使用和安全飞行都是十分需要的。机场扫雪装备主要有犁式扫雪机、螺旋抛雪车、喷气吹雪车等。

机场道面维护修理装备是对机场跑道和其他重要道面进行维护、修理的专用装备，用于维修机场混凝土（或沥青道面）的有机场场务工程车、机场道面测试车、机场道面清灌缝机、机场道面划线机等，维护土质道面的有割草机、搂草机、压路机、洒水车等。机场场务工程车是用于对局部损坏的机场道面进行修补的场务保障专用装备。机场道面测试车是测试机场道面弯沉，评估道面承载能力和其他相关性能的场务保障专用装备。新型机场道面测试车是测试机场道面弯沉，评估道面承载能力和其他相关性能的场务保障专用装备，由依维柯承载车、道面弯沉测试设备、钻孔取芯设备、平整度测试设备、摩擦系数测试设备以及其他附属设备和工具等组成，此外还配有道面强度评定计算机软件及各系统功能软件，其特点是道面测试方法先进，道面测试灵敏、准确、自动化程度高，操作方便、工作效率高。

机场道面抢修装备是指主要用于战时紧急抢修机场道面及其他有关设施的场务保障专用装备。通常有机场排弹工程车、机场道面抢修工程车以及其他抢修装备器材。机场排弹工程车是用于战时探测、清除机场遭敌袭击后未爆炸弹的专用装备。机场道面抢修工程车是抢修损坏机场道面的工程车。新型机场道面抢修工程车设备配备齐全，能够完成挖掘、装载、平整、破碎、切割、夯实、排水和夜间照明等多项工作，集众多功能于一身，能在机场道面抢修工程中有效地发挥作用。

飞行场地安全装备是对机场飞行场地以及飞机起降实施安全保障的专用装备，主要有机场消防车、飞机拦阻网、机场应急助航灯光车等。机场消防车用于扑灭飞机和地面油料等引起的火灾，保障飞机和机场地面设备设施安全。飞机拦阻网是用来拦阻机场着陆或中断起飞时冲出跑道飞机的专用装备，是保障飞行安全的重要装备。机场应急助航灯光车主要为夜航飞机提供应急灯光保障。

（五）空军交通保障装备

空军交通保障装备是用于后勤保障、战略投送和部队机动的专用装备，主要包括有飞行牵引车、航空集装箱、机场升降装卸平台和空中运输装备等。

飞机牵引车是用来牵引飞机，使之移动位置，到达起飞、停机、检修或储藏保管等场所的专用车辆。飞机在机场地面用牵引车牵引移动，可以节省航空油料消耗，节省航空发动机使用寿命，减少机场噪声。飞机牵引车分为大、中、小三种类型。大型飞机牵引车用于牵引大型运输机和大型轰炸机，牵引力 30 吨以上；中型飞机牵引车用于牵引中型运输机，牵引力为 10～20 吨；小型牵引车主要用于牵引歼（强）击机，牵引力 10 吨以下。

集装箱是集装化的箱式运输装载工具，由于具有装载适用、运输装卸方便等优点，军用航空集装箱是根据军用运输机的特点和航空集装运输要求设计的，它不但体积适中、强度较高，而且尺寸大小、重量和外形结构适应运输机机舱和承重要求。

机场升降装卸平台是机场向飞机装载或卸载军用集装箱和军用货物托盘及整装物资的一种机动式装卸平台。可以安全、平稳、高效地向飞机装载或卸载军用集装箱和军用货物托盘等物资，按举升能力，机场升降装卸平台有重型、中型和轻型之分。美国空军装备有奥兰多 FMC 飞机设备公司的最新型装载机，部署在世界各地的美国空军部队，以代替老式装载机。该装载机的最大优点是提升高度超过了 25000 磅的装载机，可将货物提升到 18.5 英尺高处，足以将货物送进波音 747 或 KC-10 飞机货舱门。该装载机只需 1 人操作，另 1 人在机舱内搬运货物。为便于操作，该装载机装有动力式平台滚轮和止动器。该装载机体积较小，可装入 C-130 "大力神"运输机，1 架 C-17 运输机可装载 2 台，1 架 C-5 运输机可装载 3 台。

空中运输装备主要指军用运输机，主要承担空运军用物资、军用装备和人员，空投军用物资、军用装备和伞兵等任务，同时可作为改装预警机、加油机、电子战飞机、侦察机等特种飞机的平台。代表性的装备有 C-130、C-141、C-5 和 C-17 运输机等。美军 C-5 运输机，最大载重量 118388 千克，空运距离 11200 千米，空运 1 个重型师约需 C-5 运输机 269 架次；C-141 运输机，最大载重量 40439 千克；C-130 运输机最大载重量 19356 千克；C-17A "环球霸王" III 战略战术运输机最大载重量 78110 千克。

（六）空军航空弹药保障装备

航空弹药保障装备是部队进行航空弹药勤务作业中所使用的设备、仪器、仪表、机械工具及专用工程车辆等，用于航空弹药的检测、维修、供应、保管和销毁处理等，主要包括拆码垛装备、搬运装备、装卸综合装备、运输装备、技术保障装备、储存保管装备和应急机动保障装备。

拆码垛装备主要包括手动拆码垛机、电动拆码垛机和电动托盘拆码垛机等。搬运装备主要包括运弹牵引车、运弹拖车和航空弹药搬运车等。装卸综合装备包括行吊、叉车、辅助吊具等。运输装备是用于航空弹药公路运输和外场下送等作业，主要包括航空弹药下送车、航空弹药整装整卸车等。技术保障装备是用于航空弹药启封、油封、对接、排装、维修和性能检测等作业。主要包括航空弹药启封和油封设备、弹带排装设备、弹药对接设备、弹药测试设备、气电保障设备、油料加注设备、维修设备、试验化验设备、校准设备、弹药销毁设备等。储存保管设备是用于库房温湿度检测、调节、报警、消防和信息管理等作业。主要包括仓库报警和温湿度检测设备、温湿度调节设备、库存装备包装维护设备、信息化管理设备、消防设备等。应急机动保障装备是在紧急和野战条件下进行航空弹药保障所需的特种装备。主要包括移动升降照明机、移动电站、航空弹药储运车、航空弹药工程车、野战叉车、野战方舱等。

现代局部战争中，航空弹药的消耗量十分大，因此，各国空军都在大力发展航空弹药保障装备。美军研制出的中型（7.5 吨）、重型（12～15 吨）卡车货盘装卸系统和弹药补给装甲车，使用机器人完成航空弹药的检测、搬运和装卸任务；DXL 顶弹车，既可运输炸弹又可进行挂弹作业；炸弹拖车，在仓库储存时就将一个单机所需炸弹装好，可随时用牵引车拖到飞机旁，适应快速机动反应的需要。俄军航空弹药保障广泛采用集装箱运输和弹药自装卸车辆，并开始对弹药实行集装箱储存，以提高航空弹药的后勤保障速度。

（七）空军航空四站装备

空军航空四站装备是直接为飞机提供氧气、氮气、冷气和电源的特种保障设备。

电源车是提供飞机地面通电检测和启动发动机时所需电能，根据需求电源车可以提供直流和交流电源。充氧车是提供飞机所需氧气，为保证飞行员在高空时和跳伞后呼吸用氧，以及飞机发动机空中启动补氧需要，部分机型配有机载氧气系统和降落伞储氧瓶。氧气主要由地面制氧设备生产，气瓶或槽车储存，飞行时由充氧车充入飞机，一辆充氧车，同时只保障一架飞机，可连续保障多架飞机，直至所载氧气用完。充氮车是为飞机提供所需氮气，作为飞机的动力用气、起落架减震和蓄压器增压用气等；许多机载导弹本身和发射、检测时也需要氮气作为制冷剂和动力用气。飞机所用氮气需要用地面的制氮设备提前生产，气瓶储存，需要时用充氮车充入飞机氮气系统。

目前四站设备已趋于小型化、综合化和多功能化。如美军的机场电源车主要有小型手扶式直流电源车、LV1EP-414A 直流电源车等。海湾战争期间美空军采购了小型可空运制氧/氮站及配套的氧/氮罐充和分配系统，可安置在美军标准货盘上，也可安装在拖车上，在前方提供高纯度的氧气和氮气。俄军装备了一种空气起动车，为苏-27 等先进飞机使用，它用热压缩空气起动燃气涡轮航空发动机，以及在起动瞬间为飞机机上设备提供交、直流电源。空调车为机载电子设备和飞行员座舱提供空气调节，用干燥的空气充分保证电子设备的冷却，为飞机的火控、综航、雷达等系统进行通风、去湿、降温（升温）以及为飞行员创造必要的工作环境，一辆空调车可同时保障两架飞机。

三、技术保障装备

技术保障装备主要指为保持装备完好、能及时保障作战行动遂行、及时修复损伤或故障的维修航空技术装备。包括直接或间接用于航空装备技术维护保障所需要的各种工具、仪器设备、地面保障设备、测试设备、修理工艺设备、航空装备保障车辆、航空装备保障方舱、集装箱、飞机和人员防护装具、航空装备保障飞机等。技术保障装备按功用大体可分为故障检测装备、飞机加挂装备、航空部队修理装备、防护保护装备和机动保障装备五类。

（一）故障检测装备

故障检测装备，又称故障诊断/检测设备。有检测飞机及机载设备的工作仪器，有试验用的各种设备等，其主要功能是检查测试飞机、发动机、仪电、无线电、军械等各系统设备、机件的工作状况和主要技术性能参数，诊断、预测故障和飞机各系统的缺陷，以判断装备的可用程度。所以检测装备（仪器）是装备技术保障人员检验维修质量的重要装备，是装备保障技术人员分析、判断航空技术装备技术状态的基本手段和依据。

故障检测装备分为标准设备和非标准设备两种。标准设备根据配备标准，由航空装备部门统一订购配发部队。非标准设备是指航空修理厂或机务大队为落实维护规程和技术标准，在缺少或没有标准检测手段的情况下，自行研制、革新的简单实用的仪器设备。如液压试验台，冷气试验台等。

随着现代科学技术的迅速发展，大批高、精、尖复杂武器陆续装备部队，在武器装备的使用、维修中对故障的查找和预测，是带有普遍性的难题，早已引起各国的高度重视。如美军1985年研制成的一种通用型自动检测设备，除可检测各种车辆系统和炮塔系统故障外，还可以对飞机、导弹、通信和通用电子设备进行故障诊断检测。

（二）飞机加挂装备

飞机加挂装备，又称地面保障设备。是指保障战斗任务遂行所必需的加挂设备，如加挂炸弹、导弹、火箭、副油箱、吊舱等所使用各种运弹车、装弹车、副油箱拖车及其他设备等。

飞机加挂装备主要是根据飞机型别、数量按比例派发部队的。一般情况下，飞机加挂装备往往难以满足装备技术保障的需要，尤其是作战保障矛盾非常突出。

（三）航空部队修理装备

航空部队修理装备，也称内场测试装备。是指航空修理厂根据空军航空修理任务分工，为实施飞机、发动机、仪表、电器、无线电、雷达、电子对抗、军械等部、附件修理和零配件的生产，以及工具、测试仪器、地面设备的制造修配所必需的各种修理、加工设备。

由于航空部队修理机构的专业分工多，分工细，修理设备比较齐全，除应有成套的检验测试设备外，还应视情编配专用修理设备。如：冷加工设备、热加工设备、电镀设备、焊接设备、锻铸设备、钣铆设备、油封设备和动力设备等。

（四）防护保护装备

防护保护装备是航空兵部队实施防护保护的物质基础，主要有人员防护保护装备和飞机防护保护装备。

人员防护保护装备用于防护特殊复杂环境对人员伤害的装具。包括防护保护服以及其他配套使用的防毒面具、防毒手套、防毒靴、防震耳塞、护目镜等。防护保护服一般分为防护服和作战服两类，防护服以物理阻挡为机理，以透气为发展重点，并由对核、化学、生物武器袭击的"三防"向多防护服发展。作战服主要向防红外侦察、防火、防水等多功能迷彩服发展。如瑞典1987年研制的新式迷彩服就具有防火、防水、防寒、防油、防弹片等优点，而且透气性好，穿着舒适，洗涤方便。

飞机防护装备是指地面用于保护飞机的装具，其作用是当飞机在地面停放或使用时，避免恶劣环境条件对飞机的侵害和影响。飞机防护保护装备由于飞机型别不同而有所差异，大型运输机、轰炸机与小型飞机有较大差别。以歼击机为例，其防护保护装备主要有飞机全套蒙布、飞机全套堵盖、进气道防护网、通风孔堵塞、炮套、空速管套、飞机轮挡、飞机系留索以及飞机伪装网等。

（五）机动保障装备

为了提高航空装备技术机动保障能力，很多国家都在努力实现保障装备的车载化，开展集装箱式保障方舱的研究，并向保障立体化发展。机动保障装备包括装备保障车辆、装备保障方舱和装备保障飞机三大系列。

航空装备保障车辆包括飞机测试车、飞机修理车和指挥及辅助保障车辆。飞机测试车对飞机大部分受测系统、部件能实施原位检测，它不仅使用方便快捷、维修效率高，而且对部队机动保障能力、快速反应能力有重要的作用，飞机测试车作为技术保障装备的一个发展方向将会有很大发展。飞机修理车主要有飞机、附件、电气、仪表、军械、雷达、无线电修理车和仪器校验车等。指挥及辅助保障车辆主要有航空装备保障指挥车、交直流电源车、小型牵引车、汽车吊车和器材备件供应车等。

机动保障方舱是集装箱式活动房屋，可以将保障所需要的工具、仪器设备、发射架、导弹等组合装载在集装箱里，机动时可以随集装箱一起运输。机动保障方舱有良好的密封性和一定的"三防"能力，储存、运输和装卸都很方便。外军一般称为野战修理方舱，并用于航空技术装备和导弹等尖端武器的维修。1975 年，美国军方装备使用的方舱就已达到一百多种，俄罗斯空军也有数种方舱装备部队。

航空工程飞机是指实施装备技术保障的专用飞机。包括航空修理直升机、装备技术检测飞机和仪器校验飞机等，是实施装备技术保障立体化的重要手段，能够提高快速反应能力、多机种保障能力、技术支援能力、飞机抢修能力、航材（备件）和弹药保障能力。据悉美军快速反应部队的主力第 82 空降师，共有132 架直升机，其中 6 架专门用于航空装备维修。

第二节　信息化空军保障装备的发展现状

回顾空军作战保障装备发展历程，揭示保障装备发展规律，预测保障装备发展趋势，对于认识保障装备及其发展特点，做好保障装备工作等具有重要的理论价值和现实意义。

一、发展历程

从 20 世纪中叶至今，世界空军信息化保障装备随着作战武器装备和军队现代化建设逐步发展起来，大致可划分为起步阶段、全面发展阶段和不断完善阶段。

（一）起步阶段

空军装备保障发展起步阶段主要是指从作战飞机使用起即 20 世纪初开始至 20 世纪 80 年代末，信息化保障装备随着空军武器装备的发展，尤其是作战飞机的发展而逐渐发展并日益获得广泛应用。早期军用飞机的保障装备设备十分简单，大多使用油桶、漏斗手工加油，用简单的工具进行调整、检修。随着航空技术的发展和飞机在战争中发挥着越来越大的作用，军用飞机迅速发展。第一次世界大战期间，歼击机、轰炸机、强击机等专门为执行某种任务的军用飞机陆续出现，飞机的结构变得复杂，航空专门保障项目增加，要求提高，因而飞机加油装备、加气装备、检修装备、机场场务保障装备、航空卫生装备陆续出现，并在空军作战保障中发挥了重要作用。第二次世界大战时，飞机性能有了新的提高，速度更快，航程更远，耗油量、载弹量增加，第二次世界大战末期出现了喷气式军用飞机，这时各类专用保障装备也变化较大，不适用的旧保障装备陆续淘汰，新型保障装备不断投入使用。20 世纪 50 年代至 80 年代末，世界信息化空军武器装备的重点是探索建立各类战略 C^3I 系统，试验战役战术 C^3I 系统。为适应作战武器装备发展需要，信息化保障装备建设也进入起始发展阶段。

（二）全面发展阶段

空军保障装备全面发展阶段指 20 世纪 80 年代至 21 世纪初，世界各国日益重视空军保障装备信息化的重要性，积极开展空军武器装备的信息化改造，加强 C^4ISR 信息系统建设，武器装备信息化建设的内容主要包括对指挥与控制系统进行结构性调整，建立战术互联网，构建空间作战支持系统；加大空中作战平台信息化改造的力度；大力发展精确制导武器；建立信息系统基础体系结构，在技术体制上确保各系统之间可互联、互通、互操作。这一时期的作战保障装备信息化发展，主要是抓好现有作战保障装备的信息化改造和信息化保障装备的研发。

一是对现有保障装备和保障系统进行信息化改造。通过技术改造、资源整合和结构调整等手段，实现各类保障装备的模块组合、功能集成，最大程度地与航空武器发展相匹配，不断提高保障效能，逐步实现保障装备的信息化综合集成。从 2002 年初开始，美空军就着手对它现有的 519 架各型 C-130 飞机进行信息技术改进，到 2013 年将完成大约 500 架 C-130 飞机的改装。C-130 航空电子设备信息化包括用显示屏代替驾驶舱内大量的传统仪表，使其成为采用电子显示屏的全显示驾驶舱；安装多个平视显示器、一部多功能雷达、一部多功能显示器、ANIARC-210 无线电通信电台、SAT-2000 多模式接收机、无线电罗盘和高频数据传输系统。配备了现代航空电子设备的 C-130 驾驶舱不仅能实现自动化智能驾驶，而且将机组人员从 4 名减少到 3 名，同时还提高了飞行安全性，把可靠性和维修性提高了一个数量级。

二是加快信息化保障装备的研制开发。把信息技术开发和信息化装备研制与新型装备生产结合起来，充分考虑到研制的信息化保障装备适应信息化作战要求。美国空军作战保障装备信息化建设是最早开始进行的，其装备主要有计算机、计算机软件以及通信设备和工作台、终端设备、图像显示设备和信号盘等辅助设备。美空军作战保障指挥自动化系统，可在全球范围内，快速自动传递、计算与综合处理空军所需物资采购、储存与分发、运输和维修，以及人事、财务等数据。该系统与全军和空军指挥机关，以及与空军基地相连接，可立即传达上级命令，迅速了解基地情况，极大地提高了空军后勤快速保障能力，节省了大量人力和物力。美军在海湾战争期间在前线指挥所内补充装备了价值 2 亿多美元的空军作战保障自动化指挥与管理系统，除了与前线机场联网外，还通过各种通信网络及通信卫星与美国内空军作战保障自动化网络相联，从而极大地提高了物资补给效率，有力地保障了前线部队需要。

三是"内部嵌入法"，提升保障装备的信息优势。美空军通过开发各种信息保障平台，利用纵横贯通的指挥通信网络将全球作战保障系统、联合全资产可视系统、全球运输网系统与国防信息系统网连为一体，从而实现系统间的信息共享，并在此基础上对部分保障装备实施"扩能"改造。同时，发展"嵌入式"智能诊断及维护设备，提高保障速度，为提高装备的自我检测水平和维修效率，加强装备的维护保养，试验一种模拟式嵌入故障诊断、维护系统。此系统通过一台计算机与多种嵌入式传感器相连接，并将传感器获取的信息进行综合分析，预测或诊断出相应的故障。它不仅能帮助维修人员迅速确定故障所在，通过系统附带的维修手册、机身结构以及维修规程，指导人员快速进行维修，避免不必要的零件更换；并可记录每次的维修保养情况，预知飞机零部件更换的时间，对飞机进行"健康预警"，以便在零部件故障出现之前进行更换，实现对飞机的"电子诊断和维护"，从而大大降低了飞机维护的难度和所需时间。

（三）不断完善阶段

从 21 世纪初开始，发达国家全面推进信息化保障装备建设，发展新型空军信息化保障装备，以网络为中心强化信息系统的功能，并逐步实现信息化目标。高新技术保障装备的快速发展和广泛使用，标志着保障装备信息化时期的初步形成。各类保障系统成为保持战斗力必不可少的装备。武器信息化，也必然要求实现保障信息化，做到快速、灵便、高效，实现功能一体化。后勤保障装备、技术保障装备成为信息化武器装备体系不可缺少的组成要素。仅以战场医疗救护来说，大量应用信息技术成果的单兵数字化作战系统可以储存个人信息资料，并可利用全球定位系统快速确定伤员所在位置，大大提高了医疗救护的时效性；而远程可视网络技术的应用可使伤员与战地医院或大型综合医院的专家直接联系，在专家指导下进行自救和互救。这种信息化、网络化、智能化的医疗保障系统，可以明显地降低战场上的死亡率，已成为野战医疗保障装备发展的新重点。世界主要军事大国从自身安全和战略利益考虑，将信息化保障装备建设的重点由机械化改造向发展新型信息化平台转移，并以网络为中心不断强化信息系统的功能。信息化保障装备建设的内容大体包括发展信息化程度更高的新型保障装备等。后勤装备管理规范化、维修网络化、培训基地化等"三化"水平得到明显提升。

一是重视提高全球快速机动能力，加大新型运输机的研制。为实现"快速全球机动"的目标，美空军发展具有高速超短距起降或垂直起降飞机，已研制成功的 CV-22 型倾转翼飞机，将垂直起飞特征与涡轮螺旋桨飞机的水平航程和速度结合起来，采用超短距起降或垂直起降，能将大量有效载重运至极短距的着陆机场。它能从短到 229 米的机场起飞，其独特的高浮力起落架可使它从潮湿无道面机场起飞和降落，它可将大批特种作战部队或其他小型部队快速投送到前方。在空军中的主要任务是在恶劣气候，昼夜对敌占区域进行低空、远程和不被发现的渗透，以便于特种作战部队的渗入、安全返回和再补给。它跟踪地形与规避雷达的能力极强，前视红外传感器以及投影地图显示器能使机组人员回避障碍，使低空渗透成为可能。同时，研制运载量更大的巨型战略运输机。据悉早在 2002 年美国波音公司就提出计划，为美军制造世界上最大的战略运输机，其载重量达 1400 吨，是美军最大运输机 C-5 的 11 倍多，美军可利用这种飞机将大批部队和坦克等重装备迅速运往战区。美国航空专家称，该机在运载1400 吨货物的情况下航程超过 16100 千米，而目前 C-5 的最大载重航程只有5500 千米。

二是重视伪装防护，加强在战场的生存力和持续力。信息化局部战争突发性强、破坏性大、战损率高，对装备技术保障提出了更高的要求，即使美军这样的军事强国，实战中后勤力量被打击的可能性也越来越大。为此，美军在对研发空军新型后勤装备时，越来越重视伪装和防护能力建设。一方面，伪装技术手段多样化，如美空军近年研制的伪装器材明显具有轻型化和多潜化的特点，其中特勒戴恩超轻型伪装遮障网单位面积重量仅为 88 克/平方米，可同时对付紫外、可见光、近红外和雷达等多种手段和器材。另一方面，打击及抢修能力逐步加强，机场是空军的综合保障基地，当代先进的武器和弹药及高技术侦察定位系统的使用，给机场的生存能力带来了极大的威胁。近年来，美空军越来越重视研制机场排弹抢修装备和应急起飞保障装备，研制了飞机应急起飞气垫平台，可在被炸跑道上运载战斗机滑跑，飞机起飞后收回再次使用。一个机场有 10~20 个气垫平台，在 1 小时内可供 70 架战斗机起飞使用。

三是重视信息卫生保障装备建设。近年来，美、英、俄等国军队对空中救治能力十分重视，注重研制和装备先进的空中医院飞机。机上卫生装备相当完善，并向信息化、标准化、制式化和系列化发展。如美军装备的由 C-130 运输机改装的卫生飞机可装载 74 名担架伤员，可在机上进行手术治疗和各种医疗监护，相当于一座流动的空中医院。目前美军大小空中医院共 16 架，床位从 5 张至 50 张，其中有 50 张床位的空中医院是由 C-5 "银河"大型运输机改装而成，分上下两层，机舱可实行温控和增压。机上设有手术室、急救室、血库、化验室、X 光室、治疗室和病房等，可对伤员进行紧急救治和护理。美军发展新型 C-212 型高性能卫生飞机，内设急救复苏装备、产氧系统和手术台，作为新一代空中后送和救护单元。法国空军的空中医院由 2 架改装的 C-130 组成，1 架装有手术舱，另 1 架装有护理舱，均配有发电机、供水、供氧和空调设备，以及紧急外科手术所需的医疗器械、设备和病人监护设备。

二、基本现状

空军作战保障装备建设由于历史和现实的原因，与作战后勤保障需求之间还存在一定的差距，各国空军突出发展重点装备，优先发展支撑作用大的专用空军作战保障装备。目前部分作战保障装备实现了数字化、智能化、可视化和信息化，逐步通过信息化手段实现了保障装备的全寿命管理，形成了网络化保障体系。

（一）作战保障指挥信息化装备发展迅速

根据作战保障需求，世界各国空军注重对战场信息获取、存储、传输、处理、使用的信息化作战保障指挥系统装备的研制与配发。一是配发覆盖面积大、安全性能好的大型作战保障指挥网络和空军保障 C^4ISR 系统装备，确保作战保障指挥员及时、连续地获取战场信息，掌握战场态势与作战保障需求。二是建立以分析和处理信息为主的信息中心，配备大型计算机，对战场上获得的信息进行准确分析、辨明真伪、辅助决策，及时调整作战保障计划与部署。三是发展速度快、可靠性强的信息网络系统装备，并配备数字通信装备，使作战保障人员在第一时间就能获取上级指挥部门的指令，达到通过直接控制信息，实现对兵力、物力的间接控制。

（二）伤员救治信息化装备基本配套

在未来信息化局部战争中，卫勤任务的种类、规模和环境向多样化发展，需要运用多种灵活手段应付随时可能发生的不稳定的伤员流和各类伤员，对此世界各国空军注重发展和配备伤员救治信息化装备。一是发展远程医疗装备，即以现代计算机技术、传感技术、生物技术等高新技术为依托，在远程医疗网络的支持下，对保障人员配备全息摄影装备等配套的远程医疗可视化装备，通过各种软件技术和网络技术，使战场作战人员信息与医疗系统的网络相连，采用全息摄影装备等信息化医疗救护装备，将伤员负伤部位和伤员状态等信息用图像实时传送给战场急救中心，结合远程诊断、咨询系统、数字化医疗模拟系统、远程遥控手术等系统，实现对战场伤病员的及时救护。二是发展数字式人员识别卡。人员识别卡将用于存储军人的医疗和个人信息，能够迅速掌握人员在伤病情况下的相关医疗资料。三是发展信息化辅助卫勤装备。为作战人员配备全球定位装备、远程通信装备等信息化装备，为前方伤员抢救车配备由发射装置和探向器组成的伤员无线电寻找仪，缩短伤员从受伤到抢救治疗时间。

（三）物资保障信息化装备比较完善

在信息革命浪潮的冲击下，空军作战保障效率虽有所提高，但还不能很好地适应未来信息化作战的需要。主要是物资器材和装备的准确位置和运输情况可视性不强，有时还存在物资标识不清、分类不详、收货单位混乱等现象，降低了作战保障效能。对此，世界各国空军加快物资保障信息化装备研制和配备进程。一是研制和配发物资自动识别装备。包括四种：第一种为由光学读写器和微机组成的激光卡，主要用在组合包装和容器上；第二种为由微型无线电收发机和微处理器组成的射频卡，主要用在集装箱或货物托盘上；第三种是询问机，可安置在始发站、主要转运站和终点站，通过发射脉冲波"激活"射频卡，并阅读该卡，处理所有数据管理问题；第四种为智能卡，主要是用来了解有关士兵战备状况的相关数据。二是研制和配发特定物品寻找装备。主要是射频卡和手持式无线电询问机，通过询问机向物品的名称和编码发出询问信号，装有该物品的所有集装箱上的射频卡会做出即时应答，操作人员就能迅速找到集装箱。三是研制和配发在运物资可视装备。主要包括射频卡、车载微机、射频卡阅读器、无线电收发机和全球定位接收器，可对物资从运输起点（仓库或供货商）到终点进行跟踪，以便提供物资在运途中及各个位置的信息。

（四）机场抢修信息化装备比较齐全

未来联合作战中，争夺制空权必将成为战争焦点。在夺取制空权的众多措施中，除了对飞机及各类保障车辆等装甲目标实施精确制导打击外，还强调对洞库、机场跑道、指挥塔台等机场固定目标实施打击，此目标最易遭到破坏而又较难恢复，又直接影响飞机的正常起飞，成为夺取制空权的一项重要手段。作战需求是作战保障装备发展的直接动因，保障装备的整体保障能力要与部队作战能力相适应。对此，世界各国注重研制和配备机场抢修信息化装备。一方面，发展机场战伤诊断信息化装备。包括排弹抢修辅助决策系统、自动监控装备、自动化检测设备和数据分析装备等，其系统包含机场建设情况的各项数据资料，通过机场自动监控装备，及时了解遭敌方破坏的机场准确位置，并通过数据分析装备和自动化检测设备等装备，对遭敌方破坏的机场设施进行诊断和准确的数据分析，再由抢修辅助决策系统设计最为合理的抢修方案，为机场抢修队及时准确地提供各项抢修数字信息。另一方面，发展机场战伤快修信息化装备，包括机场抢修工程车、机场阵地未爆弹的探测装备、新型末爆弹排除工程车、新型道面板等，以提高机场修复能力，使损坏的机场尽快恢复战斗力。

（五）空降兵作战保障信息化装备初步配齐

现代信息化条件下空降作战在无直接后方依托的情况下，对作战保障的依赖性比其他兵种将更大。根据空降兵固有的特点，发展其作战保障信息化装备。一是充分运用全球定位装备及与之配套的数字式电台、通信卫星技术、计算机系统。配备了全球定位装备的士兵和设备，能方便识别其在战场上的位置，通过数字通信设备向后方快速准确地反映所处的状态。而后方则可以通过 GPS 引导，选择最佳的路线、地点和时机，实施战地投送物资或战场急救。二是发展精确保障系统。包括卫星导航装备、遥感遥控装备、全球定位装备、数据识别装备，以及集装箱空运空投系统、低空牵引空投系统、复杂气象空投系统、空降场收集辅助系统。通过全球定位系统和精确制导等技术，按系统预编程序将物品空投至预定目标区，极大地提高物品空投的精确度，实现直达保障的目的。三是发展信息化运输装备。充分根据各军兵种联合作战的特点，选择可运载"作战平台"的高级短程起降运输机、重型垂直运输机等，并在运输工具上加装由射频卡阅读器、无线电收发机、全球定位接收器和微机等装备构成的机动跟踪系统，确保空降作战的后勤保障快速准确。

三、保障特点

随着以信息技术为代表的高新技术应用，空军在战争形态和作战样式上发生了深刻变化，空军保障装备所提供的物质、技术保障是航空兵作战的基本条件，也被迫在新作战理论和保障实践的催生下，发生了革命性的变革。

（一）注重保障指挥系统配备运用，确保保障指挥快速反应

未来信息化局部战争空军作战保障指挥范围广、对象多、信息量大，要求有反应灵敏的信息化综合保障指挥系统和可靠的通信联络。为此，发达国家空军非常注重作战保障指挥信息化系统建设与运用。

一是注重保障指挥系统运用，确保保障指挥快速反应。美军在伊拉克战争中将 21 世纪旅及旅以下部队战斗指挥系统、蓝军跟踪系统和行动跟踪系统结合使用，极大地提高了战术保障能力。海湾战争中，美军通过全球军事指挥与控制系统，迅速清楚地掌握了各类军用物资在本土和国外军事基地的储备及交通运输等方面的情况，从而为其作战保障实施快速反应提供了前提保证。二是注重横向和纵向保障指挥系统运用。美军 2003 年以前的指挥系统建设过分强调较高战斗层次上的"网络化"，弱化了营级战斗部队网络以及后勤与补给的各个方面。伊拉克战争之后，美军积极开展保障指挥控制系统改造、集成和新建工作，力图建成可在将来信息时代战场上发挥巨大作用的以网络为中心的作战保障指挥系统，提供战役战术无缝保障指挥能力，以及提供横向至战场操作系统、纵向上从班/平台到旅/团总部的综合保障指控能力，为战术级战斗部队、战斗支援部队和战斗勤务保障部队指挥官提供一个无缝隙的全面战斗指挥能力。三是注重物资可视系统运用，突出保障指挥的有效性和精确性。准确跟踪在运输途中和在战区分发过程中的物资运动状况的能力，将成为整个战区作战行动过程中的关键性因素。伊拉克战争后，美军等发达国家着手进行在运可视系统的开发，极力提高在运途中物资和运输车辆过程可视可控指挥能力。

（二）新型保障装备及时配备战场试用，传统骨干保障装备仍担当战场保障主力

在近期几场局部战争中，传统骨干保障装备仍担当战场保障主力，但是各种新型保障装备均及时配备战场试用，并不断改进和发展，逐步替代传统保障装备。在单兵防护方面，及时配备了新型模块化综合通信头盔、新型防弹衣、一体化轻型防护服等。在卫生装备方面，许多装备都是首次使用的，如新型烧伤敷料、生物战剂侦检系统、M113A 装甲救护车、UH-60L 救护直升机、新型防护服、新型绷带、战场伤员救治医疗通信系统等。在对伊作战中，美军还装备了新研制成功的快速展开式野战厨房。尽管美军在战场上投入了许多新型保障装备，但传统骨干保障装备仍是战场保障的主体。比如，在油料保障方面，主要利用传统的运加油车、软体油罐、输油管线等提供油料保障。美军直升机和其他装备每天要消耗 5678 万升油料，主要靠 5000 加仑、7500 加仑加油车前送补给。为了使油料供应能够跟上部队前进的步伐，美军在科威特的工程人员还铺设一条 160 千米长的输油管线，并用 1 万、5 万、21 万加仑的巨型油罐开设野战油库。野战输油管线既有新研制成功的，又 20 世纪 90 年代生产的。美军还使用了配发部队多年的 CH-47D "支奴干" 运输直升机来运送补给品、吉普车、火炮及部队等。

（三）配备空中战略运输装备性能先进，运用规模、强度和效果有所变化

为适应现代局部战争的消耗量大、保障任务重的要求，各国都大力发展和使用空中战略运输装备，提高了兵力配备与运用的灵活性。一是在运用规模上，运用数量由多到少。海湾战争开战前的 5 个半月内，美军动用了近千架运输机；科索沃战争前，以美国为首的北约联军只动用了 22 架运输机；阿富汗战争前，美军只使用了不到 100 架运输机；而在作战程度最激烈、作战规模最大、信息化程度最高的伊拉克战争开战前，美英等国联军总共动用了至多 150 架运输机，即完成兵力投送任务。二是在运用强度上，科索沃战争和阿富汗战争美军都得到了许多国家的支持和支援，因而从美国本土进行的远程投送力度较小；而海湾战争和伊拉克战争基本上是美军独立作战，绝大多数人员和装备都要从美国本土运来，因而兵力投送的力度相当大，空中运输装备的使用频率相当高，仅运输飞机的运送就在一万架次以上。三是在运用效果上，就近部署的速度不断提高。海湾战争中美军用了 7 个月的时间才完成就近部署，而在伊拉克战争中美军只用了不到 3 个月时间。美军在海湾战争、科索沃战争、阿富汗战争和伊拉克战争等四场局部战争中所使用的战略运输机性能先进，机型主要是 C-130、C-141、C-5、C-17、C-130 "大力士" 运输机。C-141B 远程大型战略运输机最大载重量 40439 千克；C-5B "银河" 远程大型战略运输机最大载重量 118388 千克；C-17A "环球霸王" III 战略战术运输机最大载重量 78110 千克，可在多种机场起降，最短起降距离只有 914.4 米，完全满足美陆军提出的 "旅战略空投" 需求。

（四）全面配备各种卫生装备，全力保障作战人员的生存与健康

随着作战武器的发展和战场环境的变化，各国对人员的生存与健康愈来愈重视，不断研发和配备新型卫生装备。美空军在 "沙漠盾牌" 行动一开始就部署了 C-5 运输机改装的空中医院（50 床位），可为 3000～5000 人提供医疗服务。科索沃战争自始至终，北约参战人员无一伤亡，虽然如此，北约军队尤其是美军还是以各种可能的战伤情况为基准来配备卫生装备，并部署了全套先进的卫生医疗装备。伊拉克战争中，美军为各部队配备了各种卫生装备，种类齐全，数量庞大。在作战行动最激烈时，英军得到了配属各部队的前线医疗能力的全力支援：2 个近距离支援和 2 个支援医疗团，3 所野战医院，2 个突击队前方手术队。注重大量配发使用战场止血装备和 "三防" 装备的配备。在战场止血装备配备上，海湾战争中美军的伤死率为 22%，而在伊拉克战争中，美军的伤死率不到 10%，这主要得益于新型止血带和包扎材料的使用。每个战地卫生员都随身携带止血带，并快速有效地用止血带为有严重动脉出血的肢体伤伤员止血，维持他们的生命直到接受前方手术队的紧急手术。大多数伤员在 1 小时内就能送达营救护所。在 "三防" 装备的配备上，从海湾战争到伊拉克战争，虽然没有使用核生化武器，但美军对生化攻击的防护措施却做得很严密，核生化防护装备也配备得很齐全。尤其是伊拉克战争，美军从单兵到集体、从作战单位到医疗单位，都采取了严密的防护措施，不但配备了检测装置，还派出了流动实验室。单兵进行了防核生化武器攻击的严格训练，接种了天花疫苗和炭疽疫苗，配备了解毒药物，个人防护、急救和侦察器材；部队配备了各种核化生战剂检测装备。

（五）油料补给装备配备种类多，空中加油机使用率相当高

现代信息化战争中以空袭为主要打击手段的战争爆发突然，大规模、长时间、高强度的飞行任务使得油料应急保障任务艰巨，油料作为战争消耗的大头，约占战争物资消耗总量的 65%，因此空军油料保障多以保障基地设施为依托，

以空中加油装备和野战油料补给装备为补充，形成持续稳定的油料保障网络。据统计，海湾战争中多国部队的空袭共飞行 30 多万小时，单油料一项就需 300 万吨以上。美军运进海湾的物资总量中，油料约为 408 万吨，占 67%。伊拉克战争中参战的第 101 空中突击师全速作战时，每天耗油约 1200 吨。因此，在历次战争中，外军在进行战前保障计划时，最重视的是油料保障，最优先配备的保障装备是油料装备。

油料保障的重要性，也使得各国在装备发展和建设中不断提高油料保障装备的机动化、隐蔽化和信息化，提高战时生存能力，特别重视空中加油机装备的配备与使用。在海湾战争中，美军为保证作战飞机的高频率出动，使用大量的空中加油机，以空中加油保障大规模、远距离空袭。美军的陆基飞机分别部署于沙特的中部和南部、阿曼、阿联首、卡塔尔、土耳其等国机场及印度洋上的迪戈加西亚岛。飞机的奔袭距离少则六七百千米，远则 1000 多千米甚至上万千米。为保障飞机远距离奔袭，有时途中需数次空中加油。美国的 KC-10A 和 KC-135 空中加油机以及英国的 VC-10 空中加油机倾巢出动，全力保障空袭作战。空袭行动中，空中加油机先于轰炸机起飞，并尽可能长时间地在空中滞留，为执行任务的轰炸机和其他支援飞机进行空中加油。科索沃战争中，北约共投入 941 架固定翼飞机，其中空中加油机 219 架，出动了 6265 架次；共出动飞机 3.8 万余架次，用于实施空袭的仅为 1 万架次，大部分是用于空中加油和运输保障。伊拉克战争中，美军共出动 256 架空中加油机。从加油机机型上看，所有局部战争中主要使用的是 KC-135 加油机和 KC-10 "致远" 加油机。伊拉克战争中美军投入使用了 4 架 KC-1、22 架 KC-130、33 架 KC-10 以及 149 架 KC-135 空中加油机。KC-135 是由波音 707 改装而成，最大载油量为 11.81 万升，供油量为 7.57 万升，加油速度 3400 升/分；KC-10 由 DC-10 飞机改装而成，最大载油量 20.77 万升，加油速度 5680 升/分，可装 3 套空中加油装置，能够同时为 3 架飞机实施空中加油。

（六）注重地方保障装备配备使用，提高保障效率和时效性

随着科学技术在诸多领域的迅速发展，地方企业的科技水平和产品质量不断提高，为空军作战保障科技动员提供了条件。美军在平时就重视同科技企业建立良好的合作伙伴关系，跟许多企业建立了紧密的联系。这样在战时就能通过合同方式从这些科技企业获得军队无法在短时间内提供而部队又十分急需的保障装备，极大地提高了作战保障精确化程度和保障质量。在伊拉克战争的准备阶段，美国防部与硅谷 600 多家科技公司签订了高达 250 亿美元的高技术服务合同。战争期间，这些公司为军队作战提供了电脑、网络、运输、通讯设备和模拟实战等技术服务。美军利用 SAVI 科技公司的卫星芯片，准确地追踪了国防部发往海湾的 4 万多个集装箱。由地方公司生产的数量充足、食用方便、

味道适宜的 MRE 野战口粮，及时保证了前沿阵地美军官兵的生活，有效地提高了作战保障质量。海湾战争中，美英联军为了克服远离本土和特殊的自然条件给作战保障带来的困难，通过外交、经济手段，积极动员和利用本土以外的设施和资源，弥补了军队远离本土作战之不足，增强了战时作战保障的时效性。伊拉克战争中，美军利用科威特、卡塔尔等国设施储备了大量的物资装备。据美军中央司令部称，利用驻在国资源在海湾进行预置储备，从美国本土将 9800 名士兵运送到海湾编组 1 个旅进入临战状态只需 6 天，耗资仅需 2600 万美元。相反，如果所有人员和装备物资都从美国本土空（海）运到海湾，编组 1 个旅进入临战状态则需要 28 天，耗资高达 3.45 亿美元。而且没有这些驻在国的基地作依托，在战中也很难实施及时有效的物资保障。阿富汗战争中，土耳其为美军提供了因塞尔利克和伊拉兹米尔空军基地，供其保障单位、运输机、C-9 "夜莺"航空医疗后送飞机等进驻。哈萨克斯坦为美军 600 架参战飞机提供空中飞行走廊，使用铁路为美军运送各种物资，并开放纳巴德机场保障装备设施，为其提供航管和维修保障。巴基斯坦向美军提供距卡拉奇以北 500 千米的贾科巴德基地和卡拉奇以西 300 千米的伯斯尼空军基地，供美军包括 C-130 运输机在内的军用飞机使用。

第三节　信息化空军保障装备的作战运用

在现代军事行动中，作战样式发生了很大变化，对空军保障装备运用也提出了更高的要求，同时空军保障装备的作用的发挥对取得战争的主动权乃至赢得战争，具有十分重要的作用。因此，随着信息化技术等高新技术在装备保障领域的应用，空军保障装备运用已成为信息化空军武器装备形成战斗力的重要保证，它对于新型飞机平时训练的战备完好性和战时夺取战斗胜利已产生了举足轻重的影响。

一、日常战备运用

空军保障装备战备运用是为应付可能发生的战争或军事突发事件而在平时进行的保障准备工作，是空军战备的重要组成部分。

（一）主要任务

保障装备在日常战备中，主要是为了保证战时保障装备效能的发挥、增强装备保障能力，而对平时和战前各项准备工作进行的管理，其目的是保证军队各项保障装备工作制度的落实，保持良好的保障装备战备状态，保障部队随时应付突发事件等任务。保障装备战备管理的主要任务如下。

一是进行战备教育。保障装备战备教育，是指结合战备工作，以树立常备不懈思想和保持良好战备状态为目的，对保障装备人员进行的思想教育。主要包括经常性战备教育和临战前的战斗动员。通过战备教育，使保障装备人员明确职责，增强战备意识，时刻保持警惕，做到常备不懈，鼓舞士气，为遂行作战和应付突发事件保障任务打下坚实的思想基础。

二是拟制战备规划、计划。主管部门应针对保障装备发展和作战保障样式的变化，研究保障装备战备管理的新情况、新特点，根据上级指示、作战保障预案、作战地区的实际情况，拟制保障装备战备规划和制定保障装备战备计划，并根据情况变化及时修改和完善。

三是建立战备制度。依据保障装备相应法规和保障装备战备工作需要，制定保障装备战备制度，并经常对所属保障装备部（分）队战备工作进行检查、督导，促进战备工作的落实。

四是保证保障装备达到规定的战备完好率。保障装备战备完好率是保障装备战备管理成效的重要标志。各级主管部门应按有关规定，经常检查、督促，保证保障装备达到规定的战备完好率。

五是做好保障装备与器材的战备储备。主管部门应按照突出重点、合理布局、优化结构、保障战备急需的原则，建立保障装备和器材战备储备，制定和完善储备保障装备与器材管理制度，改善储存条件，使保障装备和器材处于良好的技术状态。

六是抓好保障装备应急保障力量和后备力量建设与管理。为保障未来战争的需要，主管部门应在战略、战役两个层次建立相应的应急保障装备保障力量，并会同有关部门督促检查应急保障力量的组织、装备、器材、训练和制度的落实情况，组织强有力的战略、战役保障装备保障支援。按照有关规定，加强保障装备后备力量的建设与管理，发挥地方的保障潜力，增强保障装备战备保障能力。

七是加强保障装备指挥管理自动化的建设。根据信息化战争作战对保障装备指挥与管理的要求和保障装备现代化建设实际，开发应用软件，加强系统的使用管理，提高保障装备指挥效能和管理科学化水平。

（二）主要特点

保障装备在日常战备中的特点是由保障装备战备工作的性质、任务和未来信息化战争要求决定的。既有一般保障装备管理的共性，又具有自身的特点。

一是实效要求高。未来战争，特别是信息化战争具有爆发突然、节奏快、进程缩短等特点。保障装备战备管理必须适应信息化战争的要求，在管理方法、手段等方面不断创新，提高实效性，为战争赢得时间，为夺取胜利创造条件。

二是储备任务重。随着科学技术的发展和军队保障装备现代化程度的提高，战争对保障装备的依赖日益增强。未来信息化战争，战争初期各类保障装备消耗将会激增，整个战争保障装备的消耗也会不断增大，同时也大大加重了保障装备储备的任务。

三是管理难度大。未来战争作战呈大纵深、宽跨度的形态，难以区分前方、后方，保障装备供应保障、技术保障的各支撑点，很可能成为敌人袭击的重点目标；作战样式、作战规模变化较大，随机因素增多，增大了保障装备战备管理计划、组织、协调、控制的难度。这就要求加强保障装备指挥自动化建设，提高保障装备管理效率，提高快速反应能力和机动保障能力。

（三）战备制度

保障装备战备制度是指有关保障装备战备工作的一整套规定。它是军事法规在保障装备战备领域的具体体现，是组织实施保障装备战备工作的行为准则。保障装备战备制度建设与管理，是事先保障装备战备工作法制化、规范化的重要措施，加强保障装备战备工作的治本之策。保障装备战备制度管理包括保障装备战备制度、保障装备战备值班、保障装备战备情况报告制度管理、保障装备战备信息管理、保障装备战备演练和保障装备战备检查考核。

保障装备战备制度分为经常性战备制度和等级战备制度。

经常性战备制度又称日常战备制度，是和平时期各级单位和人员必须贯彻执行的战备制度，通常包括战备教育、战备值班、战备计划、战备管理、战备协同、战备演练、情况研究、请示报告、战备检查考核等内容。经常性战备制度对于和平时期保障装备战备工作的落实，对于保障装备保障由经常戒备状态转入等级战备状态的速度、质量，以及保障装备保障能否按战争需要完成保障任务，都有重要作用。各级主管部门必须认真落实经常性战备制度，确保一旦遇有战事，能迅速转入等级战备状态，为部队作战或执行紧急任务时的保障赢得时间，提供及时、充分有力的装备保障。

等级战备制度是保障装备系统为应付可能发生的战争、其他突发事件或紧急情况，提高快速保障能力，区分战备等级的规定。在军队战备等级转换中，完成保障部（分）队的战备等级转换，并做好部队战备等级转换中的保障装备保障工作。

二、空军作战运用

战时保障装备运用以平时装备建设、保障为基础，是平时装备建设、保障的继续。

（一）基本任务

战时保障装备使用管理工作的基本任务是：以保障作战任务的圆满完成为目标，精心筹划保障装备的调配供应管理，周密组织战时保障装备的抢修，提高保障装备的效能。组织指导部队搞好战场保障装备管理，制定保障装备使用技术规定，保证保障装备处于规定技术状态，确保发挥其保障效能。具体包括以下几个方面。

一是依据作战保障需要，拟制保障装备动用计划。随时掌握各部队战前、战中、战后保障装备的种类、数量和技术状态，及时向部队指挥员报告保障装备的有关情况，为指挥员定下作战保障决心提供依据。同时，依据作战保障计划，在研究分析作战保障行动、强度、可能持续时间、战场环境以及部队保障装备使用情况的基础上，制定保障装备动用计划，安排不同阶段、不同作战样式动用保障装备的种类、数量，并预计保障装备使用时产生的保障任务，为合理制定保障装备保障计划提供依据。

二是组织指导部队保障装备的维护保养、技术训练和正确使用。战前，应依据各类保障装备的战术技术性能、用途和使用要求，针对易发生使用问题的主要保障装备特别是新列编的高技术保障装备，制定装备使用管理补充规定，指导部队对所有参战保障装备进行战前强制性保养、检修，并派出技术力量定点或巡回检查部队的维护保养工作，协助部队解决各种技术难题，确保部队保障装备首次参展率；同时，组织指导部队进行技术强化训练，提高保障装备使用人员的操作技能，力争实现人与装备的最佳结合，最大限度地创造性地发挥保障装备的战术技术性能。战中，应根据作战准备和实施的情况，准确把握维护保养的时机，将日常保养、定期保养（等级保养）和不定期保养结合起来，及时组织指导部队进行。要根据保障装备受作战行动、战场地理、季节天候等条件影响较大的特点，组织指导部队按编配保障装备的用途合理动用装备，按技术规程操作使用装备，按战术技术性能保管装备，按部队建制存放装备。按管理岗位明确相应的责任，按条令、条例规定的职责组织实施管理活动。在作战结束后，应同各相关业务部门和部队共同对保障装备进行全面技术检查和检修，对保障装备技术状况进行分析，提出继续使用、修理和转级的处理意见，填写检查记录，做好再次保障准备。

三是组织指导部队实施战场保障装备管理。组织指导部队实施战场保障装备管理的内容比较宽泛。通常应在平时和临战管理的基础上，建立健全战场保障装备使用管理体系和使用管理制度，指导部队重视保障装备使用管理工作。战场保障装备是管理工作涉及所有参加保障的各类装备，范围广泛，内容繁多，技术性强，可用空间有限，组织指挥复杂，通常应利用作战阶段转换和作战行动的间隙，按计划、有重点地组织保障装备使用人员和专业保障人员共同实施。要搞好保障装备的战场存（停）放保管。为保障装备特别是重要装备和大型装备，提供一定的存放条件，指导部队修建野战车场、机场、码头等，配备相应的保管、保养设施和设备，并根据战场存放环境和管理条件，加强存（停）放保障装备的技术指导和质量管理，确保保障装备性能处于规定状态。要加强保障装备的战场防护，既要搞好保障装备战场伪装，修建必要防护设施，确保保障装备的工作安全，又要采取必要的技术改装措施，提高保障装备使用操作的安全性能，预防保障装备使用事故的发生。

四是组织实施保障装备使用信息管理。保障装备使用信息管理，是借助保障装备使用信息系统进行的管理活动。保障装备使用信息系统，可为机关组织保障装备管理提供技术标准、检查保养技术措施、操作规程等信息服务，是保障装备信息管理系统的一个重要组成部分。尤其是在野战条件下，保障装备种类多、分布范围广、技术要求高，部队使用处理的条件差、难度大，建立完善并正确运用战时保障装备使用信息系统，为科学准确地组织实施保障装备使用管理提供辅助决策和技术支持。战时保障装备使用信息系统主要包括：汇集各类保障装备使用管理条令、规定的管理法规子系统；能及时反映各部队现有保障装备使用数质量情况的战场分布子系统，为各部队和专业保障力量提供所在类型保障装备的保管、维护、保养、操作使用等技术要求的"技术信息子系统"；能及时向保障装备生产和修理机构反馈质量和作战要求的"使用信息反馈子系统"等。

（二）运用要求

战时保障装备运用应根据作战行动快速展开、灵活实施、加强防卫、充分发挥装备保障效能、保障部队完成作战任务的要求开展。高技术条件下的局部战争，大量高技术装备投入战场，使战时保障的任务更加复杂、繁重，战争对战时保障的依赖性越来越强。一方面，投入战场的装备结构越来越复杂，技术性能越来越先进，使战时保障日趋繁杂；另一方面，大量精确制导武器投入战场，破坏性和打击强度成几何级数增长，装备损坏率大幅度提高，战时的保障任务日趋加重。高技术局部战争的实践表明，高效、稳定的保障已成为保持和提高部队战斗力，夺取作战乃至战争胜利的重要因素。

一是要军民结合，一体化保障。信息化局部战争，仅仅依靠军队现役的保障装备是难以完成装备保障任务的。要充分发挥人民战争的优势，动员和使用地方力量，在平战结合的基础上建立军民结合、一体化的保障装备体系，发挥整体保障效能，才能为作战提供强大的物质技术支撑。平时，应采取军队、政府和地方相结合的方式，认真搞好装备、物资储备；战时，动员地方支前力量，积极参与装备保障行动。

二是要周密准备，主动适应。主动适应作战的需要，是战时装备保障的出发点和落脚点。信息化局部战争发起突然，节奏加快，要在短时间内提供相应的保障，仅靠短暂的临战准备，是难以做出快速反应的。因此，必须把平时准备与临战准备有机地结合起来，才能提高装备保障的快速反应能力。平时，应根据作战预案，制定相应的装备保障方案，并适时组织演练；搞好装备保障设施建设和装备、弹药、器材的储备。临战准备阶段，应迅速组织装备保障力量的动员和组扩编，修订保障方案，调整补充装备、弹药和器材储备，完善保障设备和设施，适时展开装备保障力量，做到各级装备保障机构、各项准备工作同步而有重点地进行。此外，还要从最困难、最复杂的情况出发，正确预见作战行动的进程和作战中可能出现的各种情况，预有多种应变措施，主动了解和掌握部队对装备保障的具体需求，靠前配置装备保障机构，主动前送物资器材和实施现地抢修，做到适时、适地、适量保障，积极主动地完成装备保障任务。

三是要统一组织，分类实施。信息化局部战争中，装备保障力量的构成是一个多兵种、多系统、多专业、多种类的复杂体系，只有实施统一的组织指挥，才能使各种保障力量形成一个整体。要考虑到参战装备种类多、专业技术性强，不同类别的装备，在使用管理、维护修理等具体方法上有较大差别，保障人员专业性要求也很强，多数专业人员不能相互代替等因素，在保障过程中，应当实施分类指导：通用装备保障应当统一组织实施区域性保障；专业装备保障应当按任务分工，实施专业化保障。

四是要多种手段综合运用，注重提高保障效益。信息化局部战争中的装备保障，任务重、需求急、强度大，客观上要求必须综合运用各种手段，千方百计地提高保障效益，保障作战行动的顺利实施。要整体部署，对参战保障装备统一进行区分、编组和配置；要靠前保障。在增强战术装备保障机构综合保障能力的同时，靠前部署战役装备保障力量，靠近作战部队，实施抵近保障；要是突出保障重点，优先考虑担负主要作战任务的部队保障，优先考虑弹药、急需器材的供应；要实施及时可靠的保障，必须根据战场情况的变化，迅速调整保障方案，灵活机动地采取应变措施，及时满足复杂多变的保障需求。

五是要加强防卫，确保安全稳定。信息化局部战争中，装备保障力量是敌方打击的重点对象，其生存能力和保障活动的安全，是完成装备保障任务的先决条件。因此，必须把装备保障力量的防卫纳入作战行动的整体防卫计划之中，在指挥员及其指挥机构的组织下统一实施。

六是要努力研究和探索战时保障装备运用的特点规律，提高装备保障能力。要认真研究和探索信息化局部战争装备保障的特点规律，摸索出一套与未来军事斗争相适应的装备保障方法。要尽快提高部队装备保障力量的应急机动、快速反应、野战抢修、综合保障以及安全防卫和组织指挥能力，确保在紧急情况下，能够保障部队随时遂行作战任务；要千方百计地提高战时装备保障的质量和效能；要按照联合作战的要求，提高装备综合保障能力；要根据平时和战时保障的特点，搞好二者之间的衔接，增强装备保障的平战转换能力。

第四节　空军作战保障装备的发展趋势

今后一个时期，空军作战保障装备的发展，以保障打赢信息化局部战争为目标，以空军作战需求为牵引，以空军专用保障装备为重点，与空军主战装备发展相配套，其基本趋势向综合型、多功能、信息化方向发展，不断提高空军作战保障装备的科技含量，形成比较完整的作战保障装备体系。

一、向"标准化、通用化、系列化"方向发展

标准化、通用化、系列化是以最少的装备品种、规格，适应最广泛的用途，以降低生产成本，方便部队使用。空军作战保障装备标准化、通用化、系列化水平的高低，是评价保障装备质量优劣的重要标志，对大幅度提高保障装备的效能和效益具有重要作用，是空军作战保障装备的发展方向。目前，世界不少国家正在逐步实现本国军用装备通用化，并向军民通用和国际军事集团通用的方向发展。

一是作战保障装备标准化。这是对保障装备或零（部）件的类型、性能、尺寸、用料、工艺等加以统一规定，并予以实施的一项技术措施。它是实现科学管理和组织保障装备现代化大生产的重要手段。美军油料装备标准化程度较高，既便于部队使用，又利于维修管理。美军加油站设备单个器材已标准化、制式化，部件可互换。流量为 378 升/分钟的过滤分离器，不仅可以在前方地区加油站使用，而且可以与任何一种流量为 378 升/分钟的油泵配套使用。各种流量的过滤分离器采用统一滤芯。整装整卸加油车有 45% 的零部件与现行的高机动越野加油车可互换使用。美军对仓库装卸搬运设备的集装箱装卸、搬运机械、弹药搬运机械等方面，正在进行标准化改造工作；法国军队已开始研究减少后勤车辆型号，并使飞机和地面车辆共同使用一种燃料；德国正在通过汽车发动机部件的标准改造，制造通用系列发动机。近年来，后勤标准化建设有了很大发展，总后勤部成立了标准化办公室和标准化技术委员会，颁发了后勤装备标准化方案。未来空军作战保障装备标准化建设，旨在总部的统一领导下，按照统一方案，搞好空军作战保障装备标准化建设，提高标准化水平，不断简化保障装备的品种、规格，扩大通用互换性，提高保障装备建设的经济效益。

二是作战保障装备通用化。扩大保障装备或零、部件使用范围的一项技术措施。战时，一个机场往往有几支飞行部队和多种机型进驻，遂行高强度、多批次的飞行任务，要求作战保障装备通用化。对此，各国空军都大力发展综合型、多功能保障装备，以减少装备数量，提高装备质量和利用率。目前，发达国家空军保障装备已实现一车（机）多用，如牵引车与充冷车、充氧车或电源车合二为一，既可独立完成牵引、充电或充氧（冷）等保障工作，又可在牵引

飞机的过程中，同步完成充冷或充氧工作。美国空军研制出交、直流两用航空电源车，空气、电源起动车和消防、医疗救护合一的消防/救护车。实现保障装备通用化的基本办法是：对作用相同、尺寸接近的各种保障装备或零、部件，经过比较筛选、合理归并来进行统一，实现通用互换；在设计新型保障装备时，尽量选用已有装备的零件和部件，以简化技术工作，加速生产准备，降低生产成本；以民用产品为基础发展保障装备。

三是作战保障装备系列化。对规格不同、作用相同的多种保障装备，加以适当选择、归类和定型的一项技术措施。目的是以最少的品种适应最广泛的用途。以运输车为例，目前大致做法有：合理确定吨级结构，减少基型车数；成族成代发展军用车辆，即在一种基本车型的基础上，横向发展同一吨级的各种车型，形成本族。

标准化、通用化、系列化是一个有机整体，相互联系，相互作用。通用化是标准化的初步阶段，通用化程度越高，标准化基础越牢，系列化水平也就容易提高。目前，空军保障装备的标准化水平很低，不少在用装备没有统一标准，更没有形成系列，多数不能互相通用。加强标准化、通用化、系列化的研究工作，不仅是未来战争的客观要求，也是空军保障装备建设中的一项刻不容缓的工作，更是后勤装备建设必须牢牢把握的一个发展方向。必须树立大后勤观念，一方面贯彻军民兼容的指导思想，努力提高后勤装备的通用化、标准化程度。另一方面适应保障要求，大力推进后勤装备系列化、配套化进程，以拓展后勤装备的适应性。

二、向高效多能方向发展

空军作战保障装备向高效多能方向发展，就是研制、生产、装备那些使用功能较多的保障装备，通过功能的"集合"，做到一种装备多种用途。在高效率方面，美空军管道加油系统 A/S32R-14，有两个重力加油枪和两个压力加油接头，加油速度可达 2700 升/分钟，美国空军 M131 系列、日本空军 TFS 和苏军空军 T3-30 等加油车，油罐容量均在 20000 升左右，加油速度为 2000 升/分钟。美国空军的 T-12 和 P-15、法国空军的 S2000 等消防车，从原地起动加速到 80 千米/小时为 40 秒左右（小型车为 20 秒），车载水罐容量在 1～2 万多升，泡沫罐容量为 1000 多升。美国空军的梨式除雪车，除雪宽度达 8 米，除雪速度为 40 千米/小时。在多能方面，发达国家空军有不少装备已经实现多能化。如美国空军的 E6000 牵引车，是集牵引和充电（充气）于一身的综合牵引车，既可牵引飞机，又可作电源或冷气车。俄罗斯空军新型制送冷车 YKC-400B，既可制冷送冷，也可为飞机充灌压缩空气。日本空军的 KM-3 空气起动车，既可为大型飞机起动，又可为飞机提供电源。

发展高效多能保障装备是空军作战保障装备建设基本方向，是提高空军快速保障能力的客观需要。航空油料装备要以提高飞机加油速度为主，大力提高现有机场管道设施性能和加油速度；航空弹药装备以机械化和机动化为主，研制快速使用的排装航空炮弹设备和机动灵活的新型航空炸弹拖车；航空四站装备应以兼容性强、覆盖面宽、效率高、经济性好、适应性强、半自动化或自动化操作程度高、能够自动计表显示、自检自控和一车两用或多用为方向，研制新机种作战需要的制氧机、新型航空电源车、航空气源车、自动送冷车和航空液压油泵车；机场场务保障装备，研究解决机场道面在被炸后快速抢修新技术、新工艺、新材料和机械化程度高、效率高、机动使用的新装备，研制机动性好、移动方便的夜航灯光新装备，提高机场跑道抢修能力和场务技术保障能力；远程医疗装备，将利用数字化技术、网络技术、遥感技术，研制航天医学远程诊断和咨询系统、数字化医疗模拟系统和远程遥控手术系统等；远程维修装备，将着眼航空航天装备的及时维修，开发研制远程维修诊断系统、远程维修咨询系统、嵌入航空航天武器装备的监控及传感器系统和维修数字化手册等。

三、向智能化方向发展

现代信息化条件下空军作战，进程快、持续时间短，要在短时间内完成大量的兵力调集、机动展开、紧急补给等任务，必须提高作战保障效率，在信息传递、处理、决策和指挥及其保障装备上实现智能化。

一是发展智能检测与监控装备。高新技术的广泛运用，外军高效率、高精度、大时空的自动检测、监控保障装备发展很快，不仅种类增多，应用范围扩大，而且质量水平逐步提高，技术性能越来越好。今后将会出现标准化和系列化的保障自动检测系统和自动监控系统。发展自动检测与监控装备也必将成为空军保障装备建设方法趋势。在维修装备方面，将研制磁力自动探测仪、超声波自动清洗机、导弹测试车、高炮综合检测仪、雷达综合测试仪等先进的保障装备，提高检测效率和检测精度，缩短检测时间，增强技术保障能力；在卫生装备方面，将研制自动寻找伤员仪、电子分类器、电子电压计、超声波诊断仪、激光手术刀、伤病员监护仪、放射卫生防护监测车等先进的仪器和装备，改善医疗条件，提高战伤救治率；在仓库装备方面，战役后方以上仓库，除了仓库业务采用微机自动管理外，还应发展温度自动监控装置、安全报警自动监控系统、自动装卸装备等，减轻劳动强度，提高仓库现代化管理水平。其他用途的自动检测与监控装备也应加快发展。

二是发展作战保障机器人。机器人是人工智能技术的结晶，主要用来取代人力并从事危险、单调的作业。同其他领域相比较，空军作战保障领域更适合使用机器人。目前，美国军用机器人走在前列。未来空军作战保障机器人将重点发展物资运输机器人，物资搬运、装卸、补给机器人和防核、化学、生物武器机器人。物资运输机器人是一种依靠方位显示器、最新传感器和人工智能技术进行自动行驶的无人驾驶地面智能车，主要功能是运输作战物资，减少人员伤亡，提高物资保障能力；物资搬运、装卸、补给机器人主要依靠装在腿上部的圆形"电脑"和配套的摄像机、传感器，在履带式、轮式车辆无法到达的地方从事油桶、弹药等笨重物资的装卸、搬运和补给工作；防核、化学、生物武器机器人主要用于核、化学、生物污染环境下完成灭火、加油、补充弹药和洗消等任务。空军应在经济条件和科技条件的允许下，积极发展适用于空军作业的机器人，如物资搬运和装卸机器人、排弹机器人等，以有效完成作战保障任务。

三是空军作战保障指挥自动化。作战保障指挥自动化是各国空军长期发展目标。美、英、法、德等发达国家空军，从空军机关到空军基地已基本实现了自动化指挥，并不断更新计算机等自动化设备，准备使其纳入空军的指挥、控制、通信与情报系统。俄罗斯等国空军正大力制定自动化发展计划，以便尽快实现作战保障指挥自动化。为加快作战保障反应速度，发达国家空军已开始采用或正在研制各种自动化保障装备，如全自动航弹挂弹机、能多次使用的机场自动灭火弹、导弹维护机器人等。随着高科技的发展，自动化、智能化保障装备将大量涌现，成为空军作战保障装备建设趋势。

四、向机动化方向发展

空军作战保障装备与设施的主要区别在于装备是可动的设施，机动性或机动能力是保障装备的"先天"能力。提高保障装备的机动能力，是充分发挥其机动性能的客观要求。空军全国部署，局部使用，部队全疆域机动作战中，保障装备也必须机动。突出表现在：空军航空兵常常从永备机场机动至公路跑道或野战机场，作战保障力量必须随之机动到新的保障地点实施保障。公路跑道、野战机场平时通常不配套保障力量，战前和战中的开设，完全靠临时调集保障力量，并快速开进；空军战役层面掌握和使用的应急机动保障力量战时对战术保障的支援，所属保障部（分）队开设野战仓库、医院、修理所等，也要求保障装备有较强的机动性能；空军地面部队虽然基本上是依托既设阵地实施保障，但也经常调整部署和实施机动保障；机场阵地遭敌突袭时必须快速疏散，转移至新的地点，在动中求生存。所有这些，都要求空军作战保障装备必须具有很强的机动能力。

提高空军作战保障装备的机动能力，主要改变目前保障装备"缺腿""不会走"的问题，尤其是重型机械设备，将朝着"自行"和小型化、轻便化的方向发展，克服体大笨重的弊端。还要考虑保障装备能上飞机、火车、轮船，解决地面和水上长途搬运问题。一方面，发展高机动性地面运输装备。发达国家把高机动性地面运输装备作为实施战役战术保障的主要机动装备，美军现装备的汽车主体是全驱动汽车，日自卫队已研制成功新型四轮高机动性运输车，最高时速 100 千米/小时以上。另一方面，未来远程远海作战成为空军重要任务，水上运输成为空军运输的基本方式，但由于受到自然地位条件的限制，很多地区不能采用水上运输，空军战役层面水上运输部队能力有限，必须发展速度快、运量大的运输船，以便完成海上作战保障任务。同时，注重发展空运和空投保障装备。空军作战保障装备和人员空运转场是航空兵快速部署的必要条件。在第二次世界大战和战后局部战争中，都实施过这种转场。美空军一个 F-15 战斗机中队，向国外派遣时，空运地面保障装备，如电源车、充氧车、空调和电子抢险设备等需使用载重 40 吨的 C-141 运输机 18 架，如减少装备重量和使其小型化，可大量节省空运工具和提高后勤机动能力。各国空军发展新型装备时，都注重尽量减少其重量和使其小型化。美空军后勤使用的直流电源车重量为1000 公斤左右，牵引波音-707 大型飞机的电源牵引两用车重量为 1000 公斤。美空军的野战机场集中加油系统全套设备可空运或空投。

大力发展战略和战术机动装备。外军认为，要想在未来战争中赢得主动，必须拥有先进的运输装备。美军将在今后 20 年内大力发展战略空运装备，继续采购 C-17 运输机和改进 C-5 等现役运输机，延长其服役时间。欧洲八国采购196 架 A-400M 军用运输机，成为未来欧洲军事空运的主力机种。日本装备 30架 C-X 新型战略运输机。美军加速研制 KC-X 型空中加油机，2013 年开始装备部队，替代 KC-135 型空中加油机。英军研制的"未来战略加油机"取代 VC-10空中加油机。俄罗斯将大型军用运输机改装成载油量超过 100 吨的空中加油机。

五、向模块化方向发展

保障设施装备化，就是在保证保障设施整体功能和效用不受影响的情况下，将其分解集成为装备模块，从而继承装备的诸多优势和特点；同时，在需要的情况下又能迅速恢复设施的本来面目和应有功能。美国保障设施装备化进程已经走在了世界前列。美军认为，变化了的形势和突发事件不可能总是在我们预想的地方出现，因此，为应对全球反恐和局部突发事件作战需要，为军事行动提供快速准确的装备保障，提出了保障设施模块化的思想。即将若干个执行规定功能、工艺上相互联系的独立设施组成一个整体，装入与之配套的方舱式集装箱或其他可移动的装备内，形成各种独立的保障设施单元。根据部队作战任务、规模、性质等不同，根据需要任意组合，进而对部队实施快速、有效的保障。主要实现保障指挥设施装备化、移动式指挥控制装备化、军需设施装备化、卫勤设施装备化、油料供给设施装备化和野营设施装备化。

第八章　信息化航天装备

航天装备信息化程度很高，是武器装备体系的重要组成部分，已成为衡量国防现代化和综合国力的重要标志之一。在战争中，对争取战争优势、加速战争进程和取得战争胜利都起着至关重要的作用。随着科技的发展，航天装备在未来战争中的应用领域越来越广泛，作用发挥也越来越大。

第一节　信息化航天装备的基本构成

从狭义上说，航天装备是指部署在地球外层空间，用于侦察或攻击敌方太空、空中、陆地、海洋目标，或用于己方通信、导航定位、指挥控制等的天基武器装备系统，包括各种军用航天器和以其为平台的各类武器系统。从广义上说，航天装备是指平时和战时用于争夺制天权，执行空间作战任务的武器系统，及其配套的军事技术装备和支援保障装备的统称。它不仅包括狭义的航天装备，还包括弹道导弹和以陆海空为依托遂行空间作战任务的武器系统，以及地面支援保障系统。信息化航天装备是信息化手段与航天装备在军事运用上的有机结合。通常指用于实施和保障军事航天活动的系统、设备、设施与器材的统称，也包括各类军用航天器及其运行控制系统、应用系统等。信息化航天装备是空间力量运用的基础，已经成为夺取战场信息优势的关键。

一、构成要素

航天装备种类繁多，按不同的标准和分类方法，可以分为多种类型。按照任务类型可分为军事航天系统、航天工程与支持保障系统、空间武器系统等。按照功能来划分，可以分为航天信息获取装备、信息传输装备、信息处理装备、空间环境探测装备、时空基准装备、工程支持装备、攻防武器装备等。

（一）军事航天系统

军事航天系统指遂行航天侦察、预警、通信、导航定位、环境探测、地球测量和空间攻防等任务的系统。它是军事航天装备的主体，主要包括军用航天器、航天器运行控制系统和航天器应用系统。

军用航天器是军用航天系统的核心。包括军用卫星、载人飞船、航天飞机和未来的空天飞机、军用空间站和天基空间武器等。军用航天器由不同功能的若干分系统组成，一般包括有效载荷分系统、结构与机构分系统、热控制分系统、姿态与轨道控制分系统、电源分系统、推进分系统、测控与数据传输分系统、数据管理分系统等。返回式航天器还配有返回着陆分系统，载人航天器还设有环境控制与生命保障分系统、乘员支持分系统、应急救生分系统等。

航天器运行控制系统是对在轨航天器及其应用系统的运行实施管理和控制的系统。其任务是根据应用需求，制定军用航天器及其应用系统的资源调度和任务规划方案、运行控制方案，生成控制指令，并具体执行对军用航天器及其应用系统的运行控制。航天器运行控制系统又包括任务管理控制系统、测控站，以及数据接收站等。

航天器应用系统是利用航天器完成特定任务的系统和用户终端的统称。是军用航天器与其具体用户之间的任务需求接口和应用服务接口。根据航天器应用载荷不同，应用系统所包括内容也不同。对于执行侦察、预警、环境探测、地球测量等任务的军用航天器，应用系统通常包括数据存储与处理系统、产品生成与管理系统、产品分发与应用系统；对于执行通信、导航等任务的军用航天器，应用系统通常指各种通信站、导航终端。

（二）航天工程支持与保障系统

航天工程支持与保障系统指为军用航天系统建设和运行提供支持与保障的系统。包括航天运输系统、航天器发射场与回收着陆场、航天测控系统等。

航天运输系统是往返于地球表面和空间轨道之间，或在轨道与轨道之间运输各种有效载荷的运输工具的统称。分为运载器和运输器。运载器用于把人造地球卫星、载人飞船、空间站和空间探测器等航天器送入预定轨道，通常为一次性使用，完成任务后不返回地面。一般由2～4级火箭组成，最终将航天器送入轨道的最上面一级（称末级）。运输器用于为在轨航天器运送人员、装备、物资以及进行在轨服务，完成任务后一般能返回地面，可重复或部分可重复使用，由推进器和轨道器组成。推进器可采用火箭发动机、吸气式（涡轮或冲压）发动机或火箭与吸气式组合的发动机，轨道器是运输器进入预定轨道的部分。航天飞机通常兼有运载器和运输器的功能。

航天器发射场和回收着陆场是发射和回收航天器的特定场所。航天器发射场场内有完整配套的设备设施，用以装配、储存、检测和发射航天器，测量飞行轨道和发送控制指令，接收和处理遥测信息发射地球静止轨道卫星的发射场，多建于低纬度地区，以尽可能利用地球自转的线速度和降低地球同步转移轨道的倾角。军用航天器发射场要求有快速反应的能力，能在短时间内完成发射任务。回收着陆场是返回式卫星、载人飞船和航天飞机等航天器返回地面着陆的专用场区。场内有跟踪、测控、起吊、救生等专用设备。航天飞机返回着陆的场区还有一个大型的专门飞机场和辅助设施。

航天测控系统是对航天器及运载器的飞行轨迹、姿态和载荷的各分系统的工作状态进行跟踪、测量、监视与控制的系统（载人航天任务中还包括有天地话音、电视图像传输等功能）。用于保障航天器和运载器按照预定的状态飞行和工作，以完成规定的航天任务。航天测控系统由任务指挥控制中心、各测控站（船）和通信网组成，主要包括跟踪测轨、遥测、遥控、天地通信、数据处理、监控和显示、地地通信和时间统一等分系统。

（三）空间武器系统

空间武器系统指用于攻击空间目标，干扰星间、星地信息链路，以及从空间攻击空中、海洋与陆地目标的武器系统的统称。主要包括空间武器、目标监视系统、指挥控制系统等。

空间武器由空间武器载荷和武器平台组成。按照杀伤手段，空间武器可分为核能、动能、定向能三种。核能空间武器利用核装置爆炸产生的热辐射、核辐射与电磁脉冲等效应破坏目标的结构或使之失效。动能空间武器靠发射弹道或寻的制导的高速运动拦截弹头，以其整体或爆炸的碎片，直接碰撞毁伤目标。定向能空间武器能向固定方向集中传输能量，打击远距离目标，主要有激光武器、粒子束武器、高功率微波武器等。

目标监视系统主要由目标监视网、目标监视中心以及辅助系统等组成。用于对目标进行侦察和监测，为空间武器实施攻防提供目标信息。目标监视系统通过对目标的探测、跟踪、定轨、预报等，识别、分类、编目、建库，为空间武器实施攻防提供目标信息，引导武器拦截，评定打击效果；侦收解译目标发出的信息，对可能造成军事威胁的目标进行预警；监视空间碎片，为保障己方天基空间武器的安全运行提供支持；预报空间目标的陨落等。

指挥控制系统由任务控制单元、数据处理单元、通信网等组成。主要用于接收作战命令、选择攻击目标和攻击武器、制定与下达作战计划，并实施过程控制。

二、基本功能

航天装备在现代战争中发挥了极其重要的作用。在第四次中东战争、英阿马岛战争、海湾战争、科索沃战争、阿富汗战争、伊拉克战争等局部战争和地区冲突中，航天装备都得到了广泛应用，对战争的进程、最终胜负或冲突的解决发挥了至关重要的作用。当前，航天装备被广泛应用于部队的作战、训练等多个方面，主要功能如下。

一是侦察监视。主要包括实施战场动态监视，发现和识别敌兵力、兵器部署情况，如各类高技术武器装备的调动和布防、重大军事工程的修建等，同时监视敌战场准备情况和态势变化；实施电子侦察，主要是通过跟踪、搜集敌电磁信号，确定敌地面各类雷达、电台的精确位置、信号特征和作用距离，并验证可见光和红外成像侦察所获取的情报；实施海洋监视，主要是通过目标成像和截获舰艇上的雷达、通信和其他无线电设备发出的信号，并进行综合处理，实现对海面舰艇、浮动基地的探测和跟踪。在 1973 年第四次中东战争中，以色列利用美国照相侦察卫星"锁眼"-9 提供的照片，派出精锐部队从埃及军队间隙地带插入运河西岸，一举扭转了整个战局。可以说，在现代战争中，如果没有军事航天器提供的情报信息，军事指挥员就难以根据瞬息变化的战场形势做出正确的决策，实施有效的作战指挥。

二是导弹预警。导弹预警卫星上的红外探测器可以探测导弹在飞出大气层后发动机尾焰的红外辐射，并配合使用电视摄像机跟踪导弹，可及时判明导弹来袭并发出警报，可最大限度地为己方组织导弹拦截和对重要目标实施防护争取时间。太空中的导弹预警卫星反应灵敏，可以在弹道导弹发射后 60 秒内发出警报，预警范围广，美国的 DSP 卫星 5 颗即覆盖全球。海湾战争期间，美国运用了 2 颗国防支援导弹预警卫星（DSP）监视伊拉克"飞毛腿"导弹的发射情况，可为"爱国者"地空导弹拦截提供 90～120 秒的预警时间。

三是通信中继。通信卫星是世界上应用最早、应用最广的卫星之一，它利用高空优势，把广大区域内的作战单元连接在一起。当卫星接收到从一个地面单元发来的微弱信号后，自动把它变成大功率信号，再发送到其他地面站或卫星，这样实现了远距离的通信。通信卫星通过转发无线电信号，实现地面通信设备之间、地面通信设备与航天器之间、航天器与航天器之间的通信，能够提供语音、图像、数据的远距离、大容量、高速率的传输，确保了最高统帅部、联合作战指挥部以及部队之间进行快速、可靠、保密的战场信息传送。

四是导航定位。导航定位卫星可为各种军事运载体导航，为诸军兵种部队、作战平台和武器系统提供精确的三维位置、速度和时间信息，提高武器的命中率，从而显著增强武器威力；可完成各种需要精确定位与时间信息的战术操作，如目标截获、全天候空投、空中支援、精确轰炸、搜索与救援等；可用于时间统一勤务的建立与保持等。导航卫星系统作为一个功能强大的军事传感器，已经成为空天作战、远程作战、信息战的重要武器。目前，典型的导航定位系统包括：美国全球定位系统（GPS）、俄罗斯格洛纳斯（GLONASS）和中国北斗（BDS）等。

五是气象观测。气象卫星主要装备了可见光、红外和微波等探测器，通过对地球及其大气层进行气象观测，获取全球或特定地区的气象资料，预报天气形势的发展变化，为各级部队提供气象保障。具有范围广、及时迅速、连续完整等特点，对作战时机把握、作战行动进行等具有重要意义。到目前为止，全球共发射了 100 多颗气象卫星。

六是大地测绘。主要是提供地球形状、地球重力场、地球磁场分布状况等资料，用以提高各种精确制导武器的技术性能；测定地面战场各种目标的位置、高度和地貌，以绘制出详细、精确的军用地图。

七是空间攻防。在遇到干扰、破坏或摧毁攻击时，能及时感知并加以防护。在需要的情况下，干扰、破坏或摧毁敌对国家有威胁的在轨航天器或其应用系统。以天基武器支援地面作战，特别是攻击敌纵深战略性节点目标。

三、主要特点

航天装备作为武器装备的一种，除具有武器装备的共性以外，还具有战略性、高度信息化、军民两用、攻防一体的特点。

（一）战略性

航天装备的战略性主要表现在其使用和生产上。就其使用而言，军用航天器可以不受国家疆界、领海、领空的限制，在轨道机动能力允许的范围内任意活动，实施军事侦察、监测、预警、导航、定位、通信、测绘，指挥控制以及气象预报等战略性活动。航天装备是微电子技术、光电子技术、新材料技术以及新能源技术等现代高新技术的综合产物，需要国家科研、试验、生产等部门密切合作，大力协同，联合攻关。在航天装备的研制和试验中，技术的复杂性、综合性空前提高。航天装备的发展规划也要纳入国家或军队的发展战略之中考虑，具有战略价值。

（二）高度信息化

航天装备是一种以争夺信息的获取权、控制权和使用权为主要目的，以现代信息技术为核心技术的武器装备，因而也可以说是一种信息武器装备。

一方面，航天装备本身就是先进信息技术的物化，是以信息技术特别是以现代电子技术为核心和基础，集微电子技术、光电技术、计算机技术、通信技术、遥感技术、自动控制技术和人工智能等技术为一体的总体技术的综合应用。据统计，航天器中仅电子技术设备就占 80% 以上，这一比例远高于飞机（B-1B 轰炸机约占 38%）、坦克（美国的 M1A1 约占 30%）和水面舰艇（约占 22%）。而且，随着航天装备日益向智能化、小型化和隐身化方向发展，其信息技术含量将进一步提高。

另一方面，是航天装备使用的高度信息化。航天装备作为综合性的信息系统和平台，主要用于信息获取、传输和处理以及攻击敌方的信息系统。外层空间拥有比陆海空更高的位势，加上其广阔性和无国界性，使得航天装备较之陆、海、空武器装备更具信息获取和信息攻击的独特优势，是进行信息作战的最佳装备，同时航天装备的使用过程就是一个获取、处理、传输和使用信息的过程。

（三）军民两用性

世界科技发展的历史表明，许多最先进的科技成果，往往首先用于军事目的。航天装备在其诞生之初就将军事目的与民用紧密结合起来，而且这种结合日趋紧密，界限日益模糊。很多新的军用航天技术都是从民用中开发出来的，而航天装备本身就是军民通用装备，例如遥感、通信、气象、测控卫星等。近年来进行的太阳系探测、建立永久性空间站、建立月球基地、将宇航员送入火星、空天飞机等研究计划，这些都为军事航天装备的研究和发展奠定了技术基础，有的甚至可以直接用于军事目的。

（四）攻防一体化

同其他武器装备一样，航天装备主要用于进攻和防御作战。在进攻性作战中，航天装备主要用于在己方选定的时间和空间，寻找、压制或摧毁敌防御作战力量。而在防御性作战中，航天装备则是用来探测、识别、截击以至消灭敌进攻作战力量。不难看出，无论实施进攻或防御作战，航天装备都要进行情报获取、信息传输、处理、控制、攻击摧毁。因此，军用航天装备始终都是攻防一体的。主要表现在三个方面：一是作战平台攻防一体化。攻防武器装载于同一平台或者本身就兼有攻防能力。例如反导武器，本身就既可以用于防御敌方的导弹攻击，又可以主动攻击敌方的运载火箭等目标。二是作战系统攻防一体化，执行侦察、预警、探测、跟踪、导航、定位、指挥控制的装备有序组合，协调配置，相互依存，相互补充，发挥整体优势，取得攻防一体化的整体效能。三是指挥控制攻防一体化。既可以用于进攻中的指挥控制，又可以用于防御中的指挥控制，使得攻防有机协调统一。

第二节　信息化航天装备的发展现状

信息化航天装备经过多年发展，已经形成体系完备、功能多样的一系列装备，随着科技进步，信息化航天装备也在不断发展中。

一、发展历程

20 世纪初，以俄罗斯的齐奥尔科夫斯基、德国的奥伯特和美国的戈达德为代表的宇宙航行理论先驱者阐明了航天技术的基本理论，为航天学的形成和航天飞行奠定了基础。1957 年 10 月 4 日，苏联发射了首颗人造地球卫星，开辟了人类探索外层空间活动的新纪元。半个多世纪以来，人类航天活动由近地到深空、从无人飞行到载人飞行，取得了突飞猛进的发展。俄罗斯、美国、法国、日本、中国、英国、欧洲航天局、印度、以色列等先后利用自制的运载火箭发射了卫星，有 60 多个国家参与了航天器的研制和发射，有 170 多个国家和地区在开发和应用航天技术。总结世界航天发展不同历史时期的特点，可将航天装备的发展分为 3 个阶段，即探索试验阶段、快速发展阶段和广泛应用阶段。

（一）探索试验阶段

20 世纪 50 年代末至 70 年代初，航天装备由试验验证起步，并进行了初步应用。美国和苏联竞相开展了各类军用卫星的研制与试验，开始实施载人航天计划，并进行了空间攻防技术研究。1960 年 8 月美国照相侦察卫星"发现者 13 号"发射并回收胶卷成功，拉开了空间军事利用的序幕。从 1961 年 4 月 12 日苏联航天员加加林完成了人类首次太空飞行到 60 年代美国发射通信卫星和登月的成功，标志着人类已完成初期的空间探索与应用试验。到 1967 年，电子侦察、导航定位、导弹预警、军事气象、军事通信、海洋监视等军用卫星相继面世，实用型军用卫星系列初步形成。

（二）快速发展阶段

20 世纪 70 年代初至 90 年代初，航天装备得到了快速发展。一是军用卫星体系基本形成。美苏拥有了运行于多种轨道的电子侦察卫星，既可进行普查又可进行详查；光学成像侦察卫星由返回型发展到传输型，并成功发射了微波成像侦察卫星，形成了全天候侦察能力；通信卫星初步形成相对完备的战略、战术通信体系，建成了天基测控与数据中继网；全球定位系统（GPS）开始构建，初步实现导航应用；陆地观测卫星、海洋环境卫星面世，气象卫星性能进一步提高。

二是载人航天技术飞速发展。1971 年 4 月 19 日，苏联发射了世界上第一个空间站礼炮 1 号。1981 年 4 月 12 日美国研制的世界上第一架实用型航天飞机哥伦比亚号首航成功。1986 年 2 月苏联发射和平号空间站核心舱，正式开始长久性载人空间站的组装和运行。

三是空间攻防技术得到试验验证。美国于 1975 年部署带核弹头地基反卫星系统，1983 年 3 月提出"战略防御倡议"计划，俗称"星球大战"计划。80 年代后期开始研究地基动能反卫星技术和地基激光反卫星技术，并在 1985 年 9 月 13 日成功地摧毁了一颗在轨卫星。1988 年 8 月开始研制名为"智能卵石"的小型天基动能反卫星武器，并于 1990 年首次进行亚轨道拦截空间目标的试验。1982 年 6 月，苏联利用"宇宙-1379"反卫星卫星成功摧毁了"宇宙-1375"靶星。1985 年 9 月 13 日，美国使用反卫星导弹成功击毁了 1 颗早已废弃的旧卫星，标志着反卫星导弹进入实战应用。

（三）广泛应用阶段

20 世纪 90 年代至 21 世纪初，航天装备日益完善，得到了广泛运用，在军事上有了实际部署，主要包括：

一是卫星系统海湾战争、科索沃战争、阿富汗战争中得到广泛应用，特别是在 2003 年的伊拉克战争中，卫星在战役、战术行动中发挥了至关重要的作用。

二是世界各国对于军事航天技术的研发进一步加强，各种新型军用卫星系统加速发展。美俄分别于 1995 年和 1996 年建成全球卫星导航定位系统，定位精度优于 5 米，使用差分技术后，精度可达 0.1 米。美国 KH-12 照相侦察卫星镜面曲率可由计算机控制，能有效地补偿了大气影响造成的观测图像畸变，分辨率达到 0.1 米，并使用数字成像和实时图像传输技术，具有实时侦察能力。世界其他大国，例如法国、德国、以色列、印度、日本等也都在积极进行军事航天技术研究，不断增强航天实力。

三是载人航天技术取得新发展，国际合作进一步加强。1998 年 11 月，美国、俄罗斯等 16 个国家开始合作建造 "国际空间站"。2004 年美国可重复使用的载人飞行器 X-43A 成功进行了速度达马赫数 10 的飞行试验。美国、俄罗斯、日本、印度也都提出了登月的设想。

四是空间攻防技术快速发展，动能、定向能空间武器接近实战水平。1991 年末苏联解体和冷战结束后，美国于 1993 年 5 月把 SDI 计划更名为 "弹道导弹防御" 计划，重点转向研制地基战区导弹防御系统。1995 年美国空军开始研制高功率微波试验系统，1997 年 10 月对 "微型敏感器综合技术卫星 3 号"（MSTI-3）的传感器进行激光反卫星攻击试验，标志着美国激光反卫星武器已具备初步作战能力。进入 21 世纪，美国先后启动了 "试验卫星系统"（XSS）微卫星演示验证项目和 "近地红外试验" 等计划。发射了 XSS-10 和 XSS-11 卫星，并完成轨道交会机动以及近距离会合试验。

二、典型装备

信息化航天装备按用途不同，主要可分为侦察卫星、通信卫星、导航卫星、气象卫星、测地卫星、预警卫星、空天飞机、天基武器等。

（一）侦察卫星

侦察卫星，又称间谍卫星，是用于获取军事情报的军用卫星。侦察卫星利用所载的光电遥感器、雷达或无线电接收机等侦察设备，从轨道上对目标实施侦察、监视或跟踪，以获取地面、海洋或空中目标辐射、反射或发射的电磁波信息，用胶片、磁带等记录器存储于返回舱内，在地面回收或通过无线电传输方式发送到地面接收站，经过光学、电子设备和计算机加工处理，从中提取有价值的军事情报。卫星侦察具有观察点高、范围大、速度快，不受国界、地理甚至时间和气象条件的限制，能实现对全球范围的监视和侦察活动。

侦察卫星按任务和设备的不同分为照相侦察卫星、电子侦察卫星、海洋监视卫星、导弹预警卫星和核爆炸探测卫星等。

照相侦察卫星是利用携带的可见光、红外和多光谱相机以及电视摄像机等设备对地面摄影，把有关目标的信息记录在胶片或磁带上，然后由地面回收胶片或实时接收卫星发回的图像信息，从而确定目标的性质和地理位置。照相侦察卫星一般可分为普查型和详查型两种，轨道也有近地轨道和中低轨道（包括太阳同步轨道）。近地轨道的普查型卫星其近地点高度为200～300千米，携带广角低分辨率照相机，对敌方国土进行普遍拍摄；详查型卫星的近地点高度一般为130～200千米，利用高分辨率窄角照相机对某一特定地区进行详细侦察。美国的"锁眼"系列侦察卫星就是典型的照相侦察卫星，目前使用的第六代侦察卫星KH-12（即"锁眼—12"），其外形类似"哈勃"太空望远镜，既能普查（地面分辨率优于3～5米）又可以详查（分辨率优于2米），既有传统的光学照相，又有红外成像设备，因此既能在白天进行可见光照相，又可在夜间进行红外照相。此外还可以进行电子侦察，大大提高了侦察和情报信息的准确性。同时它具有极强的机动变轨能力，因而可通过调整卫星轨道，同时完成普查和详查任务。

电子侦察卫星是利用卫星上的电子接收装置搜集监测地面无线电设备、雷达辐射的电磁信号、通信信息等，然后转发到地面站，通过分析，可获得敌方预警与防空雷达的配置和性能参数、战略导弹试验的遥测数据以及军用电台等电子装备的配置情况等。这种卫星一般运行在高度为300～1000千米的近圆形轨道上，周期约为90～105分钟。在这样的高度，卫星天线覆盖面积大，侦察范围广，持续时间长，经过一个地点上空的时间达10分钟以上，而且比其他电子侦察手段优越和安全。苏联于1967年开始发射电子侦察卫星，至今俄罗斯承接苏联共发射过200多颗。俄罗斯目前主要使用的是第四代和第五代卫星，第四代电子侦察卫星采用太阳同步的准圆轨道，由4颗星组网工作，主要用于侦察美国的特殊目标和要地的通信与电子信号。第五代电子侦察卫星采用地球同步轨道，可以进行大面积连续普查。

（二）通信卫星

通信卫星是作为无线电通信中继站的卫星。它通过转发或发射无线电信号，实现地球站之间、地球站与航天器之间以及航天器之间的通信联络。

通信卫星具有以下优点：一是覆盖范围大，通信距离远。一颗静止通信卫星可覆盖约40%的地球表面，等间距配置在地球静止卫星轨道上的3颗通信卫星即可实现除南、北两极局部地区外的全球通信。二是通信容量大。目前，一颗卫星的容量可达几万甚至十万路，并可传输高分辨率的照片和其他信息。三是传输质量高。通信卫星不受地形、地物等自然条件影响，且不易受自然或人为干扰，以及通信距离变化的影响，通信稳定可靠。四是机动性好。通信卫星可作为大型地面站之间的远距离通信干线，也可以为机载、船载和车载的小型机动终端提供通信，能根据需要迅速建立同各个方向的通信联络。

军用通信卫星一般分为战略通信卫星和战术通信卫星两大类。战略通信卫星通常在地球静止轨道上运行，为远程战略通信服务。战术通信通信卫星一般在 12 小时周期的椭圆轨道上运行，主要用于近程战术通信，为军用飞机、海面舰艇、地面部队的机动通信服务。20 世纪 80 年代以来，随着通信卫星技术的发展，战略和战术通信卫星的区分已不明显，多用途和军民兼用的通信卫星已成为发展趋势。

美国于 1958 年发射了世界上第一颗实验通信卫星"斯科尔"号，从此揭开了人类利用卫星进行军事通信的历史，并于 20 世纪 60 年代后半期建成了实用型的卫星通信系统。目前，美国的军用卫星通信系统主要包括三个独立系统：即国防卫星通信系统、舰队卫星通信系统和空军卫星通信系统。这三个军用通信卫星系统的特点是信息传输速率高，隐蔽性好，抗干扰能力强，通信可靠，地球站装运规格化和机动能力强。除此之外，美国还发展了"军事星"通信卫星系统、跟踪与数据中继卫星系统和全球广播服务系统。军用卫星通信系统已成为美国军事指挥控制系统的重要组成部分，承担了 70%左右的远距离军事通信任务。

苏联从 1965 年开始建立卫星通信系统，目前俄罗斯军用通信卫星主要有混编在"宇宙"号系列中的低轨道通信卫星，大椭圆轨道的"闪电"通信卫星，及地球静止轨道的"虹""荧光屏""地平线"等通信卫星。它们已成为俄罗斯军事指挥控制通信系统的重要组成部分。世界其他一些国家和组织也发射了军用通信卫星，如英国的"天网"等。

（三）导航卫星

导航卫星是从卫星上连续发射无线电信号，为地面、海洋、空中和空间用户导航定位的人造地球卫星。导航卫星上的无线电信标机以固定的频率，按照规定的时间间隔，向地面、海上和空中用户发射无线电信号，信号中含有卫星在空间的位置和发出信号的时间等信息，用户利用无线电接收设备接收来自导航卫星的无线电信号，经计算后可确定自身的位置和运动速度。

军用导航卫星具有精度高、全天候、覆盖全球和设备简单等优点。它可用于引导远程武器的精确投掷，为卫星、飞船、飞机、车辆和各种舰船进行途中导航、引导飞机进入机场着陆和空中会合加油、战术导弹导航系统的修正及空中交通管制等。

美国于 1960 年 4 月发射了世界上第一颗导航卫星"子午仪"，70 年代初开始研制全球定位系统（GPS），目前已经发展到第三代。全球定位系统（GPS）由 24 颗卫星组成，其中 21 颗主星，3 个备用星。该卫星系统的卫星轨道高度20000 千米，倾角 55°，轨道周期 12 小时，共采用 6 个轨道面，每个轨道平面上有 4 颗星。GPS 系统可以保证在全球的任何一个地区的用户，能同时收到 4

颗以上卫星的数据，从而实现准确的三维定位和速度测量。俄罗斯的全球导航卫星系统（GLONASS）是苏联从 20 世纪 80 年代初开始建设，GLONASS 系统由 24 颗卫星组成，均匀分布在 3 个近圆形的轨道平面上，每个轨道面 8 颗卫星，轨道高度 19100 千米，运行周期 11 小时 15 分，轨道倾角 64.8°。1982 年 10 月发射首颗卫星，1996 年 1 月投入运行。该系统可提供全天候、全天时、高精度的三维导航定位和授时服务，其定位精度略低于美国的 GPS 系统。欧洲的伽利略卫星导航系统（Galileo）由欧洲委员会和欧空局共同负责研制和建设，目的是摆脱欧洲对美国全球定位系统的依赖，打破其垄断。系统计划由轨道高度为 23616 千米的 30 颗卫星组成，其中 27 颗工作星，3 颗备份星。

我国的北斗卫星导航系统（BDS）是自主研发的全球卫星定位与通信系统，由空间段、地面段和用户段三部分组成。空间段包括 5 颗静止轨道卫星和 30 颗非静止轨道卫星。地面段包括主控站、注入站和监测站等若干个地面站。系统建成后，可在全球范围内为各类用户提供高精度和高可靠性的定位、导航、授时服务，并具有独特的短报文通信能力。目前我国正在积极建设北斗二代导航系统，建成后将实现全球覆盖，并大大提高各项精度。

（四）气象卫星

气象卫星是用于气象观测的卫星，可根据需要收集全球或特定地区上空的气象信息，预报天气形势，为各军兵种和战区提供气象资料，并为制定军事行动计划提供必要的气象支持。气象卫星上携带有多种气象遥感器，能接收和测量地球及其大气层的可见光、红外与微波辐射，将它们转换成电信号传到地面。地面台站将卫星送来的电信号复原绘制成云层、地表和洋面图，经进一步处理，即可得出各种气象资料。

气象卫星按所在轨道可分成两类：太阳同步轨道气象卫星（也称"极轨道气象卫星"）和地球静止轨道气象卫星。太阳同步轨道气象卫星每天对全球表面巡视两遍，可以获得全球气象资料。静止轨道气象卫星能对全球的中、低纬度地区天气系统的形成和发展连续监测，实时将数据发回地面。但对高纬度地区（55°以上）的观测能力较差。这两类气象卫星相互补充，就可以得到完整的全球气象资料。

比较有名的军用气象卫星包括美国的"国防气象卫星"、俄罗斯的"流星"号卫星等，它们可以为全球范围的战略要地和战场提供实时气象资料，具有保密性强和图像分辨率高的特点。

（五）预警卫星

预警卫星是用于监视、发现和跟踪敌方战略弹道导弹发射的一种军用卫星。这种卫星通常发射到地球同步轨道或周期约为 12 小时的大椭圆轨道上，一般由几颗卫星组成预警网。预警卫星利用卫星上的红外探测器，探测导弹主动段飞行期间发动机尾焰的红外辐射，配合使用电视摄像机及时准确地判明导弹发射。

预警卫星载有红外传感器、红外望远镜、红外探测单元、可见光电视摄像机和核爆炸探测器等，其关键设备是红外望远镜。美国第二代 DSP 卫星探测器是 2000 元线阵，第三代为 6000 元线阵，目前发展的第四代采用了 24000 元的凝视型焦平面阵列，卫星不用旋转，用不同位置的敏感单元，就可以计算出导弹发射的地区。在海湾战争期间，美军使用第二代和第三代卫星，星上的红外望远镜每分钟旋转 5～6 次，对伊拉克发射的"飞毛腿"导弹进行探测，可以提供 3～15 分钟的预警时间。

（六）空天飞机

空天飞机是军用航空航天飞机的简称，也称跨大气层飞行器。它是一种既能在大气层飞行、又能进入外层轨道飞行，可执行专门军事任务并能重复使用的航天器，是集航空技术和航天技术于一身，同时具有航空与航天两种功能的新型军用飞机。空天飞机成本低、可完全重复使用，飞行速度极快，从普通机场起飞，可在一小时之内达到全球任何地方，特别适于作为强大的战略武器装备使用。

目前研制的空天飞机有两种类型：一种是单级型，就是把航空发动机和航天发动机都装在一个飞行器里；另一种是双级型，就是把航空发动机和航天发动机分别装在两个飞行器里。同航天飞机相比较，空天飞机发射成本低、发射准备时间短、机动能力强，能满足空天一体作战的需求。它能像普通飞机一样起飞，以高超声速在大气层内飞行，在 30～100 千米高空的飞行速度可达 12～25 倍声速，并直接加速进入地球轨道，返回大气层后，也可像飞机一样降落。因此，在未来的空天作战中，它是比航天飞机更为灵活、战斗力更强的一种太空作战武器。

20 世纪 60 年代初，人们就对空天飞机作过一些探索性试验，当时它被称为"跨大气层飞行器"。1994 年至 1996 年，美国空军大学、空军科学技术顾问委员会均建议把空天飞机作为今后 20～30 年最重要的武器装备之一。继美国之后，英国提出了"霍托尔"空天飞机方案，德国提出了"桑格尔"空天飞机方案，法国、俄罗斯、日本、印度等国家也提出了各自的空天飞机计划。

X-37B 项目于 1999 年由美国航空航天局启动，它自带有充足的燃料，可以靠自身的动力灵活改变飞行方向，既可控制、捕获及摧毁轨道上的敌国卫星和太空飞行器，也可精确攻击地球表面上的敌国目标，还可以实时侦察地面情报。X-37B 机首和机后端装有方向调节器，后舱为燃料库，主引擎在机尾，中间为实验舱，也就是未来的武器弹药舱。X-37B 飞行中所有功能自动运行，无需地面遥控，在临近空间速度最高可达 2.7 万千米/小时。2012 年 12 月 11 日，

X-37B 发射升空，并于 2014 年 10 月 17 日成功返回范登堡空军基地，在太空轨道上一共运行了 671 天。X-37B 有望形成现实空天打击能力，并且将开创多样化的空天垂直打击模式。

（七）天基武器

天基武器主要指攻击敌方航天器用的卫星及卫星平台，如反卫星卫星、反卫星及反弹道导弹动能武器平台和定向能武器平台等。尽管国际法不允许太空军事化，但美国等军事大国对天基武器一直不放弃研究。

美国反卫星武器的研究与发展可追溯到 20 世纪 50 年代后期。由于受当时制导技术水平的限制，反卫星武器采用的杀伤手段主要是破坏力强、杀伤半径大的核武器。1959 年，美国利用 B-47 在空中发射的弹道导弹率先进行了反卫星武器试验。20 世纪 70 年代末 80 年代初，美国开始研制机载非核反卫星武器（ALMV）。该武器是一种带小型自动寻的弹头（ALMV）的两级固体导弹，又称反卫星导弹。1984 年 1 月进行首次飞行试验，1985 年进行了首次空间打靶试验，实际攻击空间卫星并获成功，标志着反卫星导弹进入实战应用。1988 年 3 月美国国防部宣布终止这项机载反卫星导弹计划。

目前，美国研制的进攻性太空对抗武器装备包括："智能卵石"拦截弹，它是一种体积不大的碰撞卫星，1990 年首次进行了亚轨道拦截飞行目标的试验；地基反卫星导弹，由 2 级或 3 级固体火箭携带动能杀伤拦截器（KKV），从发射井发射，末制导采用可见光导引头。目前，该系统未进行太空飞行试验，但已接近实战水平。高能激光武器，美国的地基激光反卫星系统已于 1997 年 10 月进行了反卫星试验，向在轨道上运行的 MSTI-3 号气象卫星发射了两束高能激光。试验表明了美军已经具备利用激光器破坏敌方卫星的能力。美机载激光武器已完成在波音 747 载机的改装，激光器光束作用距离可达 400 千米以上，功率达到兆瓦级。

地基太空对抗系统典型的包括：美空军研制的"反通信系统"（CCS）和"反监视与侦察系统"（CSRS）。CCS 系统 2004 年具备初试作战能力，"使用可恢复的、非摧毁性的手段，阻断被认为对美军及其盟军有敌意的、基于卫星的通信链路"，即能够用无线电频率干扰敌方卫星的上行或下行链路，阻断敌方的卫星通信。美空军从 2003 年开始研制 CSRS 系统，与 CSS 系统一样，CSRS 也是地基可机动系统，具有削弱敌方利用目标瞄准信息、战场评估以及从成像卫星收集情报信息的能力。

第三节　信息化航天装备的作战运用

信息优势是新军事革命的核心和支柱，实时地收集、处理和应用大量战场信息，是获取战争优势的关键。空间是夺取信息优势的关键，而以侦察卫星、预警卫星、军用通信卫星和导航卫星为代表的军用卫星系统在夺取信息优势方面占有主导地位。军用航天装备不仅用于为作战提供信息，而且天基武器还将用于导弹防御、攻击敌方卫星，甚至打击重要的地球目标。信息化航天装备在作战中得到广泛运用，最大限度地发挥其信息支援优势甚至打击优势，已经成为获得战场胜利的重要条件。

一、信息支援

信息化航天装备在战争的运用，主要是通过各类航天装备构成的体系支援部队的行动，为作战提供侦察、预警、通信、导航等方面服务实现。成像侦察、电子侦察、海洋监视、导弹预警卫星为己方部队提供各种目标数据，导航定位卫星为部队提供确切位置，通信卫星将各作战部队连接起来，向他们传送数据和命令。

在作战准备和制定行动计划阶段，航天装备可提供敌军战斗序列、精确地理坐标、威胁的位置与特性、精确的地形图等信息，对进行近实时的侦察与监视，及时了解气象状况和战场环境，实施快速的通信联络，组织协调部队的行动等进行保障，加强指挥与控制能力；在作战与军事行动期间，可提供全天时、全天候的目标信息，提高精确制导武器打击目标的效率；给途中的作战部队提供精确的导航、位置和时间的信息；使作战部队与司令部及其他部队保持通信，便于进行协调一致的打击；为战区的导弹防御提供预警；提供毁伤效果评价与战况了解等。从而以最小的伤亡和损失，达到预期的作战目标。未来战争的重要作战样式是远程攻击和精确打击，而解决打击武器的制导，打击目标的侦察、定位以及打击效果的评估根本手段在于卫星军事应用。

（一）侦察预警

与其他侦察手段相比，航天侦察具有十分显著的优势。运行于太阳同步轨道的侦察卫星，其侦察范围可以覆盖全球，这是所有航空侦察手段难以企及的。航天侦察装备对其他国家的侦察不受国际法的约束，这更是航空、航海等侦察手段无法比拟的。1960年美国"发现者14"号发射成功，从太空拍摄到苏联境内的机场目标，而不再需要U-2飞机冒险进行航空侦察。航天侦察已经成为战略侦察的主要手段。目前，近地点高度为150～200千米的成像侦察卫星能够在一张照片上拍下上万平方千米的地面景物。美军一个"白云"海洋监视卫星星座能够监测直径7000千米范围内的舰艇目标。美军位于印度洋上方的一颗"国防支援计划"导弹预警卫星可监测俄罗斯、中国、印度等广大地区的导弹和航天发射。

航天侦察中，静止轨道卫星与中低轨道卫星的组网运用能在侦察时效与侦察范围上获取较好的综合效果。各种不同类型的侦察卫星侦察机理不同，获取的情报数据样式不同，相互之间具有很强的互补性。具体来说，可见光成像情报清晰直观、易于判读，但可见光成像无法穿透黑暗、雨雪、尘雾，且侦察幅宽窄；红外成像设备能够在夜间成像，能够识别某些伪装，但技术难度较高；合成孔径雷达成像能够穿透黑暗、雨雪、尘雾，但精度稍低；电子侦察作用范围广，能够侦测到敌方雷达信号参数、破解出敌方通信内容，但无法"看清"目标外形特征。而把针对同一目标的各类航天情报融合起来，相互对比分析，将可以进一步印证情报内容、提升航天情报价值，夯实军事决策基础。

在 1996 年 11 月实施的"打击"-2 演习中，美军战斗机驾驶员可以近实时利用卫星数据与图像，实现了"从传感器到射手"的信息传递。美国发展的"快速瞄准系统"（RTS）能把侦察卫星、航天飞机事先获取的图像与侦察机实时获取的图像结合在一起，经工作站处理后，直接或通过通信卫星传送给 F-15E 等战斗机座舱，使战斗机能在 5～10 分钟内发现并摧毁如"飞毛腿"发射装置之类的移动目标，大大提高了武器系统快速打击移动目标的能力。

美国空军于 1995 年研制了"战区空袭和发射预报"（ALERT）系统，陆军和海军于 1997 年研制了"联合战术地面站"（JTAGS）系统进一步提高了导弹预警能力。ALERT 系统通过接收 DSP 卫星以及其他卫星系统的数据用于探测、识别和跟踪导弹发射，为战区导弹防御提供早期预警和更精确的导弹射向支持，在飞毛腿导弹发射约 30 秒后即可向战区发出警报。JTAGS 系统装在标准式移动方舱内，可进行牵引机动，或由 C-141 运输机或其他大型飞机运输到战区，能够接收并处理 3 颗以上导弹预警卫星数据，直接为战区提供导弹预警信息支持。ALERT、JTAGS 系统的运用使探测导弹发射并发出预警的时间大大缩短。

（二）卫星通信

卫星通信是最重要的远程化、全球化通信手段。通信卫星占据着太空的高度优势，也形成了构建通信网络的关键物质基础。

美军"国防卫星通信系统"星座由 5 颗静止轨道工作星和若干颗备份星构成，可确保除两极外全球所有地区的 24 小时不间断通信。美军"宽带全球卫星通信"（WGS）星座由 3 颗静止轨道工作星和若干颗备份星构成，能够覆盖美军绝大多数军事行动区域。除了覆盖范围广，卫星通信的带宽也在不断上升。美军第三代"国防卫星通信系统"卫星的话音信道能力为 200Mb/s，5 颗卫星能够提供总计 1Gb/s 的话音信道带宽。而 2008 年 5 月投入运行的第一颗"宽带全球卫星通信"卫星能够为用户提供从 1.2～3.6 吉比特/秒的通信带宽，超过了第三代"国防卫星通信系统"整个星座的容量。卫星通信带宽被分配给地球表面的各种类型的终端，如第二代"军事星"支持 5 种类型的卫星接收机，包括固定式、便携式、车载式、舰载式和机载式。其中，便携式适用于班组及特种部队；车载式接收机可以适应师、团级单位的作战要求。

天基通信网络是卫星与卫星之间的信息网络。例如侦察卫星与中继卫星的信息交联，美军"长曲棍球"卫星所获取的情报，可经"跟踪与数据中继系统"（TDRS）卫星传回位于新墨西哥州的白沙地面站；俄罗斯的第四代电子侦察卫星将截获的信息实时传输给位于地球同步轨道上的"急流"中继卫星，再由"急流"卫星实时传输给本国的地面接收站。天基通信网络也可以体现为通信卫星与通信卫星之间的信息交联，如美军使用激光通信技术在第 4、5、6 号"宽带全球卫星通信"卫星上验证卫星彼此间直接联通的能力，这种技术一旦验证成功，美军的全球化通信将更加顺畅高效。在构建了天基通信网络之后，其最终作用效果将体现在陆海空各军种作战单元的互联互通上。美军在伊拉克和阿富汗地区作战的"捕食者"和"全球鹰"无人机就可以通过第三代"国防通信卫星"系统与指挥部保持实时动态的互联互通。

在伊拉克战争中，通信卫星发挥了巨大作用。美军指挥官通过加密的卫星通信对前方的部队实施有效的指挥，而前线的士兵也通过卫星传输将战场的情况快速、准确地传给后方的指挥部。卫星高速的通信能力，使发现目标到摧毁的时间缩短到 10 分钟，取得了很好的作战效果。美军通过卫星网络不但达到了战场信息的共享，而且实现了陆、海、空一体化作战体系：战区司令可以通过卫星与每个分队和士兵取得联系、实施指挥；美军士兵可以利用手中的卫星电话与几千米高空的飞机驾驶员取得联系，引导战斗机火力支援其发现的目标。

（三）导航定位

与其他定位导航手段相比，卫星定位导航在精确性、实时性、便捷性上有了质的提高。美军 GPS 系统在 1991 年海湾战争中首次大规模应用便取得巨大成功。在海湾沙漠地区，几乎无任何人造的或天然的特征可确定所在位置，精确导航异常困难，但 GPS 导航定位系统解决了这一难题。到 1991 年 3 月，美军共部署了 4490 个民用和 842 个军用 GPS 接收机，这些接收机在美军各类作战行动中发挥了显著的作用，如帮助引导地面部队、记录火炮位置、确定地雷场位置、协调舰艇发射"战斧"巡航导弹、引导空军飞机至目标区等。伊拉克战争中，GPS 系统的运用更为广泛和成熟，是制导方式上的一场革命。与激光制导相比，卫星制导具有全天候的优点；与电视制导相比，卫星制导具有全天时的优点；与各类半主动制导方式相比，卫星制导具有"发射后不管"的优点；与主动雷达等制导方式相比，卫星制导具有价格低廉的优点；与惯导等制导方式相比，卫星制导具有精度不受射程远近影响的优点。卫星制导已经成为一种高精度、低费用、全天候、全天时、保障性好的制导方式，其军事价值成为多国竞相发展自主卫星导航系统的重要动力。我国"北斗二号"系统正式运行之后也将大幅提高我军导航定位能力。

二、空间对抗

随着航天装备在信息化战争中的地位和作用越来越显著，航天装备必然成为敌我双方对抗的新焦点。空间攻防对抗就是要利用各种对抗装备，干扰、破坏、打击敌方航天装备体系，削弱其利用空间的能力，确保己方有效利用空间。

（一）采用软杀伤手段，削弱空间目标功能

空间软杀伤包括航天电子对抗、网络对抗、激光打击等多种手段。航天电子对抗技术能够干扰和破坏敌方对航天信息的利用，但不对敌方在轨航天器产生物理破坏，是运用最早、最多的空间对抗手段。国外正发展高机动性能平台（例如：微小卫星试验项目、自主交会验证计划等）以提高电子对抗卫星的机动性。使用灵巧型、精确型干扰模式，降低发射功率，提高干扰效率。

激光武器是能够灵活控制毁伤程度的打击手段。短暂的激光照射能够迫使敌方成像卫星关闭相机镜头，在不毁伤敌方航天器、不激化冲突的情况下，阻止敌方航天侦察。较长时间的激光照射能够对航天器的部件形成破坏，甚至瘫痪其功能。1975 年 10 月和 11 月，苏联就曾两次使用地基激光武器使两颗美国卫星失效。1997 年 10 月 17 日，美军在新墨西哥州白沙导弹靶场利用"中红外先进化学激光器"成功击中 415 千米高度轨道上的 MSTI-3 气象卫星，表明美军已经具备利用地基激光武器打击近地轨道航天器的能力。

把电子对抗、网络对抗等手段协同使用，互为补充、互为手段，形成最优的软杀伤效果，还可根据冲突或战争的激烈程度，酌情控制激光武器等定向能武器的打击强度，能够在空间对抗行动中获取较好的军事效益。

（二）运用硬摧毁武器，毁伤空间目标

空间硬摧毁是空间对抗的最高形式和最后手段。在装备技术成熟度上，多个国家已经或正在发展地基激光武器、地基动能武器、空基激光武器等硬摧毁武器。冷战时期，美苏两国掀起了空间硬摧毁武器的一轮高潮，如"智能卵石"、反卫星导弹等。1978 年 5 月 19 日，苏联发射的"宇宙-1009"拦截卫星刚刚绕地球飞行大半圈便突然变轨，向 1000 千米外的"宇宙-967"目标卫星机动，在距目标几百米处自爆，碎片将目标卫星击毁。1982 年 6 月 13 日，苏联发射的"宇宙-1379"拦截卫星只用了一圈就迅速逼近"宇宙-1375"靶星，然后成功自爆并摧毁"宇宙-1375"。1983 年，苏联又以类似的方法成功击毁一颗在联邦德国上方运行的目标卫星。1985 年 9 月 13 日，美国也成功地从 F-15 战斗机上发射反卫星导弹击毁一颗近地轨道卫星。2008 年 2 月 21 日，美军在夏威夷西北海域利用"标准"-3 导弹成功摧毁 209 千米高度的 USA-193 卫星，表明美军反导系统也具备摧毁近地轨道目标的能力。

随着技术发展，遂行空间硬摧毁作战已经成为可能，但由此造成的后果也

是需要考虑的重要方面。例如：会产生大量空间碎片，对其他航天器的运行产生严重威胁等，空间硬摧毁武器的发展与运用正受到全球各国越来越大的舆论压力。如何运用空间硬摧毁武器，已上升为一个战略层面的议题。

第四节 信息化航天装备的发展趋势

随着军事航天技术的应用领域日益广泛，应用程度不断深化，航天装备向网络化、集成化、智能化发展趋势明显，系统的快速响应能力和对抗条件下的生存能力进一步增强。从世界上主要航天大国的军事航天发展战略、航天科技发展趋势和未来高技术信息战争的要求出发，航天装备发展趋势主要包括以下方面。

一、活动范围不断拓展，任务更为复杂

航天器的活动已经向深空拓展，运行轨道多样化。目前，美国航天器已经到达冥王星，大功率火箭可以直接把航天器送向火星。军用航天器的功能密度越来越大，自主能力越来越强，效费比越来越高；有效载荷和平台的一体化、灵活、机动、长寿命、高可靠、抗干扰、星座化编队飞行、可在轨服务、应急发射等成为重要的发展趋势。有效载荷技术上，成像侦察、预警监视向着高空间分辨率、高时间分辨率和高光谱分辨率发展，瞬时成像幅宽不断增大，动目标监测能力不断增强；电子侦察的工作频段越来越宽，测向定位精度越来越高，能够侦收和识别越来越复杂的无线电信号；环境探测的手段多样化，信息要素日趋丰富精准；通信卫星向高带宽、大容量、高速率、动中通、可网络重组、强抗干扰/截收方向发展，提高码速率、扩展频段、增大容量、增强抗干扰能力，实现灵活组网和终端小型化；导航卫星向长寿命、高定位与授时精度、强生存能力、抗干扰方向发展，定位、测速、授时精度不断提高。

在未来战场上，一个国家没有卫星的支援与保障，几乎不可能计划和实施有效的军事活动。世界大国纷纷加大研制军用卫星系统的力度，以求在抢占空间制高点斗争中占据有利地位。目前，美国正在加速实施"天基红外系统""全球广播服务系统""监视、瞄准与侦察卫星"等计划；法、德两国将联合研制"太阳神2号"侦察卫星；法、英、德三国将联合研制下一代军用卫星通信系统；印度、日本、韩国也计划在21世纪初发射自己的侦察卫星。未来，将会有越来越多的国家拥有军用卫星系统，军用卫星的数量也将成倍增加。

在发展新的军用卫星系统的同时，未来军用卫星的作战性能和生存能力也将进一步提高。在作战性能方面，将发展新的遥感技术，提高侦察卫星的分辨力；提高对目标的定位精度和探测能力；提高数据处理和实时传输能力；研制

大型卫星，增大通信容量；适应运动通信的要求，建立天地一体的战术移动通信系统。

在生存能力方面，将综合采用电磁、轨道、形状等隐蔽措施。例如：为尽可能不发射或少发射无线电信号，使用了"天线调零技术"，使卫星天线波束的指向可变；在卫星表面覆盖电磁波吸收型或电磁波干扰型涂料，吸收、耗散或抵消对方发射到卫星的电磁波；增强卫星的机动变轨能力，并能施放诱饵，以使敌人难以实施攻击；采用抗摧毁加固措施，使卫星在反卫星武器的攻击下，能够顶得住，或者只受到局部或轻微损伤，不会丧失全部或主要的工作能力。此外，还装备先进的识别与轨道机动系统，做到准确识别、判断来自不同方面的威胁，提高自身的生存能力。

二、应用领域日益广泛，应用程度不断深入

航天装备的应用领域随着科技发展，例如大数据、云计算等技术，应用领域不断扩大。应用方向从最初的监视侦察和通信方面逐步向空间信息支援、空间攻防对抗、高精度定位等全方位发展。

航天装备从战略、战役和战术三个层次全面支撑联合作战，空间作战力量成为远程精确打击和信息战的支撑要素。航天力量应用逐步进入全面作战支持阶段，可为作战分队甚至单兵提供实时的情报信息支持，并且成为战略决策、战役指挥和战术行动的关键环节。美国先后进行了深度撞击、海基反卫、轨道快车、X-37R等以空间对抗为主题的空间试验，空间攻防对抗技术逐步成熟。

新型航天装备不断发展，航天装备除现有的侦察卫星、预警卫星、导航卫星、通信卫星外，还将出现或部署"杀手卫星""攻击卫星"和"卫士卫星"等空间对抗装备。"杀手卫星"平时在固定轨道上运行，接到命令后能实施机动，利用机械手、网状织结物捕获对方的卫星及航天器或是利用直接碰撞，使其丧失作用。对于载人航天装备来说，随着载人航天技术的进一步发展和完善，它的军事潜力将得到进一步开发，如载人航天器指挥地面部队和海上舰艇作战，摧毁敌方卫星和飞船，建造空间军工厂等都可能成为现实。目前，通过空间试验，美国发展了多种空间平台，完成了空间自主交会、近距离逼近检查、空间目标捕获等空间操作技术的验证，应用技术逐步成熟。

航天装备与相关技术结合，相互促进发展。航天装备利用大数据技术，提高了信息获取、处理、分析、防护能力，加强了信息资源的深度开发利用。侦察卫星结合数据处理技术，在保障军队处置突发事件方面正发挥着越来越显著的作用。航天装备支撑战略投送，成为装备保障新的应用模式。航天力量深化军民融合，在国土调查、环境保护、应急救灾、资源开发、农业估产和城镇规划等领域有广泛应用。

三、网络化、集成化、智能化趋势明显

随着技术发展，航天装备将朝着低成本、高可靠、支持快速发射、可重复使用和航空航天相结合的方向发展，网络化、集成化、智能化趋势明显。

目前，世界主要国家的高、中轨道的侦察、通信、导航等军用卫星向高性能、多功能复合化，并在应用星座技术的基础上向网络化方向发展。美国"锁眼"系列卫星装备了可见光相机、多频段扫描仪、热红外仪、电子侦察等设备，可执行多种任务。美国未来成像体系结构（FIA）的侦察卫星既可以采用可见光成像，又可以进行红外成像，还可以进行合成孔径雷达成像。美正在发展的第5代电子侦察卫星，集通信情报和电子侦察于一体，有效提高了侦察效率，航天飞机、空天飞机的智能化、网络化不断提高。未来航天飞机和空天飞机不仅能充当人员、武器装备、货物等的运输工具，而且自身也装备有先进的侦察系统和武器系统。空间站作为未来天基武器系统平台集成色彩明显，有可能配备为军用卫星进行在轨服务和军事勤务活动的设施、推进剂仓库、移动式机械臂等，成为军事航天支援、勤务保障及作战的重要基地，甚至储存有诸如动能武器、定向能武器等空间武器，发展为空间武器平台。

航天装备与服务相融合，还将出现无人操作系统、定制化的遥感与气象服务等新的事物。军事部门将可根据自己的需求，获得用于满足自身需求的航天系统服务。

四、争夺更加激烈，对抗方式灵活多样

太空正在成为现代战争争夺的新的战场。有效利用空间，严密监视空间，从空间攻击摧毁敌方战略战术目标将成为可能。各国对外层空间的争夺也会更加激烈，对抗也将加剧。

美国为提升军事航天装备体系抗毁能力，不断提高其国内航天系统之间、与盟国航天系统之间的兼容性和一体化程度；通过商业搭载、分布式手段等将空间能力分散布置在不同国家、不同轨道的不同平台上，使空间能力去中心化；发展作战响应发射补网技术，提升及时响应重构能力；加强防护措施，应用抗干扰和防网络攻击技术，提高对电子攻击的防护能力，采取备份、加固技术进行地面站防护。例如：美空军研制的卫星"眼睑"装置可防止侦察卫星所用的光学精密传感器遭受激光致盲攻击；"高压轨道长绳"项目可防止对手的干扰和定向能武器攻击；"轨道快车"项目使卫星具备轨道机动能力，躲避敌方反卫星武器的攻击或太空碎片的撞击。

美军同时致力于研制进攻性空间对抗技术。在已有地基动能、机载动能、地基低功率激光反卫星实战能力的基础上，公开发展卫星链路干扰装备等；重

点探索、验证一些在空间对抗、深空探测、空间支援领域都具有重要应用前景的天基可控杀伤关键技术。例如：单卫星定位、快速攻击识别探测报告系统（RAIDRS 10）等。目前，电磁炮、动能拦截弹等动能武器，以及强激光、粒子束、微波束等定向能武器逐步取得了突破性进展，发展重点将逐步从陆基、海基、空基发展到天基，机动灵活、快速反应、低成本、高可靠和强突防成为主要发展方向，近期有望达到实战水平。

随着各种空间对抗技术的发展，对空间攻防对抗中制高点的争夺更加激烈，空间将成为未来战争的又一个重要战场。

第九章　空军指挥信息系统

空军指挥信息系统是以空军指挥理论为基础，以空军指挥体系为构建框架，以指挥员及参谋人员为核心，以电子计算机、信息技术设备等为手段，以提高指挥控制效能为目标，通过预警探测、情报侦察、指挥控制、信息传输以及其他作战信息保障等功能分系统，力争实现信息收集、传递、处理、显示等环节的自动化，提高作战决策、组织筹划、指挥控制等过程的科学化程度，进而获取战场信息优势并最大限度地发挥军队战斗力的一整套人—机系统。空军指挥信息系统作为空军信息化的重要标志，对提高空军建设水平和整体战斗力具有决定性影响。

第一节　空军指挥信息系统的基本构成

随着信息技术的迅猛发展及其在军事领域的广泛运用，空军指挥信息系统的建设呈现出系统功能要素一体化的发展局面。空军指挥信息系统通常主要包括预警探测分系统、情报侦察分系统、指挥控制分系统、信息传输分系统，以及导航定位、航空管制、气象情报等其他指挥信息保障功能分系统。

一、预警探测分系统

预警探测分系统主要是利用雷达、被动探测设备以及红外探测仪、电视摄像机、光电望远镜等预警探测手段，对空天目标进行探查、测量、判断、识别、跟踪、监视，从而掌握空天目标的态势，为防空反导、空中进攻等作战提供预先警报；同时测报空天目标的参数、属性等，为航空兵提供指挥引导情报，为空天防御提供远方情报、目标指示情报，为航空飞行管制、导弹发射、空间目标监视等提供支援情报。根据预警探测装备的空间部署不同，预警探测分系统的构成要素，通常包括陆基预警探测、空基预警探测、天基预警探测及其情报信息传递、处理和显示等设备。

（一）陆基预警探测网

陆基预警探测网是空军指挥信息系统的主要空中情报来源，具有实时性强、精度高、探测距离远等特点，通常是由多种类型、不同程式的地面雷达按任务需求和战场条件统一布局和合理配置构成的陆基预警探测装备组网系统。陆基预警探测主要装备包括远程警戒雷达、指挥引导雷达、目标指示雷达、低空补盲雷达，以及弹道导弹早期远程预警大型相控阵雷达、地基多功能大型相控阵雷达、天波超视距雷达、无源雷达、对空观察设备等。各陆基预警探测装备的威力范围一般需要互相衔接、互为补充，形成高、中、低空和远、中、近程的全方位覆盖空中目标活动区域的预警探测能力，为空中作战指挥提供空天目标活动的实时态势信息。对空观察网由众多的地面观察哨组成，通常配置对空观察设备，用目力或听力借助光学、电子观察设备或音响设备，监视或监听空中目标活动情况。即使是在信息化战争条件下，对空观察设备仍不失为一种有效的辅助性预警探测手段，能弥补其他预警探测手段的不足，尤其是在复杂电磁环境中，对获取低空、超低空目标预警信息具有特殊作用。

（二）空中预警探测网

空中预警探测网主要是由空中预警指挥机、系留气球载雷达、临近空间站或飞艇雷达等组成，是陆基预警探测网空情信息的重要补充，特别是对于低空、超低空目标的预警探测具有重要作用。空中预警指挥机是空中预警探测网的主要部分，具有机动部署优势强、低空探测距离远、情报支援效果好、信息传递速度快、预警范围广等优势，在陆基预警探测设备受到地形等自然条件限制无法部署的情况下，空中预警指挥机的雷达情报具有特别重要的价值。空中预警指挥机还可利用其电子对抗侦察设备，对敌方的雷达、无线电设备发射的无线电波进行侦收、检测、识别和定位，迅速传递至地面指挥机构进行分析、处理和综合，从而获得敌方电子设备的类型、数量、配置等侦察情报，为电子对抗提供情报支援。

系留气球雷达系统由地面上的系留设施，利用一条系留缆索，将气球及其所携带的雷达天线悬停在数千米的空中，遂行对低空、超低空飞行目标的远距离预警探测和跟踪监视等任务。大型气球可搭载数吨重的预警探测设备，地面控制设施可为固定装置或大型拖车、水面舰船等。临近空间站或飞艇雷达系统，通过空气浮力或空气静力实现升降、飞行或悬停，利用吊挂在舱内的各种预警探测设备实现对空中目标的搜索探测。与空中预警指挥机相比，系留气球雷达、临近空间站或飞艇雷达具有许多独特的优势，如留空运行时间长、综合保障费用低，可垂直起降，载重量大，噪声低，稳定性好等。但系留气球雷达、临近空间站或飞艇雷达也存在着体积大、目标特征显著等缺点，如受气象因素影响大，机动部署能力弱等。

（三）天基预警探测网

天基预警探测网主要由载有红外探测器、射线探测器、电视摄像机等遥感装置的导弹预警卫星组成，主要用于探测和拍摄导弹主动飞行段火箭发动机尾焰红外线辐射和导弹飞行影像，以发现和跟踪陆基弹道导弹、潜射弹道导弹的发射和飞行，为防御导弹袭击提供预先情报。高轨预警卫星通常部署运行在地球同步轨道和大椭圆轨道上，飞行高度高、视场宽阔，能够携带多种探测器和遥感器完成导弹预警信息收集任务，具有监视区域大、信息搜集快、可连续或定期地监视某一特定地区，以及不受国界、地理环境和气候条件限制等优势，但也一定程度上存在着受轨道参数制约以及在强强对抗条件下易受软硬攻击等不利因素。

低轨预警卫星通常部署在距地球表面 1600 千米的轨道上，多颗卫星组网运用，采用扫描型红外探测器搜索、凝视型红外探测器驻留聚焦等模式探测各空间层的飞行目标，包括对来袭弹道导弹飞行中段进行精确跟踪与识别，可以直接用于引导地面火力单元对来袭弹道导弹进行拦截；监测弹道导弹试验，收集导弹技术参数、信号特征、弹道数据和部署情况，保持和优化弹道导弹防御系统；用于空间目标监视，以防范航天器发生碰撞。低轨预警卫星具有许多优势，包括探测分辨力高，可提供精确及时的导弹发射点估计；能为拦截弹提供超视距制导，使其能拦截射程在雷达作用范围之外的弹道导弹；能精确引导地面雷达捕获来袭导弹弹头，为火控雷达提供精确目标指示，从而提高拦截系统的生存能力。

二、情报侦察分系统

情报侦察分系统是用于获取进行作战指挥活动所需情报信息的各种航空侦察和电子侦察手段的总称，其构成要素主要包括技术侦察、航空侦察、空间侦察及其情报信息传递、处理和显示等设备。情报侦察分系统与预警探测分系统紧密衔接、相互融合，为空军指挥信息系统提供情报和目标信息，满足空中作战的目标侦察、打击效果评估和战场态势监视等作战任务需求。

（一）技术侦察网

技术侦察是使用技术装备进行的侦察，例如光学侦察、声学侦察和电子侦察。技术侦察兵，是空军中使用专用无线电技术装备获取情报的兵种，是情报侦察的专业技术力量。技术侦察兵具有侦察范围广、情报准确性高、时效性强等特点，能为部队作战获取必要的情报，对保障指挥和作战行动具有重要作用。

技术侦察网对于空军作战行动意义重大，并具有其自身明显的特点。一是技术侦察网自成体系，主要功能相对独立，可有效嵌入到其他空军指挥信息系统中。二是技术侦察网是敌打击的重点目标，必须采取抗毁、系统重组和数据备份等有效的措施，以及采用有效的信息加密、身份认证、防电磁泄漏、防网络攻击及计算机防病毒的措施，确保系统安全、稳定地运行。三是要求技术侦察网的情报资料具有较强的时效性，必须给各级指挥机构相关的战勤分队提供有效的情报资料；同时，技侦情报分类复杂、形式多样、信息量大，因此系统必须具备较强的信息存储能力。四是技侦情报实时性要求高，必须具备信息处理迅速、传通率高、保证情报准确可靠的能力。

（二）航空侦察网

航空侦察情报主要包括航空照相侦察情报和航空电子侦察情报，航空照相侦察情报主要是图像情报，航空电子侦察情报主要是从空中对敌方的雷达、无线电设备发射的无线电波进行侦收、检测、识别、分析、定位和处理，从而获得敌方雷达、无线电设备的类型、数量、配置等内容的侦察情报。

航空侦察技术装备包括有人机和无人机系列，有人侦察机由专用侦察平台和主战飞机战术侦察吊舱系列构成，无人侦察机由中低空战术、高空高速无人侦察机构成，具有可见光、红外、雷达成像、信号情报等主要侦察手段和信息实时传输处理能力；电子侦察装备包括对通信信号和非通信信号的信号情报侦察装备。

有人驾驶侦察飞机可执行战略侦察和战术侦察任务。携带的侦察设备有可见光航空相机、红外航空相机、侧视成像雷达、电视摄像机、电子侦察设备等。固定翼侦察机反应灵活，机动性好，能及时、准确地完成对战场情况侦察，为各级指挥员及参谋人员提供作战指挥所需的大面积、远纵深的情报，并能直接引导突击兵力摧毁目标。

用直升机进行空中侦察的主要方法有目视观察、航空摄像和借助电视设备、红外设备、雷达设备及无线电技术侦察设备进行侦察。在搜集敌方情报的体系中，特别是在搜集战场情报及敌战术防御纵深情报的体系中，用直升机实施侦察最为方便。

电子侦察无人机通常装备合成孔径雷达、红外照相机等设备，主要用于在战场纵深遂行电子情报侦察、目标监视和战场目标毁伤效果评估等任务。无人侦察机飞行高度较低，速度较慢，航时较长，飞行路线灵活；对目标侦察的时间长，可以侦测到短促的、微弱的、不规则的电子辐射信号；还可以深入敌方腹地，进一步靠近敌人信号辐射源的空域。

（三）空间侦察网

空间卫星侦察的范围广，速度快，效率高，且不受国界和天候条件的限制，可对敌方进行长时间、大范围的连续侦察探测，获取时效性很强的军事情报。空间侦察卫星主要包括照相侦察卫星、电子侦察卫星、海洋监视卫星和小型侦察卫星等。

照相侦察卫星一般运行在近地轨道上，利用光电遥感器对地面战略目标拍照，把目标信息记录在胶片或磁带上，由地面回收胶片或接收无线电传输的图像信息，经加工处理后，来判读和识别军事目标的性质和确定它的地理位置。

照相侦察卫星的侦察设备包括可见光相机、红外相机、多光谱相机、微波相机以及电视摄像机等。其中，可见光照相能够获得最佳的地面分辨率，照片直观，易于判读；红外照相不受天候影响，可昼夜工作，并具一定的穿透地表及森林、冰块的能力。

电子侦察卫星主要装有侦察接收机和磁带记录器，当卫星飞经敌方上空时，将各种频率的无线电波信号侦收下来，并及时将信息回传至地面站。电子侦察卫星的主要任务可分为两类：一是侦察敌方反导弹雷达、防空雷达信号，测定其精度，确定位置、作用距离及信号特性，为己方战略轰炸机和弹道导弹的突防和实施有效的电子干扰提供情报；二是确定敌方军用电台和发信设施的位置及信号特性，以便战时将其摧毁，平时窃听军事通信中的重要情报，从而掌握对方潜在的军事动向和计划企图等。

海洋监视卫星主要用于探测、跟踪、定位、识别、监视海面状况以及舰船、潜艇等目标，侦收、窃听舰载雷达、通信和其他无线电设备发出的无线电信号，通常由主动型和被动型两类卫星成对协同实施。主动型海洋监视卫星可提供舰船尺寸的情报，被动型海洋监视卫星可提供舰船上电子设备的情报。由于所要覆盖的海域广阔、环境特殊、探测的目标多是活动的，并要求实时搜集和处理信息，因此海洋监视卫星的轨道比较高，并常采用多颗卫星组网的侦察体制，以达到连续监视、提高探测概率和定位精度的目的。

三、指挥控制分系统

指挥控制分系统主要支持指挥员及参谋人员对作战活动实施指挥和控制，是空军指挥信息系统的核心部分，其性能优劣对整个系统的运用和效能发挥至关重要。按使用对象层次和范围不同，指挥控制分系统可分为战略、战役、战术或专业性指控系统三个层次，其中，战术级指控系统主要包括：合成指挥所、航空兵、地空导弹兵、高射炮兵、空降兵等指控系统；专业性指控系统主要包括：电子对抗、雷达兵、技术侦察兵、航空管制、气象保障指控系统，以及后勤、装备、政治工作指控系统等。按配置方式不同，指挥控制分系统可分为：固定指挥所、机动指挥所指控系统，以及可搬移式、携行式、嵌入式等指控系统。

（一）构成要素

指挥控制分系统的构成要素，从硬件设备构成的角度看，指挥控制分系统主要包括信息处理设备、显示控制设备和指挥所内部通信设备等。计算机是信息处理设备的核心，广泛应用于情报的采集、各种图形与图像处理、指挥辅助决策等；显示控制设备是人与系统间的界面设备，包括各种显示控制台、工作站、终端、闭路电视和大屏幕投影设备等，指挥员及参谋人员通过显示控制台实现对系统的控制,系统处理的结果也通过显示设备传递给指挥员及参谋人员。指挥所内部通信设备,包括内部通信组网设备和终端设备,通过热线、对讲、通播、程控电话等手段将指挥所各工作室及战勤席位连接起来,构成指挥所计算机局域网,为指挥员及参谋人员提供语音和数据通信。组网设备用于沟通指挥所内各指挥要素之间的通信联络,将指挥所内部的各席位计算机终端、显控台、存储器、大屏幕以及计算机外围设备互连起来,使得计算机不仅可以使用本机的程序和数据,还可以访问网上其他机器的有关信息,共享网上连接的外围设备,如网络存储器、高速打印机等。终端设备通过组网设备进行内部通信联络,或是对外通信联络。

从作战使用的角度看,指挥控制分系统可分为作战指挥要素和技术保障要素两部分。作战指挥要素是指挥员及参谋人员实施作战指挥、组织勤务保障的部位,包括指挥控制台、大屏幕显示设备、各种终端设备和指挥通信设备等。指挥员及参谋人员通过指挥工作席位和终端设备,利用自动化指挥控制设施及计算机辅助决策软件,实现空军指挥信息系统的各种指挥控制活动。指挥工作席位主要包括指挥员席位、总值班员席位、其他军兵种席位、各战勤部门席位、作战保障席位等;指挥工作终端主要包括数据库管理终端、文电管理终端等。技术保障要素是安装各种技术设备的机房和工作间,是保障人员维护、管理各种设备的场所。

(二)基本任务

指挥控制分系统的主要任务,是空军指挥信息系统通过数据处理、显示控制、辅助决策、信息管理、系统监控和数据库等要素功能,实现指挥、控制及管理部队作战行动,指挥员及参谋人员直接通过指挥控制分系统实施对各种行动的指挥和控制。指挥控制分系统对一个具体的空军指挥信息系统的外部而言,主要包括所有所属部队指挥机构的指挥信息系统;对其内部而言,主要包括分系统的硬件和实现各种指挥控制功能的软件。

指挥控制分系统也称指挥控制中心、作战指挥中心。它使得指挥员及参谋人员能够更及时、全面、准确地掌握战场态势,制定更加科学正确的作战方案,快速准确地向部队下达作战命令,对于战场的控制起着至关重要的作用。

各级指挥控制分系统有多种形式,如有地面固定指挥所、地下指挥所、机动指挥所、机载指挥所等,它们在通信和计算机网络的支持下,组成分布式的指挥信息系统。各指挥所密切配合,保证在任何情况下都能实施不间断的指挥和有效控制。

(三)软件功能

指挥控制分系统的软件是针对不同指挥工作席位和终端所实施的指挥工作所需的应用软件或系统软件。应用软件主要是各种专用信息处理软件、文电拟制软件、辅助决策软件、显示控制软件、指挥控制软件等；系统软件主要是操作系统软件、数据库软件、文字编辑软件等公共信息处理软件。

通用软件是支持指挥控制分系统应用开发的公共软件，包括操作系统、信息交换、网络浏览、图形与图像应用、安全保密等工具类通用软件，以及文电处理、态势图处理、作战值班、参谋作业、作战指挥综合数据库等通用业务处理软件。数据库是为满足各种用户数据管理要求，在计算机系统中按照一定数据模型，组织、存储和使用的互相关联的数据的集合，如武器装备库、地图库等专用数据库和为满足各类综合信息需求而建立的综合数据库。文电处理系统提供文电编辑、收发、检索、输入输出和安全保密等功能，为各级指挥员及参谋人员提供可靠的信息传递和加工的手段，是指挥所信息处理的重要组成部分。

作战指挥和控制软件通常对应各种特定的作战任务，如雷达情报处理软件、气象情报处理软件、对空指挥引导软件、目标指示软件、系统效能评估软件、系统监控软件等，以及具有作战模拟、辅助决策、战场地理信息处理等功能的软件。作战模拟软件通过态势显示、模拟仿真、指挥作业等，模拟指挥过程，为指挥员及参谋人员创造出一个接近实战的指挥环境。辅助决策软件能够快速提供综合的作战辅助决策功能，以辅助指挥员及参谋人员科学、及时地进行决策和指挥，包括判断己方军队的战斗力，任务区分和目标指示，出动兵力计算，出动机场优选，拦截多批多方向空袭目标的出航方向选优，飞行计划执行误差修正，空域监视和空域管理等。战场地理信息软件处理以地图、地理影像和地理坐标为主的战场地理空间信息，是战场可视化和战场态势感知的基础，具有实时定位、实时显示战场态势等功能，为指挥员及参谋人员实施战场控制和协调提供支持。

四、信息传输分系统

信息传输分系统是空军指挥信息系统中传送话音、文字、数据、图像等信息的各种通信设备的总称，主要是通过光纤通信、卫星通信、无线电电台、微波接力、散射等各种信息传递手段，将预警探测分系统、情报侦察分系统、指挥控制分系统等指挥信息系统内部各组成部分之间以及与作战部队、武器单元等外部系统之间紧密地连接起来，构成一个有机的整体，从而实现战场信息的互通及共享，被认为是空军指挥信息系统的神经网络，具体包括地面综合通信、地空话音通信、航空数据链等部分。

（一）地面综合通信

地面通信是保障各级首长、机关实施作战指挥、情报传递、日常公务的主要信息传输手段。目前，地面通信已基本形成了以各级指挥所为中心，以机场为基点，以光缆、程控交换、卫星、无线电台为骨干，以散射、微波为辅，多手段结合、多网系并行的通信网络，包括短波无线电通信网、卫星通信网、人工电话网、自动电话交换网、数字保密电话网、保密传真通信网、电视电话会议网、公用数据网、军事综合信息网、宽带综合业务网、综合战术通信网、战术电台互联网和综合移动通信系统等，基本上实现了长途通信引线光缆化、自动交换程控化、通信技术体制数字化、远程会议电视化等。

短波无线电通信网通常按级自上而下组织建立，如统帅部无线电短波自动通信网，担负总部对较高级别单位指挥通信以及协同通信任务；短波自适应话/数应急通信网，担负雷达情报数据上报兼指挥话音通信等任务。

卫星通信网通常需要统一进行组织和建立，包括卫星数据通信网和卫星话/数通信网。卫星数据通信网主要担负公用电报和航行、雷达、气象、技侦情报的传递任务；卫星话/数通信网主要担负雷情数据和航行情报传递任务。随着卫星话/数通信网建站数量的增加，卫星数据通信网的业务将逐步被接替。航空卫星通信作为地空远程通信的一种重要手段和发展方向，应尽早实现在新一代作战飞机上装备使用，建立可靠的"机－星－地"通信链路。

人工电话网主要是依托在大区域或上级的干线通信线路，同时使用自建的光（电）缆和卫星信道及少量的租邮信道，同样需要统一进行组织建立，并逐步实现各级各类指挥机构和单位安装人工交换设备的智能化以及长途通信引接光缆化。

自动电话交换网主要是依托大区域或上级的自动电话网以及民用自动电话网，需要统一进行组织和建立，并逐步实现各级各类指挥机构和单位安装程控电话交换机。

数字保密电话网主要是依托大区域或上级数字保密电话交换网，需要统一进行组织和建立，逐步开通至相应级别指挥机构，以及用于保障首长、主要战勤值班分队的重要保密电话通信任务。

野战综合业务数字通信网，通过综合运用卫星通信、微波通信、散射通信、光纤通信等传输手段，利用野战接入平台，构成机动式、数字化综合业务通信网；战术电台互联网，采用超短波电台和网络交换技术，结合空中通信平台，构成战术电台互联网，具备分组交换功能和抗干扰、抗截获及保密能力；综合移动通信系统，通过综合运用集群、蜂窝和无线接入技术，采用数字化传输方式，建立覆盖广泛的综合移动通信系统，实现数据、话音和图像的综合传输，具备抗干扰和保密能力。

（二）地空话音通信

地空通信，包括空空通信，是保障空军有关指挥机构、各级各类航空兵指挥所、机场塔台等，对航空兵作战、训练、日常飞行等任务实施指挥的信息传输手段，可分为超短波和短波两种网络。其中，超短波常规地空通信网已日臻完善；超短波抗干扰和保密通信装备正逐步推广使用；航空数据链装备已开始用于地空指挥引导过程中；航空卫星通信系统即将用于大型作战飞机的远程通信保障。

短波指挥网是地空远程通信的主要手段，具有投资少、见效快、机动抗毁性强等突出优点。通常有关指挥机构和航空兵机场需要设台加入，是保障对运输机、轰炸机、新型歼击机、强击机等远程飞机地空通信联络的重要手段之一。短波地空通信的发展，重点应放在地空短波自适应通信系统和新一代地空短波数字化抗干扰通信系统方面，实现低速声码保密话和高速短波数字跳频，增强网络管理功能和无线密钥分发等功能。

超短波指挥网作为地空视距通信的主要手段，通常有关指挥机构、指挥所和机场塔台等需要设台加入，用于保障对各种飞机的中近程地空通信联络和指挥引导。超短波地空视距通信受战场电磁环境的影响较大，因此需要大力发展具有抗干扰和保密能力的超短波地空视距通信装备，推广使用小型化地空抗干扰通信装备，加快联合信息分发系统的建设，实现抗干扰、多通道的地空视距通信保障能力。

（三）航空数据链

随着飞机性能的提高、导弹等新型武器的出现，空中作战的节奏和速度有了飞跃性的提高，话音通信在实效上已无法满足实时掌握战场态势的要求。特别是雷达与各种传感器的迅速发展，军事信息中非话音性的内容显著增加，如数字图像情报、导航、定位与武器的控制制导信号等，所产生的情报信息量，已经庞大到无法继续使用传统的无线电话音通信来搭载和传输，需要采用数据链技术，将有关信息或指令以文字、图像等形式，直接使用无线电信号传递，并呈现在接收单位的显示装置上，以使指战员实时掌握战场态势并采取相应行动。

航空数据链是指在相关作战单元之间建立起来的、用于自动交换数据信息的无线电数据通信链路，主要包括传输设备、通信协议和信息标准三大要素。航空数据链可支持战术指挥、控制及武器系统的互联和互操作，用于提供参战单位的位置和平台状况信息；分发雷达目标监视、电子战等情报信息，实现信息共享；分发综合态势信息，传送作战指控命令。航空数据链是空军指挥信息系统与武器系统无缝隙连接的重要纽带，实现在各种飞机以及指挥机构之间，实时、保密、准确地传输格式化战术数据，同时还可具备导航、定位、识别等功能。

从应用上看，数据链可大致分为通用数据链和专用数据链两大类。通用数据链适应于多种任务类型，可在各军兵种等多种不同平台间传输不同类型信息；专用数据链是专为某种武器系统而设计的数据链，用于系统内部或与外部控制传递数据，或专门用于执行定位、导航等特定功能。数据链可通过卫星或地面中继站构成大范围的数据传递网络，例如侦察卫星与地面控制站间传递图像情报数据的数据链，一般是由国家指挥当局等战略层次单位来接收、运用，在适当资源的支援下可由战术层次的单位运用。

航空数据链具有许多优势。一是与应用系统紧密交链，可与指控系统、武器系统和传感器紧密交链，极大延伸平台的态势感知能力，提高部队的快速反应和机动作战能力；二是格式化信息利于传输，适合无线信道，计算机可自动识别，从而提高了信息处理速度，有利于信息共享；三是信息传输协议高效、可靠，可根据作战需求预先分配各作战单元的信息内容，并在规定时限内保证数据的有效传输。

五、其他功能分系统

空军指挥信息系统除上述预警探测、情报侦察、指挥控制、信息传输四个主要的分系统外，还有导航定位、航空管制、气象情报等功能分系统，为空军作战指挥提供完备的信息支援保障功能。

（一）导航定位分系统

导航定位分系统是为作战单元提供和导引行动路线信息、位置信息的设备总称，是战场支援保障的重要组成部分，尤其在信息化战争中军事运输和民用交通运输等方面，包括飞机、车辆、舰船及单兵的导航定位和武器制导等，发挥着越来越突出的作用。空军作战行动的范围不断扩展，作战飞机的性能不断改进，对导航定位分系统提出了越来越高的要求，导航定位不仅需要具备提供运动平台航向的功能，而且需要具备提供实时位置信息的功能，并引导其按照合适的线路准确到达预定区域。

20世纪70年代以来，随着航空航天技术以及信息技术的发展，出现了卫星导航系统、组合导航系统、地形辅助导航系统等一系列新型的导航定位系统。当前和今后一个时期，导航定位分系统建设以增强抗干扰、网络安全保密和远程导航定位能力为重点，对现有资源进行科学整合与系统集成，如在联合战术信息分发系统等数据链系统中，通信技术与导航定位技术已紧密地结合起来，从而产生了基于网络的通信、导航、定位、识别等功能集成的综合系统。

（二）航空管制分系统

航空管制分系统主要负责对航空管制雷达情报、飞行计划报、预飞报、起飞报等情报信息进行收集、传递、处理和使用。航空管制是指国家对其领空内各种航空器飞行活动实施的管理和控制，也称为飞行管制或空中交通管制，包括对军事飞行的管制、民用航空飞行的管制、科学试验飞行的管制和航空运动飞行的管制，是空军作战保障的重要组成部分。

航空管制的主要任务是组织与实施飞行管制，严密监视空中飞行活动，严格监督和控制飞行的航空器，维护飞行秩序，保障飞行安全。航空管制雷达情报主要来自航路上的航路监视雷达、机场监视雷达等空管雷达，包括空管一次雷达、空管二次雷达。在一般情况下，航空管制雷达情报具有情报质量好、探测距离远、分辨率高、抗干扰能力强等特点，是空军指挥信息系统的重要雷达情报来源，对空军其他雷达情报具有重要的补充作用。飞行计划报、预飞报、起飞报等情报信息，可为空中目标识别、威胁判断等指挥控制活动提供重要的辅助决策数据，是制定空中作战计划和方案的重要依据。

（三）气象情报分系统

气象情报分系统是为作战单元提供气象云图、天气实况、高空风等气象资料及数据的设备总称，包括计算机网络、通信、气象资料收集处理、天气预报、航管和气象信息综合处理等部分，具有保障任务连续、时效性要求高、存储资源信息量大、军民结合紧密等特点。气象保障是为空军指挥员决策和部队行动提供天气预报、天气实况以及其他有关天候、气象等资料，提出空军作战时正确运用天候、气象条件的决心资料和建议，对于确定作战时机、计划组织作战行动具有重要意义。

气象情报分系统以各级气象中心和航空中期数值天气预报业务为依托，根据具体任务的需求，自动搜集、处理、传输和显示各类气象保障信息，向有关指挥机构的相关席位提供气象保障情报和资料；收集主要机场基本气候资料，建立基本气候资料数据库；及时掌握重点地区天气变化和天气实况；及时通报战区、演习区、重点地区以及重要任务飞行所需的天气预报和天气实况；综合利用天气预报、气候背景资料等，构建气象保障辅助决策模型，为指挥员及参谋人员充分利用有利天气提供指挥决策支持，从而保障部队顺利完成作战任务。

第二节 空军指挥信息系统的发展现状

目前，空军指挥信息系统正处于预警探测、情报侦察、指挥控制、信息传输和其他指挥信息保障等功能分系统一体化的发展阶段，其基本内涵伴随着战争形态的不断变化，以及信息技术的广泛运用而逐步发展演变。空军指挥信息系统作为确保对空中力量实施科学、灵活、有效指挥控制的军事信息系统，通过及时准确的信息收集、传递、处理、使用等活动，最大限度地把自动化设备的信息处理能力和指挥员的分析判断能力结合在一起，自动化设备成为决策活动的有力工具，使指挥员及参谋人员的主观能动性得到充分的发挥，提高对空中力量指挥控制的效能，增强部队快速反应能力和总体作战能力。

一、发展历程

空军指挥信息系统是战争实践和科学技术发展到一定历史阶段的产物，是空军作战指挥发展到一定程度的必然结果。空军作战指挥的发展和演变是空军指挥信息系统发展的客观需求，电子计算机的诞生为空军指挥信息系统发展创造了必要的条件。从总体上看，空军指挥信息系统的发展经历了初始创建、全面发展、更新改造、趋于成熟等具有明显特征的发展阶段。了解这些发展阶段的特点，吸取其中的经验教训，对更好地建设和使用空军指挥信息系统具有重要现实意义。

（一）初始创建阶段

20 世纪 50 年代末至 60 年代中期，空军指挥信息系统的建设处于初始创建阶段，对应着空军作战指挥开始由手工作业向半自动化、自动化起步发展的阶段，主要是在防空作战指挥系统中，部分实现了情报处理的半自动化。但人们仍普遍偏重于发展飞机、导弹等武器装备，对空军指挥信息系统的建设重视不够，更缺乏全局性的系统规划。

第二次世界大战前后，雷达、导航、声纳和电子计算机等应用了信息探测技术、信息传输技术、信息处理技术的装备的诞生，以及在军事领域的使用，不仅明显拓展了信息探测、传输、处理的能力，而且导致了空军指挥信息系统的出现。1958 年，美国空军建立了"赛其"（SAGE）防空指挥控制系统，是为北美联合防空指挥部建设的大型系统，它将军事防空与民用航空空中交通管制结合起来，是美国空军和联邦航空局共同使用的军民结合、平战两用的系统；1959 年，苏联建成了"天空一号"半自动化防空指挥控制系统，与雷达、通信系统配套，负责截击机作战，并给地面防空部队指示和分配目标；20 世纪 60 年代初，北约组织的西欧成员国建立了其共用的"奈其"（NADGE）地面防空警戒系统；1968 年美国休斯公司根据日本防卫厅的要求交付使用的日本"巴其"（BADGE）半自动化战术防空武器系统。

（二）迅速发展阶段

20 世纪 60 年代末至 70 年代末期，空军指挥信息系统的建设处于迅速发展阶段，对应着空军指挥信息系统水平和规模全面发展并逐步提高的阶段。在这一时期里，国际政治、军事形势发生了重大变化，对空军指挥信息系统提出了新的需求，同时信息科学技术出现的一系列重大进展，为空军指挥信息系统的进一步发展提供了必要的支撑条件。美、苏等军事强国在既要应付全球核大战，又要应付地区性常规战争的战略思想指导下，空军指挥信息系统的发展产生了新的变化，各兵种、各专业都建立了各自的指挥信息系统，在一定程度上实现了情报处理的程序化,指挥控制手段及作业的自动化水平有了一定程度的提高。

在这一段时期里,世界军事强国一方面继续进一步发展完善战略性的指挥信息系统,以应付可能的全球规模的核战争;另一方面重视发展相对滞后的战术级指挥信息系统,以增强常规战争中的指挥能力,应付各地区的局部战争及可能发生的突发事件,从而推动空军指挥信息系统进入了迅速发展阶段。同时,研制了空中预警指挥机、空中指挥所系统、地下指挥所系统、战略空军指挥信息系统、战术空军控制系统等许多新型的指挥信息系统。世界许多国家相继研制、发展、装备了各军兵种和某些专业领域的一大批战略、战术级指挥信息系统,并开始尝试在局部战争中实际使用;各国研制和装备的指挥信息系统及设施种类与数量明显增长。

(三)更新改造阶段

20世纪80年代初至90年代中期,空军指挥信息系统的建设处于更新改造阶段,对应着空军指挥信息系统向综合化、智能化方向发展的阶段。在这一时期里,指挥信息系统的自动化整体程度有了明显提高,尤其是各系统之间的互联性、互通性取得了很大进步,空军指挥信息系统的智能化水平已经达到一个新的高度。而且普遍进行了更新、改造和完善,统一文电格式、信息流程和信息编码、传递、交换的方式等;制定系统软件和硬件标准,基本上实现了各系统之间的互联互通,情报处理自动融合、指挥控制智能支持的特征表现得更加显著;开始由研发局部的、专业的指挥信息系统,向构成综合的、兼容的大型指挥信息系统的方向发展,更注重网络化互联互通和智能化辅助决策等功能。同时,空军指挥信息系统经受了局部战争实践的考验,其实战作用得到了初步体现,同时也暴露了信息传输环节易受干扰、欺骗,指挥控制部分易受攻击、破坏,实施联合作战中系统要素之间互联互通能力不足、功能存在明显缺陷等问题,为空军指挥信息系统走向成熟发展阶段提供了宝贵的经验和教训。

(四)趋于成熟阶段

20世纪90年代末期以来,空军指挥信息系统的建设趋于成熟阶段,对应着空军指挥信息系统从结构和功能上向进一步满足一体化、实战化要求发展的阶段迈进。在这一时期,各国普遍对90年代前后发生的高技术局部战争予以了高度的关注,并十分重视研究和分析指挥信息系统在战争中的运用规律和存在的问题,为空军指挥信息系统的发展提供了依据,使系统的发展逐步趋于成熟。主要表现在:增强了系统的抗毁、抗扰、再生能力,系统的实战水平有了较大程度的提高;增强了系统的互联、互通、互操作能力,即通过加强系统的立体配置和信息互联网络,提高了系统的整体作战指挥效能;增强了系统与武器的交链能力,提高了系统作战指挥的时效性,系统的武器化程度增强。

当前和今后一个时期,空军指挥信息系统的预警探测建设,主要是以提高战略预警能力为重点，在新体制雷达和新探测技术和雷达组网上寻求发展，增强预警探测分系统的防侦察、抗干扰和抗摧毁能力，形成空地结合、高中低结合、远中近结合，覆盖国家利益区和空军战略活动空间，具有多种探测手段的预警探测网，主要发展的新型预警探测装备包括：天波超视距雷达、远程相控阵雷达、机动式三坐标雷达、新型米波三坐标雷达，以及被动式无源综合探测系统、栅栏雷达、低截获雷达、红外探测系统、有源/无源复合探测雷达、预警指挥机、气球载雷达等；空军指挥信息系统的情报侦察建设，主要是以形成多种类航空航天侦察情报综合应用能力为重点，积极发展新型侦察机、无人侦察机和空间侦察手段，实现空天地情报一体化和侦察打击一体化。

空军指挥信息系统的指挥控制建设，主要是以解决信息快速处理为目的指挥控制要素综合集成为重点，加快指挥控制网络一体化建设，发展新一代作战指挥所技术、新型指挥控制技术、作战指挥控制软件技术、公共作战图像生成技术、作战方案生成与评估技术，以及具有自主产权的公共操作环境技术，发展可视化人机界面技术，快速准确地显示指挥控制所需要的文字、图形、图像等信息，使指挥员及参谋人员能及时掌握战场态势，迅速做出决策，及时处置情况；空军指挥信息系统的信息传输建设，主要是以增强通信抗干扰、网络安全保密和远程导航能力为重点，对现有通信资源进行科学整合与系统集成，增加信息传输路由，缩短信息流程，提高信息传输速率，实现各级各类预警探测分系统、情报侦察分系统、指挥控制分系统以及作战单元、武器平台之间等要素之间的互联、互通。

二、结构及功能

空军指挥信息系统从组织运用的基本要求和发展建设的客观规律上看，空军指挥信息系统的结构及功能，与空军指挥体系结构的层次性相对应，在宏观上是高度集成的，在微观上具有很强的整体性和分布性，甚至模糊了武器系统、指挥系统、保障系统等不同领域或范畴的界限。空军信息系统框架结构和功能要素的发展变化，不仅取决于时空环境和任务需求，而且很大程度上受体制编制、条令条例、管理机制、战略战术等多种因素的制约和影响。全面、准确地描述空军指挥信息系统的结构及功能，对于从宏观上了解、把握空军指挥信息系统的发展现状及其地位、作用，都具有十分重要的意义。

（一）体系结构

从一般意义上讲，空军指挥信息系统的体系结构，通常包括作战体系结构、系统体系结构和技术体系结构等方面的要素组成及其相互关系。其中，作战体系结构主要从空军行动对系统的需求方面，描述系统有关的作战任务、指挥关系、指挥信息流程等，规范系统面临的作战样式、担负的作战任务以及指挥保障功能、性能指标要求等；系统体系结构主要是从空军指挥信息系统的内部组成、各功能要素之间的关系等方面，描述系统有关的要素组成及连接关系，各功能分系统的组成及划分，各级各类席位的功能及终端设备的组成等；技术体系结构主要是从系统应用的技术方面，描述系统有关的技术结构框架、平台技术结构、信息技术体制等。

空军指挥信息系统的体系结构，是按照空军网络化作战指挥的理论和实践要求，遵循信息化条件下空中体系对抗的制胜机理和信息流程，依托栅格化信息传输网络，融合预警探测、情报侦察、指挥控制等功能要素于一体的网络化指挥信息系统，如图 9-1 所示。其中，预警探测、情报侦察分系统通过链接各类情报保障传感器以及情报指挥、处理、服务等节点，实现全维战场态势感知和按需分发使用的情报信息保障网络。具有情报保障组织指挥，网络化情报获取、传输和综合处理，为指挥机构和武器平台实时准确、连续一致地按需提供要素齐全的战场态势以及其他情报服务等功能。

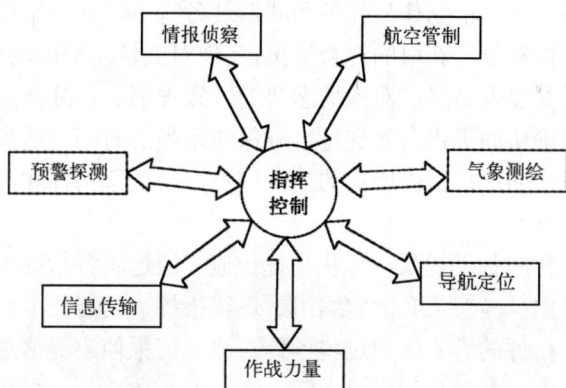

图 9-1　空军指挥信息系统体系结构示意图

指挥控制分系统一方面通过战略、战役、战术等各类指挥控制和支援保障节点，按照网络化作战要求整体运用，实现战场态势描述、制定作战计划、组织作战行动、动态调整作战任务、全程监控作战进程、及时评估作战效果等，为网络化作战决策和组织指挥提供支撑；另一方面通过各类武器平台、武器控制单元等节点互联互通，实现传感器情报和火控资源的融合处理和实时共享，实现多武器平台复合式搜索探测，协调式连续跟踪实施精确目标指示，火力打击交链控制、接力制导等。

信息传输分系统通过信息接入、信息交换、网管管理和安全防护等节点，综合运用光纤、卫星、短波、超短波、微波、散射等各类通信传输手段，提供空天地一体、栅格化、安全可靠的信息传输保障。显然，空军指挥信息系统各分系统是一个密不可分的整体，以栅格化信息传输分系统为信息承载网络，将各类情报传感器、指挥控制中心、火力打击单元、作战保障要素等综合集成为一个整体，支撑战场情报深度融合、指挥控制统一高效、火力打击相互协同、力量运用密切配合的一体化联合作战行动。

（二）主要功能

目前，空军指挥信息系统在遂行信息化条件下空中体系作战中的主要功能，充分体现了空军力量运用的任务需求，以及空军主战武器装备战术、技术性能整体发挥的能力需求，基本信息传输服务功能的预警探测、情报侦察、指挥控制以及其他功能分系统，为空军网络化作战体系各要素之间紧密配合、整体联运提供有效支撑。

一是为空中作战力量运用提供全维战场态势感知。空军指挥信息系统主要通过情报保障网来实现全维战场态势感知，形成信息优势。通过多元情报融合、综合属性识别印证，形成要素齐全、实时准确、连续统一的战场态势，实现对全维战场监视识别，并根据作战任务和武器装备特点，向全军指挥机构、作战部队和武器平台按需分发获取的综合情报，实现对战场态势的网络化实时共享，为各级指挥员及参谋人员形成对战场态势的一致理解、作战部队精确高效行动以及作战单元精确协同提供有效支持，确保在适当的时间、适当的地点，以适当的方式，为适当的用户提供所需的情报信息，为决策指挥和武器控制提供有效情报保障。

二是为空中作战行动提供一体化指挥控制。通过将各指挥控制要素进行网络化集成，实现由经验决策、固定编组、逐级指挥，向智能型动态协同决策、灵活编组、扁平指挥的转变；通过将预警探测、情报侦察等信息资源优势转化成决策优势，实施对各种作战力量灵活、高效的一体化、扁平化作战指挥智能决策和统一指挥，减少指挥层次、拓展指挥跨度、缩短信息流程，实现空、天、地、网、电各级各类作战力量基于作战任务的行动自主同步、整体联动；通过网络化作战筹划和组织，提供基于战场环境分析、武器装备性能等要素实时状态、部署等信息，实现对作战和保障能力的实时、动态评估，支持基于作战任务的多层次、多兵种、多要素的作战及保障方案网络化联合制定，作战及保障计划的协同推演、对抗推演、冲突分析检测，以及作战体系综合效能分析评估等功能；通过结构体制兼容、核心设备异地备份设置等，各级各类指挥控制要素可根据指挥关系变化、作战任务接替需要或战场情况变化等因素进行灵活组合或自组织重构，或有关功能要素之间实现功能互补甚至互为接替，有效支持指挥关系在需要或必要时的及时动态变更或调整。

三是为多武器平台协同打击提供情报支撑。通过对多武器平台的整体筹划、组网规划及一体化运用，实现对作战目标的网络化搜索发现、定位瞄准、目标指示、发射控制以及接力制导，形成相互协调、密切配合的协同打击体系；通过链接战场传感器、武器控制系统、火力平台等作战要素的数据链网络，实现由单一武器控制、单一平台火力打击，向多武器平台交链控制、协同控制，以及多武器平台协同火力打击的转变，达成作战任务与武器平台的最佳匹配；通过数据链组网系统，实现地面、空中指控系统与武器平台交链，提升作战飞机战场态势感知和自主作战能力，实现多武器平台共享传感器信息，目标复合跟踪、基于网络协同打击，以及电子对抗武器协同侦察、干扰和反辐射打击等能力。

四是为信息处理使用提供传输服务保障。根据作战任务需要，通过空天地一体的栅格化通信基础网，为情报保障网、作战指挥网和武器控制网提供信息承载，实现对情报保障、作战指挥和武器控制信息的网络化传输和按需服务需求，确保各级各类指挥机构、作战单元、武器平台、支援保障节点等获得实时、准确、恰当的作战信息。通信基础网将光纤、卫星、短波、微波、散射等各种通信手段、多种异构网系集成为无缝连接的一体化传输网络，实现节点间的信息互通和透明传输；通过网络管理、监控、安全抗毁等功能，动态规划与实时组织调整安全防护策略，为信息系统提供一体化实时、动态、主动的信息安全保障支持，确保各类作战和保障要素随遇入网、即插即用、自动识别，迅速通过网络提供和获取信息和服务等资源。

显然，空军指挥信息系统的主要功能，具有明显的延伸性，即系统功能所涵盖的内容和范围，是随着军事需求和技术发展围绕着指挥控制这个核心功能不断演变的。同时，空军指挥信息系统的主要功能，表现出明显的集成性，即系统是由多个分系统组成的，涉及预警探测、情报侦察、信息传输、指挥控制等业务职能，以及计算机、信息处理等技术领域。因此，只有指挥员及参谋人员正确使用和充分挖掘空军指挥信息系统的信息处理和辅助决策功能，利用各种不同的情报信息，分析判断情况，定下作战决心，制定作战计划，才能赢得作战的主动权。尤其是在突发事件和意想不到的情况下，更需要依靠指挥员及参谋人员的经验、智慧和指挥艺术，进行随机应变、迅速果断地决策和处置。

三、地位及作用

随着信息技术的迅猛发展和在军事上的广泛应用，空军指挥信息系统已成为影响和决定战争胜负的重要因素，在信息化战争条件下的地位和作用进一步提高。目前，经过半个多世纪的不断探索和完善，空军指挥信息系统已具备了一定的规模，并在某些方面和专业领域达到了较高的水平，已成为国防威慑力量的重要组成部分，是倍增空军作战能力的重要因素和必备手段，为空军作战指挥、支援保障、机关办公等提供了重要的支撑，并且在空军战备值班、训练演习、抢险救灾等方面发挥了积极的重要作用。

（一）地位

空军指挥信息系统的开发和应用，解决了现代战争指挥控制中的许多困难和矛盾，极大地提高了指挥效能和部队的战斗力，对空军作战行动，乃至整个战争的进程和结局，都产生了深刻的影响。空军指挥信息系统各功能要素的一体化、网络化建设及运用，在空军信息化作战体系中的地位更加突出。

一是国防威慑力量的重要因素。按照国家安全观的理解，国防威慑力量主要分为核威慑力量和常规威慑力量两个方面。在信息化战争条件下，军事力量各要素之间的紧密联系和各种武器系统作用的发挥，越来越明显地表现出对信息的依赖，信息兵器已成为军队武器系统的主体，信息系统已成为军队的神经中枢，围绕信息的获取、控制和使用所展开的对抗和争夺已成为现代战争的核心，战场制信息权已成为导致战斗乃至战争胜负的决定性因素。从近些年来爆发的信息化局部战争来看，如果没有先进的指挥信息系统作为支撑，无论何种威慑力量都将难以实际奏效。在现代空中战场上，各种威慑力量的发挥，在很大程度上取决于对作战信息的获取、控制和使用，信息优势已成为决定作战进程和战争胜负的重要因素。指挥信息系统使各种物质的和能量的作战要素在信息能的运作下，得到合理的配置和有效的使用，释放出最大的作战效能，是争夺战场制信息权的有效手段。空军作战能力的整体发挥，有赖于空军指挥信息系统的建设和运用水平。因此，空军指挥信息系统是争夺战场制信息权的重要力量，是获取战场信息控制权、提高国防威慑力量的重要保障。

二是空军作战能力的倍增因素。在现代空中战场上，单一武器装备的决胜作用已逐渐弱化，而更多地表现为系统对系统、体系对体系的对抗，这一点在现代战争的空中作战中体现的尤为明显。空军各作战力量以及高技术武器系统，只有通过指挥信息系统的合理分配和科学运用，才能形成配合密切、运转灵活的整体打击力量，才能充分发挥出最大的作战效能。空军指挥信息系统所具有的"集成""聚合"等作用，可以使各类武器系统形成配合密切、运转灵活的整体力量，有效地发挥单一武器系统的优势，可以通过对兵力兵器的快速、合理分配，最大限度地减少作战消耗，使作战行动更加直接、有效，从而使各种空中作战要素的战斗力得到"倍增"。如果说"战斗力"是"兵力"与"用兵能力"的积，"兵力"可以用"战斗员与武器系统"来表示，"用兵能力"可以用"指挥员与指挥信息系统"来表示，相当于兵力的"倍增器"。显然，能谋善断的指挥员熟练运用灵敏、高效的指挥信息系统，"用兵能力"将得到极大提升，从而形成"战斗力"大于"兵力"的作战能力倍增效果。

三是空军信息作战的重要武器装备系统。在信息化战争条件下，信息领域的对抗十分激烈，武器系统信息化和信息系统武器化已经成为明显的发展趋势。

信息科学技术已经渗透到武器系统的各个方面，成为提高武器装备作战效能的前提和基础；同时，随着各种信息科学技术武器系统在作战中广泛地应用，信息对抗手段越来越多，范围越来越大，信息优势在作战中的重要作用越发显现出来，各种信息系统已经逐渐具备了信息作战的防护与攻击能力，成为争夺制信息权的主要打击目标和对抗平台。信息作战的焦点是作战信息的占有、控制和使用权，作战对象是敌方的信息系统，为达成信息优势所采取的预警探测对抗、情报侦察对抗、指挥控制对抗等行动，有些属于指挥信息系统运用范畴，有些则是基于指挥信息系统组织实施，空军信息作战的物质基础和技术手段主要依赖于空军指挥信息系统。特别是在信息化战场环境下，"制网络权"将成为制信息权的前提，空军指挥信息系统作为信息保障、信息进攻、信息防护的基础支撑，已经成为空军信息作战的重要武器系统。

四是信息化空军作战指挥的必备手段。信息化战争条件下，作战行动由陆、海、空三维战场扩展到了陆、海、空、天、电一体化的多维战场，战场空间范围扩大，信息数量增多，作战节奏加快，武器装备复杂，战场情况多变，传统指挥手段已无法满足空军指挥员及参谋人员适应灵活、高效作战指挥的新要求。空军指挥信息系统可为作战指挥提供先进的指挥手段，辅助空军指挥员及参谋人员对战场情报进行搜集处理、对空中作战力量进行组织协调、对高技术武器装备进行精确控制等，尤其是在战场情况瞬息万变、未知因素错综复杂、决策要求越来越高的情况下，可使空军指挥员及参谋人员摆脱大量程序性作业的困扰，提高情报信息和数据资料的利用率，缩短指挥周期，显著提高指挥控制效能。因此，空军指挥信息系统是提高空军作战指挥决策水平的有效途径，是空军作战力量形成有效战斗力的重要保障，是信息化空军作战指挥的必备手段。

（二）作用

空军指挥信息系统通过有效开发和利用空中战场信息资源，提高了空军作战指挥决策水平，从而促进空军指挥机构体制编制的优化，实现空军指挥方式的变革；提高了空军指挥的信息处理能力，实现灵活高效的统一指挥；提高了空军武器装备的作战能力，实现一体化的精确作战；促进了指挥人员综合素质的提高，实现指挥人员队伍结构的优化。目前，空军指挥信息系统已经广泛地运用于空军作战指挥控制的各个方面，包括对情报进行搜集、传输、分析和查询等信息处理活动；对作战部队实施组织、指挥、管理等；对作战方案和计划进行计算、模拟、论证等。因此，空军指挥信息系统的一体化，必将对战备、训练及作战指挥控制具有重要促进作用。

一是促进空军指挥机构体制编制的优化，实现空军作战指挥方式的变革。随着空军指挥信息系统的广泛运用，使空军指挥机构的指挥工作方式发生变化，工作内容进行调整，指挥程序有所改变，指挥机构的编组和指挥控制的方式等都会出现相应变化，纵向的指挥控制层次将减少，横向的指挥控制幅度将扩大，指挥体系的结构和指挥控制的流程将更趋于合理和优化。同时，对空军指挥机构的人员组织、体制编制及其指挥工作方式也将产生重大影响，参谋人员成为既懂作战和指挥、又懂计算机和专业技术的综合性人才，指挥机构必将成为更加精干的指挥组织。指挥信息系统扩大战场信息的来源渠道，降低手工作业的程度，缩短组织战斗的时间，提高指挥工作的效率，实现空军作战指挥方式的变革。由于空军指挥工作方式的改变、工作内容的调整、指挥程序的变化，还将会引起空军指挥机构内部编组的改革。

二是促进空军指挥信息处理能力的提高，实现灵活高效的统一指挥。信息化战争涉及陆地、海洋、空中、太空、电子空间、网络空间等多维战场，各种作战力量、各个作战系统在复杂的作战空间实施联合作战。要使各种作战资源构成一个统一的整体，需要指挥信息系统具有超强的信息处理能力，对众多的作战资源进行最佳配置，充分发挥系统的整体效能，实现既能达成作战目的又能获得最理想作战效果的目的。在信息作战中，参加作战的力量众多，各种力量之间的指挥、控制、协调的工作量增大，指挥员及参谋人员所要考虑的因素很多；另外，各种作战力量在同时进行广泛的机动，作战力量的集结、开进、展开异常迅速；作战方向多变，交战在有形战场的前方、后方和无形战场的区域、空间之间频繁转换，适时而成功的指挥控制，已成为掌握作战主动权的必要条件。但是在这种快节奏的信息作战中，使指挥员及参谋人员拥有的决策时间却越来越少了，因此，必须充分利用空军指挥信息系统发展后的超强信息处理能力，收集、使用、发布大量的决策信息，减少指挥层次，实施跨层次直接指挥，就可以达到加快指挥决策实现过程的目的。

三是促进空军武器装备作战能力的提高，实现一体化的精确作战。武器装备与指挥信息系统发展的关系极为密切。一方面，指挥信息系统可以最大限度地发挥武器装备的效能，极大地提高战斗力；另一方面，发展新型的更有效的武器装备，也需要信息科学技术和指挥信息系统的支持，特别是在一体化作战和精确打击上。精确制导武器，关键就在于制导，尤其是精确制导。精确制导来源于精确制导技术，精确制导技术来源于信息科学技术和自动控制技术，精确制导武器是以信息和信息科学技术为支撑和核心的硬杀伤型武器。此外，精确制导武器也离不开运载平台，武器及其运载平台一同构成武器系统，运载平台的信息化发展也在改变其自身的面貌。飞机是精确制导武器的主要运载平台，飞机的电子和信息含量在急剧增加，可以说现代飞机每一个组成部分都离不开信息科学技术，是装满了"芯片"的武器装备，如果没有信息科学技术，飞机就既没有作战能力也没有生存能力。信息作战的战场是情况高度复杂的战场，精确打击的作战在这样复杂的战场上全面展开，就要求具有强大的预警探测能力、情报侦察能力和准确的指挥控制能力，只有在更大范围内全面、准确、及时地了解敌我情况、自然情况等信息，以大量的原始信息为基础，才能提炼出准确可靠的情报，才能有效地提高武器的命中精度。这些大量原始信息的探测、收集、处理、传输和对武器系统的控制，都可以通过指挥自动化的实现提供保证。

四是促进指挥人员综合素质的提高，实现指挥人员队伍结构的优化。空军指挥信息系统不但没有降低和削弱人在系统中所占有的决定性的地位和作用，而且恰恰相反，随着空军指挥信息系统在作战中的广泛应用，对作战指挥员及参谋人员的知识和能力等各方面的综合素质都提出了更高的要求。空军指挥员及参谋人员要从固有的指挥工作习惯中摆脱出来，适应新的工作方式和手段；参与需求论证、设计、研制和使用培训，像了解、熟悉传统指挥设备一样去学习、掌握指挥自动化设备，就能够自然地从习惯中摆脱出来，适应现代化发展的要求。空军指挥员及参谋人员要改变素质结构，从经验型向知识型转变；不断学习和掌握新的指挥技能和方法，这样就必须有大量的知识储备，才能适应变化的要求，知识就取代了经验的地位，成为指挥员及参谋人员素质结构中的主体内容。空军指挥员及参谋人员要改变思维方式，由定性型向定性和定量结合型发展。实现指挥自动化后，电子计算机为进行大规模的、复杂的量化分析提供了物质基础，在指挥领域进行定量分析已成为可能，指挥员及参谋人员仅有定性思维已不能适应现代战争科学决策的要求，还必须学会定量思维方式，掌握定量分析的方法。当然，空军指挥信息系统对使用人员的素质也提出了更高的要求，如作战参谋人员就应该是既懂作战和指挥，又懂计算机和专业技术的综合型人才。

第三节　空军指挥信息系统的作战运用

空军指挥信息系统作战效能的发挥，一方面取决于空军指挥信息系统的建设规模和水平，另一方面取决于空军指挥信息系统在实战中的运用水平。在常规情况下，自动化设备可代替人来处理全部日常事务和重复性的信息，人只起监视的作用；当系统出现事先难以预料的情况时，或出现有疑问、模糊的信息时，必须由人来进行干预甚至完全由人来作出决策。这样，就可充分地发挥人分析能力强、善于归纳推理和具有灵活性、预见性等特长，来弥补计算机只能顺从、被动地接受指令而无法适应异常情况等不足；同时，也可充分利用计算机信息存储容量大、数值运算速度快和处理问题客观性好等特长，来弥补人员定量分析能力差以及由于长期工作而出现记忆能力衰退、疲劳等不足。

一、日常战备使用

为了适应攻防兼备的需要，空军指挥信息系统应在平时保持规定的战备值班等级，进行异常空情处置、任务飞行、军事训练与其他行动的指挥保障工作，并具有随时应付可能发生的战争或空中军事冲突的能力。

（一）系统组织

空军平时在担负国土防空、日常战备值班以及其他行动任务时，其指挥体系是按照现行的编制体制和指挥机构建立的，并按照对各级指挥机构规定的权限和要求对所属部队进行指挥、控制和管理，保障空军部队完成平时的各项任务。

平时空军指挥信息系统的组织，就是根据空军平时所担负的任务、指挥体系的编成和既有的条件，建立结构合理、使用灵便、保障能力强的一体化指挥信息系统，保障空军各级指挥机构对所属部队实施高效的指挥。主要是为空军各级指挥机构配置各类固定式指挥信息系统，并在必要时进行机动式指挥信息系统的派出和部署调整。原则上，按照空军的现行编制体制和指挥机构编成，空军各级部队只要开设了指挥机构，即可配置相应的指挥信息系统，由于某些客观原因尚未能配置指挥信息系统的单位，在执行某些任务确实需要时，可由空军对集中管理的机动式指挥信息系统进行临时的、统一的部署调整。

现代战争的形态正在信息科学技术的推动下向信息化方向演进，信息对抗已不再限于战时，作为综合性军事信息系统的空军指挥信息系统，无论在平时还是战时，实质上都始终处于信息对抗的状态下，各类军事侦察行动与反侦察、反电子干扰、防网络攻击行动持续不断。平时在特殊情况下，当局部地区的某一级指挥信息系统正处于作战使用状态时，其上级指挥信息系统就必然要担负平时和战时双重任务。因此，平时的空军指挥信息系统组织，与战时的指挥信息系统组织具有一定的内在联系，平战结合是平时空军指挥信息系统组织运用时需要注意解决的问题。

（二）基本任务

空军指挥信息系统在平时的基本任务，包括战备值班的保障、异常空情处置的保障、军事训练的保障、任务飞行的保障、作战计划制定的保障、模拟训练的保障、信息管理的保障和安全稳定运行的保障。

战备值班的保障，主要是掌握空中情况特别是实时空中动态，实施空情预警；进行战备值班、战备检查和战备管理工作的组织与保障；保障轮战、驻训、应付突发事件、执行边境侦察巡逻等战备行动的指挥控制；进行战备演练、数据资料等信息建设；保障部队机动的指挥等。

异常空情处置的保障，主要是实时、准确地掌握空情动态，结合其他各类情报信息，迅速判明空中态势，明确异常空情的威胁程度，为指挥员提供决策信息，保障指挥机构向值班部队分配任务，组织部队的出动以及相关的保障行动。

军事训练的保障，主要是发挥系统的辅助决策功能，拟制行动与保障计划；在军事训练与任务飞行的实施过程中，进行全程监控与实时信息保障，保证军事训练和任务飞行的顺利完成，并对军事训练和任务飞行过程进行记录和重演。

作战计划制定的保障，主要是根据战时可能担负的作战任务、采用的作战样式、面对的作战对象、可能的作战行动等，制定相应的作战计划和方案，并根据敌情、我情、战场环境的变化，不断进行作战计划的推演、评估、检验和修订，确保在各种情况发生时，特别是在遭敌突然袭击的情况下，能根据作战计划和方案或以其为参考采取及时的行动，实现快速反应和高效指挥。

模拟训练的保障，主要是辅助制定或自动生成模拟训练想定，产生模拟背景情况，接收人工干预命令和文电并进行处理，提供情况显示，进行模拟训练过程记录和重演，对模拟训练效果进行评估，为模拟训练质量讲评提供支持；进行本级指挥机构的模拟训练，并带动下级指挥机构和部队进行模拟训练等。

信息管理的保障，主要是利用系统的数据资料搜集、处理功能，进行作战、情报、通信、导航、领航、地面防空、电子对抗、航管、气象等相关数据资料的采集，进行数据资料搜集、处理和存储、检索；进行指挥文电的处理和传输。

安全运行的保障，主要是利用系统的通信网络监控、计算机网络监控、硬件设备监控、应用软件监控、投影显示监控、运行环境监控、录音录时、统一时钟、音响控制、故障报警等功能，确保系统安全稳定可靠运行；提供数据资料的维护和管理功能，保持系统信息的及时性、准确性和安全保密。

（三）典型运用

空军指挥信息系统在平时战备值班中的典型运用，主要是围绕空军指挥信息系统的基本任务展开的运用。

进行战备值班工作时，预警探测分系统使用规定的兵力进行空中情况监视，为各级各类指挥信息系统和有关部门提供预警信息；情报侦察分系统搜集、整理、分析、提供有关的敌情、我情、战场环境等信息，保障指挥员及参谋人员全面掌握敌情、主要兵器性能，制定相应的预案和应对措施，做到预有准备；指挥员及参谋人员通过指挥控制设备，掌握作战部队兵力部署、装备状况、战斗准备、战斗值班与战斗起飞情况，处理各种日常值班业务；通信导航分系统保证各种情报信息、指挥控制信息、保障信息和系统监控信息的正常传递，并为空中我机提供导航信息；各类技术保障分系统采用多种技术手段和装备器材，保障系统正常运行，并使其能根据需要在规定时间内转入较高的战备等级或进入实战工作状态。

当遇有异常空情时，空军指挥信息系统进入较高的战备等级。预警探测、情报侦察分系统应按任务要求提供实时空情和所需的情报信息，并根据各类情况的综合结果辅助指挥员及参谋人员对异常空情的种类、性质、动向等进行判断。要根据需要增开一定数量的警戒雷达，酌情使用空中预警指挥机和其他探测手段，严密掌握目标轨迹和相关参数，向全系统进行异常空情的实时预警。航空管制保障要加强利用预报、飞报等提供的信息进行匹配与相关检测处理。指挥控制分系统根据异常空情的具体情况、可供使用的值班兵力及其任务归属、出动时限等约束条件，进行处置方案的制定，并以图形、图表等方式提供给指挥员及参谋人员，进而对处置过程进行指挥控制，根据作战政策和有关规定，指挥控制执行任务的飞机采取监视、警告、外逼、攻击等具体行动。通信分系统保障异常空情预警信息和指挥控制信息的分发传递，根据异常空情的种类和具体情况变化组织不间断的通信联络，必要时沟通与当事飞机的联系，以便准确掌握情况，保障采取相应的处置措施。

军事训练工作包括拟制行动方案与飞行计划、实施过程的指挥与监控等。系统根据军事训练的具体要求，以及军事训练和任务飞行的特点，运用辅助决策功能，拟制具体的行动方案和飞行计划；利用系统数据库、知识库、模型库中的数据资料和模型，结合任务要求和条件，进行行动方案和飞行计划的生成；必要时，可按飞行计划和行动方案，进行预先模拟推演；采用多种手段连续掌握和显示飞行航迹，保持良好的空中秩序；可根据任务和指挥需要，消除、显示指定批次，对航迹画面可进行记录和存档；当出现特殊情况时，系统可自动或通过人机结合的方式对特殊情况的处置方案进行解算。

平时空军指挥信息系统保障制定作战计划和方案，主要是利用空军指挥信息系统的辅助决策功能，通过多种人机对话方式，将指挥逻辑与指挥规则、计算机系统的信息处理能力、作战知识库与数据库等结合起来，以定性分析与定量分析相结合的方式，对有关作战决策问题进行分析、预测、评估和选择等。包括描述和表达决策问题，决定判别准则；形成备选决策方案；评价备选决策方案，从中选择满意的结果；如果判定在候选决策方案中找不到满意结果时，则提出下一步如何修改候选决策方案的内容和方法，然后重新开始新的评判和决策；输出决策结果。通过制定想定，对作战计划和方案的可能执行情况进行模拟推演、检验和评估，判断其可行性和适用性，并进行修改和完善。

模拟训练工作，包括生成模拟训练想定，即根据训练目的、背景设想，以及训练的规模、时间、强度等指标要求，在指挥员及参谋人员干预下，由系统生成软件产生模拟训练想定。导调人员按照模拟训练想定，控制产生模拟背景情况；参训人员根据已知的想定条件，定下指挥决心和制定实施方案，按照指挥程序进行目标识别、威胁估计和兵力分配，以人工干预方式下达命令、指示，系统对人工干预命令进行处理，及时产生新的模拟实时情况；导调人员可通过系统的显示，全面掌握训练过程和情况，必要时，通过人工干预命令控制模拟训练进程、调整模拟训练条件。在参训人员干预控制下，对雷达情报收集和处理技能进行训练，以提高参训人员对雷达空情的处理能力；对参训人员指挥控制部队行动的能力进行训练，达到练战术练技术的目的；对参训人员数据资料的分发和传递保障能力进行训练，以提高参训人员的通信专业保障技能。

信息管理工作，通过采用分布式数据库管理，将常用的数据资料分别存储在各指挥席位的有关计算机中，可在一定范围和区域内实现资料共享。系统根据实用的原则设有多种检索方式，可按资料的标题进行检索，也可按资料的分类号、原编号、发文时间进行检索，还可按资料的来源、内容等进行检索。自动接收、处理、转发各类指挥文电，战时以传递作战命令和战况报告为主，平时则以传送一般文电和勤务文电为主。文电处理软件的使用，可减少指挥文电的传递层次和避免人为差错，提高指挥机构的快速反应能力；可使指挥员及参谋人员在各自的席位上既收阅上级的指示、命令和通报，又可向上级直接请示、报告，向友邻提供信息和进行协同。

在平时空军指挥信息系统运行中，需要根据系统的使用特点，采用集中监控与分散监控相结合的方式，对系统的网络、硬件设备、软件运行情况和工作状态进行有效的监视和控制。系统的状态监视通常包括软件运行状况监视、设备工作状态监视、网络和信息传输信道监测等。技术保障人员在系统监控席位通过异常情况告警和显示，对系统的运行状态实施控制，系统的状态控制采用人工与自动相结合的方法实施。对系统异常情况告警和监控席位处置的人工干预命令，可根据发生的日期、时间及内容进行记录存档，分类管理，作为系统运行状况的历史资料，形成系统运行日志。系统的安全与防护包括外部信息的加密传输，网络安全访问控制、入侵检测，安全监控与审计，计算机病毒防护。技术保障人员平时应熟知和掌握对用户申告处理的程序和方法，并严格按其执行。

（四）基本要求

空军指挥信息系统在日常战备使用中的基本要求，主要体现在充分发挥系统职责、提高系统整体效能、组织系统开设、做好全面保障和接替重组等几个方面。

一是要充分发挥系统职责。在遂行战备值班、军事训练、任务飞行等任务和业务部门工作中，要充分发挥空军指挥信息系统的作用，科学组织，保障重点，提高指挥效能，增强部队整体行动能力。各级指挥员及参谋人员应加强对空军指挥信息系统知识的学习和操作使用技能的训练，努力提高使用空军指挥信息系统的能力。空军指挥信息系统的技术保障人员应当结合本职业务工作，加强在职训练，不断更新知识，提高专业技术水平。训练部门和空军信息化建设业务主管部门，应当按照指挥自动化训练大纲和训练计划，加强对空军信息化作战与训练的组织指导。

二是要提高系统整体效能。担负战备值勤和日常工作的空军指挥信息系统，使用单位应当按照系统功能，合理区分任务，注重各指挥要素、各分系统之间的协调工作，严格遵守操作规程和有关技术规范，充分发挥空军指挥信息系统的整体效能，保障战备值班和其他各项任务的完成。

三是要周密组织系统的开设与建立。在平时执行某些任务需要建立空军指挥信息系统时，司令机关应当根据部队任务和指挥的需要，迅速组织建立空军指挥信息系统。组织建立空军指挥信息系统时，业务主管部门应当会同有关部门，按照首长指示和使用需求，制定开设或建立空军指挥信息系统的方案和计划，周密组织，适时调整有关既设系统的任务，进行各指挥要素、各分系统按照计划开设与连通。建立和调整空军指挥信息系统的情况，应当及时报告上级，并通报所属部队和友邻部队。

四是要组织全面保障和实时监控。包括科学制定保障计划，合理使用保障力量，搞好维修器材的筹措与供应，加强技术检查与指导，及时做好系统的维护与修理，确保系统经常处于良好状态；对系统的运行情况进行监测，协调各方面关系，及时处理系统运行中出现的问题，确保系统正常运行；熟知和掌握对用户申告处理的程序和方法，要严格按系统使用和操作规程办事，密切注视和掌握系统各种设备和软件的运行状态，随时做好待用设备的开机准备，及时更新或复制应用软件；当系统发生故障时，要快速查明故障位置和产生的原因，保证在规定时限内排除故障；要按规定及时统计和整理系统工作过程中的各种数据资料，进行复制，并做好登记存档。

五是要搞好系统的接替与重组。空军指挥信息系统遭到破坏或者发生严重故障时，空军信息化建设业务主管部门应当迅速组织有关单位，及时采取系统接替、重组、恢复、调整等措施，重建或恢复系统功能。空军指挥信息系统的安全受到威胁或者任务变化时，空军信息化建设业务主管部门应当会同有关部门，根据首长指示和处置预案，及时组织空军指挥信息系统防护或转移。

二、空军作战使用

空军指挥信息系统在作战中的使用，主要包括空军独立遂行作战任务，或空军战役军团及其所属部队，在空军、空军战役军团的指挥下，遂行作战任务时系统组织运用的有关问题。

（一）系统组织

在未来信息作战条件下，空军作战中的高技术兵器对抗激烈，作战节奏加快；作战空间广阔，战场地理环境特殊；情况复杂多变，指挥协同困难；作战行动多样，攻防交织，任务繁重；信息作战贯穿于作战全过程，对作战成败影响重大；作战消耗大，保障任务艰巨。因此，只有建立一体化的空军指挥信息系统，对各类系统要素进行科学配置和优化组合，实现各级各类指挥信息系统的互联、互通、互操作，才能充分发挥指挥信息系统的作用，实现高效指挥、密切协同，使空军作战力量形成整体，有效地控制战场，完成空军作战的任务。

为保证指挥的高效、稳定，要根据作战需要和既有条件，建立结构合理、使用灵便、生存能力强的一体化指挥信息系统，确保对空军作战力量实施指挥。组织建立空军作战中的指挥信息系统，应当与空军作战指挥体系和指挥机构的编成相适应，按照集中统一、自上而下、分级分类、突出重点、统筹兼顾的要求，以既有指挥信息系统为基础，实施系统综合或组合。同时，需要周密组织系统的隐蔽和防护，确保系统的高效、稳定与可靠运行。

为了实现空军作战中的各级各类指挥信息系统的互联互通，系统要在基本一致的技术体制下，按照统一的标准，在大致统一的信息平台上实现。系统互联主要是利用现有指挥自动化网、电话自动交换网、保密自动电话网、数据交换网、战略通信网以及民用通信设施等既有条件，根据作战任务的需求、敌情、我情、战场环境等因素，确定空军指挥信息系统的体系结构，进而制定系统的开设计划，并具体组织与实施。

（二）基本任务

在空军作战中，指挥信息系统既是空军作战力量的指挥中枢，对所属部队的作战行动进行指挥控制保障与信息保障，又是空军指挥员及参谋人员使用的武器装备，保障指挥员及参谋人员开展各项指挥工作，担负着繁重的保障任务。

一是组织对空预警探测保障。实时接收雷达兵部队的雷达情报、地面防空兵部队的综合空情和雷达情报、空中预警指挥机雷达情报、上级指挥所通报的空中情况，对空中目标进行探测、跟踪、识别、威胁估计等处理，向空军指挥体系提供空中预警信息。

二是进行各类情报侦察保障。接收上级、友邻、下级指挥所和部队的航侦目标图像信息、技侦航迹信息、对空侦察信息、综合文字信息，接收航行管制信息、气象信息，采用无线电侦收和测向、摄影和照相、遥感等技术手段，对战场态势、敌空军部署、目标状况等实施侦察，进行各种数据信息的融合处理，生成战场综合态势。

三是提供辅助决策、指挥控制保障。采用专家系统、人工智能、知识工程等技术手段，在空军作战准备和实施过程中，辅助指挥员及参谋人员判断战场情况，定下作战决心，制定作战计划和方案，形成指挥控制命令、指示，组织指挥所属部队展开作战行动，对作战进程实施协调和控制。

四是组织通信导航保障。依托作战地区的平面和地空通信网、导航台站以及所有通信导航设备、手段，与全军指挥自动化网互联互通，为空军参战各部队提供快捷、保密的信息传输、交换手段，为各型飞机提供无线电导航保障。

五是组织电子对抗保障。利用无线电侦察干扰设备和反辐射武器，分析掌握战场无线电频谱情况，压制敌电磁能量，毁伤敌电子侦察、探测、干扰装备，掌握电磁主动权，同时保护己方电磁系统不受敌方电子侦察、干扰和摧毁。

六是提供综合保障功能。综合保障包括后勤保障、装备保障和政治工作保障等。空军指挥信息系统可与航行管制、气象、后勤、装备、政工等专业、部门的指挥信息系统互联，保障航行管制、气象信息进入指挥所参加信息综合处理、数据融合处理，引入后勤、装备、政工指挥保障信息用于辅助决策和综合保障指挥。

七是组织系统安全防护保障。充分利用战区内既有设施，以各参战部队指挥信息系统为主体，严密组织各级各类系统的隐蔽和防护，严格信息安全保密制度，加强系统运行和通信信道监控，有效组织遇有特殊情况时系统的重组、降级，并随时调整机动式指挥信息系统的接替部署。

（三）典型运用

空军作战中指挥信息系统的典型运用，按照空军作战指挥流程，可分为作战行动的筹划与组织阶段的运用，以及指挥作战行动阶段的运用。

在作战行动的筹划与组织阶段，按照指挥流程将进行搜集和分析判断情况、定下作战决心、制定作战与保障计划、调整和部署作战力量、组织配置兵力火力、下达作战命令、组织协同、组织各项保障、战前训练、检查作战准备等工作，进行每一项工作时，都可以利用空军指挥信息系统的有关功能予以支持。具体内容包括：一是空军指挥信息系统的组织建立，系统的安全防护；二是敌情、我情、战场环境动态的收集、分析；三是作战准备阶段的信息、通信及导航保障；四是作战准备阶段的电子对抗行动筹划及准备等。

在指挥作战行动阶段，按照指挥流程将进行掌握作战行动时机、把握关键性作战行动、协调作战行动、组织作战阶段转换、组织结束作战行动等工作，进行每一项工作时，都可以利用空军指挥信息系统的有关功能予以支持。具体内容包括：一是空军指挥信息系统的协调、重组、接替、各项安全保障；二是全程提供实时的情报支援保障，对空天目标进行预警探测；三是作战实施阶段的电子对抗；四是全程提供通信导航保障等。

（四）基本要求

空军作战中指挥信息系统使用的基本要求，主要体现在严密组织实施对空警戒、全面提供情报保障、辅助决策及计划制定、实施战场控制、确保信息传输、保障稳定运行等方面。

一是严密组织实施对空警戒，实时掌握空中态势。准确、连续的实时空情，是空军作战的必备条件，必须建立功能完备、设备配套、技术先进、结构合理、生存力强的"空地一体"的多领域、全方位、多层次的预警探测网。在系统功能上，预警探测分系统应具有覆盖整个战区或责任区以及相关区域的能力，在当前，要特别注意对低空、隐身目标和小雷达反射截面积目标的探测预警；在系统运用上，要快速、灵敏，迅速地为各级指挥机构和作战部队提供战场综合态势，保障指挥控制与作战行动的顺利实施；在探测手段上，要多种装备综合使用，取长补短，构成严密的预警探测体系，形成整体预警探测能力。

二是注重多源数据融合，提供全面的情报保障。按照合理搭配、优势互补、重点突出的原则，合理使用多种情报侦察手段，及时、准确、全面地搜集情报，为掌握战场空中态势、判断敌方企图、有效组织攻防作战提供情报信息保障；采用多网结合的方式，构成多维、立体的侦察配系，使侦察范围能覆盖整个作战地区，要特别强调对敌指挥机构、通信枢纽、后方基地、高技术兵器等重要目标的侦察；要注意对各种情报的综合与分析，提高情报的准确性和利用率；要综合使用隐蔽、伪装和防欺骗及反干扰压制等措施进行反侦察。

三是灵活使用辅助决策功能，保障作战计划和方案的制定。空军作战涉及众多要素，可供使用决策的时间又十分短暂，因此指挥员及参谋人员要充分利用指挥信息系统所提供的辅助决策功能，迅速制定作战计划和方案，或通过各种方式，例如作战模拟等，对已制定的作战计划和方案进行检验评估，综合敌情、我情、战场环境和任务要求等各种条件，对作战计划和方案进行修订，并据此形成作战出动计划及其他具体行动方案；同时，要对指挥信息系统中的各类辅助决策软件进行灵活组合，迅速构建具有针对性的辅助决策软件，以适应复杂多变的辅助决策需求。

四是充分发挥系统的指挥控制功能，实现对战场的控制。现代战争中的空军作战，节奏不断加快，情况越发复杂，战场控制难度空前增大，指挥员及参谋人员应充分利用空军指挥信息系统提供的指挥控制手段，迅速、准确地判断战场态势，合理使用指挥控制方式方法，对部队的作战行动和各类保障行动进行控制协调，保证作战计划和方案的落实以及作战目标的实现，或在情况发生重大变化时，迅速进行兵力、兵器、作战行动和作战目标的调整，以避免被动，争取主动，控制战场，达成最终的作战目的。

五是进行多路由、多手段通信保障，确保各类信息实时安全传送。使用有线与无线相结合、卫星通信与微波接力通信、散射通信、光缆通信相结合，建立多路由通信传输信道，构成完整的通信网；使用抗干扰能力较强的扩频通信、跳频通信及多波束天线等先进技术，使通信系统具有足够的抗干扰能力；及时起用新体制的先进通信导航系统，将多种作战、指挥、保障平台连接成为一个整体，实现情报信息、指挥信息、勤务保障信息的实时安全传送。

六是适应电子对抗要求，保障系统不间断运行。在现代战争中，积极进行电子对抗作战是空军指挥信息系统最有效的保护手段。在组织系统开设时，就必须重视电子对抗力量的加强，并对各种防护手段、各类防护系统进行统一规划和部署，构成严密的空军指挥信息系统的防护体系；组织实施电子对抗防御时，必须针对敌可能采取的电磁攻击手段和攻击方式，使用有效的电子防御手段和力量，科学组织和协调各类具体作战行动，"软""硬"互补，严密防护，保障空军指挥信息系统在激烈的电子对抗环境中实现持续工作，充分发挥系统的指挥效能和作用。

三、联合作战使用

空军指挥信息系统在联合作战中的使用，主要包括空军战役军团指挥机构或以空军为主开设联合作战指挥机构的指挥信息系统组织运用的有关问题。

（一）系统组织

信息化条件下的联合作战，通常具有较强的战略性；战场透明度增强；作战手段增多；作战行动以进攻为主，攻防结合紧密；作战机动频繁，信息作战、反空袭作战、特种作战和远距离火力作战贯穿作战全过程；作战指挥对象多，协同关系复杂；作战消耗大，保障任务艰巨等。空军在联合作战中将首当其冲，全程使用，只有建立适应联合作战要求的一体化的空军指挥信息系统，对各类系统要素进行科学配置和优化组合，实现与联合作战指挥机构、其他军兵种指挥机构指挥信息系统的互联、互通、互操作，才能充分发挥空军指挥信息系统的作用，实现统一指挥、密切协同，使联合作战力量形成整体，有效地控制战场，完成空军在联合作战中担负的作战任务。

联合作战中空军指挥信息系统的组织，是根据联合作战的需要和既有条件，组织建立结构合理、使用灵便、生存能力强的一体化空军指挥信息系统，保障实施高效指挥。联合作战中空军指挥信息系统的组织，应当着眼作战任务，结合既有条件，与联合作战指挥体系和指挥机构的编成与编组相适应，按照集中统一、自上而下、分级分类、突出重点、统筹兼顾的要求，以战略级指挥信息系统和作战地区内既有设施为依托，以各参战军兵种部队指挥信息系统为骨干，以作战通信系统为基础，充分发挥各种装备器材的作用，实施系统组合与集成，并严密组织隐蔽和防护，确保其高效、稳定、可靠运行。

联合作战中的空军指挥信息系统要与联合作战指挥机构的指挥信息系统、其他军兵种指挥信息系统构成互联。系统互联要在基本一致的技术体制下，按照统一的标准，在基本统一的信息平台上实现。系统互联主要是利用既有条件，例如全军指挥自动化网、全军电话自动交换网、全军保密自动电话网、全军数据交换网、战略卫星通信网、机动骨干通信网、全军军协同无线电通信网、野战地域网以及民用通信设施。

联合作战中空军指挥信息系统组织的实施，要根据作战任务的需求、敌情、我情、战场环境等因素确定空军指挥信息系统的体系结构，进而制定系统的开设计划，然后按计划组织各级各类空军指挥信息系统的开设和建立。

（二）基本任务

在联合作战中，空军指挥信息系统担负双重任务，一方面作为空军参战力量的指挥中枢，对空军所属部队的作战行动进行指挥控制保障与信息保障；另一方面作为联合作战指挥信息系统的一部分，与联合作战的所有指挥信息系统实现互联、互通、互操作，共同完成联合作战组织指挥与综合信息保障的总体任务。

一是进行联合作战信息保障。收集、掌握同联合作战相关的各种信息，对空中目标进行探测、跟踪、识别、综合等处理，形成并向全系统分发空情态势，为联合作战指挥机构提供空中情况；对战场环境、敌空军部署、打击目标状况进行侦察，提供敌空军有关信息和地（海）面目标情况，组织判定打击效果并向全系统分发；接收上级、友邻和下级指挥信息系统提供的综合情况和敌情通报并向所属部队指挥信息系统进行分发。

二是支持联合作战辅助决策。协助联合作战指挥机构筹划联合作战行动，保障联合作战的各项计划方案的制定，在作战准备过程中，辅助联合作战指挥员及参谋人员判断空中战场情况，定下使用空军的作战决心；参加制定联合作战行动计划和保障计划，进行有关军兵种之间的作战协同保障；利用空军指挥信息系统的辅助决策功能，制定空军作战、协同与保障计划，形成作战命令、指示。

三是进行联合作战指挥控制。在联合作战指挥机构的统一组织指挥下，按照作战计划方案，指挥控制所属作战力量，完成上级赋予的作战任务；组织所属部队或联战作战指挥机构确定的作战力量、协同友邻部队对作战进程实施控制，夺取与保持制空权，参加夺取与保持制海权、制信息权等作战行动。

四是提供通信导航保障。建立联合作战通信导航保障体系，依托战区既设平面和地空通信网、导航网，为联合作战各军兵种部队提供快捷、保密的信息传输、交换手段，进行空中转信，为联合作战各军兵种空中飞机提供无线电导航保障。

五是组织系统安全防护保障。充分利用战区内既有设施，以各参战部队指挥信息系统为主体，严密组织各级各类系统的隐蔽和防护，严格信息安全保密制度，加强系统运行和通信信道监控，有效组织遇有特殊情况时系统的重组、降级，并随时调整机动式指挥信息系统的接替部署。

（三）典型运用

从一般情况讲，联合作战的指挥流程主要分为两个阶段：一是筹划与组织联合作战阶段，二是指挥联合作战行动阶段。根据联合作战指挥流程，空军指挥信息系统的典型运用，对应于筹划与组织联合作战阶段和指挥联合作战行动阶段系统组织运用的有关问题。

在筹划与组织联合作战阶段，按照指挥流程将进行搜集和分析判断情况、确定作战方针、定下作战决心、制定作战计划、组织作战协同、组织作战保障、组织后方防卫、组织地方力量动员、调集作战力量、检查作战准备等工作。进行每一项工作时，都需要使用空军指挥信息系统的有关功能予以支持。具体内容包括：一是空军指挥信息系统的组织建立、系统安全防护、与联合作战指挥信息系统的互联互通；二是相关敌情、我情、战场环境动态的掌握；三是参加联合战役准备阶段的通信导航保障；四是参加联合战役准备阶段的电子对抗等。

在指挥联合作战行动阶段，按照指挥流程将进行掌握情况、控制协调各军团作战行动、把握关键性作战、组织作战阶段转换、组织结束作战等工作。具体内容包括：一是空军指挥信息系统的协调、重组、接替，各项安全防护，与联合作战指挥信息系统的互联、互通、互操作；二是全程提供实时空情，进行空情预警；三是掌握敌我双方空中作战力量和对空作战力量动态；四是联合战役实施阶段的通信导航保障；五是联合战役实施阶段的电子对抗等。

（四）基本要求

联合作战中空军指挥信息系统使用的基本要求，主要体现在按标准要求建立系统、加强预警探测及情报侦察保障、实施高效指挥控制、加强通信保障、确保系统对抗与生存等方面。

一是应按一体化与标准化要求建立系统。一体化、标准化是组织系统开设建立的基本要求，是实现系统互联、互通、互操作的前提条件。在空军指挥信息系统中，分系统与分系统之间，设备与设备之间，人机之间频繁地进行着大量信息的交换，如果没有使用标准、技术标准和各种规范进行约束，没有共同遵循的依据，各级各类独立的指挥信息系统的互联就无法实现，系统信息的互通、资源的共享就无法实现。显然联合作战中空军指挥信息系统的使用，需要强调指挥控制、情报侦察、预警探测、通信、电子对抗等诸功能的一体化，强调作战力量整体的指挥信息系统的标准化。

二是要加强预警探测及情报侦察保障，包括建立一体化的预警控测和情报侦察体系，统筹使用各种探测、侦察力量和手段，形成全方位、多领域的探测、侦察网络。联合作战指挥机构应当通过情报中心，对各种来源的情报统一集中处理；迅速进行综合分析和核实印证，快速判定其可靠程度和使用价值，及时报告指挥员及参谋人员并通报有关部队；传递和处理情报要迅速、准确；重点评估对敌指挥控制、侦察预警、补给保障、重兵集团等目标的打击效果，为掌握作战进程和组织作战行动提供可靠的情报。

三是要实施高效指挥控制，包括在筹划和组织建立空军指挥信息系统时，要科学建立系统的结构体系，明确各级各类空军指挥信息系统的职能，使联合作战的指挥自动化建立之后，能够有利于对各军兵种作战力量的集中统一指挥；要有利于实现对联合作战所属部队作战行动的有效协调和控制，进而有利于各种指挥信息在各级各类系统之间的快速传递与反馈，以及有利于在最短时间内形成灵活、高效的指挥控制能力。

四是要大力加强通信保障，应当根据联合作战指挥体系和指挥机构的编成与编组、各军兵种部队部署，以及通信兵力、作战地区既设通信设施等情况，统一计划，周密组织，综合运用各种通信手段，建立以战略通信网为依托，以联合作战指挥机构为中心，诸军兵种一体、野战与固定一体、并与民用通信网相衔接的联合作战通信系统，统一使用各种通信力量，突出保障重点，建立通信预备队，保障联合作战通信联络畅通。

五是要注重系统对抗与生存。在联合作战中，电子侦察与反侦察、电子干扰与反干扰、电子进攻与防御成为联合作战中一种特殊的作战手段。空军指挥信息系统应具备较强的系统对抗能力，能防电磁泄漏并具有电子对抗和侦察能力、电子干扰和电子防御能力；应具有分布式的结构，良好的重组能力；要便于机动，能迅速地变换位置，能在野战环境下实施稳定可靠的不间断指挥；具有良好的隐蔽性、抗毁性和机动性，提高系统的生存能力。

第四节　空军指挥信息系统的发展趋势

空军指挥信息系统的发展趋势，一方面取决于未来空军作战的军事需求，同时也受现代科学技术的发展水平的影响。在未来的空军作战中，高性能战斗飞机和精确制导武器将广泛使用。当前，世界军事强国空天武器平台的性能十分卓越，具有全空域、全天候、全天时的作战能力；具有极强的突防能力和攻击能力；具有远程精确打击能力；各种制导弹药具有防区外远程攻击能力，并且速度快、精度高、威力大，防御作战十分困难等，必将对未来的空军作战产生深刻的影响，并进而牵引着空军指挥信息系统不断向情报资源综合化、信息传递网络化、辅助决策智能化、信息对抗全面化等综合一体化的方向发展。

一、情报资源综合化

随着航空航天技术的飞速发展，空军作战范围向空间不断延伸，航天军事斗争已经成为未来空军作战的重要领域，航空战场与航天战场的一体化已成为必然趋势。因此，空军指挥信息系统的发展建设，要在重视增强对空中飞行目标的信息搜集和处理能力的同时，还需要加强对空间飞行目标的信息搜集和处理能力，并逐步实现航空航天一体化的信息支援和保障能力。未来的空军指挥信息系统，将具有全战场态势感知能力，可对远程、低空、超低空、隐身等飞行目标进行及时、准确的预警和监视；对多种侦察探测情报具有融合分析和处理能力；对反辐射导弹具有告警能力；对战场态势、目标属性、威胁程度等要素具有综合分析和判断能力。

因此，为了适应未来信息化战争空天对抗在大纵深、立体化、变化快、高机动等方面的军事需要，空间情报保障应注重发展生存能力更强的多用途情报侦察和预警探测平台，包括多光谱侦察卫星、多抗激光干扰的卫星等；在传感器方面，发展热成像预警设备、合成孔径雷达和激光雷达等；发展多传感器融合技术，以便最大限度地发挥不同频段传感器的长处，以及进一步综合利用各频段信息进行预警；开发载体上的图像压缩技术，发展大容量数据传输技术和自动化、快速、高质量的地面信息处理技术。

二、信息传递网络化

未来信息化战争中的军事行动，一般都是由陆、海、空等多军兵种共同组织实施的联合作战，或是多军兵种力量相互配合下进行的合同作战。因此，各军兵种的指挥信息系统之间就需求实现网络互联、信息互通甚至互相操作，使参加联合作战行动的各部队实现信息共享，并能够围绕着统一的作战企图，相互协调、密切配合，形成整体优势，发挥最大的作战效能。

因此，为了适应未来信息化战争空天对抗在互联、互通甚至互操作等方面的军事需要，空军指挥信息系统应具有高速度、大容量、多媒体、综合业务的信息传输能力，保证各种作战命令、情报信息和作战数据等能迅速、准确、保密、不间断地传递，保障各种作战指挥的顺畅，保障作战情报和数据共享，保障指挥控制中心、作战单元和要素之间的互联互通。

三、辅助决策智能化

在未来的信息化战争条件下，由于空中作战的战场环境错综复杂、敌我情况瞬息万变，空军指挥信息系统辅助决策智能化的意义将进一步提高。未来空中作战行动的指挥控制对空军指挥信息系统的性能和功能也提出了更多、更高的要求，各种先进的信息技术将得到广泛的应用，尤其是自动化、智能化技术在武器控制和信息收集、处理、辅助决策等方面的作用将更加突出和重要。

同时，智能化空军指挥信息系统对指挥员及参谋人员的科学文化素质、专业技术知识和指挥控制的决策水平等方面也提出了全新的要求，指挥员及参谋人员应能利用各种计算机辅助决策工具，为迅速定下作战决心、制定作战方案提供智能化的决策支持；利用计算机模拟战场各环节的复杂情况，对作战过程进行推演和预测，对作战方案进行检验和优化等。

四、信息对抗全面化

在信息化条件下，空军作战将围绕着侦察与反侦察、干扰与反干扰、辐射与反辐射的对抗贯穿于空战全过程，以空军指挥信息系统为核心组织实施的电子战和网络对抗将日趋激烈。在这种情况下，作战双方往往把攻击的目标，首选在对方的指挥控制中心，重要的通信枢纽、情报中心和其他信息设施，且往往采用激光制导钻地炸弹和集束炸弹，对空军指挥信息系统的安全稳定运行构成十分严重的威胁。

因此，未来的空军指挥信息系统，必须全面加强信息对抗能力建设，采取切实有效的措施，提高系统安全防护能力，包括利用机动隐蔽、伪装加固、冗余配置、分布式组网、抗电磁干扰等防护措施，提高空军指挥信息系统的抗毁、抗扰和生存能力；利用标准化、模块化和小型化的硬件和软件设备，提高系统组装、撤收和维修的灵活性和可靠性；利用各种软、硬杀伤手段，提高系统的信息进攻能力，从而确保空军指挥信息系统在信息对抗中获得优势。

主要参考文献

[1] 姜明远. 空军装备信息化概论[M]. 北京：国防工业出版社，2006.

[2] 中国军事百科全书. 2 版. [M]. 北京：中国大百科全书出版社，2008.

[3] 中国空军百科全书[M]. 北京：航空工业出版社，2005.

[4] 谭凯家，雷红伟. 军事装备运用学[M]. 北京：国防大学出版社，2013.

[5] 赵建军. 俄罗斯国土防空史[M]. 北京：军事科学出版社，2011.

[6] 匡兴华. 高技术武器装备与应用[M]. 北京：解放军出版社，2011.

[7] 魏钢. 名机评点[M]. 北京：航空工业出版社，2011.

[8] 宋华文、耿艳栋. 信息化武器装备及其运用[M]. 北京：国防工业出版社，2010.

[9] 朱奎玉. 动力之源——军队信息化技术篇[M]. 北京：蓝天出版社，2012.

[10] 华锋. 空中进攻作战中电子对抗航空兵作战运用[M]. 北京：军事科学出版社，2014.

[11] 空军装备系列丛书编审委员会. 情报侦察装备[M]. 北京：航空工业出版社，2009.

[12] 空军装备系列丛书编审委员会. 特种飞机[M]. 北京：航空工业出版社，2009.

[13] 空军装备系列丛书编审委员会. 机载武器[M]. 北京：航空工业出版社，2008.

[14] 空军装备系列丛书编审委员会. 现代空军装备概论[M]. 北京：航空工业出版社，2010.

[15] 空军装备系列丛书编审委员会. 机载雷达装备[M]. 北京：航空工业出版社，2008.

[16] 空军装备系列丛书编审委员会. 导航定位装备[M]. 北京：航空工业出版社，2008.

[17] 章俭，管有勋. 15 场空中战争[M]. 北京：解放军出版社，2004.

[18] 张晓钟. 空军勤务学[M]. 北京：蓝天出版社，2014.

[19] 邱涤珊. 航天装备军事运用[M]. 长沙：国防科技大学出版社，2005.

[20] 姜连举. 空间作战学教程[M]. 北京：军事科学出版社，2013.

[21] 吕辉. 防空指挥自动化通信系统[M]. 西安：西北工业大学出版社，2006.

[22] 陈永光. 组网雷达作战能力分析与评估[M]. 北京：国防工业出版社，2005.

[23] 朱和平. 21 世纪预警探测系统[M]. 北京：军事科学出版社，2004.

[24] 张希光. 21 世纪防空革命[M]. 北京：蓝天出版社，2000.

[25] 孙亚力. 地空导弹发展变革若干问题引述[C]. 世界空军装备，2002.

[26] 姜明远. 空军航空装备管理[M]. 北京：国防工业出版社，2006.

[27] 徐国成. 联合战役研究[M]. 济南：黄河出版社，2004.

[28] 徐德池，等. 美国空军战区作战管理系统[M]. 北京：军事科学出版社，2003.

[29] 杨利民. 指挥信息系统作战需求分析研究[M]. 北京：国防大学出版社，2003.

[30] 刘桂芳. 高技术条件下的 C^4ISR[M]. 北京：国防大学出版社，2002.

[31] 曹建儒，等. 信息时代军队指挥自动化[M]. 北京：军事科学出版社，2002.

[32] 竺南直，等. 指挥信息系统工程[M]. 北京：电子工业出版社，2001.

[33] 徐小岩，等. 计算机网络战[M]. 北京：解放军出版社，2001.

[34] 徐洸，等. 现代空军指挥控制研究[M]. 北京：蓝天出版社，2000.

[35] 汪致远. 电子战和信息战技术与装备[M]. 北京：原子能出版社，2003.

[36] 姜明远. 高超音速飞行器对未来战争的影响[N].中国社会科学报，2011-6-11（6）.

[37] 姜明远. T-50掀起层层波澜[N]. 中国青年报，2010-2-12（4）.

[38] 姜明远. 航母"新宠"—舰载无人作战飞机[J]. 装备，2013（8）.

[39] 姜明远. 战斗机划代[N]. 解放军报，2010-3-29（2）.

[40] 姜明远. 世博航空馆新概念飞机[N]. 中国国防报，2010-5-4（1）.

[41] 姜明远. 预警与控制飞机作战使用的若干问题研究[J]. 现代军事，2007，（10）.

[42] 陈玲. 伊拉克战争中侦察情报装备使用情况与启示[J]. 空军地面防空武器，2003（3）：23-26.

[43] 蔡向阳，董树军，宋虹兴. 无人侦察机装备发展现状及趋势[J]. 飞航导弹，2010（4）：33-36.

[44] 王春光，陈浩光. 天基侦察监视系统发展现状与军事应用分析[J]. 教研参考，2013（2）：1-3.

[45] 王兆耀. 军事航天技术及其发展[J]. 航天器工程，2008（1）.